国家社科基金青年项目,批准号:15CFX036

Rights of Emergency

紧急权
体系建构与基本原理

陈 璇 / 著

北京大学出版社
PEKING UNIVERSITY PRESS

图书在版编目(CIP)数据

紧急权:体系建构与基本原理／陈璇著. —北京:北京大学出版社,2021.11
ISBN 978-7-301-32561-2

Ⅰ.①紧…　Ⅱ.①陈…　Ⅲ.①突发事件—公民权—研究　Ⅳ.①D911.04

中国版本图书馆 CIP 数据核字(2021)第 201281 号

书　　　　名	紧急权：体系建构与基本原理 JINJIQUAN：TIXI JIANGOU YU JIBEN YUANLI
著作责任者	陈　璇　著
责 任 编 辑	王欣彤
标 准 书 号	ISBN 978-7-301-32561-2
出 版 发 行	北京大学出版社
地　　　　址	北京市海淀区成府路 205 号　100871
网　　　　址	http://www.pup.cn　http://www.yandayuanzhao.com
电 子 信 箱	yandayuanzhao@163.com
新 浪 微 博	@北京大学出版社　@北大出版社燕大元照法律图书
电　　　　话	邮购部 010-62752015　发行部 010-62750672　编辑部 010-62117788
印 刷 者	北京中科印刷有限公司
经 销 者	新华书店
	650 毫米×980 毫米　16 开本　23 印张　316 千字 2021 年 11 月第 1 版　2021 年 11 月第 1 次印刷
定　　　　价	79.00 元

未经许可，不得以任何方式复制或抄袭本书之部分或全部内容。
版权所有，侵权必究
举报电话：010-62752024　电子信箱：fd@pup.pku.edu.cn
图书如有印装质量问题，请与出版部联系，电话：010-62756370

目　录

导言 ·· 001
 一、本书的问题意识 ·· 001
 二、本书的基本内容 ·· 005
 三、未竟课题的展望 ·· 008

上编　总论

第一章　紧急权体系的"三期"建设 ································ 013
 一、第一期：权利空间的分配 ····································· 014
 二、第二期：侵害风险的归责 ····································· 018
 三、第三期：社会团结的引入 ····································· 026
 四、本章小结 ·· 035

第二章　紧急权的适用位阶与竞合 ···································· 036
 一、互斥情形下的适用位阶 ······································· 036
 二、重叠情形下的竞合处理 ······································· 046
 三、"想象竞合"中的行为定性 ··································· 051
 四、本章小结 ·· 054

第三章　紧急权行使限度的层级化 ···································· 056
 一、比例原则框架下紧急权限度的界定 ···························· 057
 二、紧急权限度层级化的实践指导意义 ···························· 066
 三、本章小结 ·· 069

第四章　紧急权的适用与罪刑法定 ···································· 070
 一、紧急权目的性限缩带来的问题 ································· 070
 二、罪刑法定原则不适用于紧急权 ································· 072
 三、本章小结 ·· 081

下编　分论

第五章　正当防卫的权利塑形与社会控制 …………………… 085
　一、导言 …………………………………………………… 085
　二、正当防卫的权利根基 ………………………………… 086
　三、正当防卫的权利塑形 ………………………………… 095
　四、正当防卫的社会控制 ………………………………… 115
　五、本章小结 ……………………………………………… 132
　　附录：德国刑法中防卫限度的理论和实践 …………… 132

第六章　防御性紧急避险的适用空间 …………………………… 146
　一、问题的提出 …………………………………………… 146
　二、误入歧途的正当防卫扩张理论 ……………………… 149
　三、发掘被尘封的防御性紧急避险 ……………………… 156
　四、本章小结 ……………………………………………… 175

第七章　攻击性紧急避险与生命冲突 …………………………… 177
　一、问题的提出 …………………………………………… 177
　二、三个前提性问题的厘清 ……………………………… 181
　三、危险共同体的内部牺牲 ……………………………… 199
　四、生命危险的单纯转嫁 ………………………………… 219
　五、本章小结 ……………………………………………… 228

第八章　公民扭送权限度的规范续造 …………………………… 231
　一、问题的提出 …………………………………………… 231
　二、紧急权体系下扭送权的正当根据 …………………… 237
　三、扭送权限度要件续造的具体展开 …………………… 249
　四、本章小结 ……………………………………………… 263

科学与实践：刑法教义学内部的功能分化（代后记） ………… 265

参考文献 ………………………………………………………… 315

案例索引 ………………………………………………………… 353

关键词索引 ……………………………………………………… 355

导　言

一、本书的问题意识

单独的个人之所以会放弃部分自由结成社群,进而组建国家,一个重要的原因就在于,人们希冀借助公共的力量摆脱自己在突发风险面前脆弱无力的命运;国家公力救济、救助机制的建立和完善,也的确大幅度减少了紧急状况给公民安全带来的不测。但是,一方面,由现代国家中公权力对公民个人领域干涉的有限性以及公共资源在特定社会发展阶段中相对短缺的现实所决定,国家所能提供的公力救助网络难以全方位无死角地覆盖公民生活的每时每刻、方方面面;另一方面,在经济技术高速发展、社会深度转型和多元利益碰撞加剧的背景下,技术事故、暴力冲突等紧急事件的发生频率前所未有地升高,其影响范围也前所未有地扩大。因此,法律必须允许公民享有在公权力未及介入之际及时、有效地应对和处置危险的权限。紧急权,就是公民在缺乏公力救助途径的急迫情状下,以损害他人的某一法益为代价来保护另一法益的权利。紧急权的行使必然意味着对个人自由的限缩和对公民权利的侵犯;故在一个以建成现代法治国家为目标的国度里,面对复杂多样的各类紧急状态,如何合理、精确地划定紧急权的边界,便成为法学研究领域中具有重大现实意义的课题。

但是,对于中国学者而言,紧急权的概念以及紧急权的体系却是相对陌生的范畴。纵观我国的法学研究文献,在相当长的一段时间里,只有行政法领域有为数不多的以"紧急权"为主题的专论性文章。不过,这里的"紧急权"主要是指国家紧急权或曰行政紧急权,即当国家处于紧急状态时,由有权国家机关及其代表人依照宪法、法律的规定,为维护公共秩序而行使的一种公权力。①尽管法学界关于正当防卫、紧急避险等具体紧急权的研究文献可谓汗牛充栋,但在总体上明显呈现出碎片化、分散化的景象。从研究范式上来看,相关著述大多习惯于孤立地就单个紧急权及其要件展开探讨,缺乏对紧急权进行整体把握和体系化关照的视角。直到近年来,刑法学界才渐次出现了有意识地将正当防卫、紧急避险的具体问题置于紧急权体系的分析框架中进行分析的尝试。②

无论是在中国还是在德国、日本,正当化事由都是刑法总论研究中体系化程度较低的一个领域,正当化事由的体系化似乎是令学者们望而却步的一个话题。罗克辛(Roxin)曾对此发表过一番语调悲观的论断:"迄今为止,还没有人成功地在正当化事由中实现了富有成效的体系化。这种体系化的尝试也不可能最终获得成功。因为,那些能够在某一行为已经符合了构成要件的情况下用于排除该行为实质不法的要点是如此多种多样,发端于法秩序全体领域的正当化事由的数量是如此庞大,有待满足的各种需求又是如此变动不居,以至于统一且在内容上具有说服力的原则,始终只能适用于有限的范围之内。"③然而,刑法学的核心任务之一就在于,"根据法规则的内在联系,体系性地发展和解释法律规则的内容……作为体系性的科学,刑法学为稳定和公正的司法奠定了基础;因为,只有对法律

---

① 参见孔东菊:《论政府行政紧急权的行使》,载《法学杂志》2006年第4期;汪家馍:《论紧急权的法律性质及人权保障》,载《福建论坛(人文社会科学版)》2007年第1期;张婧飞、任峰:《论行政紧急权的规制》,载《云南大学学报(法学版)》2007年第3期;季卫华:《论我国行政紧急权的运行及法律规制》,载《法律适用》2010年第Z1期;孟涛:《紧急权力法及其理论的演变》,载《法学研究》2012年第1期。

② 参见陈璇:《家庭暴力反抗案件中防御性紧急避险的适用——兼对正当防卫扩张论的否定》,载《政治与法律》2015年第9期;陈璇:《生命冲突、紧急避险与责任阻却》,载《法学研究》2016年第5期;王俊:《反抗家庭暴力中的紧急权认定》,载《清华法学》2018年第3期;赵雪爽:《对无责任能力者进行正当防卫兼论刑法的紧急权体系》,载《中外法学》2018年第6期;田宏杰、肖鹏:《紧急权的理论基础与体系建构》,载《华南师范大学学报(社会科学版)》2019年第2期。

③ Roxin, Strafrecht AT, Bd. I, 4. Aufl., 2006, § 14 Rn. 38. Ähnlich Rönnau, in: LK-StGB, 12. Aufl., 2006, vor § 32 Rn. 80.

内在联系的洞察,才能使法律的适用摆脱偶然和恣意"①。

一方面,对于法定正当化事由来说,体系性的思考方法有助于提升解释论证的深度与广度,从而为合理解决实务问题发掘更为有力的论据。这正如我们只有在登高俯瞰故宫全景,了解了某一宫殿楼阁坐落的方位及其与周围建筑的高低远近关系之后,才可能真正从根本上领悟到它的美学意蕴和政治内涵。否则,若仅就单个建筑作孤立式的考察,纵使观察得再细致入微,也难脱"不识庐山真面目,只缘身在此山中"之憾。如下文将要展示的那样,不法侵害的要件和防卫限度的判断标准一直是我国刑法学界纷争不断的问题。如果摆脱以往只是一味地在正当防卫自身内部打转的做法,登上紧急权理论的高地,则能从根基上一览正当防卫与其临近之紧急权的逻辑与位阶关系,从而更为合理地确定正当防卫应有的地位和成立范围,既不使之过度膨胀,亦不令其不当萎缩。

另一方面,体系思考"不仅能够为整体概览和实际操作提供便利,而且还能产出关于那些只有借助体系才能厘清的既有关系的新知识,从而成为法律获得进一步发展的基础"②。相较于德国、日本等大陆法系国家而言,我国法定正当化事由的数量较为有限③,而且某些法定正当化事由的法律规定也存在大面积留白(例如《刑事诉讼法》第84条规定的公民扭送权)。在此情况下,为了满足司法实践的需求,刑法理论就必须展开超法规正当化事由以及不成文正当化要素的续造工作。唯有体系化的正当化事由理论才能为此提供可靠的思想资源的进路指导。④ 因此,要想使我国的正当化事由理论真正突

---

① Welzel, Das Deutsche Strafrecht, 11. Aufl., 1969, S. 1.
② Coing, Grundzüge der Rechtsphilosophie, 5. Aufl., 1993, S. 295.
③ 早在对1979年《刑法》进行大规模修订的过程中,最高司法机关就已经意识到了这一点,并曾经提出过增设法定正当化事由种类的立法建议。参见最高人民法院刑法修改小组:《关于对〈中华人民共和国刑法(修订草案)〉(征求意见稿)的修改意见》(1996年11月8日),载高铭暄、赵秉志主编:《新中国刑法立法文献资料总览》(第二版),中国人民公安大学出版社2015年版,第1172页。
④ 正是体系化之正当化事由理论的缺失,导致现有为数不多的有关超法规正当化事由的研究成果,大多只将注意力集中在超法规正当化事由的必要性、理论根据以及在犯罪论体系中的地位等问题上。参见沈琪:《解析超法规违法阻却事由理论——(转下页)

破研究发展的瓶颈、摆脱研究水平长期低位徘徊的困境,就不能拘泥于以具体问题和个案为中心的论题式思考方法,而需要借助体系化的思维和技术重塑正当化事由的分析框架。

需要指出的是,尽管德国是紧急权概念的发源地,其刑法理论的相关研究也达到了相当的深度①,但德国紧急权理论的现状仍有不尽如人意之处:其一,涵盖面过窄。到目前为止,多数德国学者在论及紧急权及其体系时,视角基本上局限在正当防卫和紧急避险之上,未能给予推定被害人承诺、扭送权、自助等其他同样基于紧急状态产生的权利以足够的关注。这大大降低了紧急权原理的代表性和普适度。其二,方法论精研不足。现有的以紧急权为关键词展开的专题研讨,大多侧重于对具体紧急权实体内容的解释,对于竞合、位阶等具有方法论意义的普遍原理的系统提炼和总结尚显不足。② 这明显制约了紧急权理论的前瞻指导作用。

当前,紧急权已经成为司法实践中疑难争议问题集中高发的领域。例如,正当防卫权的行使限度是否受制于法益均衡原则,针对危险来源者的法益是否存在实施紧急避险的可能,公民行使扭送权时致犯罪嫌疑人死伤的案件应当如何裁处,国家机关在紧急状态下能否击毁被恐怖分子挟持的交通工具等,都是既长期困扰司法机关又屡屡引起舆论关注的难题。有鉴于此,笔者将从理论上阐明紧急权的合法性根据的基础思想,建构起逻辑一贯、内联外通、阶序有致的

(接上页)兼论社会危害性》,载《法学论坛》2004年第4期;陈庆安:《超法规违法性阻却事由的理论基础》,载《国家检察官学院学报》2004年第6期;张军、彭之宇:《超法规犯罪阻却事由的价值》,载《人民检察》2006年第12期;王骏:《超法规的正当化行为论纲》,载《河北法学》2010年第8期;梁云宝:《超法规的违法性阻却事由之外置化——四要件犯罪论体系下的定位》,载《法学评论》2011年第6期;刘杰:《超法规犯罪阻却事由的理论初探》,载《福建警察学院学报》2015年第3期。对于如何确立超法规正当化事由的锻造原则和方法这个极具实践价值的核心问题,却鲜有问津。

① 代表性的论著例如:Baumgarten, Notstand und Notwehr, 1911; Frister, Die Notwehr im System der Notrechte, GA 1988, S. 291 ff.; Renzikowski, Notstand und Notwehr, 1994; Pawlik, Der rechtfertigende Defensivnotstand im System der Notrechte, GA 2003, S. 12 ff.; ders., Das Unrecht des Bürgers, 2012, S. 215 ff.。

② 这方面的代表性著作有:Seelmann, Das Verhältnis von § 34 StGB zu anderen Rechtfertigungsgründen, 1978; Thiel, Die Konkurrenz von Rechtfertigungsgründen, 2000。

紧急权体系,并以紧急权体系为分析框架,力图为司法实践中的重大问题给出更加令人信服的分析路径和解决方案。

二、本书的基本内容

本书分为"总论"和"分论"两编。**总论编**主要站在宏观的视角,结合法哲学、政治哲学的原理进行紧急权体系的构建,并在此基础上厘清各紧急权之间的关系;**分论编**则着重从微观入手,以紧急权体系为基本的分析框架,以大量的司法判例为素材,分别选取正当防卫、防御性紧急避险、攻击性紧急避险以及公民扭送权这四项权利中极具实践意义的问题展开深入和细致的探究。

建构起一个逻辑清晰、阶序有致的紧急权体系,是全面提升紧急权研究水平的必由之路。有鉴于此,**第一章**将动态式地描绘紧急权体系"三期建设工程"的全过程,以期阐明构建紧急权体系的内在逻辑和理论依据。首先,在权利空间分配的视角下,自损型紧急权和反击型紧急权得以建立;其次,在归责原理的指导下,应对反击型紧急权作进一步的层次划分,使"强答责侵害"对应于正当防卫,令"弱答责侵害"对应于防御性紧急避险;最后,通过引入社会团结原则,建立起以攻击性紧急避险与公民扭送权为代表的转嫁型紧急权。

第二章聚焦紧急权的前提要件,试图厘清各紧急权之间适用上的位阶和竞合关系。其一,自损、反击和转嫁这三类紧急权之间是彼此独立、相互排斥的关系,在检验思路上应遵循"自损型最先,反击型其次,转嫁型最后"的顺序。其二,反击型紧急权内部的各项权利之间可能因为前提条件存在重叠而出现类似于法条竞合的关系。自助行为是法秩序专为妨碍请求权实现的这一不法侵害所特设的一种"短缩的正当防卫权";防御性紧急避险是反击型紧急权的普通法条,而正当防卫则是其特别法条。其三,虽然反击型紧急权与转嫁型紧急权无法发生法条竞合,但二者却有可能基于特殊的案件事实同时现身于一个紧急行为之中,从而呈现出类似于罪刑规范中想象竞合的状态。当一个紧急行为同时损害了不法侵害人和无辜第三人的利益时,应当遵循"从严原则"。

第三章试图从整体上揭示紧急权限度的层级结构。借鉴比例原则的原理,适当性和必要性原则在各个紧急权中所展现的实体内容基本一致,但对于不同的紧急权来说,狭义比例原则所呈现出的形态却大相径庭。笔者提出,狭义比例原则对紧急权的制约强度,与团结原则在紧急权正当化根据中占据的地位成正比。因此,从反击型到转嫁型,狭义比例原则的制约作用总体上显示出由弱到强的渐变趋势。

在适用法定紧急权的过程中,通过增添不成文的要素对紧急权的成立范围进行目的性限缩的做法是否违背罪刑法定原则?笔者在**第四章**中提出,正当化事由并不处在罪刑法定原则的效力范围之内。理由在于:第一,正当化事由并非专属于刑法;第二,既然法定正当化事由具有通用于各法域的普遍性,那么对法定正当化事由的解释应当在各个部门法中采取统一的宽严尺度,第二,罪刑法定原则在正当化事由中并无贯彻之可能。

第五章探讨的是正当防卫的权利塑形和社会控制。近年来中国的立法和司法在规范制度建设方面所做的种种努力,为正当防卫制度全方位的现代转型初步搭建了基本框架。笔者认为,以现代法治国建设的总体目标为指针,我国正当防卫理论和实践亟待实现权利塑形和社会控制两方面的改革:第一,作为与公民权利地位休戚相关的一项防御权,正当防卫应具有凌厉和强势的风格。防卫权的行使原则上并不以防卫人履行退避义务为前提;损害结果只具有限制防卫过当法律责任的功能;防卫限度判断应从总体上与法益均衡原则相脱离,并贯彻事前判断的标准。第二,出于对社会共同体重大利益的维护,应当根据公力救济优先和社会团结原则对正当防卫进行控制。与之相配套,需要加大程序性救济机制的保障力度,建立多层次的紧急权体系。限度要件的放宽与前提要件的收缩,将使正当防卫成为一项"严进宽出"的反击型紧急权。

第六章以家庭暴力反抗案件作为切入点,讨论了防御性紧急避险的适用范围。对于家庭暴力的受害人为了防止将来继续遭受暴力侵害而将施暴者杀死的案件,我国审判实践往往过早地求诸酌定刑情节,从而忽视了紧急权对于解决此类案件所蕴含的法教义学资源。笔者提出:首先,无论是暴力的长期性、法益保护的有效性,还是"受虐妇女综合征"理论,都不能成为无限扩张正当防卫中不法侵害"正在进行"这一要件的充分理由。其次,从紧急权的体系来看,直接针对危险制造者的防卫行为,除了可能成立正当防卫,还可能以防御性紧急避险的名义获得合法化。因此,家庭暴力的受害人在别无其他救济途径的情况下,为保护自身或者其他家庭成员的生命以及重大身体健康,将施暴者杀伤的行为,存在成立正当化的紧急避险的余地。

第七章以生命冲突案件中攻击性紧急避险的适用为研究主题。生命冲突中的杀人行为,要么违法,要么因成立紧急避险而得以正当化,不可能处于法外空间之中。根据我国宪法中人权保障、法律面前人人平等以及人格尊严不受侵犯的条款,公民的生命在价值上不具有以质量或者数量为标准进行比较的余地。但是,冲突中双方生命的值得保护性却可能出现差异。以紧急权体系为分析框架,只有当冲突一方属于紧急状态的引起者时,将其杀害的行为才存在获得正当化的可能;故以攻击性紧急避险为表现形式的杀人行为,只可能成立责任阻却事由。具体而言,首先,在危险共同体内部牺牲的案件中,不能以一方的生命剩余时间短暂为由取消对其的保护,只要被牺牲者不能被评价为危险来源,避险行为就不存在正当化的空间。其次,在处理危险的单纯转嫁案件时,需要注意:"挡箭牌"案件中的避险行为往往以间接正犯的形式符合故意杀人罪的构成要件;受胁迫杀人的行为未必成立胁从犯;与被营救者无近亲属等密切关系的第三人实施的避险,不能阻却责任。

一直以来,公民扭送权基本处在被我国法学理论遗忘的角落,关于扭送权的现有研究成果,不论就其数量还是质量来说均严重落后于司法实践的需要。**第八章**对扭送权的限度要件进行了开拓性的研究。笔者认为,由于扭送权本质上应当属于以社会团结原则为正当化根基的转嫁型紧急权,故其行使限度需要严格受到狭义比例原则的制约;扭送行为所欲实现的保障刑事诉讼安定性的利益,须大体高于它所损害的犯罪嫌疑人的利益。具体而言,首先,即使符合适当性和必要性的要求,也不允许扭送者采取足以导致犯罪嫌疑人重伤或死亡的重度暴力手段。其次,当轻度扭送行为引起了重伤死亡结果时,该结果无法得到正当化,扭送人是否成立犯罪,取决于客观与主观两方面的归责判断。

三、未竟课题的展望

其一,紧急权前提要件的判断标准。任何一种紧急权都以存在某种急迫的事态为前提。在紧急权前提要件的问题上,我国法学界明显存在着"重实体内容,轻认定标准"的情况。即学者们在研究正当防卫、紧急避险、扭送权的前提要件时,大多专注于讨论前提事实的成立要素,如是否要求必须是有责任能力之人所实施的侵害行为,是否要求必须是构成犯罪的行为等,对于前提事实的认定方法却往往着墨不多。在认定是否存在特定事态时,依据的判断资料应当是行为时客观存在的全部事实还是一般人或行为人能够认识到的事实,判断应当站在行为当时还是行为之后,判断应当由行为人个人、理性一般人还是科学的因果法则来作出?目前学界对这些问题还缺少系统的研究,但它们均直接关乎紧急权行为人是否以及在多大范围内享有"误判特权"的问题①,故具有重大的理论和实践意义。有鉴于此,笔者将站在紧急权体系的视角,对紧急权前提事实的认定标准进行整体把握和深入探讨。

其二,紧急权限度中的利益衡量判断。利益衡量对于确定紧急权,尤其是紧急避险的限度具有重要的意义。不过,当前刑法理论关于利益衡量判断的论述,基本上仅满足于"要素罗列",即对利益衡量需要考量的要素进行了较为全面的列举,对单个要素的具体内容也有较为详细的展开;但是,这些要素在确定紧急权限度的过程中各自具有的权重、相互之间的位阶关系究竟如何,却仍处在模糊不清的状

---

① 关于正当防卫前提要件判断标准的专题性研究,参见陈璇:《正当防卫中的"误判特权"及其边界》,载《中国法学》2019年第2期。

态之中。笔者希望未来能为利益衡量设计出一套逻辑层次清晰、具有可操作性的判断规程。

其三,行为人自招风险对紧急权的影响。按照本书的观点,侵害风险的归责是紧急权体系的基本支柱之一。值得进一步探讨的是,当行为人本人对于紧急状态的发生负有一定过错从而分担了侵害风险的归责时,紧急权的成立会在多大程度上以及在哪些方面受到影响?接下来,笔者将结合前期研究成果①,在统筹各个紧急权的基础上,进一步总结和提炼出带有一般规律性、能够普遍适用于各个紧急权的原理。

其四,公民紧急权与国家紧急权之间的关系。尽管两种权利的行使主体不同,但是在前提和行为要件上,二者又有着千丝万缕的联系。2020年我国抗击"新冠"肺炎疫情的实践表明:紧急状态下公民的权利分配格局会发生显著变化,但这种变更不能脱离法治的轨道;国家应对重大突发灾害事件的各种举措虽然能够突破常规,但也必须接受法治国基本原则的检验。所以,国家紧急权同样离不开危险状态、不得已要件以及利益衡量等原理。有鉴于此,理论上有必要破除狭隘的部门法视角,在整合民法、刑法、行政法理论资源的基础上对两种紧急权的共通点和区别点进行全面把握和系统研究。

---

① 关于紧急避险和正当防卫中自招险境问题的前期研究,参见陈璇:《自招危险情形下的紧急避险问题研究》,载《江西公安专科学校学报》2007年第1期;陈璇:《克服正当防卫判断中的"道德洁癖"》,载《清华法学》2016年第2期。

上编
总论

Rights of Emergency

第一章　紧急权体系的"三期"建设

由于体系是"杂多知识在一个理念之下的统一性"①,故确立一个或者一组指导性的观念,就成为体系建构工程的基础性环节。②

对于客观上具有法益损害性的行为,我国刑法设置的出罪路径主要有三类:一是赋权事由,即法律在特定情形下赋予行为人以侵犯他人法益的权利,从而使得该行为及其造成的结果均能获得法秩序的肯定性评价。二是免责事由,即行为人并不享有损害他人法益的权利,其行为造成的损害结果始终会受到法秩序的否定性评价,但由于该结果的发生对于行为人来说缺乏避免可能性,故不可归责于他。三是量微事由,即尽管某一法益损害既为法秩序所反对,亦可归责于行为人,但其严重程度尚未达到可罚的要求,故应将之排除在犯罪圈之外。赋权事由区别于其他两类出罪事由的本质特点在于,既然赋权事由的成立意味着行为人拿到了侵入他人法益空间的许可证;那么相应地,受损者就有义务对行为人行使该权利的举动及其招致的损害加以忍受,他既无权向对方展开反击,也不得将损害转嫁给第三人。紧急权是典型的赋权事由,故紧急行为的受害者何以在相应范围内负有忍受自己法益受损的义务,就成为建构紧急权体系的"元问题"。

由此也可以看出,紧急权并非仅涉及刑事责任有无的问题,而是直接关乎公民之间的权利义务关系。所以,与免责事由、量微事由不同,它并不是专属于刑法领域的范畴。事实上,在阶层式犯罪论体系当中,违法阻却事由的功能本不在于直接实现特定的刑事政策,而在于在

---

① 〔德〕康德:《纯粹理性批判》,邓晓芒译,人民出版社 2004 年版,第 629 页。
② Vgl. Langer, Strafrechtsdogmatik als Wissenschaft, GA 1990, S. 441.

刑法的判断中铺设一条与周边部门法领域连接沟通的管道,从而保证刑法对于某一行为的评价能够与整体法秩序关于合法与违法的界分标准协调一致。因此,紧急权理论的视域不能止于刑法,而应当扩及以宪法为基石的整个法秩序。

一、第一期:权利空间的分配

在一个社会当中,权利分配格局是确定各成员法律地位的关键要素,也是法秩序调处社会成员之间关系的首要依据。只有在对公民权利空间的边界加以确认之后,法律才能进一步发挥其救济、制裁机能。[①] 法治社会存续的前提之一,就是承认其成员是自我决定的人格体,各公民均平等地享有不受他人恣意侵犯的自治领域和权利空间。这一点已为我国《宪法》第 33 条第 2 款和第 51 条所确立。由此可以推导出用于勾画紧急权体系初步轮廓的三个命题:

其一,*自损型紧急权*,直接来源于公民的自我决定权。某个侵害他人法益的行为,如果与被害人的意志完全吻合,那就说明被害人已自愿放弃了该法益,不再要求国家为其提供保护,故法律原则上就应当尊重他个人的决定,从而承认该侵害行为的合法性。基于对个人自我决定权的尊重,在紧急情形下能否在同一主体的法益内部进行风险转嫁,即能否通过损害一个公民的某一法益去保全他自己的另一法益,这取决于该法益主体本人的意愿,任何人不能挟社会多数人的价值取向以代替他自己作出抉择。这便是紧急状态下被害人承诺、推定被害人承诺的合法性根据。在此,由于损害和保护的均是同一主体内部的两种法益,故可以称之为*自损型紧急权*。

其二,极端强势的*反击型紧急权*,是公民消极自由和主观权利的固有内容。既然一切公民均平等地拥有不可侵犯的权利空间,那么一旦某人给他人行使自由造成了障碍,则"与这种障碍相

[①] Vgl. Zaczyk, Das Unrecht der versuchten Tat, 1989, S. 127; Renzikowski, Normen-theorie und Strafrechtsdogmatik, Juristische Grundlagenforschung 2005, S. 123.

第一章 紧急权体系的"三期"建设

对立的强制,作为对一个自由障碍的阻碍,就与根据普遍法则的自由相一致,亦即正当的,所以,按照矛盾律,与法权相联结的同时有一种强制损害法权者的权限。……法权和强制的权限是同一个意思"①。人与人之间的平等关系,是以公民能够通过强力将来犯者驱逐出自己所辖之权利空间,从而宣示他人对自己不享有优越地位和支配特权为前提的。权利若无相应的防御权作为后盾,则形同虚设;自由若无反击权作为保障,则不过是一纸空文。因此,一旦公民的权利空间得以划定,一旦平等自由原则得以确立,则以危险来源者为损害对象的反击型紧急权便如影随形、不证自明。

此时的反击型紧急权不分级别,一律具有极端凌厉性。首先,反击型紧急权完全以满足防御和保护的需要为导向。既然公民在各自划定的权利领地上均平等地享有自决权,那么一切未经权利主体或者法秩序特别授权的侵入行为,均应一律被排除和制止。"作为一项基本的正义原则,平等原则要求,若某个公民的权利空间给第三人造成了干扰,那么即便该公民对此无责,他对于第三人为排除该干扰而实施的反击也负有忍受的义务。"②不论是故意犯罪、意外事件还是精神病人的袭击,它们在对公民的自由构成了威胁这一点上并无差别,在公民权利需要得到即时保护这一点上亦无二致。于是,在判断反击型紧急权是否成立时,无须分辨相关的侵害究竟是否属于某种违反了法规范的行为,是否源自一个值得谴责的举动。其次,反击型紧急权不受补充性原则和法益衡量原则的约束。既然反击型紧急权的功能不仅在于保障具体、单个法益的安全,更在于维护公民平等的法律地位,那么一方面,面临威胁的公民不负有逃避、忍让的义务,不能要求行为人只有在不得已,即在通过逃跑等其他方式无法避开侵害时才能出手反击;另一方面,只要反击行为是当时为有效、即时地排除侵害所必不可少

---

① 〔德〕康德:《道德形而上学》(注释本),张荣、李秋零译注,中国人民大学出版社2013年版,第29—30页。

② V. Haas, Kausalität und Rechtsverletzung, 2002, S. 85.

的,那么不论反击行为损害的法益在价值上是大于、等于还是小于其保护的法益,均在所不问。

其三,转嫁型紧急权暂无立足之地。自治既意味着自我决定,也意味着自负其责。根据"法益所遭遇的意外损失应由该法益的所有者自行承担"(casum sentit dominus)的古老原则,权利之专有与责任之专属乃一体两面。公民在其权利空间内能够不受干扰地按照自己的意愿安排、处分其权利,是以他必须独自承受权利空间可能产生的各种意外风险为代价的。① 于是,当某一公民的法益陷入险境时,他无权将自己面临的危险转嫁给与危险的引起无关的第三人,第三人也不负有牺牲自己的利益去保护他人法益安全的义务。② 这一点早在康德(Kant)的法哲学思想中就已得到了清晰的展现。以古典自由主义法律观为基础,康德认为,公民在法律上只承担不侵犯他人法权地位(Rechtsposition)的消极义务,却不负有促进他人福祉的积极义务。③ 用康氏自己的话来说,"法权概念并不意味着任性与他人愿望(因此也与纯然的需要)的关系……而仅仅意味着与他人的任性的关系"④。遭遇急迫危险的人,其自由也必然受到妨碍,但这种妨碍完全来自发生在其自身权利空间内部的某种偶然事件,而不是源于他人的非法强制行为。因此,"不可能存在任何紧急状况使得不正当的事情成为合法的"⑤。通过向第三人转嫁风险以求自保的紧急避险行为受到绝对的禁止⑥,它无

---

① Vgl. R. Haas, Notwehr und Nothilfe, 1978, S. 213; Renzikowski, Intra-und extra-systematische Rechtfertigungsgründe, FS-Hruschka, 2005, S. 651; Köhler, Die objektive Zurechnung der Gefahr als Voraussetzung der Eingirffsbefugnis im Defensivnotstand, FS-Schroeder, 2006, S. 264 f.

② Vgl. Hruschka, Rettungspflichten in Notstandssituationen, JuS 1979, S. 388 f.; Frister, Die Notwehr im System der Notrechte, GA 1988, S. 291 ff.; Renzikowski, Notstand und Notwehr, 1994, S. 179; Pawlik, Der rechtfertigende Notstand, 2002, S. 15.

③ Vgl. Coninx, Das Solidaritätsprinzip im Lebensnotstand, 2012, S. 138 ff.

④ 〔德〕康德:《道德形而上学》(注释本),张荣、李秋零译注,中国人民大学出版社2013年版,第28页。

⑤ 〔德〕康德:《道德形而上学》(注释本),张荣、李秋零译注,中国人民大学出版社2013年版,第33页。

⑥ Vgl. Kühl, Zur rechtphilosophischen Begründung des rechtfertigenden Notstands, FS-Lenkner, 1998, S. 145 f.

法如正当防卫那样成为一项合法的权利。因此,在紧急权体系的"一期建设"中,不存在以第三人为损害对象的转嫁型紧急权的容身之所。

　　自助行为(Selbsthilfe)也属于反击型紧急权的一种。自助行为是指权利人为保证自己的请求权得以实现,在情势紧迫而又不能及时求助于国家机关的情况下,对他人的财产或者自由施加扣押、拘束或者其他措施的行为。① 我国《民法典》第 1177 条第 1 款明确规定:"合法权益受到侵害,情况紧迫且不能及时获得国家机关保护,不立即采取措施将使其合法权益受到难以弥补的损害的,受害人可以在保护自己合法权益的必要范围内采取扣留侵权人的财物等合理措施;但是,应当立即请求有关国家机关处理。"② 它所针对的情形主要包括两类③:其一,乙逾期未履行基于买卖合同应支付甲的货款 10 万元;在乙开始转移财产或者即将逃往境外的情况下,甲先行将乙的财产予以扣押或者对其人身加以控制。其二,丁盗窃丙价值 10 万元的一件古玩,得手后成功逃脱;丙某日在另一城市偶然发现了随身携带赃物的丁,为防其再次逃窜或者毁灭赃物,遂当即将之拘禁。在前一情形中,乙违反了《民法典》第 628 条关于"买受人应当按照约定的时间支付价款"的规定,侵犯了甲根据双方买卖合同所享有的债权。在后一情形中,尽管丁积极取得对物占有的盗窃行为已告结束,但一方面,根据《民法典》第 235 条的规定,作为古玩所有权人的丙对于无权占有该物的丁享有所有物返还请求权;另一方面,根据《民法典》第 122 条的规定,丁在没有法律根据的情况下取得对丙古玩的占有,丙亦享有请求

---

　　① 参见王泽鉴:《侵权行为》,北京大学出版社 2009 年版,第 224—225 页;王利明等:《民法学》(第五版),法律出版社 2017 年版,第 904 页;Grothe, in: MK-BGB, 8. Aufl., 2018, § 229 Rn. 1。
　　② 在《民法典》颁布之前,尽管自助行为未得到我国民事法律的明确规定,但司法实践对其是予以承认的。参见刘澜平、向亮:《民事自助行为的司法认定与责任承担》,载《人民司法·案例》2013 年第 16 期;夏明贵:《出租人强行收回租赁物的自力救济行为辨析》,载《人民司法·案例》2013 年第 24 期。
　　③ 参见张明楷:《刑法学(上)》(第五版),法律出版社 2016 年版,第 236 页;Roxin/Greco, Strafrecht AT, Bd. Ⅰ, 5. Aufl., 2020, § 17 Rn. 29。

丁返还该不当得利的债权。① 因此,丁拒不归还盗窃所得的古玩,侵害了丙依法享有的返还请求权。由此可见,自助行为所针对的都是以不作为的方式对他人财产法益实施的不法侵害。② 所以,它在本质上应当被归入反击型紧急权。

二、第二期:侵害风险的归责

当我们立足于自由平等的视角去建构紧急权体系时,满眼关注的只是如何有效地保障公民的权利空间免受外来侵犯;至于侵害者一方的利益,除了要求反击行为不得逾越为及时、彻底地排除侵害所必要的限度,则基本上不再另予关照。但是,既然紧急权的成立使得某一公民对他人给自己造成的损害负有忍受义务,那便意味着,此刻法律在一定范围内撤除了对该公民的保护。套用耶林(v. Jhering)的名言"国家手中之刑罚乃一把双刃剑",极端强势的反击型紧急权同样也是一把双刃之剑,它对于受侵害者而言固然是保护法益的一种有力手段,但对于侵害者来说却是一把极具杀伤力的锐器。如果说由于刑罚是对公民自由限制最为严厉的国家制裁手段,故其适用必须慎之又慎,那么法律对于极端强势的反击型紧急权也不能不时刻保持谨慎的态度。于是,紧急权体系的建构,在确保受侵害一方的利益获得周全防护的前提下,应当区分侵害的不同情况对紧急权损害对象的利益给予必要的兼顾。为此,需要在权利空间的分配之外为紧急权理论的完善补充另一个理论视角,即归责。法律上的归责,其最为人熟知的功能莫过于确定行为人能否为某一结果承担法律责任。不过,除此之外,归责还具有另一项重要机能,即用于衡量某人在利益冲突中的值得保护性。当两方公民的利益发生剧烈冲突时,冲突的最终解决往往需要以牺牲其中一方的法益为代价;这

---

① 按照民法学通说,由于我国现行民事立法未承认物权行为的独立性和无因性,故所有物返还请求权和不当得利返还请求权不能并存,可由所有人选择主张其一。参见马俊驹、余延满:《民法原论》(第四版),法律出版社2010年版,第772页;王利明等:《民法学》(第五版),法律出版社2017年版,第530页。

② Vgl. Kühl, Strafrecht AT, 8. Aufl., 2017, § 9 Rn. 3.

时,法律必须对如何就解决冲突所需付出的成本在双方之间进行合理分配的问题作出决断,而分配的标准正是冲突双方的可归责性及其程度。

在公民甲与公民乙之间的利益冲突事实上是由甲方引起的情况下,从规范评价的角度来看,甲与利益冲突之间的归责关联可以表现为以下两种形态:(1)辖区专属性归责。即仅仅因为可能导致乙之利益受损的危险发源于甲的权利空间,故解决双方利益冲突的成本应当主要由甲来承担。如前所述,权利空间的划定,意味着一切公民均拥有一块排斥外来干涉的自由领地,他人未经许可不得擅闯其中。由权利空间的这种封闭性和个人专属性所决定,权利主体对该空间的认知和把控能力远远超过其他公民。于是,法秩序有理由期待权利主体应当保证其权利空间不会对他人的安全构成威胁;一旦权利空间对其他公民构成了威胁,法秩序也有理由要求权利主体担负起为消除该威胁所需付出的代价。(2)人格意志性归责。在辖区专属性归责的基础之上,还有可能出现更高层级的归责形态。即甲不单单是危险来源的权利空间的占有者,他还是以其规范违反行为一手制造了利益冲突的人格体。他要么基于法敌对的意志,以积极违反行为规范的举动侵犯他人的自由,要么基于对他人法益安全的疏忽和轻率,违反了能力维持规范(即注意义务),在自身认知与避免能力发生不当减损的情况下给他人法益造成了危险。[①] 总而言之,乙所面临的侵害危险,都是甲在本可避免的情况下违反规范的结果,是他作为具有意志自由之人格体所创造的作品。在这种情况下,甲需要为冲突的解决承担比纯粹的辖区专属性归责的情形更高的代价。原因如下:其一,根据"自我答责是自我决定权的反面和代价"[②]的思想,若某人是在对风险有确切认知和实际支配的情况下自愿置身于风险之中,则此人的法益在自陷危险的限度内不再值得保护。在利

[①] 关于行为规范与能力维持规范的区别以及二者对于归责判断的意义,参见陈璇:《注意义务的规范本质与判断标准》,载《法学研究》2019年第1期。

[②] Hörnle, Die Obliegenheit, sich selbst zu schützen, und ihre Bedeutung für das Strafrecht, GA 2009, S. 630.

益冲突可归责于甲的人格意志的情形下,一直到乙采取反击措施之前,双方是否发生冲突还处在甲的掌控之中,是他把自己从一个相对安全的状态带入到了可能遭遇他人反击的险境之中。毋庸置疑,除非被害人以有效承诺的方式自愿放弃其法益,否则不论他是否采取了充分、适当的自我防护措施,其法益一律处在法秩序的庇护之下。① 然而,如果因为甲疏于对自己法益的保护,从而导致自己的法益与乙的法益发生了冲突,那么在二者难以两全的境况下,两相比较,前者值得保护的程度将低于后者,为解决该冲突所需付出的代价也理应更多地由甲自己去承担。其二,规范违反的成立,表明了侵入者对他人平等权利地位的公然蔑视。尽管如前所述,依照自由平等原则,乙对于任何无故进入自己权利空间的来犯者均不负有束手待毙的义务。但是,假如甲是在无法控制的外力支配下失足滑入他人的自由领域,那么甲完全没有颠覆他与乙之间平等关系的企图;作为失去了自主行动能力和意志选择自由的弱者,他理应获得一定的怜悯和关照。于是,在不伤及乙根本利益的前提下,应当适当降低甲为解决冲突所需付出的代价。反之,如果甲是基于自我决定侵入乙的权利空间,那么他就明白无误地向外界宣示,自己试图取得优于乙的特权地位。这时,法秩序在对利益冲突的解决成本进行分配时,就没有理由给予甲任何优待。

　　紧急权体系"二期建设"所取得的最重要的理论成果,是确立了"某个利益的所有者对于排除冲突情境所负有的主管责任越重,则该利益就越会退居次要地位"②的原理,进而根据侵害人对于侵害风险的答责性程度,在反击型紧急权内部实现了进一步的层次划分,使"强答责侵害"对应于锋芒最为凌厉的正当防卫权,令"弱答责侵害"对应于强势程度有所减弱的防御性紧急避险权。这样一来,防御性紧急避险的独立形象就清晰地显现了出来,有助于从根本上克服我国正当化事由理论和实践中存在的积弊。我国刑法理论

---

　　① Vgl. Freund, in: MK-StGB, 4. Aufl., 2020, vor §§ 13 ff. Rn. 427.
　　② Jakobs, Kommentar: Rechtfertigung und Entschuldigung bei Befreiung aus besonderen Notlagen, in: Eser/Nishihara (Hrsg.), Rechtfertigung und Entschuldigung, 1995, S. 164.

中,广泛存在着对正当防卫的前提条件,即"正在进行的不法侵害"作无限扩大化解释的倾向。这主要体现为以下两点:(1)对"不法"的纯客观化理解。通说认为:"对不法侵害中的不法,应当作客观的理解……只要行为人的行为对法律所保护的权益具有损害的危险,就是违法。"①例如,汽车司机甲因突发心肌梗死而丧失了把控车辆的能力,导致汽车失控撞向人行道上的路人;或者,甲正常驾驶汽车行进在公路上,几名小孩在甲无从预料的情况下突然从路边窜出,甲刹车不及眼看就要与小孩相撞。在通说看来,这两种情形中的甲都实施了不法侵害,故他人皆有权对其实施正当防卫。(2)将侵害的开始时点大幅度前移。近年来,我国司法实践中陆续出现了多起"受虐妇女杀夫"的疑难案件。有的学者提出,有必要通过将持续数年乃至十几年的家庭暴力看作一个完整的行为过程,认定即使在施暴者睡觉、用餐时,不法侵害也仍然正在进行,进而肯定妻子享有正当防卫权。②

很明显,通说对不法侵害中"不法"的含义有意识地作出了不同于"刑事违法性"的理解③,使之仅仅包括结果无价值,而不包括行为无价值。本来,在刑法解释中,"为了实现刑法的正义理念,为了维护刑法的协调,对同一用语在不同场合或者针对不同行为、对象做出不同解释是完全必要的"④。因此,人们完全可以以"违法性"概念在犯罪的认定和正当防卫的判断这两种场合下发挥的功能有所不同为由,对其作出区别化的理解。同理,对侵害的"正在进行"作较通常理解为宽的解释,也并非绝对禁止。可是,先撇开其结论的实质合理性不谈,仅就论证的思维方法而言,这种大幅扩张正当

---

① 马克昌主编:《犯罪通论》(第三版),武汉大学出版社1999年版,第722—723页。
② 参见季理华:《受虐妇女杀夫案中刑事责任认定的新思考》,载《政治与法律》2007年第4期;魏汉涛:《正当防卫的适用条件之检讨——来自"受虐妇女综合症"的启示》,载《四川警官学院学报》2013年第1期。
③ 参见马克昌主编:《犯罪通论》(第三版),武汉大学出版社1999年版,第723页。
④ 参见张明楷:《刑法分则的解释原理(下)》(第二版),中国人民大学出版社2011年版,第780页以下。

防卫前提要件的观点就大有可商榷的余地。

第一,在确定公民享有何种紧急权时,应当克服唯法益保护之需要与效率马首是瞻的片面思维。

显而易见,不论是对侵害之"不法"性的扩张解释,还是对侵害"正在进行"的泛化认定,其出发点都是试图赋予遭遇危险的一方以正当防卫权,从而使其法益获得更为周全的保护。20 世纪 40 年代,苏联学者 В. Ф. 基里钦科曾经提出:侵袭者的侵犯是出于故意还是出于可以原谅的错误以及侵袭者有无责任能力,对于防御有社会危害性的侵袭的人来说,是没有区别的。侵袭者侵犯了合法利益,而这种侵犯行为又是不法的,那么这种侵犯对防御者来说,客观上就是一种犯罪,对这种犯罪是容许实施正当防卫的。[①] 我国刑法理论的通说全盘继受了这种单纯以遭受侵害者一方的利益为出发点的思考模式。学者们之所以意图通过引入客观违法性论使"不法侵害"的涵摄范围最大化,一个关键的理由在于:在紧急避险的对象被限定为无辜第三人的情况下[②],所有直接针对危险来源的反击行为,除成立正当防卫之外就不存在任何其他能够得以合法化的途径。如果不允许前例中其他人对甲行使正当防卫权,则意味着案例中的路人、小孩以及其他公民彻底丧失了通过反击直接消除危险的可能,遭遇危险者在

[①] 参见〔苏〕В. Ф. 基里钦科:《苏维埃刑法关于正当防卫理论的基本问题》,苏联科学院出版局 1948 年版,第 5 页,转引自〔苏〕多马欣:《苏维埃刑法中的紧急避难》,张保成译,法律出版社 1957 年版,第 45 页。

[②] 参见高格:《正当防卫与紧急避险》,福建人民出版社 1985 年版,第 104 页;高铭暄、马克昌主编:《刑法学》(第八版),北京大学出版社、高等教育出版社 2017 年版,第 139、142 页;陈兴良:《教义刑法学》(第三版),中国人民大学出版社 2017 年版,第 391 页。判例也采纳了这一观点,参见"范尚秀故意伤害案",载中华人民共和国最高人民法院刑事审判第一、二、三、四、五庭主办:《中国刑事审判指导案例(侵犯公民人身权利、民主权利罪)》,法律出版社 2009 年版,第 323 页。对此,刘明祥教授较早地提出了不同看法,参见刘明祥:《紧急避险研究》,中国政法大学出版社 1998 年版,第 56—57 页。近年来,也有学者明确主张紧急避险的对象不限于无辜第三人,参见冯军:《刑法教义学的立场和方法》,载《中外法学》2014 年第 1 期;陈璇:《家庭暴力反抗案件中防御性紧急避险的适用——兼对正当防卫扩张论的否定》,载《政治与法律》2015 年第 9 期;赵雪爽:《对无责任能力者进行正当防卫兼论刑法的紧急权体系》,载《中外法学》2018 年第 6 期。

无法转嫁风险的情况下就只能坐以待毙。① 同样,之所以有学者主张在受虐妇女杀夫案件中对不法侵害"正在进行"的要件作扩大化的理解,也是考虑到在这类案件中,当丈夫现实地实施殴打、虐待行为时,妻子往往因为体力上处于绝对劣势而毫无展开有效反抗的胜算,若不赋予妻子以趁丈夫不备先下手为强的正当防卫权,则无异于完全剥夺了她通过反击来实现自卫的最后一线机会。②

然而,如前所述,作为赋权事由的紧急权,不仅事关行为人是否承担刑事责任的问题,更是涉及紧急行为的受害方在多大程度上失去法律的保护、在多大范围内须承担忍受义务的问题。因此,我们在判断行为人是否享有正当防卫权的时候,不应把正当防卫看成一种单纯的"法益保护工具"③,不能一门心思地只考虑处于侵害威胁之下的法益是否需要通过即时防卫来加以保护、如何才能为行为人果断高效地保护自身权益提供便利,还必须同时权衡正当防卫权的强度究竟是否与侵害者的答责程度以及他应承担的忍受义务相匹配。在确定应当赋予行为人以即时反击权的前提下,一旦我们发现需要结合紧急状态的归责性标准对侵害人的忍受义务作区别化处理,那就意味着有必要在反击型紧急权内部进行进一步的类型划分,将相对弱化的防御权从强势的正当防卫权中分出,以适应不同情形下对行为人与侵害人双方利益加以平衡的需要。可见,否定行为人针对意外事件或者无责任能力人的袭击拥有正当防卫权,绝不意味着他由此被置于洗颈就戮的绝境④,而只是表明他不得动用陵劲淬砺的强势反击权(正当防卫),只能选择力度有所收敛的次级反击权(防御性紧急避险)。

---

① 参见张明楷:《行为无价值论与结果无价值论》,北京大学出版社2012年版,第192页;周光权:《刑法总论》,中国人民大学出版社2016年版,第144页;陈兴良:《正当防卫论》,中国人民大学出版社2017年版,第62、80页。

② 参见季理华:《受虐妇女杀夫案中刑事责任认定的新思考》,载《政治与法律》2007年第4期;魏汉涛:《正当防卫的适用条件之检讨——来自"受虐妇女综合症"的启示》,载《四川警官学院学报》2013年第1期。

③ Jakobs, Strafrecht AT, 2. Aufl., 1991, 12/16.

④ Vgl. Hold von Ferneck, Die Rechtswidrigkeit, Bd. 2, 1905, S. 123.

第二,行为人辨认能力的有限性,不是虚化紧急权之客观成立要件内容的理由。

持通说的学者提出,在猝不及防的紧急状态中,陷入险境的公民往往难以冷静、准确地查明袭击者究竟是否具有罪过、是否具备责任能力,故只能根据遭受侵害之人容易辨认的事实,即行为的客观危险性来解释正当防卫条款中的"不法"。① 但这一说法是难以成立的。首先,正如犯罪构成要件的内容只取决于合理区分罪与非罪、此罪与彼罪的需要,而不取决于行为人对要件认识的难易程度一样,某一紧急权的要件究竟包含哪些内容,主要是由该紧急权的正当化根据以及它的强势程度所决定的。之所以需要对正当防卫的前提条件作较为严格的限制,是因为考虑到正当防卫作为锋芒最为强劲的一种紧急权,其适用范围必须受到严格限制。② 由于这是对防卫行为人与防卫被害人的利益进行总体权衡后得出的结论,同时也涉及正当防卫与其他紧急权之间的界限,故其正当性和必要性不受行为人认识可能性左右。换言之,"我们不能将'侵害的违法性应当能够为受侵害者清楚地认知'这个要求,当成一个绝对的标准。最为重要的是,像正当防卫权这样波及范围宽广的侵入权限,我们必须将作为该权利之基础的那些法原则贯彻到对其前提要件的解释中去"③。其次,把行为人是否具备认知可能性作为决定紧急权要件内容的标准,将最终导致紧急权的法律边界归于消失。例如,除了侵害的违法性,正当防卫还受制于其他诸多客观要件。如果说只要行为人在紧急状态下有可能无法认识到某种事实,就不应将之列为正当防

---

① 参见马克昌主编:《犯罪通论》(第三版),武汉大学出版社1999年版,第724页;王政勋:《正当行为论》,法律出版社2000年版,第126页;黎宏:《刑法学总论》(第二版),法律出版社2016年版,第130页;陈兴良:《正当防卫论》(第三版),中国人民大学出版社2017年版,第61、81页;RGSt. 27, 44; Binding, Handbuch des Strafrechts, Bd. 1, 1885, S. 739; Eb. Schmidt, Niederschriften, Bd. 2, S. 126 ff.; Roxin/Greco, Strafrecht AT, Bd. I, 5. Aufl., 2020, § 15 Rn. 19。

② Vgl. Hirsch, Die Notwehrvoraussetzung der Rechtswidrigkeit des Angriffs, FS-Dreher, 1977, S. 214; Kühl, Strafrecht AT, 8. Aufl., 2017, § 7 Rn. 84.

③ Hirsch, Die Notwehrvoraussetzung der Rechtswidrigkeit des Angriffs, FS-Dreher, 1977, S. 227.

卫的要件,那我们是不是可以说,由于行为人有时也难以准确地辨别不法侵害是否"正在进行"以及防卫措施是否处在"必要限度"之内,故正当防卫的成立不应要求不法侵害正在进行,也不应要求防卫不得超出必要限度呢？甚至,是否可以推而广之认为,由于紧急权本来就是发生在急迫的危险时刻,行为人往往难以准确判断各种客观要件所要求的事实是否存在,故干脆应当对紧急权的所有客观要件均作虚化理解呢？最后,当行为人因无法作出正确判断而对侵害是否违法有所误判时,否认他享有正当防卫权,并不意味着其行为只能成立犯罪。因为,一方面,如后文第三部分所述,我们完全有可能根据紧急权竞合的原理认定该行为成立防御性紧急避险;另一方面,即便确实无法成立正当化事由,至少也可以借助紧急权前提事实的认识错误、责任阻却事由等原理排除行为人的刑事责任①,故并不会得出不合理的结论。

第三,体系化的紧急权应当名实相副。

事实上,通说在对防卫限度进行宽泛化解释的同时,并没有也不可能忽视侵害人答责性对于行为人反击权强度可能带来的实质性影响。只不过,它对侵害人弱答责性的考量,不是以防御性紧急避险为依托,而是经由正当防卫权的内部调控这一管道得以完成的。通说提出,尽管公民针对不可抗力、意外事件以及无责任能力人的侵袭皆可行使防卫权,但需要为相应的防卫行为附加种种额外的限制,例如要求行为人在能躲避的情况下应当优先选择躲避的方式,即便因无可遁逃而被迫反击,也应尽量避免造成对方重伤、死亡。② 乍一看,既

---

① Vgl. Hold von Ferneck, Die Rechtswidrigkeit, Bd. 2, 1905, S. 137; Baumgarten, Notstand und Notwehr, 1911, S. 104.

② 参见张明楷:《刑法学(上)》(第五版),法律出版社 2016 年版,第 199 页;陈兴良:《正当防卫论》(第三版),中国人民大学出版社 2017 年版,第 83—84 页。判例中的相关论述,参见"范尚秀故意伤害案",载中华人民共和国最高人民法院刑事审判第一、二、三、四、五庭主办:《中国刑事审判指导案例(侵犯公民人身权利、民主权利罪)》,法律出版社 2009 年版,第 323—324 页。Vgl. BGHSt 3, 217; BSG NJW 1999, S. 2302; Spendel, in: LK-StGB, 11. Aufl., 1992, § 32 Rn. 235 f.; Jescheck/Weigend, Lehrbuch des Strafrechts AT, 5. Aufl., 1996, S. 345 f.; Perron/Eisele, in: Schönke/Schröder, StGB, 30. Aufl., 2019, § 32 Rn. 52。

然侵害人弱答责性的因素已经在实质上得到了重视,那么与这种弱答责性相对应的具体紧急权究竟是防御性紧急避险,还是"缩水"了的正当防卫,似乎就只是一个纯粹形式和理论上的归类问题,于实践影响不大,故大可不必为此纠结。然而,作为科学的法教义学理论,不能只满足于结论的实质合理,却不问得出结论的推理过程是否环环相扣、逻辑一贯。① 对于每一种紧急权来说,特有的正当化根据总是与特定的权利行使风格桴鼓相应。关于正当防卫本质的理论,不论是传统学说所主张的"法益保护 + 法秩序维护"的二元论,还是笔者所持的侵害人值得保护性双重下降说,无不紧密围绕着正当防卫相较于其他紧急权所具有的极端强势性的特征展开。但是,如果像通说那样为正当防卫设置如许额外的限制性条件,则正当防卫权本应具有的果敢、凌厉的独特风格势必荡然无存;由于这种风格乃正当防卫权本质的集中反映,所以权利行使锋芒的骤然钝化,绝非只代表单纯的量变,而且意味着权利属性的质变。一旦我们发现,在侵害者欠缺人格意志性答责的情况下,只有使行为人手中的紧急权失去最能展现正当防卫本质的鲜明个性,才能获得令人满意的处理结论;那就恰恰说明,法律此时能够赋予行为人的紧急权已不成其为正当防卫,而是性质完全不同的另一种权利了。通说不是确保有正当防卫之名者必具正当防卫之实,而是用"打补丁"的方式硬以正当防卫之名去担其他紧急权之实。在行为本与防御性紧急避险完全合致的情况下,非要强行将其塞入一个与之多有龃龉、需大费周折才能勉强兼容的正当防卫范畴之中,这既有损于紧急权体系内部构造的清晰性,也会对学术研究的资源造成无谓的浪费。

三、第三期:社会团结的引入

(一)团结义务法律化的合法性根据

现代意义上的"团结"源于1789年法国大革命时期的"博爱"(Fraternité)理念,从那时起它便与自由、平等一道构成了现代人权最

---

① Vgl. Hruschka, Strafrecht nach logisch-analytischer Methode, 2. Aufl., 1988, S. 140.

基本的三项原则。① 从实定法的角度来看,适度的社会团结义务是得到我国宪法和法律认可的。《宪法》第1条第2款规定,"社会主义制度是中华人民共和国的根本制度"。社会主义原则的确立,意味着我国的法秩序在维护公民个人自由的同时,必然也强调公民之间应当互相扶助、国家应当为弱者提供照顾。② 在我国,尽管公民之间协助义务的履行尚未获得国家最高层级的制裁手段,即刑罚的保障③,但它在许多法律条文中均已有所体现。例如,《道路交通安全法》第70条第1款规定:"在道路上发生交通事故……乘车人、过往车辆驾驶人、过往行人应当予以协助。"又如,《消防法》第44条规定,"任何人发现火灾都应当立即报警"。

社会团结强调公民对于社会共同体的其他成员负有一定的扶助和照顾的责任,它的引入必将给个人原有的自由带来某种限制。因此,在将社会团结确立为紧急权第三期建设工程的基石之前,有必要阐明法律上团结义务的正当性根据。对团结义务合法性的论证,需要依次回答两个基本问题。现分述如下:

1. 团结义务的设定何以能与公民的意思自治保持一致?

既然社会团结的义务意味着公民的自由将在一定程度上受到限制,那么法律在设置该义务时就必须具有某种实质性的正当性根据。在一个尊重公民的自我决定权、将维护公民自由不受侵犯视为核心任务的法治国里,不能随意祭起"社会整体利益"之类凌驾于个人之上的概念去抹杀公民的权利。要想说明对个体自由所施加的限制具有合法性,只能根据公民基于自身理性所表达的同意④;利他义务的证成,也不可诉诸超脱人间世俗的信仰,而必须以满足个人的合理利

---

① 参见王晖:《法律中的团结观与基本义务》,载《清华法学》2015年第3期;Bayertz, Begriff und Probleme der Solidarität, in: Bayertz (Hrsg.), Solidarität, 1998, S. 11 ff.。

② 参见张翔:《财产权的社会义务》,载《中国社会科学》2012年第9期。

③ 《德国刑法典》第323c条关于见危不救助罪的规定,明确将违反公民间互相扶助义务的举动列为可罚行为。德国刑法理论通说认为,该条款是社会团结原则在刑法中的典型反映。参见 Lackner/Kühl, StGB, 29. Aufl., 2018, § 323c Rn. 1.

④ Vgl. Kersting, Die politische Philosophie des Gesellschaftsvertrags, 1994, S. 32 ff.; Kelker, Der Nötigungsnotstand, 1993, S. 117, 162; Pawlik, Der rechtfertigende Notstand, 2002, S. 11, 60.

己需要为基本出发点。因此,我们也只能从公民的同意,即所谓"自我立法"中去寻找社会团结义务的依据。①

对此,在政治哲学思想史上出现了多种可能的论证路径,较具代表性者包括:(1)交换正义的要求。该说认为:任何人都无法保证自己永远不会陷入紧急的危险状态之中,而任何人也都期望自己在此情形下能得到他人的照顾与帮助。但是,诚如康德所言,假如绝对的自私自利成为普遍化的法则,每个人都只想得到别人的帮扶,却拒绝援助他人,那么所有人最终都不可能达到自利的目的,故自私自利作为普遍的法则,其本身就是自相矛盾的。② 于是,人们在追求利己目的的过程中,也必须尽到一些利他的义务。正像保险合同的订立,意味着投保人只有先支付一定的保险费,才能换取将来一旦罹患伤病便可享受保险金赔付的权利一样,公民只有先承担向他人伸出援手的义务,方可使自己在未来遇到困境时获得他人的救助。③ (2)"无知之幕"背后的选择。按照罗尔斯(Rawls)的正义论,在对社会正义原则进行选择时,应当让参与选择的各方站在无知之幕(the veil of ignorance)的背后。④ 处于原初状态中的人们具有理性,但对供他们选择的各种正义原则的特殊事实,以及自己将会有何种目的、倾向、个性等都一无所知,故他们势必倾向于选择使自己及后代人的生活起点不致因社会或自然的偶然因素而遭受致命挫折的正义原则。⑤ 借用这一思想,当所有参与制定法律制度的人均立于无知之幕的背后时,谁也无法预先知晓,他在将来可能发生的紧急状态中究竟会处于需要帮助者还是提供帮助者的地位。于是,至少为了保护那些直接关乎个人

---

① Vgl. Pawlik, Der rechtfertigende Notstand, 2002, S. 11, 60; Kühl, Strafrecht AT, 8. Aufl., 2017, § 8 Rn. 9; Neumann, in: NK-StGB, 5. Aufl., 2017, § 34 Rn. 9.

② 参见〔德〕康德:《道德形而上学》(注释本),张荣、李秋零译注,中国人民大学出版社2013年版,第230页。

③ Vgl. Meißner, Die Interessenabwägungsformel in der Vorschrift über den rechtfertigenden Notstand (§ 34 StGB), 1990, S. 191.

④ 参见〔美〕约翰·罗尔斯:《正义论》(修订版),何怀宏、何包钢、廖申白译,中国社会科学出版社2009年版,第91页以下。

⑤ 参见廖申白:《〈正义论〉对古典自由主义的修正》,载《中国社会科学》2003年第5期。

生存的基本法益,人们愿意制定出要求社会成员相互给予协助的团结义务。① (3) 主体间相互承认的结果。哈贝马斯(Habermas)的商谈伦理学指出:应当对以往仅从个人单方的视角出发去谈论自由的观点加以扬弃。人只有在结成社会的过程中才能真正获得自由;单个个体也只有在为生存所必需的社会网络中相互尊重、彼此承认,才能最终保全其自身的完整性。据此,对于维护主体间相互承认的生活方式来说,要求社会成员承担一定的社会团结义务是必不可少的。②

事实上,团结义务正当性的论证思路大体上离不开一种理性的功利计算,即:以"我为人人"达至"人人为我"。具体来说,在一个社会当中,倘若每个人都能对未来可能发生的风险了如指掌,都能得心应手地把控自己的命运,那么正所谓求人不如求己,一切社会成员大可"各人自扫门前雪,莫管他家瓦上霜"。然而,正是由于天有不测风云、人有旦夕祸福,人们总是难以保证自己不会遇到仅凭一己之力无法抗御的意外风险,所以个人的生存和发展始终离不开其他社会成员的扶助和接济。又由于我们假定所有人生而平等,自己从他人处有所"得",必须以自己向他人有所"舍"为代价,故通过订立契约相互让渡部分利益,进而建立起一种人人自愿接受的互助机制,就成为最大限度保障个人长远利益的唯一选择。可见,团结义务能够最终获得社会成员同意的基础在于:在特定情形下牺牲自己的某些自由、给予他人以一定的援助和关照,最终是为了换取自身利益和安全的最大化。③

2. 团结义务何以能够成为一项得到国家强制力保障履行的法律义务?

以利益交换为基础达成的合意,仅仅停留在社会成员个人的理

---

① Vgl. Merkel, Zaungäste? Über die Vernachlässigung philosophischer Argumente in der Strafrechtswissenschaft (und einige verbreitete Missverständnisse zu § 34 StGB), in: Institut für Kriminalwissenschaften Frank a. M. (Hrsg.), Vom unmöglichen Zustand des Strafrechts, 1995, S. 184.

② Vgl. Kühl, Freiheit und Solidarität bei den Notrechten, FS-Hirsch, 1999, S. 272 ff.

③ Vgl. Saliger, Kontraktualistische Solidarität: Argumente des gegenseitigen Vorteils, in: Andreas von Hirsch/Neumann/Seelmann (Hrsg.), Solidarität im Strafrecht, 2013, S. 62.

性选择这一层面上,由于并非一切理性之举都必然能够和应当由国家强制力保障实施,故由此形成的团结义务完全可能只是一种倡导性的要求,只是一种伦理性质的义务。相应地,对于一个置自己长远利益于不顾的短视行径,我们固然可以嗤之以鼻,却不能当然地断定它违反了法规范的要求,故而属于一种值得谴责的不法行为。① 可是,一旦将团结义务视为建构紧急权体系的基石之一,那就意味着,因紧急权的行使而遭受损失者有义务忍受该损害,若他拒不履行该义务,对紧急权的行使行为予以反抗,则构成不法行为。因此,欲证立团结义务的正当性,就不能将目光局限在公民个人之间的关系上,而必须引入国家及其基本任务的视角。② 在笔者看来,团结义务之所以能够超越道德准则的范畴成为一种由法律向国民提出的行动要求,其根据主要在于:我国《宪法》第 1 条第 2 款关于"社会主义制度是中华人民共和国的根本制度"的规定表明,消除阻碍公民平等发展的各种因素,是国家的一项基本使命。诚如罗尔斯所指出的那样,一套符合正义观念的社会规则,应当"防止人们在追求政治和经济利益时把自然天赋和社会环境中的偶然因素用作筹码"③。德沃金(Dworkin)也认为,人的运气会导致社会的贫富分化,但运气可分为选择的运气(如因赌博败尽家财)和无情的运气(如不幸罹患残疾),作为人之共同体的社会,对遭遇无情运气的人不应置之不理,而应当给予关心和帮助。④ 因此,法律制度的设计应当致力于避免来自自然和社会的不可控因素对公民的利益分配以及生存发展带来不利

---

① Vgl. von Hirsch/Schorscher, Die Kriminalisierung der unterlassenen Hilfeleistung: Eine Frage von „Solidarität" oder Altruismus?, in: von Hirsch/Neumann/Seelmann (Hrsg.), Solidarität im Strafrecht, 2013, S. 82; Pawlik, Solidarität als strafrechtliche Legitimationskategorie: das Beispiel des rechtfertigenden Aggressivnotstandes, Jahrbuch für Recht und Ethik, Bd. 22, 2014, S. 149.

② Vgl. Frisch, Strafrecht und Solidarität-Zugleich zu Notstand und unterlassener Hilfeleistung, GA 2016, S. 127 f.

③ 〔美〕约翰·罗尔斯:《正义论》(修订版),何怀宏、何包钢、廖申白译,中国社会科学出版社 2009 年版,第 12 页。

④ 参见〔美〕罗纳德·德沃金:《至上的美德:平等的理论与实践》,冯克利译,江苏人民出版社 2008 年版,第 70 页以下。

影响。"只有当一个国家要求有能力者承担起某种责任,这种责任的担当使得贫困者至少能够有尊严地活着时,我们才能说这是一个社会国。"①在社会国当中,实现公民之间相互团结的最主要的方式就是赋税,即公民并不是直接向处于困境和危局中的具体个人施以援手,而是向国家缴纳税款,由后者利用税金设立必要的机构和制度,为公民预防和抵御意外风险提供援助。这样一来,公民就借助国家机构间接地履行了其对于其他社会成员的团结义务,一切遭遇意外风险的个人也享有请求公权力机构扶危济困的权利。不过,在突如其来的危急时刻,由赋税支持建立起来的公共机构往往难以及时现身施救,但遇险公民所享有的实现团结和获取援助的权利并不会因此而消失,故在例外的情况下,国家唯有允许他为了避免事关自身生存的重大法益受损,直接从第三人处获得救助。但是,由于该第三人本已通过纳税履行了自己应尽的团结义务,故其此时为遇险公民所提供的协助属于超出其应尽义务范围的额外牺牲,可以认为其是代表国家履行了本应由后者承担的救助职责。② 因此,一方面,国家应保证该第三人能够于事后获得补偿;另一方面,允许遇险公民损害的第三人利益,必须具有可替代性和可恢复性。

(二)转嫁型紧急权的类型

法秩序要求公民履行团结义务的对象主要有二:一是其他公民,二是专司保障公民安全之职的国家机关及其代表。以其他公民为受益者的紧急权,是攻击性紧急避险③;以国家刑事追诉机关及其

---

① Joerden, Solidaritätspflichten und Strafrecht, in: Andreas von Hirsch/Neumann/Seelmann (Hrsg.), Solidarität im Strafrecht, 2013, S. 50.

② Vgl. V. Haas, Kausalität und Rechtsverletzung, 2002, S. 260 ff.; Kühnbach, Solidaritätspflichten Unbeteiligter, 2007, S. 226; Pawlik, Solidarität als strafrechtliche Legitimationskategorie: das Beispiel des rechtfertigenden Aggressivnotstandes, Jahrbuch für Recht und Ethik, Bd. 22, 2014, S. 155.

③ 近年来,我国刑法学界已有学者主张将团结原则作为攻击性紧急避险的正当化根据。参见王钢:《紧急避险中无辜第三人的容忍义务及其限度兼论紧急避险的正当化根据》,载《中外法学》2011年第3期;陈璇:《生命冲突、紧急避险与责任阻却》,载《法学研究》2016年第5期;蔡桂生:《避险行为对被避险人的法律效果——以紧急避险的正当化根据为中心》,载《法学评论》2017年第4期。

代表为受益者的紧急权,则是公民扭送权。不可否认,扭送犯罪嫌疑人和反击不法侵害者这两种行为,均缘起于他人的某种违法举动,在外观上似乎也都表现为对不法之徒采取的暴力强制措施,二者乍一看颇为近似。正因为如此,有学者习惯于将公民扭送权与正当防卫归为一类正当化事由。① 然而,透过紧急权体系的视角,我们可以清楚地看到,公民扭送权所赖以建立的正当化根据完全不同于正当防卫。

第一,从权利的功能来看,具体论证如下:公民扭送权不具有以即时制止侵害的方式保护法益安全的作用。反击型紧急权的功能在于,通过直接对抗侵害者来即时消除危险源,从而保护某一法益免遭侵害。可是,单纯将犯罪嫌疑人、通缉在案者、越狱逃跑者扭送司法机关的行为,却并不能及时救护法益于危难之间,它所起的作用只是为事后追究犯罪人的刑事责任创造有利条件。正是由于追究刑事责任的活动本身无助于受害者法益的恢复,故服务于刑事追诉的扭送权也不可能具有反击型紧急权的特性。

第二,从权利的本质来看,扭送权的正当性根据不在于利益冲突的答责性,而在于国家发出的团结要求。如前所述,利益冲突的可归责性是反击型紧急权的核心所在。即由于侵害者是法益冲突状态的制造者,不论这种"制造"是单纯的因果引起(弱答责性),还是人格意志支配下的创设(强答责性),可能遭遇他人反击的险境都毕竟肇端于侵害者一方,故与遭受侵害者相比,侵害者的值得保护性必定会出现明显下降,为消除相关法益冲突所需付出的代价也应更多地由侵害者本人去承受。② 因此,只有当事后证实法益冲突状态的确可归责于被反击者时,反击行为才能得以正当化;一旦行为人对该前提事实发生了误判,不论该错误的发生在行为当时是否具有合理性,均不存在成立反击型紧急权的余地,只可能借助假想防卫等原理免除行

---

① Vgl. Jakobs, Strafrecht AT, 2. Aufl., 1991, 11/3; Kindhäuser, LPK-StGB, 7. Aufl., 2017, vor § 32 Rn. 7.
② Vgl. Rudolphi, Rechtfertigungsgründe im Strafrecht, GS – Armin Kaufmann, 1989, S. 394 f.; Jakobs, System der strafrechtlichen Zurechnung, 2012, S. 45 ff.

为人的责任。① 然而,公民扭送权的成立却并不以被扭送者事实上实施了犯罪为前提;只要某人在行为当时具有可排除合理怀疑的犯罪嫌疑,那么即便事后证明他是无辜之人,对其所实施的扭送依然合法。因为扭送权是从国家刑事追诉权中派生而来的一项辅助性紧急权,它是国家在公权力机关难以及时采取法定强制措施之际,为确保刑事追诉不受延误而交由公民实施的一种补充性措施。② 一方面,《刑事诉讼法》第12条规定:"未经人民法院依法判决,对任何人都不得确定有罪。"既然一切公民在刑事诉讼过程中都必须被假定为无罪,而扭送恰恰处在刑事调查程序之中而非之后,那么它所针对的对象就不可能是已被确认有罪的人。③ 另一方面,就刑事强制措施而言,为了保障刑事诉讼秩序的安定性,只要公安司法机关是严格依照法定要件对某一犯罪嫌疑人采取强制措施,则即使该犯罪嫌疑人事实上并未犯罪,他在行为当时也负有配合和忍受的义务。④ 既然扭送权是对刑事强制措施予以辅助的紧急权,其目的同样在于确保刑事诉讼活动顺利推进,那就应当要求被错误扭送的公民也在一定范围内承担忍受的义务,否则设立扭送制度的目的势必归于落空。⑤ 正是由于扭送权的成立并不要求其损害对象是真正犯了罪的人,故答责原则难以适用于扭送权,扭送权也就自然无法被归入反击型紧急权

---

① Vgl. Schroth, Die Annahme und das „Für-Möglich-Halten" von Umständen, die einen anerkannten Rechtfertigungsgrund begründen, FS-Arthur Kaufmann, 1993, S. 605 ff.; Frister, Erlaubnistatbestandszweifel, FS-Rudolphi, 2004, S. 48 f.

② 详细的论证,参见本书第八章第二部分。

③ 尽管按照《刑事诉讼法》第84条的规定,"越狱逃跑的"人也属于扭送的对象,而越狱者必然是已经被判有罪的服刑人员;但是,国家对越狱者实施刑事强制措施,或者公民对其实施扭送,并不是针对他先前被判处的罪行,而是针对他的脱逃行为。在被抓获归案经法院判决之前,脱逃行为仍然只是越狱者涉嫌的罪行,它依然有待国家司法机关的确认。

④ 参见杨雄:《刑事强制措施的正当性基础》,中国人民公安大学出版社2009年版,第56页。

⑤ Vgl. Köhler, Prozeßrechtsverhältnis und Ermittlungseingriffe, ZStW 107 (1995), S. 19 ff.; Pawlik, Das Unrecht des Bürgers: Grundlinien der allgemeinen Verbrechenslehre, 2012, S. 217. 这一立场与我国的司法实践也是相契合的,参见"李某故意伤害案",天津铁路运输法院刑事判决书,(2007)津铁刑初字1号。

之列。既然被扭送人在尚未被确定为犯罪,甚至在事后经司法程序被确定为无罪的情况下,仍然需要对合理的扭送措施加以容忍,那就说明:扭送是一种为了保障公共利益(即刑事诉讼程序的顺利开展)的实现而要求公民做出一定牺牲(即忍受自己的某些法益受到侵犯)的转嫁型紧急权;只有借助社会团结原则才能说明其正当化根据。①

概括来说,社会团结义务的引入对紧急权体系建构的意义主要有以下两个方面:(1)该原则具有扩张紧急权的功能,即它能够为转嫁型紧急权的建立奠定基础。(2)该原则又发挥着收缩紧急权的作用,即它能够为反击型紧急权内部的层级划分提供来自另一个侧面的依据。如前所述,在权利空间分配原则的基础上,根据利益冲突的可归责性程度,可以在反击型紧急权中进一步划分出极强势的正当防卫与弱强势的防御性紧急避险。团结原则可以帮助我们更为清晰地洞悉这一区分的必要性:当侵害的发生不能完全归责于侵害者时,侵害者要么因受制于某种不可控的因素(例如因年幼或者患有精神疾病而缺少责任能力,或者对于危险的发生毫无预见和避免的可能)而有值得同情之处,要么尚未将他人法益现实地推入急迫的险境之中(例如不法侵害仅有出现的可能,但还未现实地发生);这时,法秩序有理由要求遇险者或者其他公民对侵害人施与一定的照顾,在不损害自身重大利益的前提下稍作退让、适度牺牲反击的效率,尽量避免对侵害人造成难以挽回的重大损害。这样一来,归责程度的相

---

① 以国家刑事追诉机关及其代表为团结对象的紧急权,目前为我国实定法明确承认的只有公民扭送权。但实践中还出现了公民以侵犯犯罪嫌疑人个人信息的手段获取犯罪证据的案件。例如,2018年1月,网络安全工程师李某频繁收到诈骗短信。在识破对方的意图后,李某佯装上钩,引诱对方下载装有木马病毒的"网银证书",并通过木马控制了诈骗行为人的计算机,搜集了两人的信息后将材料交给警方(参见李卓雅:《网安工程师遇电信诈骗用木马"反制"》,载《北京青年报》2018年1月19日,第A08版)。在该案中,由于李某已经辨认出对方是在实施诈骗,故他不可能再基于错误认识处分财产,这时诈骗的不法侵害已得到了有效遏制,不存在成立正当防卫的空间。但李某采取技术手段获取犯罪嫌疑人个人信息的行为,为公安司法机关及时侦破电信诈骗案件、追究犯罪嫌疑人的刑事责任提供了帮助,故存在类比公民扭送权承认行为人享有超法规紧急权的可能。

对弱化就与适当的团结义务一道，完整地说明了防御性紧急避险在凌厉程度上较正当防卫有所减弱的实质性根据。由此也可以看出，团结原则在两种紧急避险中发挥的作用恰好是反向而行的①：对于攻击性紧急避险来说，团结义务的承担者是作为避险损害对象的被害人，义务的内容是要求他对避险人转嫁危险的行为加以容忍；相反，就防御性紧急避险而言，团结义务的承担者则是作为避险实施主体的行为人，义务的内容是要求他对自己的反击行为加强约束。

四、本章小结

紧急权的体系是依照不同的法律原则分步骤建构起来的。由法治国中公民自我决定权具有的基础性地位所决定，自损型紧急权和反击型紧急权构成了紧急权大厦中最为基本和坚固的部分。归责视角的引入，促进了反击型紧急权内部的层级划分，使得该权利的行使力度不再具有统一的凌厉性，而是受到归责强弱的调节。随着社会团结上升为一项法律义务，紧急权体系实现了地基的加宽和主体结构的扩建，由此为转嫁型紧急权的立足创造了合法空间。

---

① Vgl. R. Haas, Notwehr und Nothilfe, 1978, S. 215 f.; Renzikowski, Notstand und Notwehr, 1994, S. 206; Pawlik, Der rechtfertigende Defensivnotstand im System der Notrechte, GA 2003, S. 12 f.; Engländer, Grund und Grenzen der Nothilfe, 2008, S. 96.

第二章　紧急权的适用位阶与竞合

为了厘清各紧急权之间的关系,有必要将紧急权的整体成立要件分为以下两大类别:前提要件和行为要件。任何一种紧急权的成立,均以先行存在某种客观的事实情状为前提,例如出现了来自他人的不法侵害需要加以反击,发生了某种危险状态需要进行转嫁,犯罪嫌疑人有逃离之虞需要予以抓捕等,这便是紧急权的前提要件,它决定着紧急权规范的适用空间。在前提要件得到满足的基础上,行为人获得了行使紧急权的可能,但其权利行使行为还必须进一步满足法秩序为其设置的若干限制性条件,从而最终产生合法化的效果,这便是紧急权的行为要件,它管控着紧急权正当化效力的边界。由于前提要件是决定具体案件中应当适用何种类型的紧急权规范的关键,而紧急权的位阶与竞合正是涉及权利的适用范围和优先次序的问题,故本章的研讨将以紧急权的前提要件为考察对象,至于行为要件则留待本书第三章集中探讨。

一、互斥情形下的适用位阶

自损、反击和转嫁这三种类型的紧急权,由于其各自的损害对象没有任何重合之处,故它们之间不存在形成交集的可能,而是呈现出彼此独立、相互排斥的关系。如果能够确定紧急行为的损害对象,则应直接针对与之相对应的紧急权类型进行检验,对于其他类型的紧急权就不再考虑。但如果某一紧急行为所损害的法益在归属上存在争议,就应当根据一定的顺序在紧急权体系中展开排查。在紧急权体系中,就正当化要件的复杂程度来说,建立在自我决定权之上的紧急权的复杂程度最低,建立在法权地位平等原则之上者次之,而以社会团结原则为基础者则最高。按照由易到难的思路,在考察某一紧急行为能否获得合法化时,应当遵循"自损型最先,反击型其次,转嫁型最后"的判断顺序。需要特别加以说明的有以下几点:

(一)推定的被害人承诺优先于攻击性紧急避险

从表面上来看,推定的被害人承诺与攻击性紧急避险一样,都是在紧急状态下以牺牲某一法益为代价保全另一法益。正因为如此,早期的刑法理论曾一度存在误将其归入紧急避险范畴的现象。① 但是当法益冲突发生在同一主体身上时,基于对公民自我决定权的尊重,如何去解决这一冲突,应当完全交由该主体自己去决定,国家不能越俎代庖,强行根据社会一般人的客观评价标准去决定相互冲突之法益的取舍。故在此情形下,法益主体个人的意志具有优先于社会一般价值观念的地位,推定的被害人承诺也具有排除攻击性紧急避险的效力。② 于是,当某人拥有的两种法益发生冲突时,首先必须设法征询他本人的意愿;在无法及时获知被害人的意志时,则应当根据他平时的习惯、信仰和言行等因素,合理地推断其可能的意思;只有当这一切均无法进行时,方能假定被害人就是一般理性人,进而基于一般理性人的价值标准对法益作出衡量。

不过,当国家基于家长主义对自我决定权进行了例外的限制③,也即发生冲突的法益涉及被害人的生命时,推定被害人承诺与攻击性紧急避险的关系可能会存在争议。这主要涉及以下三种

---

① Vgl. H. Mayer, Strafrecht AT, 1953, S. 168; Welzel, Das Deutsche Strafrecht, 11. Aufl., 1969, S. 92; Zipf, Einwilligung und Risikoübernahme im Strafrecht, 1970, S. 53; Bockelmann, Strafrecht AT, 3. Aufl., 1979, § 15 C Ⅱ; Otto, Grundkurs Strafrecht AT, 7. Aufl., 2004, 8/131. 我国亦有学者持类似的见解,参见高铭暄主编:《刑法学原理》(第2卷),中国人民大学出版社1993年版,第256页;王政勋:《正当行为论》,法律出版社2000年版,第468—469页。
② 近年来,我国刑法学界已有学者持相同的立场,参见车浩:《论推定的被害人同意》,载《法学评论》2010年第1期;钱叶六:《医疗行为的正当化根据与紧急治疗、专断治疗的刑法评价》,载《政法论坛》2019年第1期。
③ 参见车浩:《自我决定权与刑法家长主义》,载《中国法学》2012年第1期。

情形:

1. 危及生命的营救措施

例如,医务人员为了挽救重伤员的生命,不得已冒险对他实施了具有一定生命危险的手术治疗措施。本来,该行为保护的法益和它损害的法益均为患者的生命,故应当考虑适用推定的被害人承诺,但根据通说的意见,生命并不处在被害人能够予以有效承诺的法益范围之内。① 这似乎意味着难以根据推定的被害人承诺阻却行为的违法性。于是,有学者主张,尽管营救行为保护和损害的均是生命,但由于该措施保全生命的可能性高于其致死危险,故可以认为它所保护的利益明显高于损害的利益,能够成立紧急避险。② 但是,攻击性紧急避险是以团结原则为基础的,而团结关系只能存在于不同的个体之间,一个人只能对他人而不可能对其自身的法益负有团结义务③,故紧急避险的思路难以成立。事实上,之所以得到被害人承诺的故意杀人行为依然违法,其背后的实质性根据在于,鉴于生命法益的极端重要性,应当基于适度的家长主义对被害人就该法益所享有的自我决定权作出一定的限制,禁止任何人根据被害人的同意剥夺其生命。然而,就危及生命的营救措施来说,救护行为固然带有一定的生命危险性,但它毕竟在主观上以保全生命为目的,在客观上又提高了延长生命的概率。所以,"当某种措施是防止被害人死亡的必要手段,而且若不采取该措施,则被害人的死亡将具有更高的盖然性甚至是确定无疑的时候,尽管该措施包含危险性,但它并不具有消灭生命的倾向,相反,它具有维持生命的倾向"④。由于营

---

① 参见王作富主编:《刑法分则实务研究(中)》(第五版),中国方正出版社 2013 年版,第 732 页。

② Vgl. Zieschang, in: LK - StGB, 12. Aufl., 2006, § 34 Rn. 59; Roxin/Greco, Strafrecht AT, Bd. I, 5. Aufl., 2020, § 16 Rn. 102.

③ Vgl. Knauf, Mutmaßliche Einwilligung und Stellvertretung bei ärztlichen Eingriffen an Einwilligungsunfähigen, 2005, S. 84; Engländer, Die Anwendbarkeit von § 34 StGB auf intrapersonale Interessenkollisionen, GA 2010, S. 21; Neumann, in: NK - StGB, 5. Aufl., 2017, § 34 Rn. 14; Erb, in: MK-StGB, 4. Aufl., 2020, § 34 Rn. 33.

④ Erb, Das Verhältnis zwischen mutmaßlicher Einwilligung und rechtfertigendem Notstand, FS-Schünemann, 2014, S. 343.

救行为的整体倾向与法秩序尽量保护生命法益的宗旨完全吻合,故依然可以肯定推定的被害人承诺的成立。①

或许有观点认为,既然营救生命的措施提高了患者生存的可能性,那就可以按照"风险降低"(Risikoverringerung)理论直接否定结果归责并排除构成要件符合性,而无须等到进入违法性阶段之后才根据推定被害人承诺的原理实现出罪。因为,众所周知,现代客观归责理论主张,如果行为人降低了被害人本已面临的某种法益侵害危险,从而使行为对象的处境与原先相比得到了改善,那么尽管行为人的行为与最终发生的损害结果具有因果关系,也不能认为它制造了法所不容许的危险。② 但是,风险降低学说本身就存在重大疑问。(1)仅以客观上的危险降低为根据排除构成要件符合性的做法,忽视了被害人的自我决定权。当行为人以伤害被害人的身体为代价换取了其生命安全或者提高了其生存的概率时,涉及在同一主体所拥有的不同法益之间进行取舍,涉及在同一主体可能面临的不同法益境遇之间进行选择,而对此真正享有最终决定权的只能是法益主体本人,而非社会的一般价值观念。③ 因此,行为是否成立不法,不能在构成要件层面就贸然作出回答,而应当在肯定结果归责的情况下,结合自损型紧急权的原理进行具体分析。(2)在风险降低与风险替换之间,并不存在明确的界限。风险降低理论曾经提出,必须把风险降低与风险替换区分开来。据此,若行为人并没有使某个已经存在的危险本身得以减弱,而是通过制造出另一个可能导致较小损害的危险去代替或者覆盖原有较大的危险(例如,行为人为避免小孩被屋内的

---

① Vgl. Matt/Renzikowski/Engländer, StGB, 2013, § 34 Rn. 8; Neumann, in: NK-StGB, 5. Aufl., 2017, § 34 Rn. 36.

② Vgl. Roxin, Gedanken zur Problematik der Zurechnung im Strafrecht, FS - Honig, 1970, S. 136; Rudolphi, SK-StGB, 6. Aufl., 1997, vor § 1 Rn. 58; Eisele, in: Schönke/Schröder, StGB, 30. Aufl., 2019, vor § 13 Rn. 94; Roxin/Greco, Strafrecht AT, Bd. Ⅰ, 5. Aufl., 2020, § 11 Rn. 53.

③ 参见〔德〕乌尔斯·金德霍伊泽尔:《风险升高与风险降低》,陈璇译,载《法律科学(西北政法大学学报)》2013 年第 4 期; F. C. Schroeder, Die sogenannte Risikoverringerung, in: Hefendehl (Hrsg.), Empirische und dogmatische Fundamente, Kriminalpolitischer Impetus, 2005, S. 160; Walter, in: LK-StGB, 12. Aufl., 2007, vor § 13 Rn. 93。

大火烧死而将其抛出窗外并致其受伤),则由于该行为毕竟还是对法益造成了某种侵害的危险,故它依然符合故意伤害罪的构成要件,但可以根据推定被害人承诺或者紧急避险的法理排除其违法性。① 从表面上看,危险降低是对原有危险本身的减弱,而危险替换则是以另一个新创设的危险去取代原有的危险。但问题在于,所谓危险降低实际上也不可避免地需要在已有的危险之外另行制造出一种新的侵害危险,并以此阻断原有危险的发展进程。例如,行为人之所以能降低飞石所带来的死亡危险,是因为其介入使飞石另外产生了致被害人肩部受伤的危险,并由此导致原来可能引起死亡结果的因果流程归于终结。如果行为人可以不另行创设新的危险就能降低原有危险的话,那么该行为与最终发生的损害结果就完全没有因果关系,根本用不着根据危险降低原理进行客观归责的判断。例如:当甲下班回到家中时,发现自家保姆乙因煤气中毒而几近昏迷,遂迅速将她背出屋外;乙虽得以保住性命,却仍因吸入一氧化碳而留下脑部后遗症。在该案中,甲的行为确实是在不增添新的危险因素的情况下将乙原本面临的死亡危险减弱成了伤害危险;但由于乙脑部的损伤纯粹是由营救行为实施前一氧化碳的作用所引起,即便没有甲的营救行为,该损害结果也照样会产生,故甲的行为之所以不成立犯罪,根本原因并不在于它降低了危险,而是在于它与损害结果之间毫无因果关系。由此可见,要想使危险降低成为结果归责的判断原理,就必须保证行为与损害结果之间存在因果关系,这就要求该行为必须在原有危险之外又添加了新的法益侵害危险。但如此一来,风险降低与风险替代之间就不存在本质差异了。

2. (积极的)间接安乐死

例如,当病人患有无法治愈的绝症时,医生为了减缓他因病所遭受的剧烈痛苦,为患者使用了可能具有缩短其生命之副作用的药物。② 由

---

① Vgl. Roxin/Greco, Strafrecht AT, Bd. Ⅰ, 5. Aufl., 2020, § 11 Rn. 54.
② 除了这种情形,安乐死还包括(积极的)直接安乐死和消极安乐死。直接安乐死是指为了减轻患者痛苦,基于患者现实或者推定的同意,直接终结其生命或者加速其死亡的情形。由于故意杀人不能因为得到被害人同意而得到合法化,故该行为的违法性无法被阻却。消极安乐死是指对于无康复希望的患者,基于其意志放弃或者(转下页)

于间接安乐死只能减轻被害人的痛苦,却无助于挽救其生命,故与"危及生命的营救措施"不同,在此可以完全排除成立推定的被害人承诺的可能。接着,按照紧急权的位阶顺序进入转嫁型紧急权的判断。在这里,笔者发现,间接安乐死存在成立攻击性紧急避险的空间,主要原因如下。

首先,分属不同主体的两方利益之间存在冲突。国家在被害人同意的情况下依然坚持禁止杀人这一戒律的效力,是为了防止轻视生命的不良观念在社会蔓延。因此,可以认为间接安乐死是通过损害杀人禁令所体现的社会公共利益,维护了被害人免于痛苦的利益。① 随着间接安乐死所保护之法益与其损害之法益的主体发生分离,团结关系即成为可能。若承认该行为的合法性,则意味着"在临终患者遭受极度痛苦的情形下,法共同体应当主动向患者施以团结,从而放弃对杀人禁令的维护"②。

其次,可以论证行为维护了较大的利益。第一,间接安乐死并非直接以结束患者的生命为目标,而是在减缓患者痛苦的努力中不可避免地带有加速死亡的副效应。故它触犯杀人禁令的严重程度远远低于积极的直接安乐死。③ 第二,只有最终能够还原和落实为个人法益的集体法益,才具有获得法律强制力保护的资格;故法律以超乎寻

(接上页)中断延长其生命的治疗措施,从而使其有尊严地自然死去的情形。在此情况下,中断治疗导致患者死亡的行为是一种不作为,故只有当行为人对患者具有保证人地位时,该不作为方能符合故意杀人罪的构成要件。虽然医护人员对其收治的病人原本具有监督保证人的地位,这种地位使得患者有权要求医护人员对自己施救,但患者也有放弃这一权利的自由,既然他通过明示或者可推定的方式表示不愿再延长生命,这就意味着他已经取消了医护人员的保证人地位,使之不再负有继续实施治疗的作为义务。故中断治疗的行为并不符合故意杀人罪的构成要件。相关的争议问题,详见王钢:《德国刑法中的安乐死——围绕联邦最高法院第二刑事审判庭 2010 年判决的展开》,载《比较法研究》2015 年第 5 期。

① Vgl. Erb, Das Verhältnis zwischen mutmaßlicher Einwilligung und rechtfertigenden Notstand, FS-Schünemann, 2014, S. 345 ff.

② Neumann, Die rechtsethische Begründung des „rechtfertigenden Notstands" auf der Basis von Utilitarismus, Solidaritätsprinzip und Loyalitätsprinzip, in: Hirsch/Neumann/Seelmann (Hrsg.), Solidarität im Strafrecht, 2013, S. 168.

③ Vgl. Herzberg, Sterbehilfe als gerechtfertigte Tötung im Notstand?, NJW 1996, S. 3048; Erb, in: MK-StGB, 4. Aufl., 2020, § 34 Rn. 36.

常的力度去捍卫杀人禁令的效力,归根结底仍然是为了维护单个个体的基本生存条件。一旦濒临死亡者面临生不如死的绝境,对他而言,缓解病痛就远比备受折磨地苟延残喘要重要。这时,以国家强制力僵硬地贯彻杀人禁令,无异于剥夺了具体个人安详而有尊严地度过生命最后时光的权利,这反而有碍于国家完成其所肩负的促进公民有尊严地生活的这一基本使命。所以,减轻临终者的巨大痛苦,具有高于抽象地保障杀人禁令所反映的价值。

3. 强行阻止他人自杀

例如,行为人为了及时制止某人自杀,不得已对他实施了轻伤害、拘禁等行为。首先,大多数暴力阻止自杀的行为都可以成立推定的被害人承诺。原因如下:一方面,在许多情况下,自杀者只是迫于生活的压力,一时愤懑抑郁无法释怀而在冲动之下实施自杀行为,他在稍微冷静之时或者在即将踏上黄泉之路的最后一刻还是希望获救生还的。① 所以,阻止他自杀归根结底是与其真实意志相符的。另一方面,在推定的被害人承诺中,合理的推定行为不会因为其结论与被害人的实际意志相悖而丧失正当性。② 由于生命是最为重要的个人法益,非到极端时刻任何人与生俱来的求生欲望和本能并不会轻易泯灭,故在紧急状态下,与自杀者素不相识的行为人有充分的理由推测将被害人救起是符合其内心本意的。即便事后证明这种推断与被害人的真实意志相左,也丝毫不影响制止行为的合法性。其次,在个别情形下,自杀者确实是经过深思熟虑之后决意驾鹤西去,这一点也为行为人所知悉。由于阻止行为明显与被害人的意志相冲突,故不可能适用推定的被害人承诺。对此,有学者主张该行为可以成立攻击性紧急避险。理由在于:其一,既然国家对得到被害人同意的杀人行为加以禁止,那就说明生命并不处在个人自我决定权的范围之内,故这种情形已不再是同一主体内部的法益冲突了。其二,强行阻止他人自杀,是以牺牲自杀者的身体健康或者自由为代价,避免自杀行为对社会产生消

---

① Vgl. Matt/Renzikowski/Engländer, StGB, 2013, § 34 Rn. 35; Neumann, in: NK-StGB, 5. Aufl., 2017, § 34 Rn. 89.

② Vgl. Roxin, Über die mutmaßliche Einwilligung, FS-Welzel, 1974, S. 453.

极示范效应,从而保护了公共利益,故也可以认为在这场冲突中,国家要求自杀者履行他对于社会的团结义务,为维护公共利益而放弃对生命的自决权。① 但是,从得到被害人同意的杀人行为属于违法这一点,并不能得出国家完全剥夺了公民对自己生命的处分权的结论。因为,法律只是禁止某个第三人基于被害人的同意将其杀死,却并未禁止公民自行结束自己生命的行为。可见,生命本质上依然是公民可以处分的个人法益。② 制止基于被害人同意的杀人行为能够实现公共利益,但阻止被害人自杀的行为却与规范的保护目的并不相符,故也无法代表公共利益。所以,当阻止他人自杀的行为无法成立推定的被害人承诺时,就只能归于违法。

(二) 正当防卫和自助行为优先于公民扭送权

关于正当防卫、自助行为与公民扭送权之间的关系,我国司法实践的认识不太统一。同样是公民在遭遇抢劫、抢夺或者盗窃后即时追击侵害者并在此过程中导致侵害人重伤或死亡的案件,有的判例认为相关行为属于扭送③,有的判例则主张存在成立正当防卫的可能④,还有的判例甚至将自助与扭送混为一谈⑤。因此,有必要根据"反击型紧急权优先于转嫁型紧急权"的基本原理,结合不同的案件

---

① Vgl. Bottke, Das Recht auf Suizid und Suizidverhütung, GA 1982, S. 356; Eisele, in: Schönke/Schröder, StGB, 30. Aufl. 2019, § 240 Rn. 32; Roxin/Greco, Strafrecht AT, Bd. I, 5. Aufl., 2020, § 16 Rn. 102.

② Vgl. Neumann, in: NK-StGB, 5. Aufl., 2017, § 34 Rn. 35.

③ 参见"张德军故意伤害案",四川省成都市中级人民法院(2006)成刑终字第89号刑事附带民事裁定书;"黄中权故意伤害案",载陈兴良、张军、胡云腾主编:《人民法院刑事指导案例裁判要旨通纂》(第二版),北京大学出版社2018年版,第701页;"温演森等故意伤害、盗窃案",广东省惠州市中级人民法院(2015)惠中法刑一终字第151号刑事裁定书。

④ 参见白亮:《驾车追赶抢夺嫌疑人致其伤亡是否属于正当防卫》,载《人民检察》2006年第12期(下),第34—35页;周堪:《女车主驾车撞死劫匪属正当防卫》,载《人民公安报·交通安全周刊》2009年4月7日,第003版;"唐建生诉王利侵犯人身权纠纷案",重庆市沙坪坝区人民法院(2011)沙法民初字第02402号民事判决书;"盖景龙与季洪峰等机动车交通事故责任纠纷上诉案",山东省东营市中级人民法院(2014)东民一终字第24号民事判决书。

⑤ 参见"黄中权故意伤害案",载陈兴良、张军、胡云腾主编:《人民法院刑事指导案例裁判要旨通纂》(第二版),北京大学出版社2018年版,第701页。

事实对三项权利的适用范围进行一番系统的梳理。

1. 只要不法侵害正在进行,则正当防卫和自助行为具有优先于公民扭送权的地位。

第一,就针对财产法益的不法侵害来说,即便盗窃、抢夺、抢劫行为既遂,但只要能够通过追赶、堵截、控制侵害人当即夺回被盗被抢的财物,就应当肯定具备正当防卫的前提条件,从而为公民行使防卫权留下空间。此时,虽然行为人的追赶、擒拿行为在具有夺回财物之功能的同时,客观上也有助于控制和扭送侵害人,但公民法益的及时保护优位于国家对罪犯的追诉,故应当使正当防卫具有排除公民扭送权的优先适用地位。因此,我国审判实践存在的将财产犯罪的既遂时间点机械地等同于侵害结束时间点的做法,不当地挤压了正当防卫的成立空间。由于公民扭送权受制于较为严格的限度条件,故在出现了造成侵害人重伤或者死亡的情况下,这种做法势必大幅提升行为人承担刑事责任的概率。

另外,即使确定财产侵害已经完全结束,但只要财产受损者对于侵害人所享有的请求权还处在受侵害的状态之中,则财产受损者还可以启动另一项反击型紧急权——自助行为。例如,被盗者在事发数日后才在某地遇到了盗窃者,这时盗窃的侵害行为已告终结,但被盗者为保障其对于盗窃行为人所享有的所有物返还请求权或者不当得利返还请求权能够实现,有权对后者实施自助行为。又如:2006年7月30日15时左右,被告人孙宗亮驾驶桑塔纳轿车由北向南行驶至苏州市马涧二区附近,与由南向北行驶的被害人徐兴根驾驶的载人无牌证的三轮摩托车发生碰撞。徐兴根未停车,继续驾车行驶,孙宗亮掉头追赶,在追至二车平行行驶时示意对方停车。徐兴根加速继续行驶,孙宗亮驾车在马涧四区附近由东向西超越徐的三轮摩托车后,在其前方停车。徐兴根紧急刹车并打方向盘,致其所驾驶的摩托车侧翻倒地起火,车上乘客胡某当场死亡,徐兴根经送医院抢救无效,于次日死亡。孙宗亮肇事后驾车驶离现场。[①] 在该案中,徐兴根

---

① 参见"孙宗亮交通肇事案",江苏省苏州市虎丘区人民法院(2008)虎刑初字第0365号刑事判决书。

违章驾驶三轮摩托车与孙宗亮合法行驶的轿车发生碰撞,可以认为徐兴根以交通肇事行为给孙宗亮的财产造成了不法损害。在轿车因碰撞而受损后,徐兴根的侵害行为即已结束,但徐兴根却由此对孙宗亮负有损害赔偿的民事责任。由于徐兴根驾驶的是无牌照的三轮摩托车,此刻若不及时采取行动控制他,其违法逃逸行为势必大大增加孙宗亮事后获得合理赔偿的难度。在此情况下,自助行为的前提条件已经具备,孙宗亮有权自行追赶徐兴根以防止其逃离。①

第二,针对人身法益的侵害既遂后,尽管受损法益往往不具有即时恢复的可能,故基本上可以排除成立正当防卫的空间②,但由于这种侵害同样会产生损害赔偿请求权,侵害者的逃避行为会对遭受侵害者向其行使损害赔偿请求权造成严重妨害,故后者也有权实施自助行为。

2. 只有在已经不存在任何正在进行的不法侵害的情况下,才需要考虑公民扭送权。这主要表现为以下两种情形:其一,财产法益的侵害者在逃离现场时并未取得对任何他人财物的占有。此时,追击行为不具有保护财产法益的机能,而是单纯旨在将侵害人绳之以法的一种手段,故只能以公民扭送权为标准去衡量其合法与否。其二,追击行为已经成功地将被盗或者被抢的财物夺回。例如:2006年6月7日凌晨4时许,王某某在被告人张长玉家后门口,将张闲置在此的旧摩托车(价值人民币400元)推出巷子,请人抬上自己的三轮车。在骑车离开现场的途中,摩托车从三轮车上掉下。王某某下车查看,正欲将摩托车重新装上三轮车之际,被张长玉追上。王某某随即放弃摩托车,准备骑三轮车逃离。张长玉将其推倒在地,致王某某左股骨粗隆间粉碎性骨折。经法医鉴定为轻伤、十级残疾。③ 在该案中,由于盗窃者王某某已经放弃了所盗的摩托车,故张长玉继续追赶

---

① 当然,根据下文第二部分第(一)点的分析,由自助行为追求实现的目的所决定,它的正当化效果不可能覆盖侵害人死亡的结果,故在该案中,孙宗亮的行为在客观上已经超出了自助行为所能允许的合法限度。至于孙宗亮最终是否需要为徐兴根的死亡承担刑事责任,则取决于被告人对该结果的发生是否具有故意或者过失。

② 参见陈兴良:《正当防卫论》(第三版),中国人民大学出版社2017年版,第105页。

③ 参见"张长玉故意伤害案",江苏省泰州市中级人民法院(2007)泰刑一终字第117号刑事判决书。

和控制王某某的行为,已无法为正当防卫或者自助行为所覆盖,只可能以公民扭送权的名义得以合法化。

最后需要说明的是,实践中时常会出现"扭送转防卫"的情形。在公民实施扭送的过程中,如果犯罪嫌疑人不甘束手就擒,采取暴力手段对抗扭送,只要扭送者先前针对犯罪嫌疑人所实施的追赶、强制和拘禁未逾越适当的限度,则该扭送行为即属合法之举,故犯罪嫌疑人对扭送者所展开的攻击就成立不法侵害,扭送者自然有权对之实施正当防卫。当然,之所以在扭送的过程中又会出现适用正当防卫权的可能,绝不是因为"正当防卫优先于扭送权"的原则受到了突破,而完全是因为此刻又出现了一个崭新的不法侵害行为。

二、重叠情形下的竞合处理

反击型紧急权所辖的三项具体权利,在前提条件的外延上呈现出层层包容的关系:防御性紧急避险最为宽泛,正当防卫次之,自助行为则最为狭窄。因为,正在发生的危险能够包含正在进行的不法侵害,而非法妨碍对方请求权的实现又属于正在进行之不法侵害的一种类型。于是这三项权利之间就可能产生类似于法条竞合的关系。

(一)正当防卫与自助行为

自助行为,是法秩序将非法妨碍请求权实现的行为从不法侵害的全体中分离出来,并为反击措施配置了特殊行为要件后形成的一种独立紧急权。虽然同属反击型紧急权,但和正当防卫不同,自助行为不具有直接、完整地保护法益的功能,因为它并不允许行为人强行实现请求权,而只容许行为人为请求权日后的顺利行使排除障碍、创造条件[①],至于请求权的最终实现,则依然有赖于公权力机构的介入。《民法典》第1177条也明确规定,受害人采取合理的自助措施后,"应当立即请求有关国家机关处理"。这样一来,与正当防卫相比,自助行为的正当化范围就从自行实现法益

---

① 参见张新宝:《侵权责任构成要件研究》,法律出版社2007年版,第70页;程啸:《侵权责任法》(第三版),法律出版社2021年版,第338页。

保护的全过程缩小至为通过公力救济保护法益做准备的阶段。从这个意义上来说,不妨将自助行为称为"短缩的正当防卫权"。

20世纪初期,德国法学界普遍认为,正当防卫中的不法侵害只能由积极作为的形式构成。所以,公民对于不作为没有实施正当防卫的权利。但是,由于《德国民法典》第229条允许债权人对于逾期不履行债务这一不作为实施有限的自力救济,故通说倾向于将自助行为看作对正当防卫权的一种例外性的补充或者扩张。然而,随着刑法理论中不作为犯教义学的发展,人们逐渐认识到作为和不作为在规范层面上完全可以获得等值的评价。于是,作为正当防卫前提条件的不法侵害自然就可以涵盖作为和不作为。在这种情况下,德国法学理论改变了以往的观点,转而主张《德国民法典》第229条是对正当防卫权的限制。[①] 具体来说:本来,对于不履行债务的行为也可以实施正当防卫;但是,《德国民法典》第229条已经专门对债权人的自救权设置了特别的规范。从该条款来看,自助行为的权利空间明显窄于正当防卫。正当防卫允许公民采用暴力手段实现权利,但自助行为只允许债权人采取措施维护债务得到清偿的外在条件,并不允许他使用窃取、抢劫、敲诈勒索等手段直接实现债权。换言之,"自助只是为促进纠纷的解决创造条件,并没有解决纠纷本身,因此,在行为人实施自助行为(如扣押债务人的财产、限制其人身自由)之后,还应积极寻求纠纷的解决"[②]。

自助行为从正当防卫中分离,有其深层次的根据:首先,国家在对债权实施保护时,需要特别注重对民事交易安全和稳定性的维护。尤其是合同法的基本价值是通过确认私法自治原则鼓励交易,故在有效保证债权能够得到实现的同时,其天平还需要更加倾向于对既有交易关系和平稳交易秩序的维护。自力救济固然有利于对具体当事人民事权益的保障,却难免会对民事交易的平和状态产生一定的冲击,故法秩序就有必要在允许公民自力救济的同时,收敛其锋芒、限制其介入他人法益的深度和广度。其次,即使公民的财物因盗窃、

---

① Vgl. Arzt, Notwehr, Selbsthilfe, Bürgerwehr, FS-Schaffstein, 1975, S. 81.
② 张新宝:《侵权责任构成要件研究》,法律出版社2007年版,第70页。

抢夺、抢劫等非法行为而发生了占有的转移,但只要已经脱离了可于现场当即挽回损失的时机,那么一方面考虑到普通公民精准识别侵害人和犯罪赃物的能力总体上相对有限,另一方面也为了避免出现财产被复争夺、频繁易手的乱局,国家有必要强化公力救济机制对于解决财产归属纠纷的独断地位,暂且默认财物的当前占有状态,待经法定程序审查确认后再对之加以变更。故在此情形下,自力救济的合法性亦只能止于为法定程序的展开创造便利的自助行为。

既然自助行为是法秩序专为妨碍请求权的实现这一不法侵害所特设的一种"短缩的正当防卫权",那么当其前提条件与针对所有不法侵害的正当防卫权发生重合时,就应当根据法条竞合中特别法优于普通法的原则,承认自助行为具有排除正当防卫权适用的优先效力。①

(二)正当防卫与防御性紧急避险

由于防御性紧急避险的对象能够涵盖所有引起法益损害危险的人,而正当防卫则只包括其中一部分,即正在实施不法侵害的人,故"对于由人所引起的危险而言",正当防卫其实"是专门针对危险来自正在进行的不法侵害这一情形所设定的、具有优先性的特别规范"②。可以认为,防御性紧急避险是反击型紧急权的普通法条,而正当防卫则是其特别法条。③ 二者的适用关系如下:

(1)只要确定存在正在进行的不法侵害,则排除防御性紧急避险的适用,仅考虑正当防卫。④ 因为,在此情形下,一旦反击行为满足正当防卫的行为要件,即足以阻却行为的违法性,没有进一步检验紧急

---

① 参见陈璇:《正当防卫中的公力救济优先原则——以暴力反抗强拆案和自力行使请求权案为例》,载《法学》2017年第4期。Vgl. Kühl, Angriff und Verteidigung bei der Notwehr, Jura 1993, S. 60; Günther, in: SK-StGB, 7. Aufl., 1999, § 32 Rn. 32; Rönnau/Hohn, in: LK-StGB, 12. Aufl., 2006, § 32 Rn. 105。

② Kühl, Strafrecht AT, 8. Aufl., 2017, § 8 Rn. 57.

③ Vgl. Montenbruck, Thesen zur Notwehr, 1983, S. 47; Bergmann, Die Grundstruktur des rechtfertigenden Notstandes (§ 34 des StGB), JuS 1989, S. 110; Thiel, Die Konkurrenz von Rechtfertigungsgründen, 2000, S. 97 ff.

④ Vgl. Gropengießer, Das Konkurrenzverhältnis von Notwehr (§ 32 StGB) und rechtfertigendem Notstand (§ 34 StGB), Jura 2000, S. 266.

避险的必要;反之,若反击措施不符合正当防卫的行为要件,由于防御性紧急避险的行为要件比正当防卫更为严格,故该行为也不可能满足防御性紧急避险的要求,行为必然违法。

(2)若正在进行的不法侵害这一要件未获满足,则行为仍有可能根据防御性紧急避险得以合法化。我国传统的正当化事由理论历来认为,一旦认定不具备正当防卫的前提要件,行为就彻底丧失了正当化的可能;于是,在通说看来,不法侵害这一要件所包含的限制性要素越繁多,行为人正确认知正当防卫前提事实的难度也就越大。所以,为了保证公民在紧急关头能够有效维护自身法益,也为了降低防卫行为入罪的概率,有必要尽量简化防卫前提要件所包含的要素。可是,通说忽视了在正当防卫和防御性紧急避险的竞合关系中所隐藏的正当化空间。举一例来说明:

司机甲在正常驾驶轿车的过程中,突然癫痫发作,导致车辆失控撞向路边有多人聚集的售货摊。在此千钧一发之际,乙误以为甲是亡命之徒,遂迅速驾驶卡车冲上前将轿车撞翻,导致甲重伤。

假定我们认为,作为正当防卫前提要件的不法侵害,除需要具有客观的法益侵害危险之外,还必须具备故意或者过失,那么该案的分析思路如下:首先,可以确定的是,由于甲当时处在不可抗力的压制之下,故其失去意志支配的举动不属于不法侵害,乙致其重伤的行为无从成立正当防卫。其次,对于罪刑规范的法条竞合来说,"适用特别法条优于普通法条的原则,是以行为同时符合特别法条与普通法条规定的犯罪构成要件为前提的"①。若某一行为虽不符合特别法条所规定之罪的构成要件,却符合普通法条所规定之罪的全部构成要件,则没有理由以"特别法条优于普通法条"为由排斥普通法条的适用。② 同理,正当防卫优于防御性紧急避险,也是以两种紧急权的前提要件已同时获得满足为先决条件的。若案件中的具体事态不符

---

① 张明楷:《刑法分则的解释原理(下)》(第二版),中国人民大学出版社 2011 年版,第 730 页。

② Vgl. BGHSt 30, 236; Rissing-van Saan, in: LK-StGB, 12. Aufl., 2006, vor § 52 Rn. 120; Sternberg-Lieben/Bosch, in: Schönke/Schröder, StGB, 30. Aufl., 2019, vor §§ 52 ff. Rn. 138.

合正当防卫的前提要件,却符合防御性紧急避险的前提要件,则完全可以展开对防御性紧急避险之行为要件的判断。就该案来说,甲所辖的权利空间在客观上引起了针对路人人身安全的严重危险,故防御性紧急避险的前提条件已经具备。接下来需要考察防御性紧急避险的行为要件。首先,由于在当时,轿车突然近距离冲向人群密集的狭小空间,无论是寻求公权力救助还是组织路人疏散均无济于事,若果断将引发危险的车辆撞开,就是当时条件下唯一能够及时有效避免发生多人死伤惨剧的措施。于是,紧急避险所要求的"不得已"要件已得到满足。其次,乙的这一行为以导致甲重伤的代价,保全了不特定多数人的生命健康,其损害的法益小于保护的法益,符合防御性紧急避险的限度要件。最后,从主观上来看,尽管乙误将甲认作"不法侵害人",但他对甲是危险来源者这一事实有着正确的认知。乙的这一认识错误相当于罪刑规范领域中所谓的"抽象的事实认识错误"。就抽象的事实认识错误而言,可以在所涉两罪相重合的范围内认定行为人具有故意;同理,此处也可以在两种紧急权前提要件相重合的范围内,即"甲是危险来源者"这一点上肯定乙具有避险意识。综上可以得出结论,乙导致甲重伤的行为成立防御性紧急避险。最后,假设乙的行为不满足防御性紧急避险的行为要件(例如,避险行为并非出于不得已,或者超出了合法限度①),那么在正当化的所有可能性均已断绝的情况下,就需要考察是否存在免责事由或者刑罚减免事由:其一,假想防卫。若乙对于甲并未实施不法侵害的事实毫无预见可能,则其行为成立意外事件;反之,则构成过失致人重伤罪。其二,避险过当。在认定乙的防御性避险行为在客观上超过必要限度的情况下,需结合《刑法》第 21 条第 2 款的规定,判断乙究竟是因为欠缺罪过或者期待可能性而无罪,还是需要承担刑事责任但应予减轻或者免除处罚。

以上分析思路可以总结图示如下:

---

① 比如,假设乙撞开轿车的行为导致甲死亡,如果像不少学者所主张的那样,死亡结果绝对不能以紧急避险的名义得到合法化(参见 Zieschang, in: LK-StGB, 12. Aufl., 2006, § 34 Rn. 74a. 但笔者对此有不同看法,参见本书第三章第二部分),就只能认为该行为在客观上超过了避险限度。

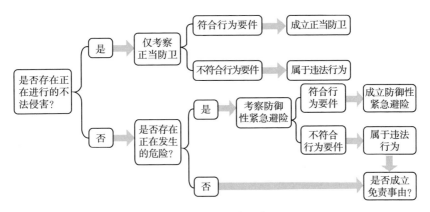

图 2-1 分析思路示意图

由此可以进一步看出,学界广泛存在的以紧急状态下行为人认知能力有限为由,反对将行为无价值要素(即故意、过失)或者责任能力要素纳入"不法侵害"概念之中的说法,是难以成立的。因为,在行为人对不法侵害的事实发生误判的情况下,有足够多的出罪渠道避免使行为人背负过于沉重的负担。一则即便由于不法侵害的要件未得到满足而导致反击措施无法成立正当防卫,该行为也完全可能落入以抵御一切危险为宗旨的防御性紧急避险所开辟的兜底式正当化空间之内。二则纵使正当化的所有尝试均无果而终,在行为人对误判的发生不具有避免可能性的情况下,仍可以根据正当化事由之事实认识错误(即容许性构成要件错误)的原理实现出罪。

三、"想象竞合"中的行为定性

反击型紧急权与转嫁型紧急权原本处在互不交织的关系之中,故二者无法发生法条竞合。但两类紧急权有可能基于特殊的案件事实同时现身于一个紧急行为之上,从而呈现出类似于罪刑规范中想象竞合的状态。① 其中,最为典型的是正当防卫与攻击性紧急避

---

① 在我国刑法学界,较早地意识到不同的正当化事由可能发生类似想象竞合关系的,是刘明祥教授和王政勋教授。参见刘明祥:《关于正当防卫与紧急避险相区别的几个特殊问题》,载《法学评论》1998 年第 1 期;王政勋:《正当行为论》,法律出版社 2000 年版,第 157 页。

险之间的"想象竞合",即同一紧急行为既给不法侵害人造成了损害,又不可避免地伤及无辜第三人的法益。根据诱发两权竞合的不同事实类型,这种想象竞合具体又可以划分为以下两种情形:一是因防卫对象与第三人相捆绑而发生的竞合,即由于不法侵害人与无辜第三人形成一个难以分割的整体,故行为人在对侵害人展开反击时也伤及了第三人。例如,A 在闹市劫持 B 作为人质,他左手控制住 B 将其抵挡在前,右手则开枪向人群射击。C 为了及时制止暴行,只得举枪向 A 还击,但由于 A 和 B 的身体紧密相靠,故 C 射出的枪弹在击毙 A 的同时也将 B 打成重伤。二是因防卫工具与第三人相捆绑而发生的竞合,即由于行为人所使用的防卫工具涉及无辜第三人的法益,故行为人在利用该工具向侵害者展开反击的过程中也给第三人造成了损害。例如,X 故意驾驶车辆撞向正在进行狂欢的人群,出租车司机 Z 恰好搭载乘客 Y 驶经此地。在来不及让 Y 下车安全转移的情况下,Z 驾驶出租车将 X 的车辆撞翻,致使 X 和 Y 均身负重伤。对于罪刑规范领域中的想象竞合,适用的是从一重罪处断的原则。那么,在不同紧急权发生想象竞合的情况下,最终决定紧急行为整体合法性的,究竟是限度标准较为宽松的正当防卫,还是行为要件较为严格的攻击性紧急避险呢?结合上述两个案例来说,需要回答的问题是:在判断 C 和 Z 的反击行为是否合法时,是只需检验他们对不法侵害人(即 A 和 X)造成的损害是否符合防卫限度的要求就够了,还是必须同时考察其行为给第三人(即 B 和 Y)造成的法益损害是否符合紧急避险的行为要件?笔者认为,当一个紧急行为同时损害了不法侵害人和无辜第三人的利益时,应当遵循"从严原则",即类似于"木桶原理"所说的一个木桶的总蓄水量取决于它最短的那根木板,该紧急行为整体可被允许的损害限度必须受制于条件较为严格的紧急权;故只能使正当防卫权的行使因顾及攻击性紧急避险的谨慎性而受到限制,不能让攻击性紧急避险权迁就于正当防卫权的强势性而得以扩张。理由如下:

首先,"存疑有利于被告人"的原则不能适用于紧急权"想象竞合"的处理。王政勋教授曾指出:"防卫行为本身导致第三者合法权益损害的,是防卫行为与避险行为的竞合。由于法律对正当防卫的条件放得较宽而对紧急避险的条件要求得更严,按照有利于行为人的原则,仍应以正当防卫论处。"① 可是,暂且不说"存疑有利于被告人"的原则仅适用于事实有疑问的情形而不能适用于法律解释有争议的场合②,在笔者看来,这一见解可能还忽视了关键的一点,即作为赋权事由,紧急权在决定行为人是否承担刑事责任的同时,也直接影响着相关公民的权利义务关系。所谓"存疑有利于被告人",是指国家在刑事追诉过程中因为事实真相存疑而对行为人不予定罪或者仅论以较轻的犯罪。该原则仅仅是对行为人的刑事责任作出了有利于他的推定,却丝毫不会对行为人和被害人之间的权利分配格局产生影响。然而,在紧急权出现了"想象竞合"的场合,究竟是以强势的正当防卫还是以内敛的攻击性紧急避险去界定被告人行为的合法限度,这不仅仅涉及行为人是否承担刑事责任的问题,更是关乎行为人的侵入权利以及与此相对应的被害人忍受义务的边界问题。所以,在处理紧急权"想象竞合"的问题时,不能只顾着关心行为人的利益,而必须将受害者一方的利益也作为关键性的因素置于考量的天平之上。

其次,如前所述,紧急行为的受害者应当在多大范围内承担忍受义务,取决于利益冲突的产生是否以及在多大程度上可归责于他。欲令受害人忍受极端凌厉的正当防卫权,前提是能够认定他以自己的不法举动对他人的法益造成了侵害。这也是《刑法》第 20 条第 1 款将正当防卫的对象严格限定在"不法侵害人"之上的实质根据。可是,无论是在防卫对象与第三人相捆绑,还是防卫工具与第三人相捆绑的情形中,第三人自始至终都是被迫卷入利益冲突当中,没有实施过任何能够被评价为不法的行为。③ 在此情况下,第三人法益的值得保护性与防卫行为试图保护的法益并无高下之分。所以,没有理由

---

① 王政勋:《正当行为论》,法律出版社 2000 年版,第 157 页。
② Vgl. Eisenberg, Beweisrecht der StPO, 10. Aufl., 2017, Rn. 119; Ott, in: KK-StPO, 8. Aufl., 2019, § 261 Rn. 71.
③ 参见钱叶六:《防卫行为的结果伤及第三人的教义学分析》,载《法律科学(西北政法大学学报)》2019 年第 2 期。

将第三人在法律上所享有的保护地位降格至和不法侵害人相同的水平,也没有理由仅仅为了使防卫行为得以顺利实施就随意牺牲第三人的利益。

最后,间接正犯的法理不能成为要求被利用者承担与利用者相同程度忍受义务的理由。针对侵害人与第三人连成一体、而且侵害人利用第三人人身为工具发起袭击的情形,陈家林教授主张反击行为应整体以正当防卫定性。其理由在于:利用第三人身体损害他人法益的行为属于间接正犯,既然被利用者的举动可以被视为间接正犯行为的组成部分,那么针对被利用者的反击也就可以看作针对利用者的防卫。[①] 可是,间接正犯理论所解决的是结果应当归责于谁的问题,它与正当防卫中谁是遭受损害者的问题无关。由于利用者本人并未直接实施构成要件行为,故欲将法益侵害结果以正犯之名归责于他,就需要将被利用者的举动评价为利用者行为的一部分。[②] 可见,间接正犯的原理只是说明,从规范上来看,被利用者的举动相当于利用者自己的行为,被利用者引起的结果相当于利用者自己引起的结果。然而,从这一点出发我们根本无法推导出被利用者因反击而遭受损害,就等于是利用者遭受了损害的结论。因为,无论是从事实还是从规范上来说,被害者就是法益受到现实损害的人,不存在被利用者所遭受的损害,可以因为他是别人操纵的工具而转移给幕后指使者的道理。

四、本章小结

本章关于紧急权适用位阶与竞合的研究,得出以下三个方面的基本结论:(1)在考察某一紧急行为能否获得合法化时,应当遵循"自损型最先,反击型其次,转嫁型最后"的判断顺序。(2)反击型紧急权内部的三项具体权利,在前提条件上呈现出包容关系。在一个

[①] 参见陈家林:《防卫行为与第三者法益侵害》,载《甘肃政法学院学报》2008年第2期。

[②] Vgl. Jakobs, System der strafrechtlichen Zurechnung, 2012, S. 75; Kindhäuser, Strafrecht AT, 8. Aufl., 2017, § 39 Rn. 7 ff.

紧急行为同时符合多项权利之前提要件的情况下,自助行为排除正当防卫的适用,正当防卫排除防御性紧急避险的适用。(3)当一个紧急行为同时损害了不法侵害人和无辜第三人的利益时,该行为整体可被允许的损害限度必须受制于条件较为严格的紧急权。

第三章　紧急权行使限度的层级化

紧急权的行为要件尤其是限度要件的判断,历来是正当化事由在司法实践中最具争议的问题。从方法论上来说,对紧急权限度的探讨应当重视以下两个基本思维:一是体系协调的思维。既然如本章第二部分所述,正当防卫、紧急避险等具体紧急权绝不是互无关联的一盘散沙,而是具有内在关联和层级结构的统一体;那么,对单个紧急权限度条件的界定就不能"一叶障目,不见泰山",而需要在整体把握它与其他紧急权之间的区别以及衔接关系的基础上进行。二是追根溯源的思维。现行法律对具体紧急权的限度要件大都采用了高度概括的规定方式,对于个别紧急权的限度要件甚至未置一词(例如扭送权)。由于任何一种紧急权的行使限度均与其专有的正当化根据须臾不可分离,所以无论是对成文限度要件的解释,还是对空白限度要件的填补,都必须追溯至紧急权的本质。我国传统的正当化事由理论恰恰在这两方面均有所缺失,导致通说长期以来习惯于千篇一律地套用单一、粗放的法益衡量公式[①],却未能精确地为具体紧急权配置与其正当化根据以及体系地位相适应的限度判断标准。在正当防卫审判实践中广泛存在、近年来屡遭诟病的"唯结果论"倾向[②],在相当程

[①] 针对法益衡量标准的批判性分析,参见劳东燕:《法益衡量原理的教义学检讨》,载《中外法学》2016年第2期。

[②] 详见本书第五章。近年来,许多学者都对正当防卫司法实践中的唯结果论倾向展开了成因分析和学理反思。参见沈德咏:《我们应当如何适用正当防卫制度——以于欢故意伤害案一审判决为例的刑法教义学分析》,载《人民法院报》2017年6月26日,第002版;陈兴良:《正当防卫如何才能避免沦为僵尸条款》,载《法学家》2017年第5期;周光权:《正当防卫的司法异化与纠偏思路》,载《法学评论》2017年第5期;尹子文:《防卫过当的实务认定与反思——基于722份刑事判决的分析》,载《现代法学》2018(转下页)

度上就是这一深层次弊病表现于外的症候之一。

一、比例原则框架下紧急权限度的界定

(一)比例原则对紧急权限度合宪性解释的意义

比例原则发端于行政法,素来被誉为公法领域的"帝王条款",对于约束公权力、保障公民自由具有基础性的地位。在宪法上,任何一种可能对公民基本权利和自由造成限制的公权力措施,都必须接受比例原则的检验。比例原则主要包含以下四项内容①:一是目的正当性(legitimer Zweck)原则,即公权力措施所追求的目的必须符合实质正义的要求。二是适当性(Geeignetheit)原则,即当法律或者行政权的行使给公民权利造成侵害时,它必须适于达成其预设的法定目的。三是必要性(Erforderlichkeit)原则,是指在适于达成法定目的的所有措施中,应当选择对公民权利损害最小的那一种。四是狭义比例(Verhältnismäßigkeit im engeren Sinne)原则,是指国家权力的行使措施与其所欲达到的目的之间必须相称和均衡;即便某一措施乃为达到法定目的所必要,但如果它对公民基本权利带来的侵害过于严重,明显超过了法定目的所能实现的价值,则该措施仍不被允许。最近,一些学者已经意识到了比例原则对于确定违法阻却事由限度的指导意义②,但相关的论述皆停留于浮光掠影的状态,详细深入的分

(接上页)年第1期;陈璇:《正当防卫、维稳优先与结果导向——以"于欢故意伤害案"为契机展开的法理思考》,载《法律科学(西北政法大学学报)》2018年第3期;劳东燕:《正当防卫的异化与刑法系统的功能》,载《法学家》2018年第5期;邹兵建:《正当防卫中"明显超过必要限度"的法教义学研究》,载《法学》2018年第11期;张明楷:《防卫过当:判断标准与过当类型》,载《法学》2019年第1期;冯军:《防卫过当:性质、成立要件与考察方法》,载《法学》2019年第1期;梁根林:《防卫过当不法判断的立场、标准与逻辑》,载《法学》2019年第2期。

① Vgl. Grzeszick, in: Maunz/Dürig, Grundgesetz – Kommentar, 86. EL Januar 2019, GG Art. 20 Ⅶ. Rn. 110 ff.

② 参见姜昕:《比例原则研究——一个宪政的视角》,法律出版社2008年版,第174页;姜涛:《追寻理性的罪刑模式:把比例原则植入刑法理论》,载《法律科学(西北政法大学学报)》2013年第1期;郑晓剑:《比例原则在民法上的适用及展开》,载《中国法学》2016年第2期。

析尚付阙如。有鉴于此,在正式展开研究之前,需要首先明确以下两点:

(1)我国宪法虽然没有对比例原则作出明文规定,但其若干条文已经从实质上体现了对该原则的认可:一是《宪法》第51条规定:"中华人民共和国公民在行使自由和权利的时候,不得损害国家的、社会的、集体的利益和其他公民的合法的自由和权利。"该条款一方面为国家限制公民基本权利提供了可能,但另一方面也昭示,只有在为了实现公共利益或者保护其他公民利益的前提下,才存在对公民基本权利加以限制的空间。这就体现了适当性原则的精神。二是《宪法》第33条第3款规定:"国家尊重和保障人权。"由于从体系上来看,该条款位于《宪法》第二章"公民的基本权利和义务"之首,故它势必能够对该章其他条款的解释发挥统领、指导的辐射功能。[①] 于是,《宪法》第51条关于允许对公民基本权利加以限制的规定,就必须处在人权条款的约束之下。将国家限制公民自由的行为严格收缩在必要和最低的限度之内,这本是人权条款的内在要求,故该条款与必要性原则和狭义比例原则的价值追求是完全一致的。可见,"比例原则即使并未在宪法的人权条款中被明言提及,但是,由每个人权的本质应可包含该内在的原则。所以,比例原则……毋宁是一个法秩序的最根本原则,是法治国家原则由自身产生的最高规范"[②]。

(2)比例原则不仅适用于"国家机关—公民"的冲突关系,也适用于"公民—公民"的冲突关系。有学者主张,既然比例原则的宗旨在于抵御国家公权力给公民造成过度的侵犯,那么其适用范围就只能局限在公权力机关损害公民权利的情形之上;包括正当防卫在内的违法阻却事由所涉及的是公民与公民之间的利益冲突,故并无适用比例原则的余地。[③] 但笔者对此不以为然。的确,比例原则滥觞于

[①] 参见陈征:《国家征税的宪法界限——以公民私有财产权为视角》,载《清华法学》2014年第3期。
[②] 陈新民:《德国公法学基础理论(上卷)》(增订新版),法律出版社2010年版,第424页。
[③] Vgl. Krey, Zur Einschränkung des Notwehrrechts bei der Verteidigung von Sachgütern, JZ 1979, S. 713; Renzikowski, Notstand und Notwehr, 1994, S. 315.

行政法领域;然而,时至今日,该原则早已跨越具体部门法的疆界而成为现代法治社会中具有普遍性和根本性的指导原则。① 因为:首先,"人民基本权利的肯定及维护,是任何一个崇尚民主法治且实行宪政的国家所责无旁贷的任务"②。所以,在法治国中,任何一种有损公民基本权利的行为欲获得合法性,就必须具备正当化的根据,也必须严守一定的边界和限度。既然侵犯公民自由的行为不仅可能来自国家,亦可由个人实施,那么公民因行使基本权利而损害其他公民权益的行为,就不能不同样处在比例原则的约束和管控之下。③ 其次,从实质上来看,正当防卫并非单纯涉及公民个人之间的关系,它也关乎国家与个人的关系。本来,国家负有维护公民的基本权利不受侵害的义务;但"正当化事由不仅排除了国家刑罚权的发动,而且还剥夺了被害人的权利,使其无权要求行为人不去实施符合构成要件的行为,故一切正当化事由的效果都在于缩减对被害人的保护"④。既然正当化事由的成立意味着法律在一定范围内免除了国家对特定公民的保护义务,那么这种事由的存在范围就没有理由不受比例原则的限制。⑤

综上所述,作为一项宪法性原则,比例原则对于紧急权限度的确定具有指导意义。

(二)比例原则在各紧急权中的不同样态

首先可以确定的是,由于自损型紧急权完全建立在公民自我决定权的基础之上,故这类权利的限度仅仅取决于被害人本人的意愿或推定的意愿。因此,需要在此着力探讨的,是反击型以及转嫁型紧

---

① 参见郝银钟、席作立:《宪政视角下的比例原则》,载《法商研究》2004年第6期。
② 陈新民:《德国公法学基础理论(上卷)》(增订新版),法律出版社2010年版,第387页。
③ 参见张翔:《基本权利冲突的规范结构与解决模式》,载《法商研究》2006年第4期。
④ Mitsch, Rechtfertigung und Opferverhalten, 2004, S. 30.
⑤ Vgl. Spendel, LK - StGB, 11. Aufl., 1992, § 32 Rn. 314; Bülte, Der Verhältnismäßigkeitsgrundsatz im deutschen Notwehrrechts aus verfassungsrechtlicher und europäischer Perspektive, GA 2011, S. 159.

急权的限度。在宪法上,任何一种可能对公民基本权利和自由造成限制的公权力措施,都必须接受比例原则的检验。比例原则主要包含目的正当性、适当性、必要性以及狭义比例四项内容。[①] 事实上,以公民为行使主体的紧急权,其行使限度同样也处在比例原则的监控之下。[②] 接下来,笔者将以比例原则为基本框架,对紧急权的限度条件进行较为系统的梳理。由于所有的反击型和转嫁型紧急权无一不以维护法益的安全为使命,这一目标必然正当,故在此没有必要进行目的正当性的检验。

1. 适当性原则

某一行为要成立紧急权,首先必须适于实现法益保护的目的。旨在为公权力介入纠纷创造条件以及以辅助国家实现刑事追诉利益为目标的紧急权,其行使力度在适当性阶段就已经受到了严格的管控。就自助行为来说,如前所述,作为"短缩的正当防卫权",该行为并不能直接实现请求权,而只能为相关纠纷的解决排除障碍、创造条件。既然法秩序已经预设,在自助行为完成之后最终仍需经由诉讼等法定程序才能实现请求权,那它就不可能允许自助措施伤及义务人的生命。同理,扭送的目的在于将犯罪嫌疑人移交司法机关,从而为刑事追诉程序的顺利进行创造有利条件;同时,刑事诉讼的展开又是以犯罪嫌疑人存活为前提的[③],故杀害犯罪嫌疑人的行为不可能与扭送权的目的相吻合。[④]

2. 必要性原则

公民在行使紧急权时,若有多种措施能够同等有效地保护法益,则应当从中选择给对方法益造成损害最轻的那一种;换言之,合

---

① Vgl. Grzeszick, in: Maunz/Dürig, Grundgesetz - Kommentar, 86. EL Januar 2019, GG Art. 20 Ⅶ. Rn. 110 ff.

② 参见陈璇:《正当防卫与比例原则——刑法条文合宪性解释的尝试》,载《环球法律评论》2016年第6期。

③ 根据《刑事诉讼法》第16条的规定,一旦出现"犯罪嫌疑人、被告人死亡的"情形,"不追究刑事责任,已经追究的,应当撤销案件,或者不起诉,或者终止审理"。

④ Vgl. Wagner, Das allgemeine Festnahmerecht gem. § 127 Abs. 1 S. 1 StPO als Rechtfertigungsgrund, ZJS 2011, S. 473.

法的紧急行为只能是实现法益保护目的必不可少的措施。关于必要性的内容已争议不大,目前最值得探讨的是必要性的判断标准问题。

众所周知,在刻不容缓的危急关头,行为人可能会因为精神高度紧张、认知能力受限而对影响其行为强度的事实因素发生误判。于是,司法实践中往往会出现这种情形:从案发后查明的全部事实来看,行为人当时对危险的发展态势或者消除危险的难度作了过高的估计,导致他所采取的紧急措施造成了某些事后看来并不必要的损害。在此情况下,究竟应当站在哪一时间点、根据何种事实来认定紧急行为是否具有必要性呢?对于必要性的判断究竟是采取事前还是事后的标准,实质上涉及如何就上述损害结果在行为人和被害人之间进行风险分担的问题。若以事后查明的事实为基础,则该紧急行为因客观上已经超出了必要限度而从根本上丧失了得到正当化的可能,最后只能视行为人对于过限的损害结果是否具有故意或者过失来确定他是否需要承担刑事责任。这一标准自始拒绝承认行为人享有紧急权,仅仅为其留下了免责的空间;相应地,受害者对于过限的行为并不负有忍受义务。这便使得行为人一方承担了相对更多的风险。反之,若以行为人事前能够认识的事实为基础,则意味着可以直接根据行为人的主观认识将实际较小的危险拟制为严重的危险,将客观上较低的排险难度拟制为较高的排险难度,进而按照行为人想象的情境赋予其较大的侵入权限,被害人则在相应的范围内被课以忍受义务。这样一来,由误判所产生的风险便更多地落在了紧急行为受害者的头上。如前所述,谁对于利益冲突的生成负有的责任越大,为解决该冲突所需耗费的成本也就应当越多地由谁来承担。既然必要性的判断在本质上涉及的是行为人与被害人之间的风险分担问题,那么,究竟应当选择事前还是事后标准,取决于利益冲突的可归责性。本章第二部分的分析表明,反击型紧急权属于利益冲突可归责于紧急行为被害人的紧急权,它又可以进一步区分为与强归责相对应的正当防卫和与弱归责相对应的防御性紧急避险;转嫁型紧急权则属于利益冲突不可归责于紧急行为被害人的紧急权。下面,笔者将根据这一分类,逐一探讨各个紧急权的必要性判断标准。

(1)强归责

关于正当防卫必要性的判断,应当采取防卫人个人化的事前判断标准,即应当将一名具备了防卫人认识能力的理性标准人置于行为当时的情境之中,以他所认识到的侵害事实作为判断防卫限度的基础。这一判断标准无疑将误判的风险更多地分配给了侵害者一方,这是由侵害者对于利益冲突的强答责性所决定的。

第一,不法侵害的成立,意味着利益冲突是由被防卫者以违反法义务的方式引起的,故侵害人本身就负有停止侵害、消除冲突的法律义务。若他本人拒不履行该义务,而是由其他公民以防卫的方式出面制止了不法侵害,则可以认为是防卫者代侵害人履行了后者所负有的义务。由侵害人与防卫人双方的信息不对称所决定,后者在试图平息利益冲突的过程中,不免会因为对侵害事实缺乏了解,故为了在局势不明朗的急迫情形下确保自身安全,而不得不制造出与侵害人自己履行义务的情形相比更为高昂的排险成本。之所以会出现这部分额外成本,是因最了解侵害实情的不法侵害人本人既没有亲自履行排险义务,又没有向代替他履行该义务的防卫人透露真相。因此,由防卫人合理误判所产生的这种额外成本不能由防卫人而是必须悉数由侵害人自己去承受。

第二,姑且不说在侵害人有意利用仿真武器等物品制造假象以逼迫对方就范的情形下,引起对方误判本来就是侵害的固有组成部分,故自当可归责于侵害人;即便防卫人的误判并非侵害者有意引起,但只要误判的发生处在合理(即防卫人不可避免)的范围之内,则侵害者对此至少已有所预见或者具有预见的可能性。因为,特定的作案时间、空间和对象都是侵害人自由选择的结果,他事先完全能够预见到这种时空条件会导致对方高估侵害的严重性,从而做出与侵害的实际危险不相称的激烈反应。

(2)弱归责

防御性紧急避险行为必要性的判断,应当适用与正当防卫相同的标准。的确,防御性紧急避险的被害人对于利益冲突的弱答责性,既可能导致国家无法向其追究刑事责任,也会使以他为损害对象的反击型紧急权的行为要件在内容上趋于严格。但有两点是无法改变的:第一,排险义务的代位履行。尽管防御性紧急避险的被害人对于危险的生成往往缺乏实际的避免能力,但不可否认的是,诱发利益冲突的危险毕竟是从其独占的权利空间中产生。既然在这一领域中权利人享有排他性的高度自由,其他公民未经许可无权介入其中,只能信赖该空间在权利人的监管下不会对他人的法益造成妨害和威胁[1];那么,一旦该空间给他人的法益安全造成威胁,权利人作为保证人就负有及时排除该危险的义务。如果说在正当防卫中,权利人有能力履行而拒不履行该义务,那么在防御性紧急避险的场合,权利人则往往表现为欠缺履行该义务的能力。但无论哪一种情形,最终都是由第三人代替权利人履行了后者所负有的排险义务。第二,危险信息的不对称。由权利人对危险源的排他支配所决定,其对于危险源情况的了解远远优越于处在空间护墙之外的第三人。所以,因为对危险状况认识不准确而产生的误判风险,以及由此带来的较高的排险成本,就不应由避险人而只能由权利人承担。

(3) 不可归责

攻击性紧急避险行为是否具有必要性,应当以事后查明的行为当时客观存在的全部事实为基础[2],站在事前的时点,以一名对他人法益抱有足够谨慎态度的守法公民为标准人来进行判断。由判断资料的纯客观性所决定,这一判断标准将误判风险更多地分配给了避险行为人。因为,一方面,在攻击性紧急避险中,利益冲突的产生完全不可归责于避险行为受损者,他本不负有积极排险的法定义务,之所以让他在一定范围内分担利益冲突的消解成本,仅仅是基于团结原则的要求;另一方面,作为与冲突的发生本无关联的第三人,避险行为受损者在对危险源的认知和把控方面,并不具有相对于避险行为人的优势。

---

[1] Vgl. Renzikowski, Notstand und Notwehr, 1994, S. 179; Pawlik, Der rechtfertigende Defensivnotstand, Jura 2002, S. 30.
[2] Vgl. Günther, in: SK‑StGB, 7. Aufl., 2000, § 34 Rn. 32; Perron, in: Schönke/Schröder, StGB, 30. Aufl. 2019, § 34 Rn. 18; Erb, in: MK‑StGB, 4. Aufl., 2020, § 34 Rn. 105.

3. 狭义比例原则

狭义比例原则的本质就是法益均衡。如果说适当性和必要性原则在各个紧急权中所展现的实体内容基本一致的话,那么对于不同的紧急权来说,狭义比例原则所呈现出的形态却大相径庭。狭义比例原则对紧急权的制约强度是与团结原则在紧急权正当化根据中占据的地位成正比的。团结原则在证立某个紧急权的合法性时所发挥的作用越大,该紧急权的行使强度就越严格地处在狭义比例原则的控制之下。因此,从总体上来说,从反击型紧急权到转嫁型紧急权,狭义比例原则的制约作用显示出由弱到强的渐变趋势。

(1)反击型紧急权

在正当防卫中,防卫限度原则上不受狭义比例原则的制约。首先,正当防卫与公民的法权地位乃一体两面,二者一损俱损。[①] 国家除需要消极地避免自己去侵犯公民的权利之外,还有责任积极地确保公民维护自身平等地位的途径畅通无阻、行之有效。[②] 可是,一旦在正当防卫中引入狭义比例原则,就意味着公民在双方法益价值出现明显差距时必须对不法侵害加以退让和容忍,这无疑将打破该公民与不法侵害者之间的平等法律关系,使前者的人格地位屈居于后者之下。换言之,"要是正当防卫受到了禁止或者限制,则主观权利就得不到保护或者得不到有效的保护,这将导致主观权利本身的丧失或者受限"[③]。如此一来,国家就违反了它在宪法上所负有的保障个人自由与尊严的义务。其次,不法侵害人是基于自由意志侵入他人的权利空间。由他对于利益冲突的强答责性所决定,其法益的值得保护性与他所侵害的法益相比会出现大幅下降;在为捍卫受不法侵

[①] Vgl. Merkel, Folter und Notwehr, FS-Jakobs, 2007, S. 386; Pawlik, Das Unrecht des Bürgers: Grundlinien der allgemeinen Verbrechenslehre, 2012, S. 239, 245; Greco, Notwehr und Propotionalität, GA 2018, S. 676.

[②] Vgl. Koch, Prinzipientheorie der Notwehreinschränkungen, ZStW 104 (1992), S. 797; Frisch, Zur Problematik und zur Notwendigkeit einer Neufundierung der Notwehrdogmatik, FS-Yamanaka, 2017, S. 63.

[③] Hruschka, Die Notwehr im Zusammenhang von Kants Rechtslehre, ZStW 115 (2003), S. 222.

害威胁之平等法律地位所必要的范围内,不法侵害人法益的值得保护性原则上归于消失,防卫人对他所负有的不得侵害的义务原则上也不复存在。于是,凡是在为制止不法侵害所必要的范围内出现的法益损害风险,不论它在性质和程度上是小于、大于还是等于不法侵害,原则上均应由侵害人自己来承担。最后,不法侵害者难以成为社会团结的对象。如前所述,团结归根结底是理性的利己主义者为了共同应对偶然的风险,出于实现自身利益最大化的长远之计而自愿作出的选择。在正当防卫中,尽管侵害人面临着遭受反击的危险,但这种险境完全是他在事先具备控制、避免能力的情况下自行引起的,根本不属于无法预测的意外风险。① 因此,不法侵害人没有理由要求其他守法的公民与自己共同分担这一风险。

  对于防御性紧急避险来说,避险限度受到狭义比例原则的弱制约,该原则的功能在于防止损益双方的法益显著失衡。在这里,有两个反向作用、相互牵制的因素共同影响着避险限度的判断。一方面,既然引起利益冲突的危险来自避险对象所独占的权利空间,那么与受到该危险威胁的法益相比,避险对象的值得保护性必然有所下降。但另一方面,由于避险对象并未现实地实施违法行为,甚至因为意外原因而完全失去了对自己侵犯他人权利的行为加以预见和控制的能力,故由此产生的利益冲突对于危险制造者来说也同样属于意外风险。因此,避险对象法益的值得保护性的降低幅度不可能等同于正当防卫中的不法侵害人;基于社会团结原则,遭受危险者在不损害自身重大利益的前提下,应当在反击过程中给予对方一定的照顾和忍让。② 由此决定,防御性紧急避险在以保证行为有效性为主的同时,其限度的判断标准又严于正当防卫。在此,狭义比例原则发挥着一种个别纠偏和辅助调整的作用:"防御性紧急避险行为人所代表的利益原则上占据显著的优势,除非他给避险行为被害人所造成之损害的严重程度不合比例得高。"③在满足了适当性和必要性原则的前提下,只要保护和损害的法

---

① Vgl. Mitsch, Nothilfe gegen provozierte Angriffe, GA 1986, S. 545.
② Vgl. Neumann, in: NK-StGB, 5. Aufl., 2017, § 34 Rn. 86.
③ Günther, Defensivnotstand und Tötungsrecht, FS-Amelung, 2009, S. 151.

益在价值上基本相当,即可认为避险行为满足了狭义比例原则的要求。

(2)转嫁型紧急权

在攻击性紧急避险中,避险限度受到狭义比例原则的强制约,该原则的功能在于保证行为保护的法益价值明显高于损害的法益。由于被损害者是与法益冲突的引起无关的第三人,故其法益的值得保护性本身并无减损,侵害该法益的紧急行为要得到正当化,唯一的根据在于社会团结原则。任何人都只愿意在不危及自身基本生存条件的前提下为营救他人承担一定的牺牲义务,不可能同意以失去自己的重大利益为代价去帮助他人。所以,狭义比例原则对攻击性紧急避险的限度要件提出了较为苛刻的要求:唯有当获得营救的利益在价值上明显高于受损害的利益时,避险行为才能正当化。

由于公民扭送权同样以团结原则为其正当化根据,故与攻击性紧急避险相仿,狭义比例原则就必然成为确定扭送权行使限度的一个核心要素。不过,考虑到在现行犯的场合下,被扭送者毕竟是有较为明显犯罪嫌疑的人,与完全无辜的第三人略有不同,故扭送权的法益均衡标准应略宽于攻击性紧急避险,即只要扭送所实现的利益大体上高于被扭送者受损的利益,即可认为该行为符合了狭义比例原则。

二、紧急权限度层级化的实践指导意义

从上文对于紧急权限度所作的体系性梳理,我们可以推导出以下两个对于司法实践具有指导意义的命题:

1."基本相适应"是防御性紧急避险,而非正当防卫之限度判断标准的内容

在防卫限度问题上,我国刑法学通说一直深受"基本相适应"思维的影响。然而,上文以紧急权体系为基础对于狭义比例原则作用强度的变化规律所作的分析却清楚地表明,真正需要受到"基本相适应"标准约束的,不是正当防卫,而是在一定程度上反映社会团结需要的防御性紧急避险。这么看来,通说是在缺少对紧急权进行体系化分析的情况下,把原本属于防御性紧急避险的限度判断标准,错安

在了正当防卫的身上。

从其本质和体系地位来看,正当防卫本应是一种适用面较窄但行使起来雷厉风行的紧急权。可是,结合本章第二部分的分析却不难发现,我国传统的正当防卫理论恰恰反其道而行之,使正当防卫表现出"宽进严出"的状况,即通说一方面对正当防卫的前提条件认定得异常宽松,导致几乎一切针对来自人的法益侵害均存在行使防卫权的空间;另一方面又对正当防卫的限度条件把握得极端严苛,导致几乎所有出现损益失衡的防卫行为皆无从合法化。一旦我们将该状况置于紧急权体系的整体视野之下就能看到,这种在正当防卫两类要件之间出现的宽严倒置现象,严重地扭曲了正当防卫应有的法律形象。究其根源,就在于通说长期以来未能实现反击型紧急权内部的层级化,以致一方面将一大批与正当防卫本质不符、本应接受防御性紧急避险检验的反击行为强行归入正当防卫的范畴,使得正当防卫的行使要件为了应对由此产生的"排异反应"不得不发生各种变形和异化;另一方面又给正当防卫权的行使套上了本来用于约束防御性紧急避险的法益均衡要件,由此为正当防卫在司法实践中的唯结果论倾向提供了理论助推。如果确立了防御性紧急避险在紧急权体系中的独立地位,那就必须将只能配以较弱强度行使要件的反击型紧急权从正当防卫中分流出去,这样一来就能有效疏解正当防卫目前承受的压力。于是,通过收紧防卫权的前提条件、同时又放宽防卫权的限度条件,有助于恢复正当防卫"严进宽出"的本来面貌,使之真正成为锋芒凌厉但又适用谨慎的反击型紧急权。①

2. 在正当防卫和防御性紧急避险中存在使杀人行为合法化的空间

在紧急状态下剥夺他人生命的行为能否得到正当化,历来是紧急权领域中争论的焦点话题之一。人们普遍承认,生命法益具有两个特点:其一,生命享有最高的法益位阶;其二,生命具有不可衡量性。不过,上述关于生命价值最高以及生命完全等价的论断,是纯粹就生命法益的抽象价值而言;它绝不意味着,为了保护一人的生命

---

① 关于正当防卫"严进宽出"的特性,详见本书第五章第四部分。

或者其他法益而剥夺他人生命的行为自始至终不具有合法化的可能。因为如前所述,紧急行为能否正当化,不仅取决于冲突法益各自的抽象位阶,还取决于其值得保护性的对比关系。根据上文对各权利限度所作的层级划分,可以就杀人行为的合法性空间问题推导出以下原则①:

首先,正当防卫的正当化空间最大。原则上,即便是为了保护单纯的财产法益而杀死不法侵害人,只要该行为满足有效性、安全性和最低性的要求,也仍然处在正当防卫的合法范围之内。

其次,防御性紧急避险的正当化空间次之。由于防御性紧急避险的限度只要求双方法益不存在严重失衡的现象,故在行为人不得已导致危险来源者死亡的情况下,只要该行为所保护之法益的价值并不明显低于生命法益,它就能够得到合法化。② 从还原立法者意图的角度来看,《刑法》第 20 条第 3 款反映了基本相适应的理念③,而基本相适应的标准原本又应当适用于防御性紧急避险。于是该条款除可以作为防卫限度的注意性规定之外,不经意间更适宜作为确定防御性紧急避险致人死亡之合法性边界的立法依据。从该条文可以看出,在立法者眼中,受行凶、杀人、抢劫、强奸、绑架等暴力行为威胁的重大人身安全,与生命法益相比是大致平衡的。因此,不得已导致危险来源者死亡的避险行为要得到合法化,必须是为了保护重

---

① 对于自助行为和公民扭送权来说,由追求的目的所决定,其早在适当性阶段就已经排除了杀人行为得到正当化的可能,故以下仅以正当防卫、防御性紧急避险和攻击性紧急避险为讨论的对象。

② Vgl. Hirsch, in: LK-StGB, 11. Aufl., 1993, § 34 Rn. 73; Günther, in: SK-StGB, 7. Aufl., 2000, § 34 Rn. 43; Roxin/Greco, Strafrecht AT, Bd. I, 5. Aufl., 2020, § 16 Rn. 78.

③ 1997 年《刑法》颁布之前,在司法实践中广泛存在着只要出现不法侵害人重伤或死亡的结果就一律认定防卫过当的现象。在此背景下,立法者认为有必要增添特殊防卫权条款,通过将防卫行为损害和保护的法益基本相适应的情形明确排除出防卫过当的范畴,从而有效地纠正极端唯结果论的倾向。所以,《刑法》第 20 条第 3 款的功能在于提醒司法者注意,严重危及人身安全的暴力犯罪具有极其重大的社会危害性,故即使造成不法侵害人重伤或者死亡,该损害结果与防卫行为可能造成的法益损害相比也不存在悬殊的差距[参见赵秉志、肖中华:《正当防卫立法的进展与缺憾——建国以来法学界重大事件研究(十九)》,载《法学》1998 年第 12 期;高铭暄:《中华人民共和国刑法的孕育诞生和发展完善》,北京大学出版社 2012 年版,第 198 页]。当然,刑法(转下页)

大人身安全。

最后,攻击性紧急避险的正当化空间为零。既然攻击性紧急避险要求损害的利益必须明显低于保护的利益,而生命不可能在价值上明显低于其他法益,故它不能成为攻击性紧急避险牺牲的对象。

三、本章小结

以紧急权的分类和体系构造为基础,结合比例原则的分析框架,可以用下表3-1对紧急权的限度层级加以归纳。

表3-1 紧急权限度层级表

类型	具体种类	正当化根据	合法限度			
			目的正当性原则	适当性原则	必要性原则	狭义比例原则
自损型紧急权	被害人承诺,推定的被害人承诺	自我决定权				
反击型紧急权	强答责	正当防卫,自助行为(短缩的正当防卫)	法权地位平等	√	√	√	极弱
	弱答责	防御性紧急避险	法权地位平等+社会团结	√	√	√	弱
转嫁型紧急权	攻击性紧急避险	社会团结	√	√	√	强
	公民扭送权					

(接上页)一经制定颁布即成为独立于立法者的客观存在。今天,我们在对《刑法》第20条第3款进行解释时,完全可以而且应当进一步认为,该条款是关于防卫限度的注意性规定,而非法律拟制,它绝不意味着只要侵害行为不属于严重危及他人人身安全的暴力犯罪,则导致侵害者死伤的防卫行为就一概属于防卫过当(详细论证参见本书第五章第三部分)。

第四章　紧急权的适用与罪刑法定

一、紧急权目的性限缩带来的问题

我国《刑法》第 20 条本身并无"紧迫性"的要求,按照条文的语义,只要是针对"正在进行的不法侵害",公民皆有权实施正当防卫。但有相当多的学者和判例均主张,即便不法侵害处于正在进行的状态之中,一旦它不满足紧迫性要件,行为人仍不得享有正当防卫权。[①] 这种观点实际上在法律条文以外为正当防卫增设了一个不成文的限制性要素。又如,由于《刑事诉讼法》第 84 条并未对扭送权的限度作出明文规定,故对该条文进行单纯语义解释的结论就是,只要能够实现扭送的目的,不论扭送手段的暴力程度有多高、给被扭送人造成的损害有多严重,均可以得到正当化。在这种情况下,如果为扭送权增设限度要件,就意味着解释者在法律条文之外对扭送权的成立范围进行了限制。这便涉及目的性限缩的方法。

根据法学方法论的原理,欲对某一法律条文进行目的性限缩,前提是必须能够确定该法律条文存在隐藏的漏洞(verdeckte Rechtslücke),即"关于某项规定,依法律之内在目的及规范计划,应消极地设有限制,而未设此限制"[②]。因此,只有满足了以下两个条件,方可认为有必要通过目的性限缩的方法来填补漏洞:其一,通常的法律解释方法已无力将相关法律规范的适用维持在合理的范围之

[①] 关于"紧迫性"要件在理论和实务中的状况,参见陈璇:《正当防卫、维稳优先与结果导向——以"于欢故意伤害案"为契机展开的法理思考》,载《法律科学(西北政法大学学报)》2018 年第 3 期。

[②] 王泽鉴:《民法思维:请求权基础理论体系》,北京大学出版社 2009 年版,第 209 页。

内。假如只要在语义可能的范围内对相关法条的用语进行解释,就能够避免将法律适用于本不宜适用的事实,那便说明,在法律条文的语义之内蕴含着调节其适用范围的空间和途径,故不存在法律漏洞,没有必要求助于法外的目的性限缩方法。其二,相关法律漏洞必须是一种法律"违反计划的不圆满性"①。假如法规范的某项缺失恰恰就是立法者为实现法律规制的目的而有意留下的空白,或者法律的不足并不违反法律目的本身,只是因为立法者在法政策方面存在误区所致,那也不存在以目的性限缩堵截漏洞的余地。笔者认为,《刑事诉讼法》第 84 条恰好就在扭送权限度方面存在违反立法目的的漏洞,只有借助目的性限缩方法才能加以填补。理由在于:首先,"扭送"的概念本身并不能包含限度要件。《刑法》第 20 条和第 21 条都是在界定了防卫行为、避险行为的概念之后,又辟专款对防卫限度(防卫过当)以及避险限度(避险过当)作了规定。可见,从语义上来说,防卫、避险等紧急行为自身并不能当然地涵盖限度要件的内容;一个完整的正当化事由条款应当分别对行为样态及其限度两方面加以说明。然而,《刑事诉讼法》第 84 条却既未提及限度的概念,也没有为扭送过当设置减免处罚的量刑规则。对比其他正当化事由的法律规定,可以清楚地看出该条文对公民扭送权的规定是残缺不全的。其次,既然公民扭送权属于一种例外容许行为人侵入他人自由空间的赋权事由,那么在现代法治国家中,该行为的强度和影响范围就不能不受到限制。因此,《刑事诉讼法》第 84 条的不完整性有违正当化事由的立法目的。

仅仅确定《刑事诉讼法》第 84 条存在需要通过目的性限缩来加以填补的法律漏洞,还不足以完全证明为公民扭送权添加限度要件的做法具有正当性。本来,我们在对刑法分则具体犯罪的构成要件进行解释时,往往也会根据犯罪的本质、刑法条文之间的关系等因素,添加某些"不成文的构成要件要素"②。这种在法条之外增加要

---

① 〔德〕卡尔·拉伦茨:《法学方法论》,陈爱娥译,商务印书馆 2003 年版,第 251 页。
② 参见张明楷:《刑法分则的解释原理》(第二版),中国人民大学出版社 2011 年版,第 427 页。

素的解释之所以被容许,关键是因为罪刑法定原则的功能在于抵御国家刑罚权无限扩张的危险,它禁止法外入罪,却并不排斥有利于被告人的法外出罪。由于不成文构成要件要素的引入限缩了某一犯罪成立的范围,对被告人产生了相对有利的影响,故不会与罪刑法定原则发生冲突。可是,对于法定正当化事由的解释却与此不同。因为,正当化事由的成立范围与犯罪的成立范围恰好呈现出此消彼长的关系,前者限缩同时也就意味着后者的扩张。所以,一旦在法律条文之外对正当化事由附加新的限制性条件,似乎就是间接地实行了法外入罪。① 于是,首先需要回答的问题是,这种通过引入不成文的要素来对紧急权进行目的性限缩的做法,是否违反罪刑法定原则?

二、罪刑法定原则不适用于紧急权

张明楷教授认为,"只有同时在违法阻却事由、责任阻却事由、客观处罚条件等领域贯彻罪刑法定主义,才能保障人权",故"应当禁止对法定的犯罪阻却事由进行目的性限缩"②(这种肯定罪刑法定原则应适用于正当化事由的观点,下文简称"肯定论")。笔者持不同看法,主张正当化事由并不处在罪刑法定原则的效力范围之内。理由如下:

(一)正当化事由并非专属于刑法

我国传统刑法理论习惯于把正当防卫、紧急避险称为"排除犯罪性事由"③或者"排除社会危害性事由"④。这实际上忽视了在出罪事由内部区分赋权事由与免责事由的必要性。所谓赋权事由,是指法律在特定情形下赋予行为人以侵犯他人法益的权利,从而使得该行

---

① Vgl. Hirsch, Rechtfertigungsgründe und Analogieverbot, GS-Tjong, 1985, S. 53.
② 张明楷:《罪刑法定与刑法解释(上)》(第二版),北京大学出版社 2009 年版,第 173 页。在德国刑法学界,也有不少学者持类似的看法。Vgl. Hirsch, in: LK-StGB, 11. Aufl., 1994, vor § 32 Rn. 37; Sternberg-Lieben, in: Schönke/Schröder, StGB, 30. Aufl., 2019, vor § 32 Rn. 25。
③ 马克昌主编:《犯罪通论》(第三版),武汉大学出版社 1999 年版,第 707 页。
④ 高铭暄主编:《刑法学原理》(第 2 卷),中国人民大学出版社 1993 年版,第 196 页。

为及其造成的结果均获得法秩序的肯定性评价。然而,在免责事由中,行为人并不享有损害他人法益的权利,其行为造成的损害结果始终受到法秩序的否定性评价,只不过由于该结果的发生对于行为人来说缺乏避免可能性,故不可归责于他。尽管赋权事由与免责事由均具备出罪的功能,但二者在法律性质上却存在重大差异。具体来说,既然在赋权事由中行为人获得了损害他人法益的权利,那么与此相应,受损者的法益便在一定范围内失去了法律的保护,其有义务对行为人的权利行使行为加以忍受,既无权向对方展开反击,也不得将损害转嫁给第三人。可是,就免责事由来说,由于行为人并不享有侵犯他人法益的权利,受损方的法益始终处在法律的保护之下,故受损方并无忍受义务,这就为其为保护自身法益而行使紧急权留下了空间。赋权事由与免责事由在法律属性上的这种差别,源自二者截然不同的"出身"和影响范围。刑法判断关注的核心问题是某一行为是否可罚,但"立法者放弃运用刑罚手段来制裁某一举动方式,这并不必然意味着他容许该行为存在"①。正如人们所熟知的,盗窃他人20元现金的行为之所以不成立犯罪,并非因为法律对该行为予以肯定,只是因为其对法益侵害的严重性未达到必须动用刑罚来应对的程度。同样,就免责事由来说,无论是汽车司机在根本不可能预见的情况下导致某路人死亡,还是精神病人在无法辨认和控制自己行为的情况下将他人杀死,该行为之所以无罪,并不是因为汽车司机与精神病患者获得了剥夺他人生命的权利,而仅仅是基于两项专属于刑法领域的价值考量:其一,责任原则,即刑罚的发动必须以法益侵害结果的发生对于行为人来说具有避免可能性为前提,任何脱离了可谴责性的刑罚都必将使行为人沦为用于威慑他人或者满足受害方复仇情绪的工具,是对个人尊严的侵犯。其二,一般预防,即只有将犯罪限定在公民避免能力可及的行为之上,才能使刑事判决真正发挥行为导向的功能。由此可见,免责事由完全根植于刑法特有的目的理性,这也决定了其适用范围基本上只能局限在刑法领域之内。可

---

① Amelung, Zur Kritik des kriminalpolitischen Strafrechtssystems von Roxin, in: Schünemann (Hrsg.), Grundfragen des modernen Strafrechtssystems, 1984, S. 94.

是,既然赋权事由不仅能使行为人获得无罪判决,还能令其享有获准侵犯他人法益的权限,那么,在直接关乎公民之间权利边界这样的根本性问题上,就不能止于刑法领域中罪与非罪的判断,而必须立于以宪法为统领的全体法秩序的视野下展开通盘考量。因此,赋权事由不是刑法独家评价的结果,而是经过各个部门法一致认可的产物。

正当化事由本质上属于赋权事由。理由在于:首先,尽管《刑法》第20条和第21条为正当防卫、紧急避险规定的法律后果仅仅是"不负刑事责任"。但在我国刑法的创制和修订过程中,立法者始终认为,正当防卫、紧急避险同属于"公民的一项合法权利"①。其次,正当化事由的合法性也得到了民事法律的肯定。《民法典》第181条第1款规定:"因正当防卫造成损害的,不承担民事责任。"虽然《民法典》第182条第2款规定,在危险是由自然原因引起而避险措施亦无不当的情况下,紧急避险人仍然可能需要对避险行为造成的损害"给予适当补偿",但这只是基于受益人身份所承担的公平责任②,丝毫不表明紧急避险具有违法性。

由此可见,法定正当化事由虽然"定居"于某一部门法,其势力范围却能遍及全体法领域③;虽然关于正当防卫和紧急避险的主体规定位于刑法之中,但它们在本质上却并非专属于刑法领域,而是发轫于整体法秩序、贯穿于各个部门法,其合法化的效果也为诸法所共享。打一个形象的比方:如果将法定正当化事由比作一棵大树,那么关于它的法律规定就如同树的基干,它定着在某一特定部门法的规范地面上;然而这棵大树赖以生存的根系,即正当化事由的合法性根基实际上却蔓延遍布于各个部门法的土壤之中,大树繁茂的枝叶所形成

---

① 高铭暄:《中华人民共和国刑法的孕育诞生和发展完善》,北京大学出版社2012年版,第25页。另参见王汉斌:《关于中华人民共和国刑法(修订草案)的说明》(1996.12.24),载高铭暄、赵秉志:《新中国刑法立法文献资料总览》(第二版),中国人民公安大学出版社2015年版,第593页。

② 参见张新宝:《侵权责任构成要件研究》,法律出版社2007年版,第65页;陈璇:《对紧急避险正当化根据的再思考》,载赵秉志主编:《刑法论丛》(第12卷),法律出版社2007年版,第180页以下。

③ Vgl. Krey, Studien zum Gesetzesvorbehalt im Strafrecht, 1977, S. 233 ff.

的绿荫,即它的合法化效果也突破了其主干所在的区域,覆盖到了整个法秩序。事实上,在阶层式犯罪论体系中,尽管构成要件符合性、违法性和责任都是犯罪不可或缺的组成部分,但三者并非一概为刑法所独有。其中,构成要件划定了刑法上可罚类型的边界,责任则保障了责任原则和刑法一般预防机能的最终实现,故这两个阶层毫无疑问是专属于刑法的。但是,违法性在犯罪论体系中的主要功能并不在于直接实现特定的刑事政策目标①,而在于在刑法的判断中铺设一条与周边法领域连接沟通的管道,从而保证刑法对于某一行为的评价能与整体法秩序关于合法与违法的界分标准协调一致。既然罪刑法定原则为刑法所专有,那么它就无法对来源于全体法秩序的正当化事由产生制约作用。

(二)规范评价不应出现矛盾

既然法定正当化事由具有通用于各法域的普遍性,那么对法定正当化事由的解释就应当在各个部门法中采取统一的宽严尺度。否则,如果认为正当化事由的适用在刑法领域内需要受到罪刑法定原则的制约,则势必出现同一个正当化事由在刑法中的成立范围宽于其他部门法的现象。例如,甲在面对某一正在发生但不具有紧迫性的不法侵害之际,采取防卫行为致使侵害人重伤。在刑法上,如果根据罪刑法定原则禁止在《刑法》第20条的规定之外为正当防卫添加限制性要件,那么在甲的行为符合防卫限度要件的前提下,就应当认为该行为成立正当防卫、阻却违法。可是,由于民法的判断并不适用罪刑法定原则,故解释者完全可以根据紧迫性要件认定甲的行为不属于正当防卫、具备违法性。这样一来,一个被刑法评价为合法的权利行使行为,却在民法上成了受到禁止的侵权行为;不法侵害者在刑法上负有忍受对方反击的义务,但在民法上却又有权对防卫人实施

---

① Vgl. Amelung, Zur Kritik des kriminalpolitischen Strafrechtssystems von Roxin, in: Schünemann (Hrsg.), Grundfragen des modernen Strafrechtssystems, 1984, S. 93; Roxin/Greco, Strafrecht AT, Bd. Ⅰ, 5. Aufl., 2020, § 14 Rn. 3.

正当防卫。于是,法规范对同一行为的评价就出现了明显的自相矛盾。① 一些持肯定论的学者辩解道:如果从法秩序的规范目的来看确有必要对某一法定正当化事由添加不成文的限制性要件,那么一切不符合该要件的行为都应当被认定为违法,这一结论不会因为所涉法领域的不同而有任何差异;刑法因为奉行罪刑法定原则而依然认定正当化事由成立,这绝不意味着否定该行为的违法性,而只是取消了该行为的刑事可罚性而已。② 用希尔施(Hirsch)的话说:"刑法上禁止类推原则的作用仅仅在于,在行为是否可罚的问题上作出了有利于行为人的处理,以致行为看上去仿佛获得了正当化一样。……也就是说,罪刑法定原则并不涉及违法性的存否,它只涉及是否允许展开刑事追诉的问题。"③不难看出,面对罪刑法定原则的适用所带来的同一正当化事由在刑法上的成立条件较民法宽松的事实,该观点通过在刑法领域内切断正当化事由与行为违法性之间的关联,使正当化事由的成立与否仅与刑罚的发动相挂钩,试图避免罪刑法定原则的适用可能对法秩序统一性造成的冲击。然而,这一见解的说服力是令人怀疑的。

第一,在阶层式犯罪论构造的语境下,包括该说的支持者在内的绝大多数学者向来都承认,犯罪论体系中的违法性阶层是以整体法秩序的评价而不是以行为的可罚性为基准的。直接涉及可罚性问题的是构成要件符合性和责任阶层。所以,在行为符合犯罪构成要件且行为人具有责任的情况下,只有两种可能:一是行为具备违法性,进而成立犯罪;二是确定正当化事由的成立,进而得出无罪的结论。二者必居其一。从来就不存在一个已经符合了犯罪构成要件且有责的行为可以既具有违法性又不可罚的情形。既然该说承认,当法规范的目的要求为某一正当化事由添加不成文的限制性要件而且

---

① Vgl. Günther, Warum Art. 103 Abs. 2 GG für Erlaubnissätze nicht gelten kann, FS-Grünwald, 1999, S. 217.

② Vgl. Jung, Das Züchtigungsrecht des Lehrers, 1977, S. 65; Hirsch, in: LK-StGB, 11. Aufl., 1994, vor § 32 Rn. 37; Erb, Die Schutzfunktion von Art. 103 Abs. 2 GG bei Rechtfertigungsgründen, ZStW 108 (1996), S. 272.

③ Hirsch, Rechtfertigungsgründe und Analogieverbot, GS-Tjong, 1985, S. 61.

行为人的行为又不符合该要件时,刑法的判断就应当尊重法秩序的评价结论,肯定该行为违法,那就没有理由与此同时又取消该行为的可罚性。

第二,有学者认为,允许各部门法对同一正当化事由的法律规定作出不同的解释,这"不过是阐明了为整体法秩序奠定了基石的一个思想,即刑法是具有不完整性的,它无须将一切被刑法以外的法律认定为违法的举动都视作可罚的行为"①。刑法的不完整性是与刑法保护法益的补充性直接相关的。由于在一国的法律体系中,刑罚是最为严厉的制裁手段,故只有当其他部门法对于有效保护法益力有未逮之时方可动用之。因此,被刑法划入犯罪圈的不可能是一切侵害法益的行为,而只能是其中达到了一定严重程度、有必要使用刑罚来预防者;与此相应,由刑法所实现的法益保护就无法事无巨细、面面俱到,而必然呈现出有所为、有所不为的片断性。② 可是,在肯定论那里,因受制于罪刑法定原则而被认定为具有正当化事由的行为,其出罪的根据根本不在于该行为的法益侵害程度轻微,或者其他部门法的保护措施已足够有效,而仅仅在于法律的明文规定不足以完整地囊括正当化事由的全部限制性要件,同时刑法的判断又无从填补这一漏洞。所以,这种无罪化与刑法保护法益的最后手段性以及不完整性没有任何关系。

第三,该说事实上创造出了两个正当化事由的概念:一是(从整体法秩序出发)阻却违法的正当化事由;二是(从刑法出发)单纯阻却可罚性的正当化事由。对正当化事由作这样的划分,不仅没有消弭反而进一步加剧了理论内部的冲突。仍以正当防卫的紧迫性要件为例。当甲在不法侵害欠缺紧迫性的情况下向侵害人乙实施了必要的反击时,从整体法秩序的角度来看,该行为无法成立正当防卫;于是,甲的反击对于乙来说就形成了一个正在进行而且具有紧迫性的

---

① Wessels/Beulke/Satzger, Strafrecht AT, 47. Aufl., 2017, Rn. 398.
② 参见陈兴良:《罪刑法定主义》,中国法制出版社 2010 年版,第 148 页;黎宏:《刑法学总论》(第二版),法律出版社 2016 年版,第 7 页。Vgl. Jescheck/Weigend, Lehrbuch des Strafrechts AT, 5. Aufl., 1996, S. 52 f.; Roxin/Greco, Strafrecht AT, Bd. Ⅰ, 5. Aufl., 2020, § 2 Rn. 97。

不法侵害。尽管通说认为在不法侵害是行为人自招的情况下,其防卫权的行使将受到更为严格的限制,但不能否定的是,乙或者第三人有权对甲实施正当防卫。这样一来,刑法的判断就面临着一个困境:刑法一方面认定甲的反击行为成立正当防卫,另一方面又不得不接受法秩序关于甲的反击是违法行为,故乙或者第三人可以对其行使防卫权的结论。针对一个正当防卫行为竟然还可以实施正当防卫,岂非怪事?

(三)罪刑法定在正当化事由中无贯彻之可能

(1)从法律的表现形式来看,正当化事由可以区分为法定正当化事由与超法规正当化事由,前者又可以进一步划分为刑法规定的正当化事由(如正当防卫、紧急避险)和刑法以外之法律规定的正当化事由(如公民扭送权)。如果认为对正当化事由的适用需要坚守罪刑法定原则,由于一切正当化事由在法律效力上是相同的,那么按理说罪刑法定主义所包含的明确性、禁止不利于被告人的类推等原则都应当没有差别地适用于所有正当化事由。但事实并非如此。首先可以确定的是,"由于习惯法并不是由立法者所保障之刑法秩序的组成部分"①,故不具备成文法载体的超法规正当化事由无从适用罪刑法定原则。

除此之外,罪刑法定原则也难以在刑法以外之法律规定的正当化事由中发挥作用。因为,一旦与案件中涉嫌犯罪的行为相关的某一正当化事由被规定在非刑法的法律之中,那么刑法判断在进入违法性阶层的时候,就不得不跳出刑法的疆域与该法律规范相对接。这样一来,刑法关于相关行为违法性的检验路径,就十分类似于空白罪状或者规范的构成要件要素的确定方式。② 在空白罪状中,立法者并未写明犯罪成立要件的内容,但指示司法者参照、援引某一法律法规,并根据该法律法规填补罪状中的留白,从而获得完整的犯罪构成要件。规范的构成要件要素的一种类型就表现为,某一要素的具体

---

① Rönnau, in: LK-StGB, 12. Aufl., 2006, vor § 32 Rn. 65.
② Vgl. Hirsch, Rechtfertigungsgründe und Analogieverbot, GS-Tjong, 1985, S. 64 f.

内涵需要借助于其他法律才能确定。在这两种情形中,尽管刑法并未丧失自身判断的独立性,但毕竟犯罪构成要件中部分内容的确定权还是被立法者明确转移给了其他部门法,所以刑法就必须尊重所涉法域内的法律规范及其解释原则。既然在其他部门法中并不禁止类推,那么对于填充规范的解释也就无须遵守罪刑法定原则。① 例如,《刑法》第 224 条规定了合同诈骗罪,其中关于"合同"的内涵及其效力要件的界定就需要参照民法典的规定。除《民法典》合同编第二分编明确规定的买卖、租赁、承揽、运输等有名合同外,按照《民法典》第 467 条第 1 款的规定以及民法理论,当事人在经济生活中完全可以根据意思自治创立《民法典》未予规定的新型合同,即无名合同。这时,对于无名合同的规则就需要类推适用有名合同的法律规定来加以确定。② 于是民法上的这种类推适用及其结论,就应当为刑法关于合同诈骗罪的解释所采纳。基于相同的道理,在只有借助其他法律关于正当化事由的规定才能确定行为是否违法的场合,相当于在违法性阶层出现了一个有待其他法律补充的空白。因此,用于填补该空白的法定正当化事由就如同空白罪状或者规范的构成要件要素中的填充规范一样,其解释不应受到罪刑法定原则的束缚。正是因为意识到了这一点,所以许多持肯定论的学者又不得不将罪刑法定原则的适用范围限制在刑法规定的正当化事由之上。③ 可是,既然如前所述,正当化事由具有"身处某一部门法、效力遍及全法域"的特点,那么究竟是选择将正当化事由规定在刑法、民法、行政法还是诉讼法中,这与该事由合法化的程度高低和范围宽窄无关,纯粹取决于法典的表述方式和编纂技术。因此,单纯根据立法者偶然选择的规定形式来决定罪刑法定原则的适用与否,似乎并不合理。

---

① Vgl. Hecker, in: Schönke/Schröder, StGB, 30. Aufl., 2019, § 1 Rn. 33; Roxin/Greco, Strafrecht AT, Bd. Ⅰ, 5. Aufl., 2020, § 5 Rn. 40.
② 参见王利明等:《民法学》(第三版),法律出版社 2011 年版,第 502 页。
③ Vgl. Hirsch, Rechtfertigungsgründe und Analogieverbot, GS-Tjong, 1985, S. 66; Maurach/Zipf, Strafrecht AT 1, 8. Aufl., 1992, § 10 Rn. 21; Jescheck/Weigend, Lehrbuch des Strafrechts AT, 5. Aufl., 1996, S. 328; Rudolphi, in: SK-StGB, 6. Aufl., 1997, § 1 Rn. 25a.

(2)正当化事由条款天然具有的概括性,使之几无可能满足罪刑法定主义的明确性要求。

首先,正当化事由条款是对无数违法行为例外得到合法化的情形进行高度提炼概括的结果。如果我们回顾一下人类早期的刑法就会发现,古代法制关于正当化事由的规定往往都依附于个别犯罪的条款。例如,《唐律疏议》中关于正当防卫的规定散见于《斗讼律》第9、34条以及《贼盗律》第22条和《捕亡律》第2条。同样,无论是东方的《摩奴法典》《唐律疏议》还是西方的古希腊法、欧洲中世纪教会法以及德国的《加洛林纳法典》,都只是在有关盗窃、毁坏财物等个别的侵权或者犯罪条款中零星地、几乎是就事论事地规定了紧急避险制度。① 直至近代,随着社会利益冲突日益复杂、刑法理论和立法技术水平大幅提升,人们逐渐意识到,正当化事由往往能够适用于不特定的大量侵害或者犯罪行为,故有必要在总则部分拟定能够普遍适用于一切违法行为的正当化事由条款。一旦立法者赋予正当化事由条款以如此强大的包容力和广博的适用面,随之而来的就必然是正当化事由条款的高度抽象性。不可否认,刑法总则中诸如故意、过失、未遂、共犯之类关于犯罪成立的一般要件的规定,也来自对大量犯罪类型的抽象化。这类规定之所以可以经受住明确性原则的考验,原因在于:犯罪成立的一般要件虽然具有概括性,但一方面,它们毕竟只涉及特定表现形式的犯罪,例如关于犯罪未遂、共同犯罪的规定只涉及故意类犯罪;另一方面,刑法分则已经具体描绘了个别犯罪类型的特殊要件,故只要将总则中的一般要件与分则中的特殊要件相结合,基本上就能获得较为清晰的犯罪形象。然而,关于正当防卫、紧急避险的条款不仅可能适用于一切故意、过失犯罪,而且在分则中并不存在任何与个别犯罪类型相对应的个别正当化事由的规定。于是,当法官欲将正当化事由条款适用于故意杀人、盗窃、故意毁坏财物等犯罪时,就不得不在缺少分则法律规定的情况下,以法秩序的价值观念为指导独立地实现法律条款的具象化。所以,正当化

---

① 参见陈璇:《对紧急避险正当化根据的再思考》,载赵秉志主编:《刑法论丛》(第12卷),法律出版社2007年版,第150—152页。

事由条款中巨大的规范留白和解释空间是犯罪成立的一般要件无法比拟的。

其次,强行将明确性原则适用于正当化事由,反而会产生违背罪刑法定原则初衷的结果。根据"因不明确而无效"理论,为了限制国家权力、保障国民自由,当某一罪刑规范不具有明确性时,应当认为它违宪故而无效。例如,假若坚持罪刑法定原则应适用于正当化事由,那么在《刑事诉讼法》第 84 条未对公民扭送权的限度条件作出任何规定的情况下,完全可以以该条缺乏明确性为由宣告其无效。但问题是,一旦公民扭送权条款归于无效,一个可供出罪的成文法依据也就随之消失,由此也将带来处罚范围的扩张。① 这恰恰与罪刑法定原则的价值目标南辕北辙。正因为如此,在肯定论的阵营内部,有学者不得不提出,对于正当化事由,不能如同对犯罪构成要件那般严格地适用明确性原则。② 有人则主张,在正当化事由领域内,"刑法上明确性原则的实际意义通常来说仅仅限于,呼吁立法者在规定正当化事由时,也应当注意避免采用任何从其规制的对象素材来看根本无法忍受的模糊用语"③。可是,如果明确性要求大幅度软化、明确性原则一落千丈降格为对立法者的单纯号召和提倡,那么正当化事由中罪刑法定原则的实际权威和限制性功能恐怕也已丧失殆尽了。

三、本章小结

本章的研究显示,由于紧急权本质上并非专属于刑法领域,故为了保证法秩序规范评价的协调一致,不应把紧急权的解释和适用置于罪刑法定原则的制约之下。因此,根据目的性限缩的需要为紧急权增添不成文要素的做法,并不存在违背罪刑法定原则的问题。

---

① Vgl. Erb, Die Schutzfunktion von Art. 103 Abs. 2 GG bei Rechtfertigungsgründen, ZStW 108 (1996), S. 292.
② Vgl. Hirsch, Rechtfertigungsgründe und Analogieverbot, GS-Tjong, 1985, S. 63.
③ Erb, Die Schutzfunktion von Art. 103 Abs. 2 GG bei Rechtfertigungsgründen, ZStW 108 (1996), S. 293.

下编 分论

Rights of Emergency

第五章　正当防卫的权利塑形与社会控制

一、导言

不受他人侵犯地安全存活,是公民实现自我发展、追求美好生活的基本前提。本来,防范和抵御外来侵犯,是任何一种生物为延续其生存和繁衍所必不可少的本能。当人类进入法制化的社会之后,个体公民的自卫就不再是一种单纯的本能举动,而是被纳入法律规制的范围之中。正当防卫不仅事关个体公民的切身安危,而且也与一国的公平正义观念以及社会治理模式密切相关,故属于法治社会中的核心制度之一。在过去的四十多年间,正当防卫制度一直是我国立法、司法和学理研究中高度关注的对象。在对1979年《刑法》进行全面修订的过程中,正当防卫条款一直是备受各方关注的焦点之一,最终也经历了大幅增补和完善;从2018年到2020年,鉴于有关正当防卫的司法实践屡屡出现重大争议,最高人民法院和最高人民检察院密集发布了涉及正当防卫的指导性案例共计6个、典型案例共计13个;2020年8月28日,最高人民法院、最高人民检察院、公安部联合发布了《关于依法适用正当防卫制度的指导意见》(以下简称《指导意见》),在总结司法实践经验和吸纳理论研究成果的基础上,首次以司法解释的形式系统全面地提炼出了正当防卫的司法适用规则。经由立法、指导性案例以及司法解释三个层面的持续完善,我国已经初步形成了一整套相对完备的正当防卫法律制度。

自1911年《钦定大清刑律》(即《大清新刑律》)第15条规定正

当防卫以来①,正当防卫制度已有一百余年的历史。但长期以来,该制度的实际运行情况却始终与现代法治国家的要求存在相当的距离。人们公认,正当防卫是一个立法规定和司法操作落差较大、实践中争议问题也较为突出的领域。因此,如何推动我国正当防卫制度全方位实现现代转型,依然是摆在中国法学理论研究者面前的重大课题。本章将围绕正当防卫现代转型的两个核心问题展开研究:首先,以宪法以及中国当代法治建设的基本目标为依据,通过厘清正当防卫的权利根基②,确立正当防卫权在法治社会中应有的基本形象,从根本上打破长期以来套在正当防卫权之上的种种枷锁。其次,基于对社会共同体利益的维护,从秩序、团结等视角出发对正当防卫权进行适度的社会控制。需要指出的是,尽管从传统上,无论是正当防卫的制度建设还是正当防卫的理论研究,人们的目光都主要集中在刑法领域③;但是,作为一项权利,正当防卫绝非专属于刑法领域。本章将始终把正当防卫制度放在整体法秩序的大视野之下并置于紧急权的体系框架之内进行审视和分析。

二、正当防卫的权利根基

(一)分析的前提:赋权与免责的区分

在刑法理论上有一种学说主张,正当防卫行为之所以能够得到

---

① 参见赵秉志、陈志军编:《中国近代刑法立法文献汇编》,法律出版社2016年版,第216页。

② 在相当长的一段时间内,我国刑法学界普遍只关注正当防卫的个别要件和具体问题,却缺少对正当防卫本质展开追根溯源式的思考和追问。近年来,刑法理论界对于正当防卫本质的研究有了突破性的进展,涌现了二元论、整体性二元论、侵害人值得保护性下降说、侵害人法益悬置说、优越的利益保护说等多种理论。较有代表性的文献包括但不限于:陈璇:《侵害人视角下的正当防卫论》,载《法学研究》2015年第3期;劳东燕:《防卫过当的认定与结果无价值论的不足》,载《中外法学》2015年第5期;张明楷:《正当防卫的原理及其运用——对二元论的批判性考察》,载《环球法律评论》2018年第2期;魏超:《法确证利益说之否定与法益悬置说之提倡——正当防卫正当化依据的重新划定》,载《比较法研究》2018年第3期;王钢:《正当防卫的正当性依据及其限度》,载《中外法学》2018年第6期;欧阳本祺:《论法确证原则的合理性及其功能》,载《环球法律评论》2019年第4期。

③ 《指导意见》第1条明确指出,其法律依据仅有《刑法》和《刑事诉讼法》。不过,正当防卫制度完整的成文法基石还包括《民法典》第181条的规定。

容许,是因为法律考虑到,不法侵害使防卫人陷入了急迫和窘困的状态之中,面对危急的情势和极其有限的反应时间,他难以从容不迫、泰然自若地应对这一突发的事态。① 不可否认,突如其来的袭击的确会限制防卫人的认知能力和行动能力;当生命、健康等重大法益面临威胁之际,人几乎会基于求生的本能不假思索地展开激烈反击,这种源于自保动机的举动具有深厚的人性基础,能够得到人们的普遍谅解。然而,这些并不是正当防卫能够得以正当化的依据所在。因为,从规范的角度来看,正当防卫是赋权事由而非免责事由。

早在欧洲中世纪教会法的时代,就有"紧急时无法律"(necessitas non habet legem; necessitas caret lege)的法谚。这句广为人知的法谚只是说明了紧急状态下损害他人法益的行为有可能无须承担法律责任这一结果,却并没有揭示紧急状态下"无法律",即法律不予追责的深层次根据究竟何在。从刑法的视角出发,某一行为最值得关注的法律后果无非入罪和出罪两项,人们也往往习惯于将引起后一法律后果的情形统称为"出罪事由"。但如果采用更为开阔的视角,我们就会发现,能够引起出罪效果的事由可以区分为以下三种类型:一是赋权事由,即法律在特定情形下赋予行为人以侵犯他人法益的权利,从而使得该行为及其造成的结果均能获得法秩序的肯定性评价。二是免责事由,即行为人并不享有损害他人法益的权利,其行为造成的损害结果始终受到法秩序的否定性评价,但由于该结果的发生对于行为人来说缺乏避免可能性,故不可归责于他。三是量微事由,即尽管某一法益损害既为法秩序所反对,亦可归责于行为人,但其严重性尚未达到值得动用刑罚手段去加以预防的程度,故应将之排除在犯罪圈之外。尽管这三种事由所引发的刑法上的后果完全一致,但它们的根源与性质却存在重大差别。其中,免责事由和量微事由属于单纯的犯罪排除事由,二者均发端于专属于刑法领域的目的理性。一方面,只有当行为人具备理解和遵守规范的能力时,对他施加刑事

---

① Vgl. Wagner, Individualistische oder überindividualistische Notwehrbegründung, 1984, S. 32; Seelmann, Grenzen privater Nothilfe, ZStW 89 (1977), S. 55; Kratzsch, Der „Angriff"-ein Schlüsselbegriff des Notwehrrechts, StV 1987, S. 228.

制裁才能真正达到引导国民的行动、消除行为人再犯可能性的效果,从而实现一般预防和特别预防的目的。另一方面,作为对公民基本权利干预最为深重的一种制裁手段,刑罚所针对的行为必须具有足够严重的法益侵害性和规范违反性。但是,这两种事由自始至终没有对公民之间的权利义务关系作出变更,它们从未使行为人获得侵犯他人法益的权利,遭受侵害的一方也从未因为该事由的成立而对相关的侵害行为负有忍受的义务。然而,赋权事由却并不是单纯消极地免除了行为人的刑事责任,而是积极地为行为人发放了侵犯他人法益的许可证,这就导致遭受具有赋权事由的行为损害的一方需要对该行为及其造成的结果加以忍受。由此可见,赋权事由已经触及了权利义务范围的问题,已经对公民之间的法律关系产生了重大的影响。由于能够划定权利义务边界的不可能是作为"次级规范"的刑法,而只能是以宪法为基础的整体法秩序,所以赋权事由从本质上来说也植根于整体法秩序,其效力亦遍及民法、刑法等各个部门法。

由此可以得出一个结论:从原则上来说,对于赋权事由的考察应当优先于免责事由。因为,法秩序的首要任务是确定公民的权利分配格局,在此基础之上才能进一步确定破坏这一分配格局的行为是否需要担责以及应当承担何种形式的法律责任。[①] 一个行为,若它完全满足了赋权事由的成立要件,该行为即成为得到全体法秩序积极评价的合法行为,纵然它也可能同时符合免责事由的要求,但此时已无须再展开对免责事由的判断。反之,如果该行为不符合赋权事由的要件,那就只能认定其为非法之举,至于行为人是否应当为此承担刑事责任,则需要考察其是否具有免责事由。

基于以上分析,笔者认为,紧急事态本身并不能够成为正当防卫正当化根据的组成部分。因为:

第一,在我国的法律制度中,正当防卫是一种典型的赋权事由。不仅《刑法》第 20 条第 1 款规定正当防卫"不负刑事责任",而且《民法典》第 181 条第 1 款也明确规定正当防卫"不承担民事责任"。《指导

[①] Vgl. Zaczyk, Das Unrecht der versuchten Tat, 1989, S. 127; Renzikowski, Normentheorie und Strafrechtsdogmatik, Juristische Grundlagenforschung 2005, S. 123.

意见》第 1 条更是开宗明义地强调,"正当防卫是法律赋予公民的权利"。情势的紧迫性和行为人求生的本能等因素,影响的是行为人正确判断事态和控制自身行动的能力,关乎的是刑事制裁能否实现一般预防和特别预防目的的问题,它们本质上涉及的是免责而非赋权的问题。因此,一旦将正当防卫的本质建立在这些因素之上,似乎就错误地将正当防卫定位为免责事由,从而混淆了不法和责任、赋权与免责之间的层级划分。当然,这并不意味着情势紧急这一因素在正当防卫的判断中没有意义。一方面,当防卫人因判断能力下降而发生的误判可归责于不法侵害人时,由误判所产生的损害有可能以"误判特权"之名获得正当化。另一方面,当反击行为因为不符合正当防卫权条件而被认定为违法时,如果行为人造成不应有的损害是因为紧急状态下的异常情绪所致,那么该事实完全可以成为认定免责或者刑罚减轻事由的依据。①

第二,在防卫场景中,侵害人同样也会遭遇紧迫的状态,但这并不能使其获得反防卫的权利。当防卫人展开反击时,侵害人的人身、财产安全就面临着现实的威胁,他甚至也会基于自保本能进行回击。假如紧急状态和自保动机本身就足以证立正当防卫权,那就意味着侵害人对于防卫人也同样有权进行正当防卫。然而,人们没有争议地一致认为,针对正当防卫行为绝不允许再进行正当防卫。

第三,从事实的角度来看,正当防卫未必表现为情急之下的本能之举。将紧急状态视为正当防卫之本质的观点,在方法论上恐怕犯了一个致命的错误,即把"熟悉的事实"等同于"必然的规范"。② 尽管在大多数涉及正当防卫的案件中,防卫行为都发生在猝不及防、无暇细思的急迫情境之中,但是也完全存在这样的情形,即行为人由于具有高超

---

① 重视防卫人因情势急迫而产生的惊恐、慌乱和激愤等异常情绪,有利于在理论乃至立法上确立"情绪性免责或者免罚事由"。相关的立法建议,参见最高人民检察院刑法修改研究小组:《关于修改刑法十个重点问题的研究意见(1996 年 5 月)》,中国人民大学法学院刑法修改专题研究小组:《关于修改刑法若干基本问题的建议——〈中国刑法改革与完善基本问题研究报告〉概要(1996 年 7 月 10 日)》,载高铭暄、赵秉志编:《新中国刑法立法文献资料总览》(第二版),中国人民公安大学出版社 2015 年版,第 1238、1411—1412 页。

② 参见张明楷:《刑法分则的解释原理(上)》(第二版),中国人民大学出版社 2011 年版,"序说"第 9 页。

的防卫能力,或者预先为即将到来的不法侵害做了周密部署与万全准备,从而能够以"不管风吹浪打,胜似闲庭信步"的姿态去防卫后续发生的侵害。尽管我国和日本的刑法学通说历来将"紧迫性"列为正当防卫的一个要件,但目前多数学者都认为紧迫性并不要求正当防卫只能发生在行为人毫无防备、手足无措的窘境之中。① 既然急迫的状态并不是正当防卫成立的必备要件,那么急迫状态下认知和行动能力的减弱,自然也就无法成为正当防卫的合法性根据。

(二) 正当防卫权的来源:公民平等的权利地位

法治社会中的权利分配格局以及公民所享有的法律地位,是我们探讨正当防卫正当化根据时必须回归的起点。按照我国《宪法》第33条第2款和第51条的规定,每个公民均平等地享有不受他人恣意侵犯的自治领域和权利空间。防卫权正是从公民所享有的这种权利空间和平等地位中自然衍生的产物,基本权利与正当防卫权实为一体两面、不可分割。法哲学中的权利理论,素来存在意志论和利益论之争。前者以萨维尼、温德沙伊德等人为代表,主张权利旨在实现或者保护权利人就特定事项的自由意志;后者则滥觞于边沁和耶林,认为权利的产生取决于权利人所欲实现的目的,它本质上是受法律保护的利益。② 尽管意志论存在一些缺陷,如无法说明精神障碍者、未成年人以及动物的权利,也难以解释基于事实行为所获得的权利等。但不可否认的是,强调权利确立了"个人独立支配的领域",这能够彰显权利人自由意志所发挥的决定性作用,有利于实现法治社会所追求的个人自治和人格尊严。③ 既然对他人的权利实施侵害,就意味着对其实现个体主权和自由意志造成了障碍,那么正如康德所言,"与这种障碍相对立的强制,作为对一个自由障碍的阻碍,就与根据普遍法则的自由相一致,亦即是正当的,所以,按照矛盾律,与法权

---

① 参见张明楷:《刑法学(上)》(第五版),法律出版社2016年版,第203页;〔日〕山口厚:《刑法总论》(第三版),付立庆译,中国人民大学出版社2018年版,第122—123页。
② 参见朱庆育:《意志抑或利益:权利概念的法学争论》,载《法学研究》2009年第4期。
③ 参见彭诚信:《现代权利理论研究》,法律出版社2017年版,第101页。

相联结的同时有一种强制损害法权者的权限。……法权和强制的权限是同一个意思"①。

人之所以愿意结束自然状态,将自己委身于受法律义务约束的社会当中,就是因为绝对的自由意味着高度的危险和无尽的恐惧,意味着霍布斯(Hobbes)所说的"一切人反对一切人的战争"。② 当人进入社会共同体之后,虽然会失去任意侵犯他人利益这一自由,却也换来了自身利益能够得到他人尊重这一好处,这使得其生命、健康、自由等重大利益的安全获得了有效的保障。假定理性人居于"无知之幕"的背后,与自己未来的资质、地位、喜好等信息完全隔绝,那么当他们为设计未来的社会制度而共同磋商时,这种对绝对自由进行了限制,但同时又能够使每个人免于遭受侵害之苦的社会状态就是一种利大于弊的选择,也是理性公民能够达成共识的最大公约数。但是,由现代国家公权力对公民个人领域干涉的有限性以及公共资源在特定社会发展阶段相对短缺的现实所决定,在任何一个社会,国家公权力都不可能全方位、无死角地及时介入每一场冲突之中。假如法律虽然宣示了公民法律地位的平等性,却一律禁止人们在面临不法侵害时即展开反抗,仅仅允许公民在遭受侵害之后再求助于公力救济的途径,那就意味着,公民在许多场合必须忍受自身的重大利益受到侵犯,甚至失去生命。人之所以愿意接受义务的拘束,本来是因为相信这样做可以为自己换取比自然状态下更安全的处境。然而,如果公民永远地失去了自卫权,那他就反而陷入了比自然状态更为恶劣和凶险的境地。因为,在自然状态下,甲虽然持续处在可能遭受他人侵犯的危险之中,但至少当乙的侵害来临之际,他可以奋起反抗;可是现在,当甲遭遇乙的侵犯时,他不仅承担着不得侵害他人法益的义务,还必须在国家机关无力及时出手相助的情况下对乙的侵害忍气吞声,甚至坐以待毙,这与个人参与社会共同体的初衷南辕北辙。

---

① 〔德〕康德:《道德形而上学》(注释本),张荣、李秋零译注,中国人民大学出版社2013年版,第29—30页。
② 参见〔英〕霍布斯:《利维坦》,黎思复、黎廷弼译,商务印书馆1985年版,第94—95页;〔英〕休谟:《人类理解论》(下),关文运译,商务印书馆1980年版,第536页。

由此可见,在一个人类共同体中,人与人之间的平等关系,是以公民能够通过强力将来犯者驱逐出自己所辖之权利空间,从而宣示他人对自己不享有优越地位和支配特权为前提的。"要是正当防卫受到了禁止或者限制,则主观权利就得不到保护或者得不到有效的保护,这将导致主观权利本身的丧失或者受限。"①一言以蔽之,权利若无相应的防御权作为后盾,则形同虚设;自由若无反击权作为保障,则不过是一纸空文。

(三)正当防卫强势风格的根据:侵害人的自陷风险

自我决定与自担风险犹如一枚硬币的正反两面,法律在尊重个体选择自由的同时,也要求他必须为自己的决定承担责任。因此,若某人是在对风险有确切认知和实际支配的情况下自愿置身于险境之中,那么他因此所遭受的损害就不能归责于其他第三人,而只能由自陷风险者自行承担。观察正当防卫的事实结构,我们能够发现,作为一名理性的公民,侵害者在实施侵害前对以下两个事实有着清醒的认识:其一,一旦对其他公民展开攻击,则对方基于自保本能很可能会以暴力手段予以反抗;其二,在自己非法侵犯他人法益的场合,无论是从公道还是法理的角度出发,法秩序必将站在遭受侵害的公民一边,允许其实行自卫。可见,侵害人是以主动入侵他人权利空间的方式,自行招致其他公民的反击,从而使自己陷入可能被对方杀伤的危险之中。于是,不少学者试图从被害人的角度出发去探求正当防卫的权利根据。例如,有学者主张:"法秩序之所以对防卫行为加以许可,是因为被害人自己通过其不法行为制造出了该危险。"②"侵害人无可抱怨,因为是他本人自陷风险。"③雅各布斯(Jakobs)、默克尔(Merkel)等学者更是明确地提出:正是侵害人通过侵犯其他公民的权益,从而迫使遭受侵害之人不得不基于自保本能对侵害者展开反

---

① Hruschka, Die Notwehr im Zusammenhang von Kants Rechtslehre, ZStW 115 (2003), S. 222.

② Schröder, Die Not als Rechtfertigungs- und Entschuldigungsgrund im deutschen und schweizerischen Strafrecht, SchwZStr 75 (1960), S. 5.

③ Beling, Die Lehre vom Verbrechen, 1906, S. 16. Vgl. auch Münzberg, Verhalten und Erfolg als Grundlagen der Rechtswidrigkeit und Haftung, 1966, S. 364, 354.

击;甚至可以认为,侵害者是假遭受侵害之人的手引起了自身法益受损的结果,属于以间接正犯的方式实施的自伤或者自杀行为,故侵害人因对方反击所遭受的损害自然就应当归责于他本人。①

如前所述,赋权事由较之于免责事由所具有的一个本质特征在于,赋权事由中受到损害的一方负有忍受的义务。于是,当我们讨论某一赋权事由的本质时,就必须着力思考一个本源性的问题,即受损者为何在此情境下丧失了法律的庇护,其承担此种忍受义务的原因究竟何在。因此,从方法论上来看,被害人视角对于说明任何一种赋权事由的根据而言都是不可或缺的。不过,可以确定的是,我们无法直接根据被害人自我答责的原理去说明正当防卫的合法性。理由在于:首先,被害人自我答责的成立,不仅要求被害人必须是在对风险有正确认知的情况下自愿踏入险境,而且要求被害人对于危险的发展进程必须拥有现实的支配和控制能力。② 因为,只有当危险行为处在被害人自己的支配之下时,才能保证危险创设的每个环节都准确无误地体现着被害人本人的意志,也唯有如此,才能最终要求被害人而非第三人为损害结果负全责。③ 被害人的支配,既可以表现为被害人自行实施危险行为(直接正犯式支配),也可以表现为将第三人作为工具实施危险行为(间接正犯式支配)。可是,在正当防卫的情境中,一方面,给不法侵害人的法益造成损害的是防卫人的反击行为,故侵害人对于自己所受之损害并不具有直接支配能力;另一方面,尽管侵害人的侵袭行为会置防卫人于危难之中,由此刺激其产生奋起反抗的意识,但至少在绝大多数情况下,不法侵害本身并不足以使防卫人陷入类似于无期待可能性的境地,故也很难认为侵害人是

---

① Vgl. Merkel, § 14. Abs. 3 Luftsicherheitsgesetz: Wann und warum darf der Staat töten?, JZ 2007, S. 377 f.; Jakobs, System der strafrechtlichen Zurechnung, 2012, S. 45 f.; Pawlik, Das Unrecht des Bürgers: Grundlinien der allgemeihen Verbrechenslehre, 2012, S. 238. 还有学者基于归责原理,主张正当防卫与被害人同意本质上同属一类正当化事由。Vgl. Hruschka, Extrasystematische Rechtfertigungsgründe, FS-Dreher, 1977, S. 200 ff. 。

② Vgl. Duttge, Erfolgszurechnung und Opferverhalten: zum Anwendungsbereich der einverständlichen Fremdgefänrdung, FS-Otto, 2007, S. 244 ff.

③ 参见车浩:《过失犯中的被害人同意与被害人自陷风险》,载《政治与法律》2014年第5期。

以间接正犯的形式支配了自身受损的全过程。其次,如果真如上述学者所言,正当防卫是侵害人以间接正犯形式实施的自伤或者自杀,那就必须满足一个前提,即侵害人在主观上是以使自己受到伤害甚至死亡为目的的。① 但是事实上,侵害人无一不希望能在顺利达到损害他人法益这一目标的同时,确保自身法益安然无恙,故他对于自己因对方反击而受损的结局不可能欣然接受甚至心向往之,而只能是避之不及。

尽管不能认为侵害人通过实施侵害行为自愿放弃了自身的法益,也不能认为侵害人对于反击行为给自己造成的损害成立真正意义上的自我答责;但是,侵害人毕竟是以进犯他人权利空间的方式制造了一起公民之间的利益冲突。的确,如前所述,反击行为的支配者是防卫人而非侵害人,但同样无法否认的是,至少截止到对方实施防卫之前,是否会发生利益冲突以及会发生多大规模的利益冲突,这都处在侵害人的掌控之中。既然相互冲突的两方利益处在难以两全的困局之中,而侵害人恰恰是这一困局的制造者,那么当及时消除该利益冲突不可避免地需要付出一定代价时,这种代价就理应由侵害人而不是防卫人一方来承担。于是,在为排除冲突所必要的范围内,侵害人法益的值得保护性原则上归于消失。

公民的平等法律地位与侵害人的自陷风险,二者对于说明正当防卫的权利根据缺一不可。①公民的平等法律地位是确立正当防卫赋权事由性质的关键。因为,单纯依据侵害人自陷风险的原理无法解释:既然防卫人也是在明知迎头反击可能会遭受损伤的情况下实施防卫,那就说明防卫人也同样是自愿陷入险境之中;于是,当防卫人本可通过躲避全身而退却执意选择反击时,为什么侵害人对于防卫人所采取的必要防卫措施又不能展开反防卫呢?正是因为侵害人没有合法依据地侵犯了其他公民的权利,才使得反击行为及其造成的损害结果不仅是侵害者因自陷风险而需承担的代价,更具备了权利的属性。这就从根本上断绝了双方之间形成"循环防卫"的可能性。②侵害人自陷风险的原理,决定了正当防卫权相比于其他紧急

---

① Vgl. Engländer, Grund und Grenzen der Nothilfe, 2008, S. 53.

权具有极端凌厉性的风格。如果不考虑侵害人自陷风险的视角,那么对于任何一种无法律依据进入自己权利空间的举动,不论该举动是否处在侵害人自由意志的支配之下,公民都可以采取必要的措施予以反击,既无须避让,亦不受必要性以外的限制性条件的束缚。① 但是,侵害人是否以及在多大程度上是基于自由意志引起了与他人的利益冲突,他在侵入他人权利空间时是否存在某种可以宽恕或者免责事由,这对于侵害人法益值得保护性的下降幅度毕竟会产生影响。因此,只有当侵害人在有充分的能力辨认、控制和选择自身行为的情况下引起了利益冲突时,才有理由对侵害人课以广泛的忍受义务,也才能允许公民对其行使正当防卫权。

三、正当防卫的权利塑形

(一)退避义务的总体否定

对于遭遇不法侵害的公民是否一般性地课以退避的法律义务,这在一定程度上是一国政治理念和社会治理思维的试金石。因为,从事实上来看,一旦发生一方侵害、另一方反击的事件,不可避免地会对社会安宁的状态造成一定冲击;况且,一旦防卫行为引起侵害者死伤,又往往会招致死伤者及其家属的不满情绪,进一步诱发报复、诉讼、闹访等不稳定因素。因此,如果司法以维稳作为优先的价值取向,就会倾向于对公民防卫权的行使严加限制,从而要求公民在遭遇不法侵害时有义务尽量采取退避的方式维护自身的安全,避免与侵害人发生暴力对抗以致冲突升级。究竟是要求遭遇侵害的一方公民必须先行退让以避免冲突升级,还是赋予公民以毫不退缩的反击权,司法者难免需要在维护当地社会稳定和保障个体权益这两大价值诉求之间进行权衡。

在中世纪的德国,1507 年的《班贝根西斯刑法典》第 165 条规

---

① Vgl. Frister, Die Notwehr im System der Notrechte, GA 1988, S. 291 f.; Pawlik, Das Unrecht des Bürgers: Grundlinien der Allgemeinen Verbrechenslehre, 2012, S. 241 ff.

定,当某人遭遇他人侵害时,只要退避不会给其带来损害,那么他必须先行退避,唯有在退避无效的情况下才允许其实施反击。德国学者评论说,在该条款的制定者眼中,"无论是防卫情境还是防卫行为,与其说是遭受侵害者行使权利的行为,不如说是扰乱公共和神明秩序的举动"①。中国传统法制向来注重从整体上建立一个稳定和谐的社会秩序,并由此逐渐形成了将和谐稳定置于个体权利之上的法律治理模式。即法律通过令个体让渡部分权利,尤其是强制家庭成员在较大范围内放弃个体权利,从而置换共同体的整体和谐。② 这一治理路径在中国古代关于正当防卫的法律和司法实践中体现得尤为明显。例如,《唐律疏议·斗讼律》第9条第(二)项规定:"诸斗,两相殴伤者,各随轻重,两论如律。后下手理直者,减二等。至死者,不减。"③据此,即便行为人是针对不法侵害展开必要的反击,亦应予以处罚,只是在量刑上可以减等处理;一旦防卫致对方死亡,则完全属于一般的斗杀行为,连减轻处罚的待遇也不复存在。甚至根据《唐律疏议》的解释,当卑幼者遭受尊长殴打时,即使卑幼"理直",亦不得援引"后下手理直者,减二等"的规定对尊长实施防卫。④ 作为"一准乎礼"之法律的代表,唐律对于秩序以及长幼伦理的重视远胜于个体权益。即使是在个人"理直"的情况下,也不容许其以防卫行为突破秩序和家族制的约束。正因为如此,不少学者认为,唐律事实上并未设置真正意义上的正当防卫制度。⑤ 即便在现代正当防卫制度已经在立法层面得到确立的今天,审判实践中依然普遍存在对遭受不法侵害的公民施加退避义务的现象。例如,大量判决主张:当面临侵害之人可以轻而易举地逃离现场

---

① Bülte, Der Verhältnismäßigkeitsgrundsatz im deutschen Notwehrrecht aus verfassungsrechtlicher und europäischer Perspektive, GA 2011, S. 149.
② 参见朱勇:《权利换和谐:中国传统法律的秩序路径》,载《中国法学》2008年第1期。
③ (唐)长孙无忌等:《唐律疏议》,中国政法大学出版社2013年版,第273页。
④ 参见中南财经政法大学法律文化研究院编:《中西法律传统》(第6卷),北京大学出版社2008年版,第109页。
⑤ 参见戴炎辉:《唐律通论》,台湾"国立编译馆"1964年版,第113页;钱大群、夏锦文:《唐律与中国现行刑法比较论》,江苏人民出版社1991年版,第155—156、159—160页。

第五章 正当防卫的权利塑形与社会控制

时,就不得选择还击①;只要行为人与侵害人之间事先存在矛盾纠纷,那么行为人在预料到可能遭遇对方袭击时,就不能随身携带器械以备防卫,而应当不惜牺牲自己的活动自由也要尽可能避开侵害人②;一旦有较多的第三人或者警察在场,不论其是否具有制止不法侵害的意愿和能力,均禁止公民行使防卫权③。

不可否认,在生产力水平和社会管理水平较为低下的历史时期,"权利换和谐"的治理模式的确有利于以相对较低的管制成本提高社会管理效率,也符合传统社会的一系列主流价值观,如重义轻利的义利观、重伦理亲情的家庭观、重责任与义务的集体观等。但是,当代中国所致力建构的法治社会,却是以公民的自由、权利和尊严作为核心和基石的。当我们强调"推进全面依法治国,根本目的是依法保障人民权益"④时,就不再允许随意以牺牲个体权利为代价去换取一时的息讼止争。原则上来说,权利人对于不法侵害不负有退避的义务,正当防卫权也并不以防卫人无法躲避或者躲避无效为行使的前提,具体论证如下:

第一,实质法治的基本要义在于,应当将人作为目的本身,而不是为了实现某种目的而加以利用的手段。由于"基本权利不仅是个人权利,也是整个社会共同体的价值基础"⑤,所以法治社会所要实现的秩序,绝不是通过牺牲、压制个人权利而强行维持的秩序,而应当是在尊重个体基本权利的基础上因为得到公民发自内心的认同所形成的秩序。国家对暴力实行垄断、禁止私力救济,只有在国家能够为公民基本权利提供充足的保障供给的情况下,才具有实质的正当

---

① 参见广东省佛山市中级人民法院(2015)佛中法刑一终字第65号刑事判决书;浙江省衢州市衢江区人民法院(2016)浙0803刑初72号刑事附带民事判决书;浙江省台州市中级人民法院(2016)浙10刑终557号刑事裁定书。
② 参见浙江省高级人民法院(2014)浙刑一终字第140号刑事裁定书;四川省绵阳市中级人民法院(2015)绵刑终字第385号刑事附带民事裁定书。
③ 参见陕西省宝鸡市中级人民法院(2014)宝中刑一终字第00025号刑事附带民事裁定书;上海市第一中级人民法院(2015)沪一中刑初字第89号刑事判决书;广西壮族自治区白色市德保县人民法院(2016)桂1024刑初154号刑事判决书。
④ 《坚定不移走中国特色社会主义法治道路 为全面建设社会主义现代化国家提供有力法治保障》,载《人民日报》2020年11月18日,第1版。
⑤ 张翔:《基本权利的规范建构》(增订版),法律出版社2017年版,第226页。

性。当代宪法学理论认为,基本权利除具有保障个体自由不受国家权力侵犯的防御权功能之外,还具有设定国家保护义务的功能。按照国家保护义务理论,既然宪法规定基本权利的最根本目的在于真正实现公民的自由与平等,那么当公民基本权利遭到私法主体(即私人)侵害时,国家本来就有义务采取积极的保护措施。① 而且,这种保护措施既不能过度干预加害人的自由(过度禁止),也不能突破最低的要求,而应当保证必要的妥适性和有效性(不足禁止)。② 于是,当公民遭遇他人不法侵害时,假如国家仅仅出于减少社会冲突的考虑就断然剥夺公民的防卫权,那么国家就不仅未能履行其本来负有的保护义务,更是以法律的名义强令个人放弃自己的权利。这是对法治国应有之角色定位的严重违背。

第二,如前所述,不法侵害所侵犯的不仅仅是具体法益,更是公民自主安排权利空间的自由。要求公民对侵害退避三舍,尽管也同样能够达到有效保护具体法益的目的,但公民的自我决定权却依然受到了限制。③ 法治国应当呈现的常态景象是:只要无损于他人和公共利益,每一位守法的公民都能够毫无顾虑地享有属于自己的自由,也尽可以理所当然地捍卫属于自己的权利,既无须向可能侵犯自己权益的人让步,也无须因为可能遭遇侵害而瞻前顾后、畏首畏尾。"生命、身体、财产还引出了另一项权利,即人有权带着有生命的躯体和财物安然立于他所在的位置……应当退避的是侵害人,而不是遭受侵害之人。"④自德国刑法学者贝尔纳(Berner)于1848年提出"法不能向不法让步"(Das Recht braucht dem Unrecht nicht zu weichen)⑤的格言以

---

① 参见陈征:《基本权利的国家保护义务功能》,载《法学研究》2008年第1期; Klein, Grundrechtliche Schutzpflicht des Staates, NJW 1989, S. 1633。

② 参见王进文:《基本权国家保护义务的疏释与展开——理论溯源、规范实践与本土化建构》,载《中国法律评论》2019年第4期。

③ Vgl. Wagner, Individualistische oder überindividualistische Notwehrbegründung, 1984, S. 32; Koch, Prinzipientheorie der Notwehreinschränkungen, ZStW 104 (1992), S. 796.

④ Greco, Notwehr und Proportionalität, GA 2018, S. 679.

⑤ Vgl. Berner, Notwehrtheorie, Archiv des Criminalrechts, 1848, S. 562. 关于该法谚含义的详细考证,参见王钢:《正当防卫的正当化依据与防卫限度——兼论营救酷刑的合法性》,元照出版公司2019年版,第134—137页。

来,刑法理论一直习惯于将其奉为正当防卫的独家专属法谚。但事实上,"法不能向不法让步"揭示的是法治社会的一条通行的基本准则①,它绝非仅仅适用于正当防卫制度,而是用以支撑整个法治国家存在的一根柱石②。

第三,要实现现代社会的成功转型,必须建立起一套足以固根本、稳预期的合法性评价系统。不可否认,在传统的熟人社会中,由人际关系的高度紧密和人员流动的相对稀少所决定,社会成员之间形成了较为稳定的预期,而这种预期正是个人能够维持其正常社会生活的基本前提。因此,无论对于社会关系的维护还是对于个体利益的实现来说,最为重要的就是要找到一种能够最大限度为当事各方所接受的纠纷解决方案。③ 不过,这种实用主义导向的司法观在平衡兼顾各方利益诉求的同时,又不可避免地会存在弊端,即:法官为了息事宁人往往各打五十大板,由此导致对于纠纷中是非对错的评价归于弱化,行为合法与违法之间的界线也随之飘忽游移。当前,中国正从传统的熟人社会逐渐转型为高度多元、流动频繁、分工细密的现代社会。现代社会的一个重要特征就在于,人际交往越来越多地表现为陌生人之间的交往,交往的双方在许多情形下对于彼此的个性、背景等毫不知悉。原先熟人社会中用以维系行动预期的纽带逐渐消失。在此条件下,欲形成人际交往的规范性期待,社会就必须提供一套用以对行为的合法性进行统一评价的系统,从而降低未来世界的复杂性,稳定人们的规范预期。④ 单

---

① Vgl. Eb. Schmidt, Kommissionsniederschriften, Bd. 2, Anhang Nr. 21, S. 56 f.; Roxin, Die provozierte Notwehrlage, ZStW 75 (1963), S. 564.

② 近年来我国正当防卫司法实践所发生的积极改变,是与这一法谚所倡导的理念逐步落地生根分不开的。直接援用"法不能向不法让步"的司法裁判或者规范性文件,参见王艳丽与李增敏生命权、健康权、身体权纠纷一审民事判决书,辽宁省沈阳市大东区人民法院(2018)辽0104民初1998号民事判决书;"检例第47号:于海明正当防卫案"指导意义,载《最高人民检察院公报》2019年第1号(总第168号),第28页;《指导意见》第1条。

③ 关于结果导向的司法传统,参见苏力:《送法下乡——中国基层司法制度研究》,中国政法大学出版社2000年版,第181、186页。

④ 参见〔德〕尼克拉斯·卢曼:《法社会学》,宾凯、赵春燕译,上海世纪出版集团2013年版,第122页;劳东燕:《正当防卫的异化与刑法系统的功能》,载《法学家》2018年第5期。

纯为了实现个别纠纷的了结而不惜模糊法律上的是非曲直,这种"和稀泥式"的司法模式或许有利于实现一时一地的维稳效果,却需要付出社会正义的尺度屡屡遭到破坏、社会成员间稳固的行动预期迟迟无法建立的代价。之所以强调司法机关应当"努力让人民群众在每一个司法案件中都能感受到公平正义"①,就是因为对于现代社会来说,"法律系统这种合法/非法的界定功能相对于纠纷解决的功能来说,更加本源"②。通过司法裁判牢固确立权利无须向不法侵害退避的原则,对于稳定公民的规范预期具有更为长远的积极意义。

第四,从社会治理实效上来看,法律打击和防范的对象应当是作为暴力冲突源头的侵害行为,而非防卫行为。尽可能地减少社会中的暴力冲突,这一社会治理目标本身无可厚非。但是,在防卫案件所形成的社会冲突中,反击行为只是继发性的暴力,不法侵害才是原发性的暴力。既然不法侵害才是冲突发生的真正源头,那么法律规制的重点就理应放在预防和抑制侵害他人权利的行为,而不是放在禁止和减少维护正当权利的行为之上。尽管一般预防并不是正当防卫的正当化根据,但不容否认,如果法秩序能够通过司法裁判促使公民树立起一个基本的确信,即凡是非法侵犯他人权益者都必须付出代价,不仅会在事后受到国家的制裁,而且会即刻遭遇对方公民的坚决反击,那就能够在一定程度上有效防止侵害事件的发生。

(二)防卫过当的双层意义与损害结果的功能定位

一方面,我国正当防卫司法实践饱受诟病的一点在于其广泛存在的"唯结果论"现象,即只要出现了侵害人重伤、死亡的结果,司法机关就倾向于认定防卫过当。③ 另一方面,无论是按照《刑法》第20

---

① 习近平:《在首都各界纪念现行宪法公布施行30周年大会上的讲话》,载《人民日报》2012年12月5日,第2版。
② 泮伟江:《当代中国法治的分析与建构》(修订版),中国法制出版社2017年版,第26页。
③ 参见劳东燕:《结果无价值逻辑的实务透视:以防卫过当为视角的展开》,载《政治与法律》2015年第1期;周光权:《正当防卫的司法异化与纠偏思路》,载《法学评论》2017年第5期;尹子文:《防卫过当的实务认定与反思——基于722份刑事判决的分析》,载《现代法学》2018年第1期。事实上,这种唯结果论在中国古代的传统(转下页)

条第 2 款还是按照《民法典》第 181 条第 2 款的规定,损害结果又都是防卫过当承担刑事或者民事责任不可或缺的一个条件。这就引出了一个重要的问题:**损害结果在防卫限度和防卫过当中究竟居于何种地位?笔者认为,损害结果并不是认定防卫行为是否过当的依据,但它可以成为对防卫过当法律责任的范围进行消极限制的要素。**在此,需要在区分行为定性与法律责任这两个层次的基础上,对防卫过当的概念进行系统梳理:

1. 法律性质意义上的防卫过当

法律性质意义上的防卫过当,旨在从整体法秩序的视角出发解决防卫行为的法律定性问题。防卫行为是否超出了合法的限度,这仅仅取决于防卫权行使行为自身,而与行为是否导致了实际损害结果无关。因为,既然正当防卫是一种赋权事由,那么权利边界的划定就只能站在整体法秩序的立场之上。法秩序是由一系列行为规范所组成,由行为规范编制的网络构成了法律向公民发出的行动指南;只有在行为规范确立之后,立法者才会进一步为其配置保障机制和防护手段。[①] 因此,只要某一举动符合了行为规范的指令,即便它造成了损害结果,也只能认为该损害属于行为规范容许(对于容许规范来说)或者无力避免(对于禁止规范来说)的结果,而不能认定该行为违法。只要某一举动偏离了行为规范所确立的边界,那么即便它并没有造成任何实际损害,其在性质上也会当然地被归入违法行为之列。因此,在判断防卫行为的"合法/违法"属性时,应当将考察的重点紧紧锁定在防卫措施之上,考察其是否满足了必要性的条件。只要防卫行为逾越了必要性的要求,就成立违法意义上的防卫过当。

(接上页)法制中早有体现。例如,按照《唐律疏议》,除"夜无故入人家"的情形之外,若防卫者未将侵害者杀死,可以减二等;但只要防卫者将侵害人杀死,则一律"不减"。参见方毓敏、王欣元:《〈唐律〉与现行刑法关于正当防卫之规定比较》,载《黑龙江省政法管理干部学院学报》2005 年第 5 期。

① Vgl. Frisch, Rechtsgut, Recht, Deliktsstruktur und Zurechnung im Rahmen der Legitimation staatlichen Strafens, in: Hefendehl/von Hirsch/Wohlers (Hrsg.), Die Rechtsgutstheorie, 2003, S. 219; Jakobs, Recht und Gut-Versuch einer strafrechtlichen Begriffsbildung, FS-Frisch, 2013, S. 83.

2. 法律责任意义上的防卫过当

法律责任意义上的防卫过当,旨在从部门法的视角出发解决防卫过当的具体法律责任问题。在确定防卫手段超出合法边界、属于违法行为的前提下,需要进一步考虑的问题是:对于防卫过当是否应当追究法律责任、应当追究何种法律责任?这时,不同的部门法就会基于各自的目的理性以及政策考量给出不同的回答。

(1)从民法的立场出发,由于侵权责任法的首要目的在于对损失进行填补①,所以只有当防卫过当行为现实地造成了不必要的损害时,行为人才需要为此承担民事责任。这一点已经为《民法典》第181条第2款所肯定。

(2)从刑法的视角来看,刑法旨在通过刑罚制裁手段维护行为规范的效力,从而防止未来再发生严重的法益侵害事件。我国《刑法》为可罚的防卫过当设置了"超严格的入罪标准"。这体现为:首先,程度要件的升级。在1997年《刑法》全面修改之前,《刑法》和《民法通则》关于防卫过当的规定在内容上完全一致。但是,1997年修改后的《刑法》第20条第2款却大幅提升了可罚之防卫过当的成立要求,即超过必要限度必须达到"明显"的程度,造成的损害也必须达到"重大"的程度。其次,结果要件不可或缺。本来,从刑法学的一般原理来说,若行为人对防卫过当持故意心态,那么即便最终未造成任何损害结果,只要具有造成可罚之损害结果的危险性,也完全可以按未遂犯论处。但根据现行《刑法》的规定,在过当的防卫行为未现实造成损害结果的情况下,不论过当的严重程度多高,也不存在成立犯罪的余地。这种对防卫过当承担刑事责任的标准进行超严格管控的做法,是中国刑事立法所独具的一个特色②,它具有深层次的法理依据。第一,刑法具有补充性的特点,尤其是我国刑法奉行"定性+定量"的模式,本就将可罚的行为严格限定为严重的法益侵害行

---

① 参见王利明:《我国侵权责任法的体系构建——以救济法为中心的思考》,载《中国法学》2008年第4期。
② 纵观大陆法系的立法例,《德国刑法典》第33条、《瑞士刑法典》第16条、《奥地利刑法典》第3条、《日本刑法典》第36条第2款,均未将实害结果的发生规定为防卫过当承担刑事责任的要件。

为,防卫过当罪量要素的设定与该模式一脉相承。第二,防卫过当毕竟是从一个原本正当的抗击不法侵害的权利行使行为异化而来,它在相当程度上可归责于不法侵害人本人。第三,防卫过当的出现往往源于行为人极端和异常的情绪,如因突遇危局而产生的慌乱和恐惧,因复仇动机而产生的激愤和震怒等。这些情绪大都根植于人的生物本能之中,易于获得人们的谅解,也易于成立免责事由或者责任减轻事由。于是,只要防卫过当的幅度尚未达到极端严重的地步,即便不对其加以处罚,也不会使人们产生法规范效力受到了动摇的印象,不会令人们担心类似的行为会被他人争相效仿从而导致违法行为的泛滥。

从上述对两种意义上的防卫过当所作的区分中,可以进一步推导出以下观点:

第一,对于防卫行为是否逾越了必要限度这个问题来说,实害结果是否发生并不具有决定性的意义。只要防卫行为是在当时的条件下为及时、有效和安全地制止不法侵害所不可缺少的手段,那么即使造成了重伤、死亡等重大损害结果,也应当认定防卫行为仍处在权利行使的合法范围之内;反之,只要防卫行为逾越了必要性的要求,即便未造成任何损害结果,也不能认为该行为成立正当防卫。既然只有在认定防卫行为因逾越了必要限度而违法的前提下,才有必要结合损害结果的情况确定行为人是否承担以及承担何种法律责任,那就说明损害结果只能在已经认定防卫手段过当的情况下发挥限制法律责任的功能。

第二,在法律责任的层面上,对民法和刑法上的防卫过当进行二元区分,有利于实现防卫过当法律处遇的合理化。长期以来,理论和实践过于偏重防卫过当的刑事责任,以至于一旦认定某一行为成立防卫过当就意味着防卫人需要承担刑事责任。这就导致一个防卫行为要么属于合法举动、要么成立犯罪行为,只能在这两种极端选项中择其一。在此情况下,为了避免刑事处罚范围过宽,无论是立法者还是理论界都普遍将正当防卫制度改革的重点放在刑法中的防卫过当条款之上,将改革的希望寄托在放宽防卫限度的要求、扩张正当防卫的成立范围之上。① 可是,一旦将民刑二法的防卫过当区分开来,那么在正当防卫与构成犯罪的防卫过当这两极之间,就出现了一个缓冲地带。对于相当一部分超过了必要限度且造成损害的防卫行为,司法者完全可以以未达到罪量要素的标准为由对其仅适用民事责任。这样一来,就既可以通过民事责任确认防卫过当行为的违法性,又可以有效避免刑事责任的过度扩张。

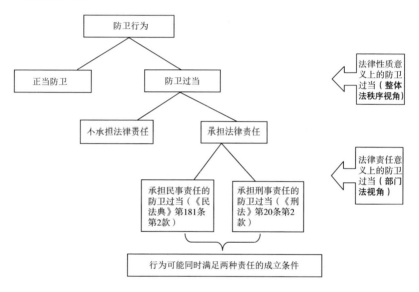

图 5-1 防卫过当的双层意义示意图

(三)防卫限度与法益均衡原则的分离

1. 学术史梳理:基本相适应思维的弱化趋势

尽管比例原则最初发源于行政法领域,但时至今日,它已普遍适用于所有为实现合法目的而可能对公民基本权利造成限制或者损害

---

① 参见高铭暄:《中华人民共和国刑法的孕育诞生和发展完善》,北京大学出版社 2012 年版,第 197 页;陈航:《"民刑法防卫过当二元论"质疑》,载《法学家》2016 年第 3 期。

的情形。公民行使紧急权的情形看似只涉及公民个人之间的关系①,但本质上却依然体现着国家和公民的关系。因为,根据基本权利作为客观法的理论,国家对于基本权利不仅负有不侵犯的消极义务,而且负有对基本权利加以保护的积极义务。一方面,紧急权的行使者处在法益可能遭受损害的危险之中,故国家对他自然负有保护义务;但另一方面,由于紧急行为会对紧急权的被害人的利益造成损害,故国家对他也同样负有保护义务。这样一来,在紧急权的场合,国家就陷入保护义务冲突的境地。一旦国家选择对行为人侵犯被害人利益的行为表示容许,那就意味着它取消了自己对后者所负有的保护义务,从而使后者的基本权利受到了限制。② 因此,紧急权的限度不能脱离比例原则的规制。

以比例原则的四项标准内容,即目的正当性、手段适当性、手段必要性和狭义比例原则为分析框架,在不同紧急权中,前三项原则大体一致,唯独狭义比例原则(法益均衡原则)呈现的样态存在明显差异。关于防卫限度的判断标准,我国刑法理论存在过"必需说"和"基本相适应说"之间的对立。前者认为,决定防卫限度的关键在于防卫行为是否属于有效制止不法侵害所必不可少的反击手段;后者则强调,防卫限度的判断应当以防卫行为和侵害行为这两者在强度上的均衡关系为核心。无论是"必需说"还是"基本相适应说",都承认以下两点:一是防卫行为必须具有保护法益免受侵害的能力;二是正当防卫必须是在多种能够同样有效制止不法侵害的反击行为当中,给侵害人造成损害最小的那一种。二者的分歧就在于狭义比例原则在防卫限度的判断中究竟发挥何种作用的问题。"基本相适应说"认为,防卫合法与否最终还要通过法益衡量这一关的检验,纵然是适当、必要的防卫手段,只要它所保护的法益和它损害的法益在价

---

① 有的学者正是以此为由主张比例原则不适用于正当防卫。Vgl. Krey, Zur Einschränkung des Notwehrrechts bei der Verteidigung von Sachgütern, JZ 1979, S. 713; Renzikowski, Notstand und Notwehr, 1994, S. 315。

② Vgl. Bernsmann, Überlegungen zur tödlichen Notwehr bei nicht lebensbedrohlichen Angriffen, ZStW 104 (1992), S. 308 ff.; Vaxevanos, Notwehr als strafrechtlicher Rechtsgüterschutz, 2007, S. 187 ff.

值上不相均衡,也依然属于防卫过当。但是"必需说"认为,双方法益的均衡性却并不在防卫限度考虑的范围之内。通过对自20世纪80年代末期至今的主流学说和司法实践状况进行梳理,我们会发现,法益均衡原则长期以来在防卫限度的判断中发挥着支配性的作用,近年来却呈现逐渐弱化的趋势。具体可以划分为以下两个阶段:

(1)在20世纪80年代中期我国恢复法制建设和法学研究的初期,"必需说"和"基本相适应说"大致旗鼓相当。① 自20世纪80年代末以后,声称对"必需说"和"基本相适应说"进行了融合的折中理论逐渐取得了通说的地位。该说认为:"必要限度的掌握和确定,应当以防卫行为是否能制止住正在进行的不法侵害为标准,同时考察所防卫的利益的性质和可能遭受的损害的程度,同不法侵害人造成损害的性质、程度大体相适应。"②据此,反击行为所保护和损害的法益保持基本均衡,是判断防卫限度不可或缺的要素。在1979年《刑法》颁布之后,司法实践中广泛存在着只要出现不法侵害人重伤或死亡的结果就一律认定为防卫过当的现象,这也成为1997年《刑法》全面修改时立法者高度关注的对象。不过,当时的立法者在对这一偏差进行纠正时,依然没有跳出法益均衡思维的窠臼。1997年新增的特殊防卫权条款(《刑法》第20条第3款),试图通过将防卫行为损害

---

① 当时,支持"基本相适应说"的代表性文献有:金凯:《试论正当防卫与防卫过当的界限》,载《法学研究》1981年第1期;谢甲林:《关于正当防卫的几个问题》,载《法学》1984年第8期;郭守权、何泽宏、杨周武:《正当防卫与紧急避险》,群众出版社1987年版,第20页。赞成"必需说"的代表性文献有:卢云华:《试论正当防卫过当》,载《中国社会科学》1984年第2期;高格:《正当防卫与紧急避险》,福建人民出版社1985年版,第33页;姜伟:《正当防卫》,法律出版社1988年版,第86—88页。

② 高铭暄主编:《刑法专论》(第二版),高等教育出版社2006年版,第427页。类似的论述参见王作富:《中国刑法研究》,中国人民大学出版社1988年版,第208页;马克昌主编:《犯罪通论》(第三版),武汉大学出版社1999年版,第757页以下;陈兴良:《正当防卫论》(第三版),中国人民大学出版社2017年版,第121页。关于我国法院判例对折中说的采纳,参见"赵泉华被控故意伤害案",载中华人民共和国最高人民法院刑事审判第一、二、三、四、五庭主办:《中国刑事审判指导案例:侵犯公民人身权利、民主权利罪》,法律出版社2009年版,第300—301页;"韩霖故意伤害案",载中华人民共和国最高人民法院刑事审判第一、二、三、四、五庭主办:《中国刑事审判指导案例》(第1卷),法律出版社2017年版,第67页。

和保护的法益基本相适应的情形明确排除出防卫过当的范畴,从而克服极端唯结果论的倾向。① 具体来说,该条款提醒司法者注意,严重危及人身安全的暴力犯罪具有极其重大的社会危害性,故即使造成不法侵害人重伤或死亡,该损害结果与侵害行为可能造成的法益损害相比也不存在悬殊的差距,不能认定为防卫过当。直至2018年最高人民法院发布的指导性案例"于欢故意伤害案",也仍然是以受保护之法益与受损害之法益在价值上的失衡作为认定防卫过当的核心依据。该案二审判决指出:"根据本案查明的事实及在案证据,杜志浩一方虽然人数较多,但其实施不法侵害的意图是给苏银霞夫妇施加压力以催讨债务,在催债过程中未携带、使用任何器械……当民警警告不能打架后,杜志浩一方并无打架的言行……在于欢持刀警告不要逼过来时,杜志浩等人虽有出言挑衅并向于欢围逼的行为,但并未实施强烈的攻击行为。"②可见,法院之所以判定防卫行为过当,就是因为认定侵害人一方所实施的行为虽有暴力的属性,但其程度并不严重,而被告人却采用了刀刺致死的防卫措施,两者相差明显。

(2)进入21世纪第二个十年,无论是理论界还是实务界,都不同程度地出现了防卫限度与法益均衡原则逐渐脱离的态势。一方面,在理论界,一批青年学者对传统的"基本相适应说"提出了系统而有力的批判。③ 另一方面,2015年3月2日最高人民法院、最高人民检察院、公安部、司法部联合发布的《关于依法办理家庭暴力犯罪案件的意见》第19条规定,"认定防卫行为是否'明显超过必要限度',应当以足以制止并使防卫人免受家庭暴力不法侵害的需要为标

---

① 参见赵秉志、肖中华:《正当防卫立法的进展与缺憾——建国以来法学界重大事件研究(十九)》,载《法学》1998年第12期;高铭暄:《中华人民共和国刑法的孕育诞生和发展完善》,北京大学出版社2012年版,第198页;周光权:《刑法总论》(第三版),中国人民大学出版社2016年版,第210页。
② 山东省高级人民法院(2017)鲁刑终151号刑事附带民事判决书。
③ 参见陈璇:《正当防卫中风险分担原则之提倡》,载《法学评论》2009年第1期;劳东燕:《防卫过当的认定与结果无价值论的不足》,载《中外法学》2015年第5期;尹子文:《防卫过当的实务认定与反思——基于722份刑事判决的分析》,载《现代法学》2018年第1期。

准"。该解释对于防卫限度判断标准的界定,已不见基本相适应的内容,而完全以有效制止不法侵害的需要为根据。《指导意见》第 12 条亦指出:"防卫是否'明显超过必要限度',应当……立足防卫人防卫时所处情境,结合社会公众的一般认知作出判断",同时强调:"不应当苛求防卫人必须采取与不法侵害基本相当的反击方式和强度。"有的民事判决甚至明确指出,只要能够确定"不采取这一方式不足以抵抗现实的侵害",就应当认为防卫"行为并未超过必要的限度,满足正当防卫的限度条件"。①

2. 法益均衡原则与防卫权本质存在冲突

站在紧急权体系的整体视角进行审视可以发现,一旦将法益均衡原则引入紧急权的限度判断之中,就意味着行为人在特定条件下必须放弃有效的紧急措施,从而在一定程度上忍受法益遭受损害。这是因为,在紧急行为业已满足必要性条件的前提下,该行为已然是当时为及时、有效地保护遇险法益所能采取的最低强度的措施;如果因为行为所保护之法益与其损害之法益未能保持均衡而否定该行为的合法性,那就意味着紧急行为的合法性和有效性无法兼得,能够得到法律许可的紧急行为已不再是能够确保法益安全的措施。这样一来,行为人就不得不自行承受法益无法得到周全保护的风险。由此可见,能否要求遇险者承受这种法益受损的风险,是决定法益均衡原则能否以及在多大程度上对紧急权产生制约作用的关键。

对于转嫁型紧急权来说,根据法益均衡原则要求行为人在特定情形下放弃实施有效的紧急行为,是存在合理依据的。以攻击性紧急避险为例。本来,根据"法益所遭遇的意外损失应由该法益的所有者自行承担"(casum sentit dominus)的古老原则,任何人对于发生在自身权利空间范围内的危险都必须自担风险、自负其责,而不能通过祸水东引的方式将危险转嫁给与危险发生无关的第三人。② 仅仅是

---

① 邹砚:《正当防卫时间与限度的民事判断》,载《人民司法·案例》2012 年第 14 期。

② Vgl. R. Haas, Notwehr und Nothilfe, 1978, S. 213; Renzikowski, Intra-und extra-systematische Rechtfertigungsgründe, FS-Hruschka, 2005, S. 651.

因为对社会团结原则的承认,法律才允许遇险者为了维护自身的重大利益损害第三人较轻微的利益。由于自担风险是原则性的要求,享受他人的团结是例外性的待遇,所以在法益均衡原则未能得到满足的情况下否定攻击性紧急避险的合法性,不过是取消了遇险公民获得他人团结和照顾的超常待遇,使其恢复到了风险自负的正常状态而已,其权利地位并未受到任何不应有的扣减和贬损。又如,缉拿犯罪嫌疑人本来是专属于国家机关的职责,《刑事诉讼法》第84条规定公民享有扭送权,是为了发动公民的力量为国家刑事追诉活动提供辅助,使刑事诉讼进程更为高效和顺畅。如果以扭送手段可能导致犯罪嫌疑人死亡为由认定扭送行为违法,那也不过是取消了公民即时擒获犯罪嫌疑人的权利,从而回归国家机关专任刑事缉拿之职的原初状态而已,并不会对公民基本权利和国家秩序的基石造成根本性的损害。

然而,正当防卫的情况却大有不同。因为,防卫人所面临的是他人的不法侵害行为,不法侵害不仅对公民具体法益的安全造成了威胁,而且对其平等的法律地位也发出了挑战。当防卫人面对的是单纯财产性不法侵害、不采取可能对侵害人人身造成损害的反击措施就不足以制止侵害时,假如我们根据法益均衡原则一概禁止其动用可能导致侵害人重伤、死亡的防卫手段,那就意味着,防卫人在当时不仅要承担自身财产法益遭受损害的风险,而且只能坐视自身的权利地位遭到侵犯。换言之,在此情况下,法益均衡原则的引入不仅会降低防卫行为保护法益的有效性,而且会使得原本不应屈从于不法行为的权利竟然需要暂时向侵害退让。正是由于"任何为保障不法侵害者的利益而对凌厉的正当防卫权加以削弱的做法都意味着,法律要求被害人必须容忍其自身的法律地位和人格尊严遭受某种损害"①,而在一个以人的尊严为基石的法治国中,这种损害是不可容忍的;所以,除非另有特殊的根据,法益均衡原则无法天然地与正当防卫的权利本质实现兼容。由

---

① Frisch, Zur Problematik und zur Notwendigkeit einer Neufundierung der Notwehrdogmatik, FS-Yamanaka, 2017, S.64.

此,保护和损害之法益在价值上是否均衡,原则上并非判断防卫限度所应当考虑的因素。使防卫限度判断与法益均衡原则相脱离,是正当防卫权利本质的内在要求。

基于以上分析,我们可以对《刑法》第 20 条第 3 款的地位给出更为客观的评价。由于该条款归根结底依然是法益均衡思想的产物,所以它不过是在特定历史条件下对"基本相适应说"和"必需说"的最大公约数所作的立法确认。从这个意义上来说,所谓特殊防卫权其实并无"特殊"之处。① 一旦将法益均衡原则从正当防卫的中心舞台驱逐到边缘地带,该条款所叙述的就仅仅是正当防卫权不言自明的一个当然结论而已。在极端唯结果论盛行的时期,特殊防卫权条款的确从立法层面发挥了指导实践纠偏的历史作用。但是,随着人们对正当防卫权本质有了更为清晰和准确的把握,这一条款作为注意性规定所具有的提示作用必将逐渐减弱。

(四)风险分担与防卫限度判断的情境化

对某一行为法律属性的判断,离不开两个基本的维度:其一是实体性的判断依据,即确定某一行为具有特定法律属性的条件有哪些;其二是程序性的判断标准,即在认定行为是否满足上述实体性要件时,应当以何种事实资料为基础、站在哪一时点以及从什么主体的角度出发去加以观察。我国传统的正当防卫理论偏重于正当防卫要件的实体内容,对于正当防卫要件程序性的判断标准的研究却相对薄弱。

防卫限度的判断究竟是采取事前还是事后标准,本质上是一个风险分担的问题。② 司法实践中极易引起争议的情形是,防卫人误将较轻侵害认作较重侵害或者误将已经结束的侵害认作仍在进行的侵害,并因此实施了从事后角度来看不必要的反击行为。

---

① 主张《刑法》第 20 条第 3 款属于注意性规定而非法律拟制的观点,参见陈璇:《正当防卫、维稳优先与结果导向——以"于欢故意伤害案"为契机展开的法理思考》,载《法律科学(西北政法大学学报)》2018 年第 3 期;张明楷:《防卫过当:判断标准与过当类型》,载《法学》2019 年第 1 期。
② 根据风险分担原理来确定正当防卫前提要件和限度要件的判断视角,详见陈璇:《正当防卫中的"误判特权"及其边界》,载《中国法学》2019 年第 2 期。

假如司法者从行为当时的角度加以审视,只要防卫人的误判具有合理性,那就可以以他的主观认知为准,将事实上较轻的侵害认定为严重侵害,将客观上已经终了的侵害认定为仍在持续,进而按照防卫人想象的情境赋予其较大的侵入权限,侵害者则在相应范围内被课以忍受义务。这就意味着,因防卫人对情势有所误判而产生过激反应的风险,主要由侵害人一方承担。反之,假如司法者从行为之后的角度来展开分析,那就势必首先确定,防卫人所采取的反击措施已经超出了防卫权的必要限度。在此前提下,若防卫人对于误判的发生缺乏避免可能性,则可能因意外事件而不成立犯罪。可见,此时防卫人成立赋权事由的可能性已经被完全断绝,至多只能根据免责事由出罪。尽管意外事件同样能够达到出罪的效果,但侵害人却并不像对赋权事由那样对防卫人负有忍受的义务。这样一来,因防卫人误判所产生的风险就更多地分配给了防卫人。在刑法理论和实务当中,有一种颇为流行的观点主张,对于正当防卫的成立条件之所以应当采取事前判断的标准,根据在于"法不强人所难",或曰"不能苛求防卫人"。① 但这一观点还值得商榷。所谓不能对防卫人认识和把控局势的能力提出过高的要求,或者所谓应当设身处地地体谅防卫人在行为当时的难处,这些都是免除行为人主观可谴责性的理由。但是,既然正当防卫乃赋权事由而非免责事由,那么亟待说明的问题就在于,在防卫人发生误判的情况下,为何从事后角度来看已经超出为有效阻止侵害所必要之程度的反击行为及其造成的损害,依然能够为正当防卫权所覆盖。因此,论证的重点不在于防卫人的误判是否值得谅解,而在于防卫人误判的风险应该如何分配。

在防卫人对侵害的强度和持续时间产生误判的场合,有两套风险配置的方案摆在我们面前:其一,允许防卫人"宁可信其有不

---

① 参见陈兴良:《正当防卫如何才能避免沦为僵尸条款——以于欢故意伤害案一审判决为例的刑法教义学分析》,载《法学家》2017年第5期;梁根林:《防卫过当不法判断的立场、标准与逻辑》,载《法学》2019年第2期;《指导意见》第6条以及指导意见起草小组:《〈关于依法适用正当防卫制度的指导意见〉的理解与适用》,载《人民司法》2020年第28期。

可信其无",为保证有效而安全地制止住不法侵害,对情势作较为严重的估计,从而采取较为激烈和持久的反击;于是,侵害人就不得不承担即使侵害事实上并不严重或者已经结束也仍然需要忍受对方强力反击的风险。其二,要求防卫人为避免因误判而给侵害人造成不必要的损害,在事态不明的情况下只能选择较为和缓的防卫手段或者停止反击;这样一来,防卫人就需要承担因为防卫措施不够有力和彻底而可能无法周全、有效地保护法益的风险。笔者赞成第一套风险分配方案,主张防卫权行使限度的判断应当立足于事前的时点、以防卫人合理认知的事实为基础。

第一,以违法方式侵害他人权利空间者,在法律上本来就负有停止其侵害行为的义务。既然他事实上并没有停止侵害,而是由其他公民出面制止其侵害,那就说明,防卫人实际上是代侵害人完成了本应由后者自己履行的义务。既然如此,凡是在为制止不法侵害所必要的范围内需要支付的成本和代价,不论它在性质和程度上是小于、大于还是等于不法侵害,最终均应由义务人(即侵害人)本人而不是义务代行者(即防卫人)来负担。由防卫人是法律义务的代行者这一点所决定,法律不能置其于不利的境地,不能以牺牲防卫的有效和防卫人的安全为代价去降低本应由侵害人支付的排险成本。所以,尽管防卫人所采用的只能是为保护法益所需之最低程度的反击手段,但要求防卫人选取较为和缓之防卫手段的先决条件是,这样做不会损害防卫行为的有效性,不会导致防卫人自己的人身、财产安全陷入更加危险的境地。

第二,由利益冲突可归责于侵害人这一点所决定,侵害人对于侵害行为的发展规模以及起止时间拥有绝对的支配力。例如,在侵害人持枪抢劫的情形中,究竟是使用真枪还是外形逼真的仿真枪,选择权完全掌握在侵害人手中,防卫人在绝大多数情况下根本无从准确地断定侵害的实际危险性。又如,在侵害人停止暴力袭击的情况下,他究竟只是策略性地暂停攻击、以便寻找更佳时机发动突袭,还是已然完全放弃犯意;当侵害人遭遇反击跌倒在地时,他是否会顽强地起身再战,是否会利用手边的其他利器继续实施侵害行为,这些都处在侵害者本人的支配空间以内,居于该空间之外的防卫人却往往难以清晰地加以辨识。① 于是,防卫人为了能够保证有效而安全地制止不法侵害,就不得不对情势作出较为严重的估计,不得不采取较为强烈和持久的反击措施。之所以会产生这种较高的排险成本,是因为侵害的急迫状态使得防卫人无从准确地辨明事态,而这种急迫状态又是侵害人通过自主选择特定的侵害手段、时间和环境一手制造的。② 因此,防卫人基于合理误判而不得不支出的高昂排险成本,就只能算在侵害人的账上。例如:

【安徽省枞阳县周某某正当防卫不起诉案】2018年9月23日晚19时许,许某某醉酒后驾驶电动三轮车路过许祠组农田时,遇见刚打完农药正要回家的妇女周某某,遂趁四周无人之机下车将周某某仰面推倒在稻田里,意图强行与周某某发生性关系。周某某用手乱抓、奋力反抗,将许某某头面部抓伤,并在纠缠、反抗过程中,用药水箱上连接的一根软管将许某某颈部缠绕住。许某某被勒住脖子后暂停侵害并站立起来,周某某为了防止其继续对自己实施强奸行为,一直站在许某某身后拽着软管控制其行动。二人先后在稻田里、田埂上、许某某驾驶的三轮车上对峙。其间,许某某声称愿意停止侵害并送周某某回家,但未有进一步的实际行动;

---

① 相关的典型案例参见"苏某故意伤害、故意杀人案",广西壮族自治区南宁市中级人民法院(2016)桂01刑终108号刑事附带民事裁定书;"龚某某故意伤害案",广西壮族自治区南宁市武鸣区人民法院(2017)桂0122刑初80号刑事判决书;"于海明正当防卫案",载《最高人民检察院公报》2019年第1号(总第168号),第26—28页;"王新元、赵印芝正当防卫案",保定市检察院关于对"涞源反杀案"决定不起诉有关情况的通报,2019年3月3日。

② 我国《唐律疏议·贼盗律》关于"诸夜无故入人家者……主人登时杀者,勿论"的规定,在一定程度上体现了风险分配的思想。有学者指出:"唐律作此规定的主要原因应该是考虑到夜间给人造成的特别恐惧感和紧迫感"(闵冬芳:《唐律"夜无故入人家"条源流考》,载《法学研究》2010年第6期)。正是考虑到夜间在毫无防备的情况下,屋主对于侵入者的侵害意图和侵害强度均无法准确预估,往往会在强烈的恐惧感支配下对侵害事实作较严重的估计、采取较为激烈的反击手段,而这种状况又是因为侵害人选择了特殊的侵害时间和地点所致,故应当将由此产生的严重损害后果归责于侵害人本人。

周某某大声呼喊求救时,远处某养鸡场经营户邹某某听到声音,走出宿舍,使用头灯朝案发地方向照射,但未靠近查看,此外再无其他人员留意或靠近案发现场。二人对峙将近两小时后,许某某下车,上身斜靠着车厢坐在田埂上,周某某也拽住软管下车继续控制许某某的行动,许某某提出软管勒得太紧、要求周某某将软管放松一些,周某某便将软管放松,许某某趁机采取用手推、用牙咬的方式想要挣脱软管。周某某担心许某某挣脱软管后会继续侵害自己,于是用嘴猛咬许某某手指、手背,同时用力向后拽拉软管及许某某后衣领。持续片刻后许某某身体突然前倾、趴在田埂土路上,周某某认为其可能是装死,仍用力拽拉软管数分钟,后见许某某身体不动也不说话,遂拎着塑料桶离开现场。许某某因颈部被勒导致窒息死亡。①

笔者认为,关于侵害是否结束的判断应当遵循以下两个基本法则:

(1)"终结侵害能力法则"。如果侵害人已根本失去了继续侵害的身体条件,例如因为被反击行为所伤或者因为突发疾病而瘫倒在地、不省人事,那自然可以断定侵害已告结束。但是,若侵害人的侵害能力尚未完全消失,而只是处于衰减的过程之中,则还不能否认侵害行为仍在持续。

(2)"履行释明义务法则"。在侵害人仍然保有一定侵害能力的情况下,若侵害人只是单纯停止攻击或者口头表示服输、求饶,一般还不足以宣告侵害结束。②侵害人必须通过进一步的实际行动、以更为明晰和可信的方式彻底打消防卫人的担忧与疑虑,例如解除身上携带的一切凶器、束手委身于他人的控制和扭送、积极投入对伤者的救助等。就该案来说:首先,当周某某用软管勒住许某某的脖子时,许某某的侵害能力有所减弱,但是不能认定侵害已经结束。一则许某某虽然声称愿意停止侵害并送周某某回家,但

---

① 参见"安徽省枞阳县周某某正当防卫不起诉案",最高人民检察院 2020 年 11 月 27 日发布。

② 参见姜伟:《正当防卫》,法律出版社 1988 年版,第 73—74 页。

"口说无凭",他并未以可信的方式切实表明自己已经放弃侵害,反而坚持与周某某对峙;二则由于没有其他人愿意出手相助,在孤立无援的情况下,周某某好不容易才取得了相对于侵害人的优势,一旦稍有不慎导致局势反转,则自己势必陷入万劫不复之境。其次,即便事后证明,当许某某突然倾倒趴在田埂土路上时,他确已丧失知觉、毫无继续实施侵害的可能,但站在行为当时的角度来看,情势依然晦暗不明,不能排除侵害人有佯装昏迷以麻痹对方的可能。何况,此前许某某趁周某某放松软管之机意欲用手推、牙咬的方式挣脱的事实,也说明此种顾虑并非杞人之忧。所以,周某某有理由在许某某倒下后,继续拽拉软管数分钟,这一举动依然处在为确保侵害危险被彻底排除所必要的范围之内。

四、正当防卫的社会控制

一切形式的不法侵害都意味着对公民权利地位的挑战,故防卫权的行使行为只受到适当性和必要性的约束,这是以古典自由主义法哲学为基点推演出来的结论。然而,现实中的法律制度却不完全是逻辑推理的产物,它需要适应社会的具体发展状况、回应特定历史时期的现实诉求。古典自由主义将人看作原子式个体的观念,固然有助于最大限度地保护个体自由免受公权力的任意侵犯,但它忽视了个体之间的社会关联性,忽视了社会共同体对于个人生存和发展所具有的意义。诚如马克思所言:"只有在共同体中,个人才能获得全面发展其才能的手段,也就是说,只有在共同体中才可能有个人自由。"① 不可否认,由基本权利不仅是个人权利而且是宪法所确立的价值秩序这一点所决定②,对公民权利地位的保障本身就是对法治社会根基的维护。但是,正如"国家手中之刑罚乃一把双刃剑"(耶林语),极端强势的防卫权同样也是一把双刃

---

① 中共中央马克思恩格斯列宁斯大林著作编译局编译:《马克思恩格斯选集(第1卷)》,人民出版社 2012 年版,第 119 页。
② 参见张翔:《基本权利的规范建构》(增订版),法律出版社 2017 年版,第 226 页。

剑,它对于受侵害者而言固然是保护法益的一种有力手段,但同时又是极具杀伤力的一把锐器,既可能给侵害人造成难以挽回的致命性损害,也可能给社会共同体的利益带来不可忽视的消极影响。因此,法律就有必要结合特定的社会利益和侵害人可能存在的特殊情况,对防卫权进行必要的控制。这种控制集中表现为:一是对程序性救济机制之优先地位的承认,二是对特定的侵害人给予社会团结。社会控制的具体后果要么是使正当防卫让位于事后的权利救济机制,要么是使正当防卫让位于适度缩短或者软化了的反击型紧急权。

(一)公力救济优先性对正当防卫的限制

自国家对暴力实行垄断以来,止暴制乱、定分止争就成为专属于公权力机构的职责。相比于公民个人来说,拥有专门的物质保障和技术支持的国家机关在应对不法侵害事件时具有的最大优势就在于,能够更为周全地兼顾防卫人、侵害人和社会等多方的利益。从个体基本权利的视角出发,之所以防卫权所受到的限制极弱,是因为有一种担忧始终萦绕在人们心中:一旦对防卫权的前提和限度附加任何额外的限制性条件,则存在着放任公民之间平等的法律关系遭受破坏之虞。不过,随着国家紧急救助和公力救济的能力不断提升,公民权益获得制度性、程序性保护的渠道也在不断增多和拓宽。在此情况下,当不法侵害欠缺暴力性,尤其是当侵害行为所针对的是可修复的法益时,既然对防卫权进行适度控制并不会牺牲公民权益的基本安全,同时又能较好地维护重要的社会价值和秩序利益,那就可以考虑阻断防卫权的发动或者对私力救济措施的内容进行限缩。最具实践意义的莫过于两个分别与行政法和民法相关的问题。

1. 行政行为公定力的阻截效果

行政机关所实施的具体行政行为,也可能因为违法而对相对人的正当权益造成侵害。但是,由于具体行政行为是国家行使日常管理职能的主要方式,故保障其高效、顺畅地实行是维持社会正常运转的必要条件。如果允许公民随时质疑具体行政行为的有效性并与之对抗,则国家体制势必陷于瘫痪,社会的基本稳定也必将难以为继。基于这一考虑,法律赋予了具体行政行为以公定力,使得具体行政行为一经作出,不论其在实际上是否合法,均被推定为合法有效,并要求所有国家机关、社会组织或者个人予以尊重。正是由于公定力的存在,具体行政行为即便存在瑕疵和不当之处,也具有排除相对人即时行使反抗权的效力,由此实现了保障行政管理的有效性和法律秩序的稳定性的价值目标。

不过,对具体行政行为公定力的肯定,绝不意味着公民对于严重违法的行政行为给自身重大法益造成的侵害也必须予以忍受。这里必须综合考虑行政行为违法的程度、行政行为所侵害之法益的重大性和可修复性等因素。首先,行政法学的通说出于平衡秩序维护和人权保障这两方面需求的考虑,主张有限公定力的理论,即认为一旦具体行政行为属于《行政诉讼法》第75条所规定的因重大违法而被认定为无效的行政行为,则该行为自始不具有公定力。① 其次,法律若要求相对人对违法行政行为先行予以忍受,则必须满足一个前提:国家有能力确保该行为所侵害的法益是能够通过事后的公力救济途径得以复原的。于是,当国家机关工作人员以暴力方式实施违法强拆,可能对公民的人身、住宅安宁造成严重侵犯时,这种强拆行为即属于重大违法的行政行为,相对人依然有权实施正当防卫。② 只有当行政行为非属重大违法,而且所涉及的是财产等通过诉讼、复议等事后救济途径能够获得修复的法益时,才能要求行政相对人放弃行使防卫权。

2. 自助行为制度的排斥效力

根据《民法典》第235条的规定,对于无权占有财物者,权利人有返还原物的请求权。因此,对于盗窃、抢劫等财产性不法侵害来说,即便盗窃、抢劫行为已经结束、侵害人已经取得了对财物的稳

---

① 参见王锡锌:《行政行为无效理论与相对人抵抗权问题探讨》,载《法学》2001年第10期;沈岿:《行政行为公定力与妨害公务——兼论公定力理论研究之发展进路》,载《中国法学》2006年第5期。
② 相关案例参见"范木根故意伤害案",江苏省高级人民法院(2015)苏刑一终字第00155号刑事附带民事裁定书。

定占有,只要侵害人尚未返还财物,那么他就是以拒绝履行原物返还义务的方式侵害权利人的财产法益。同样,当债务人逾期不履行债务时,他事实上就是以不作为的方式对债权人的财产法益实施了不法侵害。但是,法秩序禁止物权或者债权请求权人实施正当防卫,即禁止其以劫取、窃取、骗取等违背对方意志的手段自行实现请求权的内容。

第一,随着市场经济的发展,社会生活的每一时刻都充斥着不可计数的财产流转关系,也不可避免地会出现大量涉及物权转移、债权给付的纠纷。如果允许公民通过强制甚至暴力手段实现请求权,固然有利于保障请求权人本人的利益,但却会引发财产占有状态频繁变更的混乱局面,民事交易关系的安全也将荡然无存。对于日常生活与商品及服务交易须臾不可分离的广大公民来说,这反而会对其利益带来更为持久和深层的损伤。

第二,物权和债权请求权属于单纯的财产法益。一方面,作为公民一切基本权利的存在基础,生命、健康、自由等人身法益具有个人专属性,既不可交易也难以抵偿。所以,若不允许公民即时排除他人对其人身进行的侵害,则公民一旦遭受实害,其损害是难以通过事后的救济程序加以弥补的。与之相比,财产法益恰好具有可修补的特点。另一方面,随着市场经济法制化水平的提升,多元化的纠纷解决机制不断健全,这大大拓宽了民事请求权的程序性救济途径,也显著提高了财产法益获得事后修复的可能性。

有鉴于此,在因为拒不履行民事请求权而形成财产性不法侵害的场合,法秩序的天平有理由向公力救济的优先和垄断地位一方倾斜[1],从而在平衡个人权益和民事交易秩序的基础上设置一种特殊的反击型紧急权,即自助行为。自助行为不允许权利人使用强力直接实现请求权的内容,只允许他使用强力排除依法定程序

---

[1] 我国立法者对于自力救济可能给社会秩序带来的风险有较大的顾虑,这导致无论是《民法通则》还是《侵权责任法》均未规定自助行为。《民法典》首次明文规定了自助行为,但在草案讨论的过程中仍然存在相关争议。参见《民法典立法背景与观点全集》编写组:《民法典立法背景与观点全集》,法律出版社 2020 年版,第 770—771 页。

实现请求权所遇到的障碍;请求权内容的最终实现,依然只能诉诸公权力机关。① 这就大大限制了自助行为所能容许的强度。由此可见,自助行为实际上是"短缩的正当防卫权",因为尽管它也属于一项供公民抵御不法侵害的紧急权,但其正当化的射程范围已无法像正当防卫那样覆盖即时、完整地实现法益保护的全过程,而是缩减到了为事后修复法益进行准备、创造条件的阶段。这一点已经为《民法典》第1177条的规定所明确。正是因为自助行为是立法者基于对正当防卫的副作用有所顾虑而专门设置的一种特殊规范,所以当侵害行为同时符合正当防卫和自助行为的前提条件时,适用特别法优于普通法的原则,自助行为具有排斥正当防卫条款适用的效力。

从行政行为公定力以及自助行为制度对正当防卫权适用范围所产生的限缩作用中,我们可以总结出一条正当防卫权的历史发展规律:**防卫权的行使范围是一个随着社会、经济发展而变化的动态范畴,程序性救济机制的完善程度与防卫权的行使范围呈现出此消彼长的态势**。"与自由权不同,社会权的全面实现往往需要国家庞大的财政支持,因此,自由权应该被视为基本权利功能发展的初级阶段,社会权则只有在社会发展到较高级阶段时才可能全面实现。"②在国家能够为公民提供的救助资源较为匮乏的阶段,一旦要求公民在面对不法侵害时予以忍让,则往往意味着法益将大概率遭遇不可逆转的损失。此时,为了确保公民合法权益的安全,就不得不赋予公民以较为宽裕的防卫权行使空间。但是,随着国家在不得恣意侵犯公民基本权利的同时还肩负起了积极保护基本权利的义务,随着公力救济机制在技术手段、运行效率等方面渐趋完善,既然受损的法益能够在事后通过程序性的救济途径获得较为及时和完整的复原,那么将公力救济置于优先于个人防卫权的地位之上,就成为一种权衡利弊后的明智之举。可以预见,随着国家为公民提供的事后救济和保障手段愈加高效和及时,以可修复法益为保护对象的正当防卫权将会逐步收缩。

---

① 参见程啸:《侵权责任法》(第三版),法律出版社2020年版,第338页。
② 陈征:《基本权利的国家保护义务功能》,载《法学研究》2008年第1期。

(二)以归责视角限定防卫权的前提条件

1. 从防御需要的单一视角到"防御—团结"的二元视角

传统刑法理论以及判例倾向于认为,一种结果无价值意义上的纯粹客观不法,即足以发动正当防卫权。① 具体来说,当公民甲的法益遭受到公民乙的侵袭时,只要甲在法律上不负有忍受的义务,即便乙对于侵害的发生欠缺故意、过失或者责任能力,也允许甲对乙行使正当防卫权。追溯这一学说背后的实质依据,不难发现,它是以单一的防御需要视角为基础的。换言之,在该说看来,侵袭的发生是否可归责于侵害人,只涉及侵害人的法律责任问题,却丝毫不影响受侵害者的法益自始至终都值得法律予以保护、都需要通过及时反击来加以捍卫。因此,只有将归责要件剥离出不法侵害的范畴,从而赋予公民较为广泛的防卫权,才能在危急关头有效地保障法益不受侵犯。这一看法早在苏联刑法学中就已经出现。例如,由 H. A. 别利亚耶夫和 M. Д. 科瓦廖夫主编的《苏维埃刑法总论》一书明确提出:"法律只要求侵害行为的客观特性具有足够的社会危害性。由此可以看出,当未成年人(即十六岁以下,有时是十四岁以下)、精神病患者或者某人在排除了侵袭者罪过的事实错误的情况下实施危害社会行为时,原则上也可以产生正当防卫状态。社会主义道德规范要求,对于在这些情况下的防卫行为应当特别谨慎。"② 我国刑法理论和实践明显继受了这一基本立场。

但是,采取紧急权体系的分析视角,从防御必要性和社会团结相平衡的思想出发,应当认为:能够引发正当防卫权的只能是能够完全

---

① 参见姚辉、王志军:《试论正当防卫中的不法侵害》,载《法学杂志》1986 年第 1 期;马克昌主编:《犯罪通论》(第三版),武汉大学出版社 1999 年版,第 722—723 页;陈兴良:《正当防卫论》(第三版),中国人民大学出版社 2017 年版,第 60 页;指导意见起草小组:《〈关于依法适用正当防卫制度的指导意见〉的理解与适用》,载《人民司法》2020 年第 28 期。相关判例参见"范尚秀故意伤害案",载中华人民共和国最高人民法院刑事审判第一、二、三、四、五庭主办:《中国刑事审判指导案例(侵犯公民人身权利、民主权利罪)》,法律出版社 2009 年版,第 322—324 页;"周诗祥故意伤害案",广西壮族自治区高级人民法院(2012)桂刑二终字第 33 号刑事判决书。

② 〔苏〕H. A. 别利亚耶夫、M. Д. 科瓦廖夫主编:《苏维埃刑法总论》,马改秀、张广贤译,群众出版社 1987 年版,第 177 页。

归责于侵害人人格意志的不法行为;面对欠缺归责要件的侵害,公民只能实施防御性紧急避险。

(1)侵害的可归责性与反击权的锐利和度休戚相关。归责判断旨在解决的问题固然在于,法律能否将某种事实视作行为人的作品,进而要求他为该事实承担责任。但归责判断不仅能够决定行为人的法律责任,还能够决定利益冲突双方值得保护性的大小。当不同公民的利益发生冲突,而且只有通过损害一方的利益才能及时解决该冲突时,亟待回答的问题是:既然利益冲突的解决不可避免地需要付出一定的代价,那么这种代价究竟应当如何在冲突双方之间进行分配呢?归责判断恰恰能够为合理分配冲突解决的成本、量定侵害人值得保护性的下降幅度提供指南。因为,侵害事实是否以及在多大程度上可归责于侵害人,这决定了侵害人能否享受社会团结的待遇。社会团结原则是对自由平等原则的补充,它强调公民在特定的情形下需要牺牲自己的部分自由,从而对社会共同体的其他成员担负起一定的扶助和照顾的责任。该原则旨在通过从法律上将部分利他行为义务化,从而使社会成员的重大利益最大限度地免遭自然和社会中不可控风险的损害。①

结果归责的成立与否以及程度高低,是由结果避免可能性的有无和大小所决定的。若某人在本可轻易避免的情况下侵入他人的权利空间,那就说明他无所顾忌地表现出了对他人权利地位的蔑视态度。面对蓄意从根本上否定自己平等地位的侵害人,受到侵害的一方没有理由对其加以忍让和照顾。这时,遭受侵害的一方就有权采取较为强力和激烈的反制措施。反之,若某人避免利益冲突发生的能力较低,那就说明侵害事实的发生在很大程度上非他所能左右。在此情况下,侵害的发生以及由此可能遭遇权利人的反击,这对于侵害人而言也是一种不能完全控制的意外风险。法秩序就有必要在保障权利人重大法益安全的前提下,给予侵害人一定的体恤和谅解,从而对公民反击措施的力度进行适当的限制。可见,只要将正当防卫权定位为最具凌厉和强势风格的紧急权,那么我们在确定正当防卫

---

① 关于团结义务法律化的合法性根据,参见本书第一章第三部分。

的前提要件时,就不能完全站在遭受侵害的公民一方的立场之上,只是一味地注重如何确保防卫的及时有效,而必须同时虑及侵害人一方的利益①,根据利益冲突的可归责性及其程度对侵害人法益的值得保护性进行区别化的处理。

通说在论证不法侵害不应包含归责要素时,总是强调:"侵害人欠缺答责性,这并不能证明遭受侵害之人负有牺牲其重大法益的义务。个人权利无须向不法让步的原则,在这里也依然是适用的。"②毫无疑问,侵害人患有精神病或者不具有预见和避免可能性等事实,当然不是要求公民对其面临的侵害加以忍受的理由。但问题就在于,论者只虑及了防御需要这一个视角,却忽略了另一个重要的维度,即我们在肯定遭受侵害之人享有反击权的同时,还必须考虑到侵害人一方具有值得谅解的因素,其法益值得保护性的下降幅度终究不可能与有责之不法侵害人相提并论。

(2)防卫权前提条件的内容与防卫人的认识可能性无关。不可否认,正当防卫大都发生在险象环生的危急时刻,故防卫人在行为当时往往难以准确地辨别侵害人对于危险的发生是否具有避免的可能性。不少学者据此主张,既然防卫人在急迫的情势之下无暇分辨对方的袭击究竟是出于故意、过失还是意外事件,也无从识别对方究竟是完全责任能力人还是精神病患者,那就不能将归责要素纳入不法侵害的概念之中,否则就是强人所难,会对公民的防卫权造成不当的束缚。③ 但这种看法值得进一步研究。

---

① Vgl. Jakobs, Kommentar: Rechtfertigung und Entschuldigung bei Befreiung aus besonderen Notlagen, in: Eser/Nishihara (Hrsg.), Rechtfertigung und Entschuldigung, 1995, S. 147.

② Günther, in: SK-StGB, 7. Aufl., 2000, § 32 Rn. 119.

③ 参见马克昌主编:《犯罪通论》(第三版),武汉大学出版社1999年版,第724页;王政勋:《正当行为论》,法律出版社2000年版,第126页;黎宏:《刑法学总论》(第二版),法律出版社2016年版,第130页;陈兴良:《正当防卫论》(第三版),中国人民大学出版社2017年版,第61、81页;王钢:《正当防卫的正当化依据与防卫限度——兼论营救酷刑的合法性》,元照出版公司2019年版,第96—97页;RGSt. 27, 44; Binding, Handbuch des Strafrechts, Bd. 1, 1885, S. 739; Eb. Schmidt, Niederschriften, Bd. 2, S. 126 ff; Roxin/Greco, Strafrecht AT, Bd. Ⅰ, 5. Aufl., 2020, § 15 Rn. 19。

第五章　正当防卫的权利塑形与社会控制

首先,根据赋权和免责的区分,一个行为是否超出了权利的边界和行为逾越该边界后是否可予免责,是两个完全不同的问题。这正如,某一犯罪的客观构成要件究竟应当包含哪些要素,只取决于该犯罪侵害的法益以及此罪与彼罪之间的关系,从来都与犯罪行为人对该要件的认识难易程度无关。在根据犯罪的本质及其体系地位确定了该罪客观要件的内容之后,行为人在多大程度上能够认识相关的构成要件要素,就只涉及犯罪故意是否成立的问题。同理,正当防卫的前提要件是仅包含客观的法益侵害事实还是也包含主观归责要素,对此发挥决定性作用的唯有两点:一是正当防卫的权利本质,二是正当防卫在紧急权体系中的地位。正是由于正当防卫是锋刃最为锐利的紧急权,所以欲令侵害人承担如此严苛的忍受义务,就要求冲突的发生必须能够归责于侵害人。① 由此可见,用归责要素来限制"不法侵害"的范围,这是由正当防卫的权利特性所决定的。既然如此,就不能以防卫人对归责要素的认知存在困难为由对其加以删减。

其次,将归责要素引入防卫权的前提条件判断并不会减弱对遭受侵害者的保护,更不会使其身陷囹圄的概率陡然上升。因为,尽管公民面对欠缺归责要件的侵害所实施的反击行为无法成立正当防卫,但它仍然拥有其他的正当化途径以及出罪渠道。一方面,就反击型紧急权来说,供公民抵御他人侵袭者不是仅有正当防卫一种,还存在一种行使力度相对克制与缓和的权利,即防御性紧急避险。事实上,尽管我国实定法目前没有像《德国民法典》第 228 条和第 904 条那样对防御性紧急避险和攻击性紧急避险作出明确区分,但无论是我国《刑法》第 21 条还是《民法典》第 182 条,都没有将紧急权的对象限定在无辜第三人之上,所以在现有正当化事由的制度框架内,完全存在承认防御性紧急避险的空间。② 这样一来,就可以将针对弱归责

---

① Vgl. Kindhäuser, in: NK-StGB, 5. Aufl., 2017, § 32 Rn. 65.
② 详见本书第六章。参见刘明祥:《紧急避险研究》,中国政法大学出版社 1998 年版,第 56—57 页;颜良举:《民法中攻击性紧急避险问题研究》,载《清华法律评论》(第 3 卷第 1 辑),清华大学出版社 2009 年版,第 129 页以下;陈璇:《家庭暴力反抗案件中防御性紧急避险的适用——兼对正当防卫扩张论的否定》,载《政治与法律》2015 年第 9 期;赵雪爽:《对无责任能力者进行正当防卫——兼论刑法的紧急权体系》,载《中外法学》2018 年第 6 期。

侵害所实施的反击行为,纳入防御性紧急避险的规制范围之内,使其受制于补充性原则(即"不得已")和法益均衡原则(即要求保护和损害的法益在价值上基本相当)。于是,在面临某个欠缺归责要件的侵害时,即便行为人因情势急迫而无从辨别对方究竟是否完全具备归责要件,但只要其反击行为符合防御性紧急避险的成立要件,就依然能够获得正当化。另一方面,在行为人对于侵害人欠缺归责要件这一事实发生错误认识的情况下,即使反击行为因不符合防御性紧急避险的成立要件而失去了得到正当化的可能,但也完全可能根据免责事由的原理实现出罪。

例如,乙是丧失了辨认和控制自己行为能力的重度精神病患者;某日,他突然向途经家门口的路人甲发起暴力袭击,甲在不知其为精神病人的情况下,为避免自己为对方所伤,拎起一把锄头照乙的头部打去,致乙伤重不治死亡。对于这类案件,可以构建起以下分析思路:①首先进行正当防卫的检验。若主张只有具备责任能力之人的侵袭才属于不法侵害,则该案中甲对乙的反击行为就不可能成立正当防卫。②继而展开防御性紧急避险的分析。正在发生的危险这一概念的外延远远大于正在进行的不法侵害,故可以将防御性紧急避险视为一般的反击型紧急权,将正当防卫理解成特殊的反击型紧急权,进而认为二者成立类似于法条竞合的关系。众所周知,在法条竞合中,要产生特别法条排斥普通法条适用的效果,前提是相关行为同时满足了两种法条的构成要件;但是,如果行为在不完全满足特别法的情况下,符合普通法的全部要件,则仍然存在适用普通法的余地。① 同理,在一种抵御外来侵害的行为不成立正当防卫(特殊反击型紧急权)的情况下,只要它满足了防御性紧急避险(一般反击型紧急权)的所有要件,就依然存在获得正当化的可能。尽管丧失责任能力之人的侵害不成立不法侵害,但却属于正在发生的危险。在此情况下,只要能够认定甲是在不得已的情况下采取了未超出避险限度的反击措施,则其致乙死亡的行为依然能够获得合法化。③最后,还存在讨论容许性构成要件错误的空间。如果甲的反击行为并非出于

---

① Vgl. Sternberg-Lieben/Bosch, in: Schönke/Schröder, StGB, 30. Aufl., 2019, vor §§ 52 ff. Rn. 138.

不得已(例如,甲本来只要选择逃避即可有效保护自身安全)或者超过了避险限度(例如,按照一些学者的看法,致人死亡的避险行为绝不存在正当化的可能①),那就意味着反击行为成立赋权事由的一切可能均已被断绝。这时,需要借助假想防卫的原理进一步作免责事由的考察。若甲对于乙属于无责任能力者的事实缺乏预见的可能性,则他有可能因为成立《刑法》第 16 条规定的意外事件而归于无罪。

(3)正当防卫应当实现从"宽进严出"向"严进宽出"的转变。在我国传统刑法理论中,正当防卫一直呈现出"宽进严出"的现象。通说一方面对正当防卫的权利入口(即前提要件)持极为宽松的态度,使得一切对他人法益安全构成现实威胁的身体动静均足以成为发动正当防卫权的起因;但另一方面又对正当防卫的权利终端(即限度要件)采取了极为严苛的限制,令所有无法实现损益均衡的防卫行为都被归入防卫过当的范畴之中。可是,这种做法导致理论界长期以来对正当防卫前提要件和限度要件之宽严的把握发生了严重的倒置。首先,该说在防卫限度中引入了与正当防卫权本质不相兼容的法益均衡原则,从而加剧了正当防卫司法实践中的唯结果论现象。其次,该说对侵害的可归责性不作区分,这就使得不少本应基于社会团结原则受到弱化控制的反击行为也被悉数归入正当防卫的范畴之中。一旦前提要件的前端控制功能失效,则正当防卫权就必然因为承载了过多的异质内容而发生扭曲。比如,尽管通说主张公民针对不可抗力、意外事件以及无责任能力人的侵袭皆可实施正当防卫,但同时又认为这种防卫权应当受到更为严格的限定,例如行为人在能逃避的情况下应当优先选择逃避,即便因无可遁逃而被迫反击,也应尽量避免造成对方重伤、死亡。② 然而,无论是退避义务的引入还是

---

① Vgl. Zieschang, in: LK-StGB, 13. Aufl., 2019, § 34 Rn. 74a.
② 参见张明楷:《刑法学(上)》(第五版),法律出版社 2016 年版,第 199 页;"范尚秀故意伤害案",载中华人民共和国最高人民法院刑事审判第一、二、三、四、五庭主办:《中国刑事审判指导案例(侵犯公民人身权利、民主权利罪)》,法律出版社 2009 年版,第 323—324 页。《指导意见》第 7 条在总体上也接受了这一观点。Vgl. Spendel, in: LK-StGB, 11. Aufl., 1992, § 32 Rn. 235 f.; Jescheck/Weigend, Lehrbuch des Strafrechts AT, 5. Aufl., 1996, S. 345 f.。

法益均衡要件的设立,都与正当防卫权的本质格格不入。① 要从根本上克服这一困境,必须注重从整体上把握正当防卫与其他紧急权的位阶和衔接关系。本来,单纯奠基于自由平等原则上的反击型紧急权具有清一色的强势性;正是社会团结原则的引入,使得反击型紧急权的内部出现了层级划分:强归责的侵害对应于高强度的权利,即正当防卫;弱归责的侵害则对应于低强度的权利,即防御性紧急避险。这样一来,防御性紧急避险就可以将部分需要进行严格节制的反击行为从正当防卫中分流出去,从而有效舒缓了正当防卫的压力。因此,**在一个强弱有致、宽严有序的紧急权体系当中,正当防卫必须具有"严进宽出"的特性。这就要求我们适当收窄正当防卫的前提条件,同时放宽其限度条件,使其成为一项不可轻易使用、但一经发动即锐不可当的反击权。**

2. 正当防卫中的不法侵害须满足典型性归责的要件

接下来需要探讨的问题是,一个侵害行为需要满足怎样的归责要件,才足以发动正当防卫权呢? 为此,首先需要厘清归责的层级结构,然后再逐一为不同的归责级别配置合理的反击权。

(1)归责的多层次构造。① 辖区专属型归责。公民的权利空间一经划定,一方面固然意味着权利人在该空间内享有不受他人任意干预的决定权,但另一方面也意味着,权利人负有确保该空间不会对第三人造成危险的责任。因为,既然第三人未经许可不得擅自进入权利人专属的自由领地,那么对于该空间可能产生的危险,被严密隔绝在该领地之外的其他公民便无法预先进行有效的监控。换言之,权利人对其自由空间的排他性和独占性支配,导致他相对于第三人而言,在了解和掌控空间内的危险源方面拥有绝对的优势。② 在此情况下,第三人只能信赖权利人会采取必要措施防止其权利空间

---

① 参见冯军:《防卫过当:性质、成立要件与考察方法》,载《法学》2019 年第 1 期; Hruschka, Strafrecht nach logisch-analytischer Methode, 2. Aufl. , 1988, S. 140。

② Vgl. Jakobs, Kommentar: Rechtfertigung und Entschuldigung bei Befreiung aus besonderen Notlagen, in: Eser/Nishihara (Hrsg.), Rechtfertigung und Entschuldigung, 1995, S. 165; Köhler, Die objektive Zurechnung der Gefahr als Voraussetzung der Eingriffsbefugnis in Defensi-vnotstand, FS-Schroeder, 2006, S. 262 ff.

危及他人安全,法秩序也有理由期待权利人承担起更多的责任,保证其自由领地不会对他人的利益构成威胁。一旦某个权利空间对第三人造成了现实的危险,那么对于由此出现的利益冲突来说,不论权利人在主观上是否有过错,他都应当更多地承担为消除该冲突所需支付的成本。从这个意义上来说,凡是从某一权利空间中产生的危险,都应当首先归责于权利人。

② 人格意志型归责。辖区专属型归责完全建立在权利分配格局的基础之上,它是一种初级的、纯客观的归责,尚未涉及个人主观的可谴责性。比它更高一级的是人格意志型归责,即权利主体对于危险的发生有主观上的过错,由此反映出其人格意志的形成过程与法规范的要求相抵触,故法秩序能够就危险的发生对其个人发出责难。在探讨人格意志型归责时,应当注意将行为规范与能力维持规范区分开来。行为规范以禁止或者命令公民实施某种行为为其内容,其目的在于保护法益安全;能力维持规范却并非直接保护法益,而是旨在将公民遵守行为规范的能力维持在合理的水平之上。依照这种区分,人格意志型归责可以进一步划分为以下两个层次:

第一,典型性归责。"关键的归责标准是避免可能性,但由于这种避免可能性恰恰在已经发生的事件中并未显现,所以它只有借助非现实性的条件才能得以展现。根据假定性的思维,如果在行为人选择实施合法替代举动的情况下,作为归责对象的现实事件能够得以避免,那他就需要为其违法之举以及犯罪结果承担刑事责任。"[1]一旦具有完全责任能力的行为人故意地违反了行为规范,那就意味着,他是在本可避免实施违法行为的情况下有意与法秩序相对抗,故该行为所导致的法益侵害危险就可以直接归责于他。

第二,替补性归责。本来,按照"超出能力所及范围的义务无效"的原理,如果行为人在实施危险行为当时缺乏现实的避免可能性(例如,对事实或者法律欠缺正确的认识),似乎就难以认为他是以违反行为规范的方式制造了法益侵害危险。可是,法秩序不仅要求公民

---

[1] Kindhäuser, Zur Logik der Zurechnung. Anmerkungen zum Straftatmodell Joachim Hruschka, Jahrbuch für Recht und Ethik 27 (2019), S. 398.

确保自己在现实地具备规范遵守能力的情况下不去触犯行为规范,而且还要求他应当保证自己持续地具有为遵守规范所需要的认知和行动能力,防止其出现不当的下降。① 因此,尽管行为人在实施危险行为当时欠缺遵守规范的能力,但如果从能力维持规范的要求来看,行为人对这种能力缺失状态的出现本来就有过错,那也仍然可以将危险归责于行为人。不过,在替补性归责中,行为人毕竟没有对法秩序直接抱有敌视的态度,其本意是想要遵照法规范的指令行事,只是因为没有尽到必要的谨慎义务才导致自身遵守规范的能力出现了不应有的缺损。故法秩序在此提出了较高的要求,即命令行为人不仅要有愿意遵守行为规范的决心,还必须努力保持自身遵守规范的能力不减退。这势必导致人们在社会生活中不得不腾出部分精力、牺牲部分自由,用以谨慎地维护自己的认知和行动能力。由此,替补性归责的可谴责性程度要明显低于典型性归责。

（2）归责类型与紧急权的配置。首先,当某一侵害行为仅具有辖区支配型归责,而不成立任何意义上的人格意志型归责时,公民对其仅享有防御性紧急避险权,而不能进行正当防卫。理由在于：第一,当侵害人欠缺人格意志型归责时,他就失去了避免侵入他人权利空间的能力。既然侵害人并不是出于自由意志,而是基于某种无法抗拒的外在原因而陷入与他人利益相冲突的境地,那就不能根据侵害人自陷风险的原理大幅降低侵害人法益的值得保护性。第二,尽管由于侵害的危险发端于侵害人的权利空间,故他依然需要为冲突的解决负担大部分责任；可是,一旦侵害人丧失了控制危险的能力,他本人往往已成为需要得到特殊保护的弱势群体,有必要对侵害人施以一定的体恤和照顾,进而对反击者课以某种团结义务,要求他尽可能避免或者减少给侵害人造成损害。

值得一提的是,赞同人的不法理论（即行为无价值和结果无价值二元论）的学者普遍主张,作为正当防卫前提要件的不法侵害只包含

---

① Vgl. Hruschka, Ordentliche und außerordentliche Zurechnung bei Pufendorf, ZStW 96 (1984), S. 662 ff. ; Renzikowski, Restriktiver Täterbegriff und fahrlässige Beteiligung, 1997, S. 229, 232.

行为无价值要素(故意、过失),但不包含责任要素(责任能力等)。① 由于在以人的不法理论为基础建构起来的阶层式犯罪论体系中,归责判断不再如古典犯罪论体系那样仅由责任论独自进行,而是由不法构成要件和责任共同分担;所以,若认为不法侵害只包含行为无价值而不包含责任,那实际上就是人为地将归责判断一分为二,从而使不法侵害仅与归责保持着残缺不全的关联性。然而,无论是构成要件范围内的归责判断,还是责任层面的归责判断,其意欲解决的问题归根结底都是同一的,即行为人对于某一法益侵害结果是否具有避免可能性,能否将特定的不法结果算作行为人本人的"作品"。人的不法理论的支持者自己也承认,尽管归责判断被分置于两个阶层之中,但二者最终都是为了将人力不可避免的事件排除出刑事不法的范畴,都是服务于一般预防这同一个刑事政策的目标。② 这样一来,就没有理由使正当防卫中的不法侵害只与其中一部分归责判断相关联,却与另一部分归责判断相隔绝。

其次,当某一侵害行为仅满足了替补性归责的要件时,公民也只能对其进行防御性紧急避险。替补性归责的典型是过失侵害行为。一方面,过失行为人是在对危险事实欠缺认识的情况下"不意误犯"地侵入了他人的权利空间,故他并未对其他公民的平等权利地位加以否认。③ 另一方面,尽管过失行为人因为违反了小心谨慎的义务,故而对于自己遵守规范的能力发生下滑并最终与他人的利益发生冲突负有不可推卸的责任,但与故意行为人相比,由过失行为人对危险事实存在重大误判这一点所决定,他陷入危险境地时的自由意志毕竟受到了明显的限制;由过失行为人在行为当时缺乏遵守规范的现实能力所决定,他对于冲突的避免可能性也表现出间接性的特

---

① 参见周光权:《刑法总论》(第三版),中国人民大学出版社 2016 年版,第 200—201 页;Hirsch, Die Notwehrvoraussetzung der Rechtswidrigkeit des Angriffs, FS – Dreher, 1977, S. 223; Baumann/Weber/Mitsch/Eisele, Strafrecht AT, 12. Aufl., 2016, § 15 Rn. 28; Erb, in: MK-StGB, 4. Aufl., 2017, § 32 Rn. 35 ff.。

② Vgl. Roxin/Greco, Strafrecht AT, Bd. Ⅰ, 5. Aufl., 2020, § 7 Rn. 63.

③ Vgl. Pawlik, Der rechtfertigende Defensivnotstand im System der Notrechte, GA 2003, S. 17.

点。有鉴于此,法律有必要要求反击者在不牺牲自身重大权益的前提下,对侵害人承担一定的社会团结义务。

在这个问题上,有学者主张应当区分疏忽大意的过失(无认识的过失)和过于自信的过失(有认识的过失),对于前者引起的侵害不得进行正当防卫,对于后者引起的侵害则可以,理由是过于自信的过失同样是在有认识的情况下对他人法益造成了危险。① 然而,在过于自信的过失中,尽管行为人曾经预想到可能会出现损害结果,但他在行为的那一刻最终还是基于各种原因相信结果不会发生,故这种心态终究属于没有认识到结果发生的可能性。反过来说,如若行为人真是在对事实有正确认知的情况下实施了危险行为,则其主观上就不再是过失而是故意了。从这一点来看,疏忽大意的过失和过于自信的过失在本质上是一致的,所以在正当防卫的问题上也不应对二者区别对待。

(三)对侵害人生命法益的特殊保障

在古典自由主义的理论中,由防卫行为捍卫的不仅是具体法益更是公民的权利地位这一前提所决定,一个必要的防卫措施,并不会因为其保护和损害的法益在价值上失衡而被认定为非法。洛克(Locke)曾言:"因为窃贼本无权利使用强力将我置于他的权力之下,不论他的借口是什么,所以我并无理由认为,那个想要夺去我的自由的人,在把我置于他的掌握之下以后,不会夺去我的其他一切东西。所以我可以合法地把他当作与我处于战争状态的人来对待,也就是说,如果我能够的话,就杀死他。"② 本来,既然不法侵害人是以可归责的方式引起了利益冲突,那就说明对他而言,可能遭遇对方反击并非不可控的意外风险,故正当防卫人并不负有以牺牲自身的法权地位为代价去照顾不法侵害人安全的团结义务。③ 但是,假如保护

---

① Vgl. Frister, Die Notwehr im System der Notrechte, GA 1988, S. 305.
② 〔英〕洛克:《政府论》(下篇),瞿菊农、叶启芳译,商务印书馆1982年版,第12页。
③ Vgl. Kühl, „Sozialethische" Einschränkungen der Notwehr, Jura 1990, S. 249; Koriath, Einige Gedanken zur Notwehr, FS-Müller-Dietz, 2001, S. 382 f.

第五章　正当防卫的权利塑形与社会控制

的一端是价值低廉的财物,损害的一端却是侵害人的生命,那么社会团结原则就需要例外地介入防卫限度的判断,从而对防卫权的凌厉锋芒予以适当软化。理由在于:第一,虽然防卫行为所捍卫的权利地位具有崇高的价值,但是生命毕竟是公民享有基本权利和宪法地位的前提所在。正是由于生命法益具有超越个体的重要社会意义,故现代法秩序无不给予其特殊的保护,即便在被害人完全同意的场合,也会采取适度家长主义的立场对杀人行为的合法化范围加以限定。在居民的物质生活整体达到小康水平、人权观念已日益深入人心的历史背景下,生命权正获得全社会前所未有的重视。一旦防卫行为损益双方的价值差异悬殊到极致,以至于为保护一根葱、两头蒜竟不惜置盗窃者于死地,那就不宜再承认受侵害之人的权利地位具有绝对高于侵害者之生命法益的权重。第二,规范是否具有正当性,取决于一旦将其普遍地加以适用,能否得到理性公民的认同和接受。在现实生活中,小偷小摸窃取他人小额财产的行为大量存在,如果不加限制地一概允许公民采取必要但致命的手段去实施自卫,固然能够最为周全地确保个人的法权地位不受挑战,但其付出的代价却是严重的暴力冲突将经常性地充斥于社会的每个角落。这样一来,共同体成员和平存续的根基也将随之被动摇。

于是,在可供选择的多种反击手段中,防卫人必须舍弃那些可能直接导致侵害人死亡者,只能选用暴力强度较弱的防卫措施。当然,防卫手段的强度与防卫的有效性大体上成正比关系,随着防卫手段的致死风险降低,其及时、有效制止盗窃行为的可能性也会相应降低。若这种剔除了致死危险的防卫手段无法为受到侵犯的财产法益提供有效保护,那么防卫人就只能放弃防卫,暂时忍受小额财产被盗的后果,事后再通过向公权力机关求助的方式追回财物。与此同时,这种对防卫权锋芒的软化处理,本质上是法律要求防卫人为了公共利益而适当地牺牲自己的权利[1],要求防卫人对侵害人给予一定的

---

[1] Vgl. Jakobs, Kommentar: Rechtfertigung und Entschuldigung bei Befreiung aus besonderen Notlagen, in: Eser/Nishihara (Hrsg.), Rechtfertigung und Entschuldigung, 1995, S. 152; Greco, Notwehr und Proportionalität, GA 2018, S. 678.

团结、作出一定的让步。相应的,国家必须建立和完善必要的补救机制,确保作出了牺牲和让步的防卫人能够及时、足额地获得赔偿。

五、本章小结

19世纪的德国法学家盖博(Geib)曾言,正当防卫"本来就没有也不可能有历史"[①]。若从正当防卫肇端于人类的自卫本能这一事实观之,此言不虚。然而,正当防卫作为一项基本法律制度,鲜明地折射出一国的政治理念以及公民和国家的关系,所以在法治文明发展的不同历史阶段,它会展现出迥异的形象。自1997年《刑法》修改以来,中国的立法和司法在规范制度建设方面所做的种种努力,为正当防卫制度全方位的现代转型初步搭建了基本框架。以现代法治国建设的总体目标为指针,我国正当防卫理论和实践亟待实现权利塑形和社会控制两方面的改革:第一,作为与公民权利地位休戚相关的一项防御权,正当防卫理应具有凌厉和强势的风格。防卫权的行使原则上并不以防卫人履行退避义务作为前提;损害结果只具有限制防卫过当法律责任的功能;防卫限度的判断应从总体上否定法益均衡原则,并坚持事前判断的标准。第二,出于对社会共同体重大利益的维护,需要根据公力救济优先和社会团结原则对正当防卫进行适度控制。在此过程中,适应社会发展的要求建立起能够合理协调个体权利和社会利益的紧急权体系,是必不可少的。

附录:德国刑法中防卫限度的理论和实践

鉴于防卫限度是正当防卫领域争议最为集中的问题,以下笔者试图对德国法中防卫限度的理论和实践进行梳理,以期为我国正当防卫制度的适用提供借镜。

---

① Geib, Lehrbuch des Deutschen Strafrechts, Bd. 2, 1862, S. 228.

第五章　正当防卫的权利塑形与社会控制

一、正当防卫权的凌厉风格

(一)防卫限度与正当防卫的本质

德国学界公认,与其他国家相比,德国法所规定的正当防卫权具有较为显著的凌厉性特征。① 防卫权的强弱以及大小,与人们对正当防卫本质的理解休戚相关。德国刑法学的通说主张,由于正当防卫是通过制止他人的不法侵害行为的方式保护了法益,故它除了使生命、财产等具体法益转危为安,还捍卫了国家法秩序的不可侵犯性,进而对违法犯罪行为产生了一般预防的效果。② 1962年联邦德国政府提交的《刑法草案》也肯定了这一点。该草案指出,正当防卫权是"以有效的方式向公众发出威慑,儆戒其不去实施不法";对个人法益所实施的侵害,"同时也是针对法秩序本身的侵害,故正当防卫人的防卫行为同时也一并捍卫了法秩序"。③ 这样一来,相比于紧急避险而言,正当防卫就必然具有明显的强势性:第一,正当防卫未必是实现法益保护目的的最佳方案,因为也许公民只要选择逃避或者向公权力机关求助,就能达到既保护了法益又防止给侵害人造成损害这一两全其美的效果。但是,正是因为防卫人面对的是违法行为,故为了守卫法秩序的尊严,根据"法不能向不法让步"的原则,法律应当为公民预留出更为宽裕的行动空间,使其能够采取比紧急避险更为果断和主动的反击。第二,既然防卫人不仅保护了具体法益,而且还为维护法秩序不受侵犯作出了贡献,那么他所代表的利益

---

① Vgl. Wittemann, Grund und Grenzen des Notwehrrechts in Europa, 1997; Bülte, Der Verhältnismäßigkeitsgrundsatz im deutschen Notwehrrechts aus verfassungsrechtlicher und europäischer Perspektive, GA 2011, 146 ff.

② Vgl. Spendel, in: LK – StGB, 11. Aufl., 1992, § 32 Rn. 13; Jescheck/Weigend, Lehrbuch des Strafrechts AT, 5. Aufl., 1996, S. 337; Roxin, Strafrecht AT, Bd. I, 4. Aufl., 2006, § 15 Rn. 1 ff.; Kindhäuser, Strafrecht AT, 8. Aufl., 2017, § 16 Rn. 1; Kühl, Strafrecht AT, 8. Aufl., 2017, § 7 Rn. 7 ff.; Perron/Eisele, in: Schönke/Schröder, StGB, 30. Aufl., 2019, § 32 Rn. 1a; BGHSt. 24, 356 (359); BGHSt. 48, 207 (212). 对这种二元论的反思,参见陈璇:《侵害人视角下的正当防卫论》,载《法学研究》2015年第3期。

③ BT-Drucks. IV/7650, 157.

势必在原则上高于不法侵害人的利益,故对正当防卫无须进行严格的法益衡量。换言之,"由于立法者认为行为人保卫法秩序免受不法侵害这一点所体现的价值极高,故他心中的天平便向防卫行为一方发生了倾斜。"①

(二)防卫限度与比例原则

借用公法领域的比例原则,正当化事由的限度也需要经受以下三个方面的检验:一是适当性原则,即正当化事由作为一种对公民权利造成损害的行为,它必须适用于实现保护法益的目的。二是必要性原则。是指在适于达成法益保护目的的所有反击措施中,应当选择对公民权利损害最小的那一种。三是狭义比例原则,是指正当化事由所损害的利益应当与其所欲保护的利益保持平衡;即便某一措施乃为保护法益所必要,但如果它不能满足利益平衡的要件,则该行为仍不被允许。适当性和必要性原则对所有紧急权发出的要求都是一致的;但是,不同的正当化事由在满足狭义比例原则方面,却存在重大差异。② 由上述正当防卫本质论所决定,通说认为,与紧急避险不同,正当防卫的限度在原则上只受到适当性和必要性原则的制约,而不必对防卫行为损害以及保护的法益双方进行权衡,故即便是为了保护纯粹的财产法益,除非财产法益的价值极为低廉,否则只要是在必要的范围内,允许行为人采取可能导致侵害人死伤的防卫措施。于是,如果朝行窃得手后逃窜的盗贼开枪射击,是当时条件下唯一能够有效夺回被盗财物的防卫措施,那就应当承认该行为具有正当性。③ 这样一来,狭义比例原则(即法益均衡原则)对于正当防卫的制约功能实际上微乎其微,它只有在损益双方极端失衡的情况下才能例外地通过"社会伦理限制"这一范畴发挥作用。

值得注意的是,在德国刑法学界,有部分学者对此持不同看法。他们主张,应当强化狭义比例原则对防卫权的限制作用,即当防卫行

---

① Roxin, Die „sozialen Einschränkungen" des Notwehrrechts, ZStW 93 (1981), S. 71.
② 参见陈璇:《正当防卫与比例原则——刑法条文合宪性解释的尝试》,载《环球法律评论》2016年第6期。
③ Vgl. Roxin/Greco, Strafrecht AT, Bd. 1, 5. Aufl., 2020, § 15 Rn. 47.

为所保护的对象是纯粹的财产法益时,无论如何不能允许行为人采取致命的反击手段。其主要理由在于:

其一,既然暴力是由国家垄断的,那就说明对法秩序加以维护这项使命,首先和主要是由国家来承担的。因此,当公民个人出于维护法秩序的目的而采取防卫行为时,他实际上不过是国家的代理人而已,其防卫行为就是一种"准国家"行为。既然国家机关(即被代理者)的防卫权需要受到狭义比例原则的限制,那么公民个人(即代理者)的防卫权就没有理由游离于其外。①

其二,从社会的经验事实来看,脱离法益均衡控制的防卫权,并不符合社会一般观念。为了确定凌厉的正当防卫权究竟是否拥有广泛的民意基础,刑法学者阿梅隆(Amelung)和基利安(Kilian)曾于2001年通过电话对3643名成年德国居民进行了采访,在此基础上形成了德累斯顿正当防卫实证调查报告。该调查表明:绝大多数德国人会不假思索地认为,防卫权受制于法益均衡性的要求;在多数居民看来,为了保护财产价值而将不法侵害人杀死的行为是不合法的。② 既然在一般公众的正义情感看来,正当防卫的损益双方应当保持大体均衡,那么法律只有使防卫限度与这种正义情感保持一致,才能实现维护法秩序的目的。

其三,既然正当防卫权具有维护法秩序的功能,那么它的行使就不能违背法秩序的基本原则。作为法治国的基石之一,比例原则恰恰是适用于全体法秩序的一项基本原则,故刑法中的正当防卫制度当然不能自外于其规制的范围。③

其四,《欧洲人权公约》第2条第2款规定,只有在为保护个人免遭他人违法暴力侵袭的情况下,才允许实施剥夺侵害人生命的行为。

---

① Vgl. Kaspar, „Rechtsbewährung" als Grundprinzip der Notwehr? Kriminologisch-empirische and verfassungsrechtliche überlegungen zueiner Reformulierung von § 32 StGB, RW 2013, S. 57 f.; Kindhäuser, in: NK-StGB, 5. Aufl., 2017, § 32 Rn. 96 f.

② Vgl. Amelung/Kilian, Zur Akzeptanz des deutschen Notwehrrechts in der Bevölkerung—Erste Ergebnisse der Dresdner Notwehrerhebung, FS-Schreiber, 2003, S. 3 ff.

③ Vgl. Bernsmann, Überlegungen zur tödlichen Notwehr bei nicht lebensbedrohlichen Angriffen, ZStW 104 (1992), S. 307, 310f; Bülte, NK 2016, S. 177 ff.

据此,在面对非暴力侵害(尤其是财产侵害)时,应当一律禁止公民对侵害者采取足以致其死亡的防卫手段。① 不过,针对这一点,通说也提出了以下辩解:一方面,《欧洲人权公约》的这一规定仅适用于由国家机关实施的侵犯公民基本权利的措施,而不适用于公民的防卫权。② 另一方面,该规定所禁止的只是蓄意杀人的情况;然而,公民为保护财产法益所展开的反击,仅以使侵害人失去取财或者逃窜的能力为必要,所以直接故意杀死侵害人的行为本来就不可能符合必要性的要求。③

二、"必要性"判断方法的展开

(一)必要性的基本内容

一言以蔽之,防卫行为具有必要性,就是指"它一方面适于制止侵害,另一方面相对而言是最为轻缓的反击手段"④。首先,一种法益损害行为要成为防卫行为,前提是它必须具有制止不法侵害的能力。⑤ 所谓适于制止不法侵害,并不要求行为必须确保能完全消除侵害,只要该行为能够削弱侵害即可。例如,只要反击措施足以使侵害人失去剥夺他人生命的危险性,即便它不能阻止对方的伤害行为,或者只要反击措施能够挽回部分财产损失,即便它无法使被盗的全部财物物归原主,都可以肯定防卫行为适于制止不法侵害。

在确定行为具有适当性之后,需要进一步考虑的是:该行为是否是一种必不可少的防卫措施。如果存在多个适于制止不法侵害的措施可供选择,那么法律要求防卫人应当选取其中对不法侵害人造成损害最小的那一种措施。由于逃避并不属于防卫措施,更兼正当防卫权原则上并不受补充性(即"不得已")原则的制约,所以,逃避行为不能成为

---

① Vgl. Frister, Strafrecht AT, 8. Aufl., 2018, 16/28.
② Vgl. Perron/Eisele, in: Schönke/Schröder, StGB, 30. Aufl., 2019, §32 Rn.62; Erb, in: MK-StGB, 4. Aufl., 2020, §32 Rn.22.
③ Vgl. Roxin/Greco, Strafrecht AT, Bd.1, 5. Aufl., 2020, §15 Rn.88.
④ Perron/Eisele, in: Schönke/Schröder, StGB, 30 Aufl., 2019, §32 Rn.34.
⑤ Vgl. Kühl, Strafrecht AT, 8. Aufl., 2017, §7 Rn.94.

必要性判断考虑的选项。换言之,即便防卫人通过逃跑、躲避就能轻而易举地实现"两全其美",即一方面能够有效地避免遭受侵害,另一方面又能避免给侵害人造成损害,法律也不能要求他必须首先选择逃避。可见,在进行必要性判断的时候,用以进行比较和选择的,只能是给侵害人造成损害的反击措施。

1. 必要性以保证安全有效为前提

要求防卫人必须选取最为轻缓的反击手段,这自然是考虑到了侵害人一方的利益。但是,由"法不能向不法让步"的原则所决定,对侵害人一方利益的保护,不能以牺牲防卫的有效性为代价。因此,只有当存在多个能够同等有效和安全地制止不法侵害的防卫手段时,法律才能要求防卫人必须选择其中强度最为和缓者。无论是学说还是判例都认为,在判断必要性时需要考虑到风险升级的可能性,遭受侵害者没有义务去选择那种虽然相对轻微,却在防卫效果以及安全性方面存在疑问的反击手段。[①] 即,如果能够合理地预测,一旦不采取断然措施迅速制服侵害人,则防卫人一方将面临更大的风险,那么法律就不能强令防卫人去忍受这一风险,而应当容许其采取较为强烈的反击手段。例如:侵害人训练有素而且搏击经验丰富,如果事先只是对其进行言语威吓,则很可能不仅无法有效阻止侵害,反而会挑起对方更为猛烈的攻击,这时就应当允许防卫人立即采取用刀捅刺的反击手段。[②] 又如这一判例:被告人甲是一名足球运动员,在比赛过程中因表现不佳被教练换下场;一名情绪激动的球迷乙冲向甲,左手掐住甲的脖子,右手则拿着一个啤酒瓶;甲挥起右拳砸中了乙的面部,导致其栽倒在地并发生了脑震荡。尽管甲在体力上明显优胜于乙,但巴伐利亚州法院还是认定其行为属于正当防卫,理由在于:假如甲只是试图用手挣脱乙的强制,那么一方面,这种措施无法确保被告人能够立即制止住侵害;另一方面,一旦发生相持的情

---

① Vgl. BGHSt 27, 336 (337); BGH, NStZ 1988, S. 408 f.; BGH, NJW 1989, S. 3027; BGH, NStZ 1996, S. 29; BGH, NStZ-RR 2013, 107 (108); BGH, NStZ 2015, 151 (152).

② Vgl. Erb, Zur Aushöhlung des Notwehrrechts durch lebensfremde tatrichterliche Unterstellungen, NStZ 2011, S. 188 f.

况,乙很有可能会用右手拿着的啤酒瓶砸向他。因防卫手段不够迅猛有力而带来的这种风险,是不能由被告人一方来承担的。①

至于使用枪支进行防卫的情况,由于枪支的使用往往伴随着致命性的后果,所以其必要性需要受到较为严格的限制。原则上来说,要求防卫人首先鸣枪示警;无效的情况下,应当先选择向侵害人的非要害部位(如腿部)射击;只有在向侵害人的非要害部位射击不能保证防卫的有效性和安全性的情况下,才允许防卫人直接朝侵害人的要害部位射击。② 例如:防卫人与暴力侵害者相距仅3米,假如先向侵害人的腿部射击,则一旦失手就几乎没有时间再补开第二枪;在此情况下,就应当允许行为人直接朝侵害人的要害部位射击。③

需要探讨的问题是:当防卫人本可以求助于第三人的帮助时,其自行采取的反击行为是否还具有必要性呢?对此,应当区分不同的情况来加以分析。④ 首先,当求助的对象是警察等公权力机关时,假如警察在场并且确定能制止不法侵害,那么鉴于公权力在危险防御方面具有优先性,而私力救济只能居于从属性和补充性的地位,此时防卫行为缺乏必要性。但是,假如国家机关并不在场,或者其救助措施不能保证有效地制止不法侵害,那么遭受侵害者当然能够选择自行防卫。其次,当求助的对象是其他个人时,原则上不要求遭受侵害者必须求助于第三人;但是假如第三人拥有特殊的能力(例如在体力和搏击技能方面占据明显优势),导致其能够以较轻微的防卫手段有效制止不法侵害,则遭受侵害者应将防卫权交由该第三人去行使。

2. 必要性判断针对的是行为而非结果

防卫行为是否具有必要性,仅仅取决于防卫行为本身是否必要,而不取决于侵害人所遭受的法益侵害结果。⑤ 据此:

首先,一种必要的防卫措施并不会仅仅因为造成了重大损害

---

① Vgl. BayObLG, NStZ 1988, 408 (409).
② Vgl. BGH NStZ 1987, S. 172 ff.
③ Vgl. BGH NStZ 1991, S. 33.
④ Vgl. Kindhäuser, in: NK-StGB, 5. Aufl., 2017, §32 Rn. 96 f.
⑤ Vgl. Rönnau/Hohn, in: LK - StGB, 12. Aufl., 2006, §32 Rn. 175; Kindhäuser, in: NK-StGB, 5. Aufl., 2017, §32 Rn. 92.

结果而成立防卫过当。只要防卫行为处在必要的范围之内,即便它造成了比原先预想更为严重的损害结果,也不影响行为的正当性。例如:某日深夜,被告人 A 发现其上司被多名男子围殴。其中,两人将其上司摁住,另一人对其实施殴打。当 A 出于解救的意图冲向人群时,他受到了对方的撞击。于是,A 从裤腰处拔出一把手枪,用枪的把手用力击打控制其上司的那名侵害人的肩部,试图让他松手,在此过程中 A 并未将手指放在扳机上。不料,在打到第二下时,手枪发射出一枚子弹,击中了侵害人的左太阳穴,致其重伤。[①] 一旦确定防卫行为是为保证及时有效地制止不法侵害、切实保障防卫人自身安全所必不可少的,那么该行为所包含的对侵害人造成损害的一切风险对于侵害人来说都属于应由其自行承担的风险,对于防卫人而言则均属于被容许的风险。既然 A 用手枪把手击打侵害人的行为具有必要性,那么由此引发的枪支走火伤及侵害人的风险,就属于为保障防卫手段具有必要的效果和威力所必须容忍的代价。

其次,一种超出了必要限度的防卫措施,并不会仅仅因为没有造成重大损害结果而不成立防卫过当。在这一点上,德国刑法与我国刑法的规定存在明显差异。按照我国《刑法》第 20 条第 2 款的规定,只有当明显逾越必要限度的防卫行为"造成重大损害"时,才可能成立可罚的防卫过当。这就意味着,在我国刑法中,防卫过当是一种"结果犯"。[②] 但是,《德国刑法典》第 32 条和第 33 条却并没有为防卫过当设置结果方面的限制性条件,所以只要防卫行为本身逾越了必要性的边界,即便未遂也存在成立防卫过当的空间。[③]

(二)必要性判断的时点和事实资料

学说和判例没有争议地一致认为,关于防卫行为必要性的判断

[①] Vgl. BGH, NJW 1978, S. 955.
[②] 参见陈兴良:《正当防卫论》(第三版),中国人民大学出版社 2017 年版,第 172 页。
[③] 参见陈璇:《防卫过当中的罪量要素——兼论"防卫过当民刑二元化"立法模式的法理依据》,载《政法论坛》2020 年第 5 期。

应当采取事前(ex ante)的标准,即反击行为是否必要,应当立足于行为当时的情境,以客观(即理性)第三人的立场来进行判断,而不能立于事后的角度来加以认定。但是,必要性判断究竟应该以何种事实作为基础性资料,学界还有不同的看法。举一例说明:绑匪甲手持一把没有上膛的手枪实施了绑架人质的行为,乙误以为甲的手枪已经上膛,为防止甲伤及人质和其他人遂果断将甲击毙。一种观点认为,在考察防卫行为是否必要时,应当以行为当时存在的客观事实为依据。① 于是,就该案来说,用以展开必要性判断的事实是"甲手持一把未上膛的手枪",由于一般理性人会认为,面对持未上膛手枪劫持者,只要采取一般的暴力手段就足以制服他,而没有必要当场将之击毙,故乙的防卫行为超过了必要限度。但另一种观点却主张,应当以行为当时一般人可认识的事实为基础。理由在于:当防卫人在紧急状态下对于防卫措施的必要性发生了客观上不可避免的认识错误时,这种错误应当归责于引起了不法侵害状态的侵害人,所以,当一般人置身于当时的情境中都会误以为侵害十分严重时,即便该认识与事后查证的事实不符,也应当以一般人认识到的事实作为必要性判断的资料。② 在该案中,既然一般人在当时的紧急状态下都会相信甲的手枪已经上膛,那就应当认定乙的击毙行为是为制止侵害所必不可少的措施。当然,假如防卫人具有高于一般人的"特殊认知",例如,假若该案中的乙偶然知道了甲所使用的手枪并未上膛,那么这种由防卫人特别认识到的事实也必须纳入必要性判断的资料之中。在这种情况下,乙当即将甲射杀的行为自然就失去了其必要性。

值得探讨的一个问题是:若不法侵害事实上已经结束,但防卫人却误以为侵害仍在持续进而继续实施反击,能否认定侵害结束后的反击行为仍然具有必要性呢?对此,在学界和判例中有两种不同的看法。有的主张,侵害是否结束应当从事后的角度来加以认定。据

---

① Vgl. Kühl, Strafrecht AT, 8. Aufl., 2017, § 32 Rn. 107; Perron/Eisele, in: Schönke/Schröder, StGB, 30. Aufl., 2019, § 32 Rn. 34.
② Vgl. Schröder, Angriff, Scheinangriff und die Erforderlichkeit der Abwehr vermeintlich gefährlicher Angriffe, JuS 2000, S. 241; Roxin/Greco, Strafrecht AT, Bd. 1, 5. Aufl., 2020, § 15 Rn. 46.

此,在行为人对侵害持续与否发生错误认识的情况下,只能根据容许性构成要件错误的原理考察其是否应当担责,但逾越时间边界的反击无论如何不属于必要的防卫行为。① 有的则认为:既然防卫人的确遭遇到了现实的不法侵害,那么当侵害是否仍在持续处于令人难辨真相的状态时,"由此产生的不利后果就应当由侵害人来负担——归根结底,正是他自己制造了这种不明朗的局势,这是他违法举动的产物。"②所以,不法侵害是否结束,应当站在事前的角度来加以判断。③

三、轻微侵害情形下的例外

按照《德国刑法典》第 32 条的规定,一个防卫行为要得以正当化,不仅需要具备"必要性",而且还应当具备"需要性"(Gebotenheit)。即,虽然一般而言,只要认定防卫行为符合必要性的要求,即可认定其成立正当防卫;但在某些例外的情形下,一个必要的防卫行为也可能因为未满足"需要性"的要求而归于违法,刑法理论称之为正当防卫受到的"社会伦理限制"(sozialethische Einschränkungen)。这些例外情形主要包括:针对无责任能力者所实施的防卫、自招防卫、保证人关系内的防卫、针对轻微侵害所实施的防卫等。以下,笔者将着重探讨针对轻微侵害所实施的防卫的问题。

---

① Vgl. Wessels/Beulke/Satzger, Strafrecht AT, 47. Aufl., 2017, Rn. 492; Kühl, Strafrecht AT, 8. Aufl., 2017, § 32 Rn. 53; Perron/Eisele, in: Schönke/Schröder, StGB, 30. Aufl., 2019, § 32 Rn. 27. 在确认侵害结束后的反击不成立正当防卫的前提下,能否将其视作防卫过当呢?对此,人们的看法不一。这主要涉及防卫过当究竟是只包括超强型过当(质的过当)还是也包括超时型过当(量的过当)的问题。传统观点认为,既然侵害已经结束,就意味着防卫前提已经消失,故不存在成立防卫过当的余地。但越来越多的学者主张,从防卫过当条款的目的理性来看,在满足一定条件的情况下,应当承认超时型过当也应当适用防卫过当的条款。参见陈璇:《防卫过当中的罪量要素——兼论"防卫过当民刑二元化"立法模式的法理依据》,载《政法论坛》2020年第 5 期,第 21—23 页。

② Erb, in: MK-StGB, 4. Aufl., 2020, § 32 Rn. 104. Ebenso Rückert, Effektive Selbstverteidigung und Notwehrrecht, 2017, S. 69 f., 84 f.

③ Vgl. BGH 1.3.1989-3 StR 11/89, BGHR StGB § 32 II Angriff 3; BayObLG 13.12.1990-RReg 5 St 152/90, JZ 1991, 936; BayObLG 28.2.1991, NJW 1991, 2031; OLG Koblenz 17.1.2011, BeckRS 2011, 02119.

在损益双方严重不成比例的情况下否定防卫行为的合法性,其根据究竟何在? 对此,有多种不同的说法:(1)法秩序维护的利益降低。如前所述,从主流的正当防卫论出发,正当防卫权之所以具有凌厉性,关键就在于它在维护个人法益的同时还具有捍卫法秩序的功能。但是,如果遭遇不法侵害的只是价值极为低微的法益,那么法秩序所受到的干扰就没有达到必须借助激烈的反击手段来加以消除的程度。在这种情况下,以一种极端不成比例的手段去制止不法侵害,与其说是在维护法秩序,不如说是在破坏法秩序。① 另外,从国家追诉犯罪的情况来看,按照《德国刑事诉讼法典》第153条的规定,对于轻微的罪行适用起诉便宜主义(Opportunitätsprinzip),检察机关享有不起诉的裁量权。既然国家针对某些轻微的不法都可以放弃维护法秩序,那么要求公民在面对轻微不法侵害时放弃使用高强度的防卫措施,也就顺理成章了。② (2)能够期待公民放弃自我保护。在损益极度失衡的情况下,一般人的法感情会认为自我保护的利益已经大幅下降,故可以要求和期待防卫人放弃自我保护。③ (3)最低限度的社会团结义务。当公民遭遇不法侵害时,他在保卫自身合法权益的过程中对于不法侵害人原则上并不负有施予体恤和照顾的团结义务。但是,考虑到在损益极度失衡的情形中,侵害人所侵犯的毕竟只是价值极为低廉的财物,故还是应当例外地网开一面,给予他一定的照顾,避免其为此付出生命或者重大身体健康法益这样沉重而不可挽回的代价。④

损益双方在价值上存在多大的差距,才能根据需要性这一要件对防卫权加以限制呢? 从"二战"结束后的德国司法实践来看,判例

---

① Vgl. Krey, Zur Einschränkung des Notwehrrechts bei der Verteidigung von Sachgütern, JZ 1979, S. 714; Geilen, Notwehr und Notwehrexzeß, Jura 1981, S. 374.

② Vgl. Roxin/Greco, Strafrecht AT, Bd. 1, 5. Aufl., 2020, § 15 Rn. 83.

③ Vgl. Krey, Zur Einschränkung des Notwehrrechts bei der Verteidigung von Sachgütern, JZ 1979, S. 714; Kühl, Strafrecht AT, 8. Aufl., 2017, § 32 Rn. 181.

④ Vgl. Kratzsch, Das (Rechts-) Gebot zu sozialer Rücksichtnahme als Grenze des strafrechtlichen Notwehrrechts, JuS 1975, S. 440; Roxin, Die „sozialen Einschränkungen" des Notwehrrechts, ZStW 93 (1981), S. 95.

第五章　正当防卫的权利塑形与社会控制

主张损益双方的差距必须达到"不可忍受"的程度。例如:为了避免果园里的桃子被盗,装上了足以致命的电击装置①;为了阻止盗贼拿走一个价值 10 芬尼的果汁袋,向其开枪射击②;为了保护自己享有质权的一只母鸡,直接用斧子的钝面照着侵害人的头部砍去③;为了防止路人误入私家小道,动用恶犬或者枪支加以驱赶④。在德国联邦最高法院审理的一个案件中,B 爬上了 A 驾驶的汽车的水箱发动机防护罩不愿下来,A 便以每小时 120~130 公里的速度开车疾驰并且多次超越其他的车辆,试图以此摆脱 B。德国联邦最高法院认定这种防卫行为超过了必要性的边界。⑤ 在理论界,学者们对于轻微侵害的赔偿数额标准意见不一,有的认为以 50 欧元为限,有的则主张 100~500 欧元不等。⑥

四、对我国正当防卫理论和实践的启示

在防卫限度的问题上,欲从根本上克服"唯结果论"的倾向,关键在于以下三点:(1)需要将考察重心转移到行为上,将"明显超过必要限度"与"造成重大损害"分立为防卫过当判断的两个阶层,并赋予行为过当以优先于结果过当的地位。一旦对"明显超过必要限度"和"造成重大损害"作混同式、一体化的理解,则不仅无助于使防卫限度的判断形成主次有别、顺序分明的逻辑思路,而且会导致防卫是否超过限度的判断依然是由是否造成重大损害这一结果性标准说了算。(2)由于关于防卫限度的检验是在已经确定存在不法侵害的情况下展开的,故由于侵害事实不明所产生的风险,应当主要由侵害人而非防卫人一方承担。由此决定,防卫限度应当站在防卫行为当时的情境下,而不是从事后的角度来加以判断。(3)某种防卫行为是否必要,关键不在于防卫行为和侵害行为在强度上是否保持均衡,而是

---

① Vgl. OLG Braunschweig MDR 1947, 205.
② Vgl. OLG Stuttgart Deutsche Rechtszeitschrift 1949, 42.
③ Vgl. BayObLG NJW 1954, 1377.
④ Vgl. BayObLG NJW 1965, 163.
⑤ Vgl. BGHSt 26, 51 f.
⑥ Vgl. Kühl, Strafrecht AT, 8. Aufl., 2017, § 32 Rn. 179.

在于行为人所采取的防卫手段是否当时条件下为有效制止不法侵害所必不可少的；要求防卫人采取更为轻缓的防卫措施，是以能够保证防卫措施的有效性和安全性为前提的。

关于轻微侵害的定性问题。《指导意见》第10条规定，"对于显著轻微的不法侵害，行为人在可以辨识的情况下，直接使用足以致人重伤或者死亡的方式进行制止的，不应认定为防卫行为"。对此，《指导意见》起草小组所撰写的《〈关于依法适用正当防卫制度的指导意见〉的理解与适用》解释道："这是因为，所谓'防卫'行为与加害行为有明显、重大悬殊，严重不相称，无法认定行为人具有防卫意图。例如，为防止小偷偷走1个苹果而对其开枪射击的，即使当时没有其他制止办法，也不能认定行为人具有防卫意图，不成立正当防卫或者防卫过当。"①可见，对于保护法益与损害法益极端失衡的情况，《指导意见》的处理方式有两个特点：其一，认定该行为不成立正当防卫的理由不在于防卫过当，而在于欠缺防卫意思；其二，由于已经从根本上否定了行为的防卫属性，故对于行为人不存在适用《刑法》第20条第2款减免处罚的规定。

笔者认为，这一解释意见似乎还有进一步商榷的余地。首先，只要存在不法侵害，那就存在对公民权利地位的侵犯，故行为人在对侵害事实有所认识的情况下实施的足以制止该侵害的行为，也就具有维护公民权利地位的属性，这一点并不会因为双方损益相差悬殊而存在疑问。既然如此，就不应否定行为人享受"应当减轻或者免除处罚"待遇的资格。其次，不论是苹果园主为制止小偷偷走一个苹果而对其进行射击，还是押运员在处于绝对优势的情况下，直接持枪将徒手拦截运钞车的单个侵害人击毙，行为人都对侵害事实有着明确的认知，并且都积极追求保护财产法益免遭侵害的目的，其防卫意思的存在是难以否认的。至于说行为人在此之外还有给侵害人造成严重侵害的意图，这丝毫不能影响防卫意思的存在，它只是在确定行为超出防卫限度的情况下，对于确定行为人对过当结果的罪过形式具有

---

① 指导意见起草小组：《〈关于依法适用正当防卫制度的指导意见〉的理解与适用》，载《人民司法》2020年第28期。

第五章　正当防卫的权利塑形与社会控制

意义。最后,防卫意图是行为客观的防卫属性在行为人主观上的映射。所以,在行为人对于自己行为的事实状况没有发生错误认识的情况下,如果行为人真的缺乏防卫意图,那就必然意味着,该行为在客观上就完全不符合正当防卫的前提条件,或者从客观上就可以直接认定该行为不具有防卫的性质。换言之,应当是行为在客观上不具有防卫的性质,决定了防卫人在主观上缺乏防卫意图;而不是反过来,防卫人缺乏防卫意图决定了行为不具有防卫属性。然而,《指导意见》一方面既不否认存在不法侵害,也不否认行为具有制止不法侵害的功能,另一方面却以行为人缺乏防卫意图为由否定行为的防卫属性,这是自相矛盾的。

可以预见的是,在《指导意见》和最高司法机关发布的一系列指导性(或者典型)案例的强力推动下,原先绑缚在正当防卫权身上的种种枷锁或许会以较快的速度渐次脱落。对此,不少人可能抱有"一则以喜,一则以惧"的复杂情感,既为正当防卫即将走出"僵尸条款"的窘境感到欣慰,又担忧防卫权的行使可能会因为失去必要的制约而走向过度扩张。在德国,尽管立法、司法和学界通说均对凌厉的防卫权持肯定态度,但是近年来似乎有越来越多的学者主张应当对防卫权进行限定,其从宪法、实证调查等方面提出的各种论据值得我国学者关注。笔者认为,正当防卫作为一种以暴制暴的举动,它的出现绝不是法治社会最理想的状态;只不过由于国家还无法随时随地为个体提供充足的保护,所以为了确保公民基本权利的安全,法秩序才不得已为公民保留了正当防卫权。正当防卫权合理的行使空间究竟有多大?对此,并没有一个恒久不变的常量,而是表现为动态发展的过程,具体取决于一个社会的法治发展阶段以及权利保障体系的健全程度。当前我国正处在需要以切实保障公民基本权利为优先方向的时期,对作为基本权利之防御权的正当防卫权持相对"宽松"而非"收紧"的政策,依然是今后一段时期的当务之急;只有当国家建立起了一整套发达的基本权利保障机制,只有当国家维护公民权益的能力和效率提升至一定水平之后,才有资本对自力救济行为进行严控,也才真正具备了对正当防卫权予以收紧的社会环境和心理基础。

第六章　防御性紧急避险的适用空间

一、问题的提出

近年来,家庭暴力问题日益成为社会关注的对象,反家庭暴力亦逐渐进入国家立法的重点领域。为了有效防止家庭成员之间的虐待、伤害等行为,固然应当完善国家机关、社区组织适时防范和介入的机制,加强对家庭暴力实施者法律责任的追究,但同时也应当重视保障家庭暴力受害者在无法及时寻求国家和社会庇护时所享有的紧急防御权。2015年3月2日最高人民法院、最高人民检察院、公安部、司法部联合颁布的《关于依法办理家庭暴力犯罪案件的意见》(以下简称《意见》),首次以司法解释的形式对公民为反抗家庭暴力而导致施暴人死伤的案件,给出了相对具体的处理意见。首先可以确定的是,对于正在进行的家庭暴力行为,受害者有权实施正当防卫。但是,在司法实践中时常会出现这样一类极富争议的案件,即行为人在遭受长期虐待、殴打后,为预防可能继续出现的暴力而趁施暴者不备将其杀害。例如:

【刘某某故意伤害案】1990年,被告人刘某某(女)经人介绍与被害人张某某(男)结婚,二人育有三个孩子。婚后,张某某时常用木棍、铁棍、皮带、椅子、铁锹、斧头、搓板、叉子、擀面杖等器械殴打刘某某。进入2001年以后,每隔两三天刘某某就会遭到暴打。在此期间,刘某某想过拨打110报警,但一想到丈夫顶多被拘留几天,放出来后一定饶不了自己,只得作罢;她也想过上法院离婚,但张某某曾威胁她:"要是敢提离婚,就杀了你全家!"村委会也试图调解过,但并无效果。2002年10月,刘某某被张某某用铁锹拍破了脑袋,这让刘某某第一次感到了死亡的威胁。2002年农历十一月三十日,刘某某在集市购买了"毒鼠强",想:只要他让我和家里人把这个年过好,我就不做过分的事。然而,2003年1月15日,张某某再次用斧头殴打了刘某某。1月17日下午3时,刘某某在为张某某做咸食的过程中,将"毒鼠强"倒在了杂面糊中。下午6时,吃下咸食的张某某出现中毒症状,后经抢救无效死亡。法院以故意杀人罪判处被告人有期徒刑12年。①

【吴某、熊某故意杀人案】被告人吴某、熊某长期遭受被害人熊某某(吴某丈夫、熊某父亲)的虐待、殴打。吴某曾多次向被害人所在单位、街道等求助,但熊某某不仅没有改过还变本加厉;吴某想要离婚,又因二者间系军婚(熊某某系部队军医)而不能。案发前两个月,吴某在家中发现了剧毒的氯化钾。2005年3月19日晚,被害人因被告人熊某学业又辱骂两被告人。12时许,熊某某突然进入二被告人睡觉的房间,惊醒二被告人后又回到自己房间睡觉。吴某据此及近几个月来被害人的种种异常表现,预感自己和儿子处于生死险境之中。次日凌晨2时许,吴某、熊某分别持铁锤、擀面杖,趁被告人熟睡之机,朝其头部、身上多次击打,又用毛巾勒其颈部,致其机械性窒息死亡。法院以故意杀人罪判处被告人吴某死刑缓期二年执行,以故意杀人罪判处熊某有期徒刑5年。②

当这类"受虐妇女杀夫"的悲剧见诸媒体报端时,其所折射出来的情与法之间的尖锐对立,总能引发人们的广泛关注。被告人作案前悲苦的经历和无助的境遇,与被害人暴虐的习性和冷酷的行径,不可避免地使公众心中的道德天平朝前者一方倾斜。因此,当该类案件进入司法程序后,往往都会出现当地居民、人大代表联名写信请求法院对被告人开恩宽宥的一幕。③ 对于此类案件,《意见》第20条沿袭了我国法院此前的一贯做法,并给出了权威性的总结,"对于长期遭受家庭暴力后,在激愤、恐惧状态下为了防止再次遭受家庭暴

---

① 参见赵凌:《杀夫:悲凉一幕》,载《南方周末》2003年7月3日,第A08版。
② 参见辽宁省大连市中级人民法院(2005)大刑初字第203号刑事判决书,载《人民司法·案例》2008年第6期。
③ 参见鲁德琪、吴昊:《受虐妇女被逼杀夫,16位人大代表呼吁从宽处理》,载《辽沈晚报》2002年12月27日,第B05版;赵凌:《杀夫:悲凉一幕》,载《南方周末》2003年7月3日,第A08版。

力,或者为了摆脱家庭暴力而故意杀害、伤害施暴人,被告人的行为具有防卫因素,施暴人在案件起因上具有明显过错或者直接责任的,可以酌情从宽处罚"。在此,《意见》准确地提炼出了有利于行为人的两大事实因素:一是"行为具有防卫因素",二是被害人具有重大过错。同时,《意见》选择将这些因素置于量刑而非定罪阶段去考量。司法机关的这一做法有其现实的考虑。由于在我国,"杀人偿命""只要死了人总要有人负责"的观念仍然根深蒂固,故采取"定罪轻判"的处理方式似乎能达到两全其美的效果。即,一方面通过定罪能保证行为人为死亡结果承担刑事责任,另一方面通过轻判又能兼顾那些可能使民众对被告人产生同情的事实因素,从而保证判决结论的可接受性。可是,当案件中出现了在正义情感上有利于被告人的因素时,这种因素并非只能通过量刑中的酌定从宽情节这一条途径来影响刑法对行为的评价,它们同样可以在定罪环节的各类违法和责任阻却事由中得到体现。因此,只有当定罪中所有的出罪事由都已被穷尽并均得出否定性的结论时,才能考虑能否通过法定或者酌定量刑情节来减免行为人的刑事责任。[①]

在笔者看来,我国的刑法理论和审判实践尚未充分地挖掘违法阻却事由对于解决这类案件所可能蕴含的资源,而是过早地将相关问题推到了量刑环节。有鉴于此,本章将对与此类案件相关的出罪事由详加分析,希冀能透过紧急权体系的整体视野,澄清我国传统刑法学在公民紧急权理论方面存在的误区,进而在法教义学上使该类案件的处理方式更加趋于精密、更加具有信服力。为方便对同一问题展开比较研究,以下选取一则曾经引起德国刑法学界广泛讨论的案例:

【家庭暴君案】被告人 A(女)与被害人 E 为夫妇,R 为 A 与其前夫所生之子,A 与 E 育有一女 S。长年以来,E 经常对 A 及 R 实施虐待。A 曾多次考虑带着子女出逃,但每每虑及家中有患病的老父需要照顾,遂又放弃此念。1982 年 8 月 18 日,R 不堪虐待,逃至 E 的前妻家中躲避。E 得知后暴跳如雷,打电话勒令 R 三日后必须返回。随后,E 余怒未消,向 A 大声咆哮,声称等 R 回来要把他狠狠揍一

---

① Vgl. Rengier, Strafmilderung bei Mord, NStZ 1984, S. 21.

顿,并且说,要是自己现在有辆车,非得马上赶过去"抓住那小子的头往墙上撞,直到他断气为止"。A 十分担心,一旦自己的儿子回家,只恐性命难保。第二天晚上,E 在继续痛骂了 R 一通后睡去。A 因极度忧虑 R 归家后可能的遭遇而辗转反侧、难以入眠。最终,为了避免自己和儿子再受折磨,A 趁 E 熟睡之机,拿起锤子将其砸死。①

二、误入歧途的正当防卫扩张理论

由于家庭暴力属于一种不法侵害,故针对家暴实施者采取的反击措施,有可能成立正当防卫。然而,在相关案件中,行为人都是借被害人熟睡或者吃饭之机将其杀害的,故能否成立正当防卫的关键就在于,可否认为行为人实施杀人行为时,不法侵害尚在进行之中?部分学者基于各种理由得出了肯定的回答。但笔者认为,这种观点值得商榷。

首先,从侵害具有连续性这一点,并不能推导出侵害行为一直存在的结论。

有的学者主张:由于受虐的家庭成员所面临的不法侵害具有连续性和经常性的特征,故应当将持续数年乃至十几年的家庭暴力看作一个完整的行为过程;这样一来,就可以认定在受虐者对施暴人实施杀害或伤害行为时,不法侵害仍在进行之中。② 很明显,这一见解受到了罪数理论中连续犯与徐行犯概念的影响。按照我国刑法学通说,当行为人基于概括的犯意,连续实施性质相同且独立成罪的数行为时,或者连续实施总和构成一个独立犯罪的多个行为时,均仅以一罪论处。③ 但需要注意的是:罪的单一性不等于行为的单一性,不法侵害行为的个数与犯罪个数的确定标准并不一致。因为,定罪所追求的目的与正当防卫的规范目的存在重大差异。无论是连续犯还是徐行犯,都是在已经承认行为人实施了多个独立行为的前提下,基

---

① BGH, NStZ 1984, S. 20.
② 参见季理华:《受虐妇女杀夫案中刑事责任认定的新思考》,载《政治与法律》2007 年第 4 期;钱泳宏:《"受虐妇女综合症"理论对我国正当防卫制度的冲击》,载《温州大学学报(社会科学版)》2008 年第 5 期。
③ 参见高铭暄主编:《刑法专论》(第二版),高等教育出版社 2006 年版,第 388 页以下。

于入罪门槛的要求或者司法活动经济性的考虑所进行的犯罪单一化。具体来说：在徐行犯中，之所以不能认定数罪，是因为单个的行为本身并未达到犯罪成立所需的法益侵害的严重程度，唯有将多个行为结合起来，才能认定一个犯罪实行行为的存在；在连续犯中，本来就已经存在多个独立的犯罪行为，仅仅是为了使定罪量刑活动更为简便，才将其作为一罪论处。① 由此可见，徐行犯和连续犯都是为实现刑事责任追究的合理性而创造的概念。然而，《刑法》第20条第1款之所以规定"不法侵害"，其目的却不在于追究不法侵害人的法律责任，而是在于为公民防卫权的存在确立先决条件。因此，多个行为的连续性或许是使其被评价为一罪的理由，但却不足以成为使其融合为一个侵害行为的根据。例如，对于甲基于概括的犯意在一个月内连续对多户人家实施抢劫的案件，尽管根据连续犯的原理，最终对甲仅以一个抢劫罪论处，但不能由此认为甲的抢劫行为在这一个月内一直延续不断，更不能认为，只要在此期间，即便甲正在从事吃喝拉撒睡等与抢劫毫无关系的日常生活，他人为防止甲继续实施抢劫，也有权对其实施正当防卫。同样，虽然按照徐行犯的原理，对长时间多次实施家庭暴力者只能以一个虐待罪或故意伤害罪论处，但这并不意味着可以将多个家庭暴力行为"焊接"为一个永不停歇、毫无间断的侵害行为。

其次，能否实现法益保护的有效性并非决定不法侵害是否正在进行的唯一标准。

有的学者提出，在家庭暴力的案件中，施暴者与受虐者的力量对比往往悬殊，所以施暴者熟睡之际是受虐者有效防止未来家庭暴力的唯一时机，如果要求受虐者非要等到暴力行为开始实施之后方能采取防卫措施，那就等于是剥夺了他（她）自救的一切可能，这对于受虐者来说有失公正。② 其实，在不法侵害是否正在进行的认定问题上，刑法理论界本来就有一种完全以法益保护的时机为导向的学说。

---

① 参见吴振兴：《罪数形态论》（修订版），中国检察出版社2006年版，第272页。
② 参见季理华：《受虐妇女杀夫案中刑事责任认定的新思考》，载《政治与法律》2007年第4期；魏汉涛：《正当防卫的适用条件之检讨——来自"受虐妇女综合症"的启示》，载《四川警官学院学报》2013年第1期。

该说认为,只要能够确定,"机不可失,时不再来",一旦从眼下的时间点再往后推延,防卫人将失去有效制止侵害行为的机会,那么不论侵害者是否已经开始实施侵害行为,均允许防卫人行使正当防卫权。① 但这一说法是难以成立的。理由在于:

第一,正当防卫的极端强势性,决定了其适用范围的谦抑性。与其他紧急权相比,正当防卫权在保护法益的力度上明显展现出较为强势的风格。具体表现为:(1)"不得已"要件的欠缺。行为人并非只有在别无选择的情况下才能实施正当防卫。即便存在逃避、报警等其他同样有效的法益保护措施,也不妨碍行为人直面侵害、出手反击。(2)限度条件的宽松。尽管《刑法》第20条第2款和第21条第2款在分别规定防卫限度和避险限度时,都采用了"必要限度"一词,但无论是学界还是实务界都已达成共识:在判断防卫行为是否超过限度时,并不需要像紧急避险那样进行严格的法益衡量。那么,正当防卫何以如此雷厉风行呢? 对此,理论界主要有两种观点:法秩序维护说认为,正当防卫行为之所以合法,是因为它一方面保护了具体的法益,另一方面保障了国家法秩序不受侵犯;这两点相叠加,就使防卫人一方的利益远远高于不法侵害人。被害人利益值得保护性下降说则主张,正当防卫的合法性根据在于,不法侵害人(即防卫行为的被害人)在本可避免的情况下以违反义务的方式挑起法益冲突,故其利益的值得保护性与防卫人相比出现了大幅下降。② 但不管从哪一立场出发,由于正当防卫犹如刀之两刃,它对于防卫人来说无疑是保护法益的一种有力手段,但对于侵害人来说则是一把杀伤力极大的锐器,故作为其先决条件的"正在进行的不法侵害"只能限定在侵害人已经开始实施对他人法益构成现实威胁的身体动静之上。在前一学说看来,防卫行为要起到捍卫国家法秩序的作用,前提是它必须面对着一个现实违反法规范的行为③;根据后一见解,要说不法侵害

---

① Vgl. Schmidhäuser, Strafrecht AT, 2. Aufl., 1975, 9/94; ders., Strafrecht AT (Studienbuch), 2. Aufl., 1984, 6/61.
② 相关的理论争议,参见陈璇:《侵害人视角下的正当防卫论》,载《法学研究》2015年第3期。
③ Vgl. Roxin, Der durch Menschen ausgelöste Defensivnotstand, FS-Jescheck, 1985, S.480.

人的值得保护性出现了严重贬值,也必须以侵害人通过某种举动制造了一个具体的法益冲突局面为根据。总之,既然在众多紧急权当中,正当防卫权是在行使过程中所受限制条件最少、进攻性最强的一种,那么法律在赋予公民正当防卫权时必然慎之又慎,既要保证公民能有效维护自身的合法权益,又要为这种激烈的自救方式的适用范围划定合理的边界。

据此,当丈夫进入厨房去取用于实施虐待行为的工具时,或者当他酗酒后满脸怒容地拿着棍棒进入家门时,可以认为侵害人已经以具体的行动对他人的法益造成了现实和急迫的威胁,故妻子有权果断地对其采取正当防卫。但在丈夫熟睡或用餐之时,由于并不存在任何对他人法益构成现实威胁的行为,故无法认定不法侵害处于正在进行的状态之中。

第二,立法者也明确表达了不法侵害的现实性乃正当防卫不可动摇之前提条件的立场。在1997年《刑法》草拟的过程中,曾有学者主张,应增设"预防性正当防卫"的条款,从而使公民对尚未发生但已迫在眉睫的不法侵害也享有正当防卫权。① 但这一意见最终并未被采纳。这充分说明,即便在当时,扩大正当防卫权的范围已经成为刑法修改的共识,立法者对于能够行使正当防卫权的前提事实也始终保持着严格限定的态度。

第三,保证公民在紧急状态下有效及时地捍卫自身法益,实现这一目标的途径并非只有正当防卫一条。受虐者在家暴行为实施之前不享有正当防卫权,这绝不意味着法律无情地断绝了他(她)实行自卫的一切可能。在不得已的情况下,受虐者完全可以行使别的紧急权。对此,本章的第三部分将详细论述。

最后,所谓"受虐妇女综合征"理论也不能成为放宽正当防卫前提条件的理由。

"受虐妇女综合征"(Battered Women Syndrome)的概念最早由美国临床法医心理学家、女性主义先锋雷妮·沃克(Lenore Walker)提出。沃克发现,长期遭受虐待的女性会患有一种综合征,其特征主要

---

① 参见赵秉志等:《中国刑法修改若干问题研究》,载《法学研究》1996年第5期。

有二:一是暴力的周期性(Cycle of Violence),即由于丈夫对妻子的暴力往往是阶段循环式地进行,这使得受虐妇女长期生活在极度恐惧的状态之下,故她有理由相信,丈夫对自己的暴力伤害随时可能发生。二是后天的无助感(Learned Helplessness),即妇女在长期受虐后,会变得越发被动、服从和无助,她不相信可以通过自己的努力改变事态,直到家庭暴力的严重程度超过了其承受能力。① 有的学者根据这一研究结论认为:传统的正当防卫理论完全建立在以男性为标准的基础之上,但由于受虐妇女在心理、体力和处境上有别于男性,故该理论无法适用于受虐妇女反抗家暴的行为。例如,"受虐妇女综合征"的第一个特征说明,即便丈夫处于熟睡之中,妻子基于以往的经验也可以合理地相信,针对自己的暴力即将来临,若此时不奋起反抗,则无法消除可能到来的虐待;第二个特征则能够解释,为何妇女在长期遭受暴力伤害的情况下也不愿采取其他方式逃避这种虐待关系。据此,在受虐妇女杀夫的案件中,应当对不法侵害正在进行的要件作出较之于传统理论更为宽松的理解。② 但笔者对这一观点持怀疑态度。

第一,刑法教义学对于其他学科的最新研究成果自然应持包容开放的态度,但这种兼收并蓄并不意味着生搬硬套式的拿来主义,而是需要与刑法的话语体系相融合。正如在文学领域,来自现实生活的人和事都只是创作的基础素材和灵感来源,它最终必须以小说、散文、诗歌等具体的体裁展现出来;在刑法理论中,某个被其他学科发现或者证实了的事实要对案件判决结论产生影响,就必须与刑法中的具体概念和原理实现对接。在经专家鉴定证实的情况下,"受虐妇女综合征"的存在固然可以成为行为人一方的辩护理由;但这种辩护理由最终是落实在正当防卫还是紧急避险,是违法阻却事由还是责任阻却事由,是定罪环节还是量刑环节,却大有可探讨的余地。尽管

---

① See Lenore Walker, *The Battered Women*, Harper & Row, 1979, p. 55.
② 参见杨东霞:《"以暴抗暴"引起的法律思考》,载《贵州警官职业学院学报(公安法治研究)》2006年第5期;季理华:《受虐妇女杀夫案中刑事责任认定的新思考》,载《政治与法律》2007年第4期;钱泳宏:《"受虐妇女综合症"理论对我国正当防卫制度的冲击》,载《温州大学学报(社会科学版)》2008年第5期;魏汉涛:《正当防卫的适用条件之检讨——来自"受虐妇女综合症"的启示》,载《四川警官学院学报》2013年第1期。

有的英美法系国家的审判实践已经将"受虐妇女综合征"作为认定正当防卫的根据,但基于英美法系与大陆法系在刑法体系上存在的巨大差异,彼所谓"正当防卫"与我国刑法中的"正当防卫"可能不尽相同。例如,加拿大最高法院于 1990 年对"女王诉拉娃莉"(*R. v. Lavallee*)一案的判决①,是广为援引的以"受虐妇女综合征"为由肯定正当防卫成立的判例。但需要注意的是:《加拿大刑事法典》第 34(2)(a)条规定,如果某人对于自己将要被杀死或者被严重伤害的判断是理性的,那么,为击退针对自己的攻击,被告人故意杀死或者严重伤害他人身体的,其行为是正当防卫。根据这一规定,对不法侵害的认定具有极强的主观性和情境性色彩,不法侵害是否存在主要取决于行为人的主观认识及其合理性。只要行为人合理地确信自己正面临被他人杀伤的危险,即便这种确信与客观事实不符,也不影响他享有正当防卫权。② 加拿大最高法院之所以能够认定被告人的行为成立正当防卫,就是因为"受虐妇女综合征"可以用于说明,行为人在特殊情境下所产生的主观认识是合乎情理的。③ 但是,包括我国在内的多数大陆法系国家的刑法理论却普遍认为:(1)关于不法侵害的判断应以客观事实为依据。④ 一旦行为人对侵害是否出现存在误解,即便这种误解"情有可原",其行为也不能成立正当防卫,而是属于假想

---

① *R. v. Lavallee*, (1990) 1 S. C. R. 852.

② 事实上,除加拿大之外,其他的英美法系国家和地区也都普遍盛行这种"主观说"。See Stanford H. Kadish (ed)., *Encyclopedia of Crime and Justice*, vol. 4, The Free Press, 1983, at p. 945 ff.; J. Dressler, "New Thoughts about the Concept of Justification in the Criminal Law: A Critique of Fletcher's Thinking and Rethinking," 32 *University of California at Los Angeles Law Review* 61-92 (1984); J. Herring, *Criminal Law: Text, Cases, and Materials*, 5th. ed., Oxford University Press, 2012, p. 651. 也有学者对这种将假想防卫和正当防卫相混同的做法提出了质疑。See Boaz Sangero, *Self-Defence in Criminal Law*, Hart Publishing, 2006, pp. 283-285。

③ 参见陈敏:《受虐妇女综合症专家证据在司法实践中的运用》,载陈光中、江伟主编:《诉讼法论丛》(第 9 卷),法律出版社 2004 年版,第 138 页以下。

④ 参见高铭暄主编:《刑法专论》(第二版),高等教育出版社 2006 年版,第 429 页;Kühl, Angriff und Verteidigung bei der Notwehr, Jura 1993, S. 57; Hirsch, Gefahr und Gefährlichkeit, FS-Arthur Kaufmann, 1993, S. 547 f.; Günther, in: SK-StGB, 7. Aufl., 1999, § 32 Rn. 22; Perron/Eisele, in: Schönke/Schröder, StGB, 30. Aufl., 2019, § 32 Rn. 27。

防卫,至多只能以行为人欠缺故意或者过失(例如我国《刑法》第16条规定的意外事件)为由排除行为的犯罪性。(2)不法侵害的危险不等于不法侵害行为本身。即便行为人推测自己将遭受他人的不法侵害,而且该推测也与事实情况相符,但由于毕竟还未出现任何使其法益遭受急迫威胁的行为,故不能认为不法侵害已经开始;此时,只能认为行为人面临着某种危险状态,故他有权对危险制造者实施紧急避险。① 因此,有理由认为:由于英美法系刑法并未对正当防卫和假想防卫、正当防卫和防御性紧急避险②以及违法阻却和责任阻却事由作出像大陆法系那样严格的区分,故在英美法系的语境下,通过采纳"受虐妇女综合征"理论被认定为属于正当防卫的某些行为,在大陆法系刑法学看来很可能并不符合正当防卫的要件,但却能够借助假想防卫、防御性紧急避险或者责任阻却事由等原理出罪。换言之,对于相关案件的处理来说,"受虐妇女综合征"理论是一个不分国界的共享资源,但不同的法律制度和法学传统吸纳、消化和发挥这一成果的具体方式却可能大相径庭,故不能简单地以是否依据该理论认定了正当防卫作为评价案件处理方式合理与否的标准。

第二,关于我国正当防卫的规定和理论没有考虑女性作为弱势群体所具有之特点的说法,有失偏颇。一方面,法律对弱势群体的关怀与同情需要各种法律制度和概念协调配合、相互补充得以实现,而不能把全部希望都寄托在其中某一项制度上,甚至不惜使之扭曲变质。比如,法律固然需要同情那些因伤残疾病而家境贫苦之人,但采取的方法不能是打破市场交易的正常秩序,赋予他们以低于市价购买物品或享受服务的特权,而只能是向其增加补助或者提供适合的

---

① Vgl. Roxin/Greco, Strafrecht AT, Bd. Ⅰ, 5. Aufl., 2020, § 15 Rn. 27.
② 例如,英美刑法学者认为,当A的合法利益面临B的威胁时,即便B并未实施违法行为,但只要这种威胁是不应得的(under served),则A也对B享有正当防卫权。参见〔英〕威廉姆·威尔逊:《刑法理论的核心问题》,谢望原等译,中国人民大学出版社2015年版,第330页以下。参见Boaz Sangero, *Self-Defence in Criminal Law*, Hart Publishing, 2006, p.49 ff. 然而,在当今的大陆法系刑法学看来,针对并未违反法义务、但对他人法益造成威胁之人所采取的防卫行为,并不成立正当防卫,只可能成立紧急避险。Vgl. Hirsch, in: LK-StGB, 11. Aufl., 1993, § 34 Rn. 73。

就业岗位。如前所述,之所以将不法侵害正在进行规定为正当防卫的前提条件,是因为考虑到正当防卫作为一种锋芒最劲的紧急权,其适用范围必须有所限定。由于这是法律对行为人与被害人的利益进行总体权衡后得出的结论,同时也涉及正当防卫与其他紧急权之间的界限,故它不应受个案中行为人具体情况的左右。不过,行为人因性别、年龄、体格、处境等特殊因素而具有的弱势性,虽不能使不法侵害由无变有,但却完全可能在其他的犯罪排除事由中得到充分的体现。另一方面,正当防卫制度本身也具有体察行为人弱势特点的宽阔空间。在确定存在不法侵害的前提下,防卫人与侵害人的力量对比关系完全可以成为影响防卫限度认定的因素。因为,防卫人越是处于劣势,他为实现安全、有效防卫所遇到的困难也就越大,因而也就越有理由采取较为激烈的反击手段。例如,同样是面对他人的暴力殴打,武功高强之人只需略施拳脚即可将其擒服,但一名弱女子或许就只有借助匕首、菜刀等足以致人死伤的器械方能制止对方的侵害。由此可见,仅仅因为无法将受虐妇女杀夫的行为解释为正当防卫,就指责正当防卫的制度和理论助强凌弱,是没有道理的。

三、发掘被尘封的防御性紧急避险

(一)紧急权体系中的"盲区"

就上述案件而言,不论是实务界过早地将问题推入量刑环节的做法,还是理论界大幅扩张正当防卫适用范围的尝试,恐怕都与我国传统刑法理论对紧急权体系缺乏全面认识有关。就受虐妇女杀夫案件而言,可以考虑作为行为正当化根据的紧急权无非是正当防卫和紧急避险两种。通说向来都认为,正当防卫与紧急避险的一个重要区别就在于,前者所针对的是不法侵害人,而后者的损害对象则只能是无辜第三人。[①] 由于在上述案件中,行为人所杀害的均是可能实施虐待等不法侵害的人,而非无关第三者,故在通说看来,要使行为得

---

① 参见高铭暄、马克昌主编:《刑法学》(第八版),北京大学出版社、高等教育出版社2017年版,第142页。

以合法化,除正当防卫之外别无他途。于是,使案件在定罪阶段得到合理判处的全部希望就都落在了正当防卫上。摆在人们面前的似乎只有两种选择:要么将该行为解释成正当防卫,要么承认行为成立犯罪,在量刑中再酌情考虑宽宥之事。但是,通说的理论前提,即"紧急避险只能针对无辜第三人"这一命题本来就值得推敲。① 理由如下:

第一,在紧急权的体系中,直接针对危险来源者实施的合法反击行为,不独正当防卫。紧急权是公民在紧急状态下为保护法益而损害他人法益的权利。正如本书第一章所述,损害他人法益的行为之所以能够得到法秩序的认可,主要是基于以下两种基本思想:(1)自由平等原则。我国《宪法》第 33 条规定,"中华人民共和国公民在法律面前一律平等",第 51 条规定:"中华人民共和国公民在行使自由和权利的时候,不得损害……其他公民的合法的自由和权利。"据此,任何人未经他人同意,都无权损害其法益;任何人对于他人无正当根据损害自己法益的行为,也都没有忍受的义务。(2)社会团结原则。尽管自由平等原则是法治国的基石,但每个公民毕竟都与他人共处在一个社会共同体中,而成员间的相互扶助、彼此忍让是社会得以存在的必备条件。因此,为了防止对自由平等的强调演变为极端的个人主义,社会团结的思想便应运而生。② 该理论提出:"社会共同体成员之间应当休戚与共,并且在一定程度上互相照应。这就要求任何人都应当对他人负有一定责任,在必要时甚至应当适当地为他人牺牲自身利益,部分地放弃自己的自由。"③紧急权的体系正是在这两种思想的基础上建构起来的。首先,当某人以违反义务的方式侵入他人的自由空间时,由于侵犯者作为率先僭越义务的人,失去了要求对方作出牺牲、给予照顾的资格,故基于自由平等原则,受侵犯者不负有忍受、逃避的义务,其有权在为有效制止侵害、保护法益所必要的限度内,对侵犯者的法益造成损害。由于这种紧急权几乎纯粹以

---

① 在中国大陆学者中,较早对该命题提出怀疑的是刘明祥教授。参见刘明祥:《紧急避险研究》,中国政法大学出版社 1998 年版,第 56—57、131 页。
② Vgl. Renzikowski, Notstand und Notwehr, 1994, S. 188, 320 f.
③ 王钢:《紧急避险中无辜第三人的容忍义务及其限度兼论紧急避险的正当化根据》,载《中外法学》2011 年第 3 期。

个人自由为基础,故它在行使过程中所受到的制约最少①,这种紧急权就是正当防卫权。其次,当某人虽然对他人的自由空间造成了威胁,但却并未实施违反义务的行为时,公民的紧急权同时受到自由平等原则和社会团结原则的影响。即:一方面,由于这种威胁缺乏合法的依据,故遭受危险的人没有义务对之全盘容忍,他有权对危险来源者进行反击;另一方面,由于危险来源者毕竟要么并未现实地违反义务,要么不具备实施合法行为的能力,这些值得体谅的事由使他仍在一定范围内保留了要求对方给予照应的权利,故行为人对其展开的反击就要比正当防卫更加克制②,此即防御性的紧急避险权。最后,当公民的某一法益遭遇险境时,基于社会团结原则,其他公民有义务作出一定的牺牲以协助他转危为安。但由于社会团结毕竟只是在坚持自由平等原则的前提下出现的例外,故建立在该思想基础上的紧急权必然会受到最为严格的限制。这便是攻击性的紧急避险。

由此可见,我国传统刑法理论对紧急避险的界定是不完整的,因为它只涵盖了攻击性紧急避险,而未意识到还存在一种和正当防卫一样直接针对危险制造者,但强势程度却介于正当防卫和攻击性紧急避险之间的紧急权,即防御性紧急避险。这也直接导致通说将一些本应属于紧急避险的情形归为正当防卫。③

第二,将紧急避险的对象仅限于无辜第三人的见解,也缺乏法律上的依据。我国《刑法》第 21 条第 1 款在规定紧急避险时,只提到"不得已采取的紧急避险行为,造成损害的",并未如第 20 条第 1 款那样对损害对象作出明确限定。因此,刑法关于紧急避险的规定完

---

① Vgl. Kühl, Freiheit und Solidarität bei den Notrechten, FS-Hirsch, 1999, S. 260 ff.
② Vgl. Pawlik, Der rechtfertigende Defensivnotstand im System der Notrechte, GA 2003, S. 16 f.
③ 最为典型的是,通说认为,针对意外事件的反击行为亦可成立正当防卫。参见马克昌主编:《犯罪通论》(第三版),武汉大学出版社 1999 年版,第 720 页;陈兴良:《正当防卫论》(第三版),中国人民大学出版社 2017 年版,第 61 页。这一观点存在重大疑问。例如,甲遵守交通法规驾驶汽车行进在公路上,几名嬉戏打闹的小学生突然窜至马路中央,甲刹车不及眼看就要撞上小学生,一旁的卡车司机乙见此情形一打方向盘,用卡车将甲的车撞翻,致其重伤。由于甲自始至终未违反任何义务,故其行为根本不能被评价为"不法侵害"。虽然乙针对甲有反击的权利,但只能成立防御性紧急避险。

第六章 防御性紧急避险的适用空间

全可以容纳防御性紧急避险。

第三,"正在发生之危险的概念宽于正当防卫中正在进行之侵害的概念……即便是先于正当防卫情境而出现的某种状态,亦可被看作正在发生的危险。"① 根据《刑法》第21条第1款的规定,"正在发生的危险"是紧急避险成立的前提条件。"凡是直接针对危险来源者的反击行为,只要不符合正当防卫的要件,就不可能得到正当化"的观念之所以盛行,原因还在于通说习惯于将人所制造的危险限定在"危害行为引起的危险"之上。② 但这一观点存在疑问。所谓危险状态,是指客观存在的引起法益损害结果的高度盖然性。正在进行的不法侵害行为无疑是正在发生的危险当中急迫程度最高也是最为典型的一种表现形式;但以人为主体能够产生急迫危险的,却不限于正在实施中的行为。其一,人在梦游、反射状态下实施的身体动静不属于刑法意义上的行为,但却同样可以对他人的法益造成威胁。其二,即便现实的侵害行为尚未开始,只要根据案件事实能够认定,若不预先采取反击措施,则有效防止法益侵害的最佳时机将一去不复返,也同样可以认为法益正处于迫在眉睫的危险之中。③ 例如,甲途经某地,留宿在当地村民乙家中,打算住上两天;当晚,甲上厕所经过乙房间时,偶然听见乙正与家人密谋,计划两日之后在甲启程离开前的夜晚将其杀死并取走其财物。就正当防卫而言,最早也要等到乙拿出凶器准备实施杀害行为时,才能认为不法侵害已经开始。但在此之前,由于甲的生命已经处于即将遭遇侵犯的境况中,故可以认为紧急避险所要求的危险状态已经出现。④ 同理,在前文所援引的三个案件中,尽管在被害人用餐、入睡之时,尚不存在虐待、伤害等不法侵

---

① Kindhäuser, Strafrecht AT, 8. Aufl., 2017, § 17 Rn. 20.
② 参见张明楷:《刑法学(上)》(第五版),法律出版社2016年版,第218页;高铭暄、马克昌主编:《刑法学》(第八版),北京大学出版社、高等教育出版社2017年版,第138页。
③ Vgl. Roxin, Der durch Menschen ausgelöste Defensivnotstand, FS - Jescheck, 1985, S. 478 ff; Neumann, in: NK-StGB, 5. Aufl., 2017, § 34 Rn. 56; Frister, Strafrecht AT, 8. Aufl., 2018, § 17 Rn. 5.
④ Vgl. Perron/Eisele, in: Schönke/Schröder, StGB, 30. Aufl., 2019, § 32 Rn. 18.

害行为,但鉴于被害人长年以来都保持着频繁实施家庭暴力的习惯,其家庭成员随时可能遭受侵害,可以认为被告人及其他受虐者的生命、健康正面临着现实的危险。

(二)防御性紧急避险的情形

行文至此,不妨对可能适用防御性紧急避险的情形进行归纳。从总体上来说,只要某一现实的危险无法被评价为正在进行的不法侵害,那么直接针对该危险来源进行反击的行为,就可能成立防御性紧急避险。具体来说,主要有如下三种情形:

1. 他人之物所生的危险

当公民面临他人之物引发的损害危险时,如果物的所有者或者占有者并不存在任何管理上的过失,那么由该物所生的危险就难以被评价为不法侵害。但是,任何公民对这种危险均不负有忍受的义务,故他为避免合法权益受损而直接对该物实施的反击行为,可以成立防御性紧急避险。值得注意的是,我国已有个别判例在事实上承认了这一类型的防御性紧急避险的存在。例如:

【王仁兴破坏交通设施案】"红花碛2号"航标船位于重庆市江北区五宝镇段长江红花碛水域,系国家交通部门为保障过往船只的航行安全而设置的交通设施,该航标船标出了该处的水下深度和暗碛的概貌及船只航行的侧面界限。2003年7月28日16时许,王仁兴与其妻胡美及王仁书驾驶机动渔船行至该航标船附近时,见本村渔民王云及其妻田厚芳等人下网捕鱼的"网爬子"(浮标)挂住了固定该航标船的钢缆绳,即主动驾船帮助。当王仁兴驾驶的渔船靠近航标船时其渔船的螺旋桨亦被该航标船的钢缆绳缠住。在渔船存在翻沉的危险情况下,王仁兴持砍刀砍钢缆绳未果,又登上该航标船将钢缆绳解开后驾船驶离现场,致使脱离钢缆绳的"红花碛2号"航标船顺江漂流至下游2公里的锦滩回水沱。17时许,重庆航道局木洞航标站接到群众报案后,巡查到漂流的航标船,并于当日18时许将航标船复位,造成直接经济损失人民币1555.50元。

法院最终以破坏交通设施罪判处王仁兴有期徒刑3年、缓刑3年。法院在分析该案时,将被告人的行为分成了前后两个阶段:其一,王仁兴在其渔船存在翻沉的现实危险下,不得已解开"红花碛2号"航标船的钢缆绳,来保护其与他人人身及渔船财产的行为系紧急避险。其二,王仁兴在其危险解除后,明知航标船流失会造成船舶在通过该航标船所在流域时发生危险,其负有立即向航道管理部门报告以防止危害的义务,王未履行该义务,其不作为的行为构成了破坏交通设施罪,应负刑事责任。① 这一判例具有两方面的指导意义:第一,确立了针对危险来源的反击行为可以成立紧急避险的原则。该案中,当王仁兴所驾渔船的螺旋桨被航标船的钢缆绳缠住并由此存在翻沉之虞时,可以认为航标船对其生命法益造成了现实的危险。由于该危险的发生并不是由航道管理部门的过失所致,故不能将其评价为不法侵害行为。于是,王仁兴解开航标船钢缆绳致使航标船漂流损毁的行为,就属于直接针对危险来源所实施的防御性紧急避险。判例既然认可被告人的行为成立紧急避险,那就表明法官已经有意无意地突破了通说的桎梏,从而将紧急避险的损害对象扩展到了危险来源者之上。这便在实质上肯定了防御性紧急避险的适用空间。不过,需要注意的是,该案被告人所实施的避险行为不仅损害了航标船(即航道管理部门的财物)本身,还给过往船舶的航行安全造成了威胁。由于其他船舶的航行安全属于第三人法益,故王仁兴的行为也具有攻击性紧急避险的性质。第二,肯定了正当化事由也可能成为引起不作为犯中保证人义务的先行行为。

2. 虽然不法侵害尚未开始,但危险已经出现

【窥探者案(Spanner-Fall)】一陌生男子 Y 多次在夜间偷偷潜入 X 及其妻子的住所进行窥探,虽然他并未实施其他违法行为,而且一被发现即刻逃离,但仍给 X 夫妇造成了难以忍受的惊扰和恐惧,致使夫妇二人不敢在夜晚外出。1977 年 9 月 9 日凌晨 1 时 50 分左右,Y 再次进入 X 的住宅,被发现后赶忙向屋外逃窜,X 在追赶的过

---

① 参见重庆市第一中级人民法院(2004)渝一中刑终字第 183 号刑事裁定书。亦见中华人民共和国最高人民法院刑事审判第一庭、第二庭编:《刑事审判参考》(第 38 集),法律出版社 2004 年版,第 82—87 页。

程中开枪击中 Y 的腿部,致其重伤。①

卡尔斯鲁厄州法院判决被告人成立危险的身体伤害罪。在上诉审中,德国联邦最高法院对该行为能否得到正当化的问题避而不谈,而是以被告人夫妇的行动自由已经遭遇到了无法通过其他方法排除的危险为由,根据《德国刑法典》第 35 条关于阻却责任之紧急避险的规定改判被告人无罪。② 但是,德国联邦最高法院这种跳过正当化事由直接进入责任阻却事由进行判断的做法,在学界引起了广泛的批判。首先可以确定的是,在 Y 逃离之时,本次非法侵入住宅的行为已告结束,单纯的逃窜行为并不属于不法侵害。③ 但是,根据以往的经验,一旦这次放过了 Y,则他不久后仍会在深夜时分不期而至,故 X 的住宅安宁受到不法侵扰的危险状态一直持续存在。④ 因此,X 为消除将来再度遭遇不法侵害的危险而对侵扰者实施反击的行为,就可能成立防御性紧急避险。⑤

3. 意外事件或者无责任能力之人产生的危险

【范尚秀故意伤害案】被告人范尚秀与被害人范尚雨系同胞兄弟。范尚雨患精神病近 10 年,因不能辨认和控制自己的行为,经常无故殴打他人。2003 年 9 月 5 日上午 8 时许,范尚雨先追打其侄女范莹辉,又手持木棒、砖头在公路上追撵其兄范尚秀。范尚秀在跑了几圈之后,因无力跑动,便停了下来,转身抓住范尚雨的头发将其按倒在地,并夺下木棒朝持砖欲起身的范尚雨头部打了两棒,致范尚雨当即倒在地上。后范尚秀把木棒、砖头捡回家。约 1 个小时后,范尚秀见范尚雨未回家,即到打架现场用板车将范尚雨拉到范尚雨的住

---

① Vgl. BGH, NJW 1979, S. 2053.
② Vgl. BGH, NJW 1979, S. 2054.
③ Vgl. Schroeder, Notstandslage bei Dauergefahr – BGH, NJW 1979, 2053, JuS 1980, S. 336.
④ Vgl. Kühl, Strafrecht AT, 8. Aufl., 2017, § 8 Rn. 69; Perron, in: Schönke/Schröder, StGB, 30. Aufl., 2019, § 34 Rn. 31.
⑤ Vgl. Hruschka, Rechtfertigung oder Entschuldigung im Defensivnotstand?, NJW 1980, S. 22; Jakobs, Strafrecht AT, 2. Aufl., 1991, 12/27; Koch, „Spanner-Fall"-Notstandslage bei Dauergefahr, Interessenabwägung im „Defensivnotstand", JA 2006, S. 809; Neumann, in: NK-StGB, 5. Aufl., 2017, § 34 Rn. 86.

第六章　防御性紧急避险的适用空间

处。范尚雨于上午 11 时许死亡。

法院秉持通说的观点,认为尽管范尚雨因患精神病而缺乏责任能力,但其殴打行为依然成立不法侵害,范尚秀的反击行为属于正当防卫明显超过必要限度造成了重大损害,最终以故意伤害罪判处其有期徒刑 3 年,缓刑 3 年。① 但是,无论是意外事件还是无责任能力之人发动的袭击,其行为主体在归责方面都存在重大缺陷。尽管公民有权对此种侵害行为予以反击,但是正如本书第一章所述,在将反击型紧急权区分为强归责和弱归责两种类型的情况下,只能要求有归责瑕疵之人忍受弱归责反击型紧急权给他带来的损害。因此,笔者主张,该案被告人能够行使的紧急权应当是防御性紧急避险,而非正当防卫。

随着防御性紧急避险的形象被重现在世人面前,紧急避险行为成立正当化事由的途径也就大为拓宽。因此,在上述案件中,尽管由于缺少正在进行的不法侵害而无法认定行为人的行为成立正当防卫,但却可以考虑成立防御性紧急避险的可能性。接下来,笔者将着重讨论影响行为成立防御性紧急避险的两个关键性问题:(1)被告人的杀害行为是否在"不得已"的情况下实施?(2)剥夺他人生命的行为是否符合避险限度的要求?

(三)其他救济途径与"不得已"要件

虽然防御性紧急避险为直接针对危险来源者的紧急行为得以正当化提供了可能,但由于危险制造者要求他人给予自己适当照应(社会团结)的资格并未完全丧失,故依照《刑法》第 21 条第 1 款中"不得已"要件的要求,行为人只有在缺少其他救济手段的情况下,才有权损害危险来源者的法益。那么,在相关的案件中,对于被告人而言,是否存在既可以有效逃脱险境,又不至于对施暴者造成伤害的出路呢?

1. 公力救济途径的匮乏

在受虐妇女杀夫的案件发生后,我们时常能听到一种声音:被告人不应选择以暴制暴,而应当"拿起法律的武器"去捍卫自身权益。② 那

---

① 参见"范尚秀故意伤害案",载陈兴良、张军、胡云腾主编:《人民法院刑事指导案例裁判要旨通纂》(上卷),北京大学出版社 2018 年版,第 726—727 页。
② 参见《拿起法律武器才能远离家庭暴力》,载《法制时报》2014 年 4 月 18 日,第 5 版。

么,我国现有的法律制度是否为行为人提供了足够有效的救助途径呢?

首先,能否向村委会、居委会、妇联等组织投诉,或者向公安机关报案? 村委会、居委会作为基层群众性自治组织,妇联作为妇女的群众团体,它们对于家暴案件所能做的仅仅是对施暴者进行说服教育,而我国基层的公安机关受到警力、经费等因素的制约,往往不愿也无力积极介入"家庭私事",顶多只对施暴者处以短时轻微的行政处罚即告完事。这些对于暴戾成性的施虐者来说,不仅不能从根本上起到制止暴力的作用,反而可能招致施暴者对告发者实施更为严重的侵害。

其次,能否走诉讼离婚的路? 通过诉讼解除与施暴者的婚姻关系,似乎是一种釜底抽薪的解决办法,但在现实中却会遇到重重阻力:其一,如案例1所显示的那样,施暴者往往以杀害、伤害行为人及其家人相威胁,导致行为人根本不敢提起离婚诉讼。其二,在我国,若夫妻双方的一方为现役军人,则非军人一方与对方离婚的难度较大。我国《民法典》第1081条规定:"现役军人的配偶要求离婚,应当征得军人同意,但是军人一方有重大过错的除外。"按照2021年1月1日起施行的最高人民法院《关于适用〈中华人民共和国民法典〉婚姻家庭编的解释(一)》第64条的规定,《民法典》该条所称的"有重大过错",可以依据《民法典》第1079条第3款前3项规定的情形予以判断,其中就包括了"实施家庭暴力或者虐待、遗弃家庭成员"。但是,该情节只能由受虐者自行举证予以证明。在没有专业法律援助的情况下,让一名普通家庭妇女独自去完成搜集证据的任务,实在是勉为其难。[①] "吴某、熊某故意杀人案"中吴某的境况就说明了这一点。其三,在现实中,婚姻关系的结束往往并不意味着受虐一方真能脱离苦海。因为,许多受虐者受到自身经济能力和当地生活习俗的束缚,即使与受虐者离婚,短期内也无法远离原居住地[②],这样一来,他(她)依然逃脱不了继续受到原配偶滋事、施暴的命运[③]。其

---

① 参见赵虎:《家庭暴力取证之难》,载《上海法治报》2015年4月20日,第B05版。
② 参见屈学武:《死罪、死刑与期待可能性——基于受虐女性杀人命案的法理分析》,载《环球法律评论》2005年第1期。
③ 参见李尚琴、李素琴故意伤害致死被判缓刑案,(2004)海法刑初字第1838号。

四,纵然离婚能够成功,从提起诉讼到拿到离婚判决,却需要经过漫长的等待。根据《民事诉讼法》第149、161条的规定,适用简易程序的案件审理期限为3个月,适用普通程序的案件为6个月,若要进入二审,还需耗费更长的时间。如果一项选择需要受虐者继续忍受相当长时间的暴力危险才可能奏效,那就不能认为这是一条避免危险的有效途径。①

再次,能否申请法院作出人身安全保护的裁定?2012年《民事诉讼法》修改的亮点之一,即为在原有的财产保全之外,于第100条增加了"行为保全"(即人身保护令)的内容,该条规定:"人民法院对于可能因当事人一方的行为或者其他原因,使判决难以执行或者造成当事人其他损害的案件,根据对方当事人的申请,可以裁定对财产进行保全、责令其作出一定行为或者禁止其作出一定行为;当事人没有提出申请的,人民法院在必要时也可以裁定采取保全措施。"这一制度的出台意在扭转以往公权力机关在防止长期性家庭暴力方面软弱无力、无所作为的局面。②《意见》第23条在此基础上进一步明确指出,"人民法院为了保护被害人的人身安全,避免其再次受到家庭暴力的侵害,可以根据申请,依照民事诉讼法等法律的相关规定,作出禁止施暴人再次实施家庭暴力、禁止接近被害人、迁出被害人的住所等内容的裁定"。可是:第一,包括"刘某某故意伤害案"和"吴某、熊某故意杀人案"在内的大量案件,均发生在人身保护令制度正式设立以前,故相关的被告人根本无从运用这一制度为自身寻求庇护。第二,即便同样的案件发生在《民事诉讼法》修改后的当下,人身保护令的实际效果依然存在令人怀疑之处。一方面,人身保护令裁定其实只是对施暴者的一种震慑,当施暴人违反该裁定时,法院不可能第一时间为受害者提供保护,而只能在事后对施暴者予以制裁。另一方面,施暴者即便因慑于保护令而不敢继续实施家暴,也完全可能采取别的方式对受虐者进行报复,再加之申请和取证困难、忌惮隐

---

① Vgl. BGH, NJW 1966, S. 1825.
② 参见谢兼明:《人身保护令:有了法律'身份证'》,载《人民法院报》2013年1月21日,第002版。

私被暴露等原因,导致申请保护令对于受虐者而言往往无法成为真正可行的求救门路。正因为如此,一些法院在先期试点的过程中,已发现受害人申请人身保护令的数量普遍极少。①

最后,能否向法院提起刑事自诉?根据《刑法》第260条、《刑事诉讼法》第210条的规定,遭受家庭暴力者可以就施暴者构成虐待罪或者故意伤害罪向法院提起自诉。同时,《刑法》第98条以及2021年1月26日最高人民法院《关于适用〈中华人民共和国刑事诉讼法〉的解释》第317条的规定,也保证了即便受虐者因受强制、威吓等原因无法告诉,亦可由他人代为告诉。然而,与选择诉讼离婚相似,受虐者同样会遇到以下两个问题:一方面,由于自诉案件的举证责任在于自诉人,故许多受虐者都面临着举证方面的困难。另一方面,最高人民法院2008年12月16日发布的《关于严格执行案件审理期限制度的若干规定》第1条规定,适用普通程序审理的被告人未被羁押的第一审刑事自诉案件,期限为6个月,有特殊情况时还可延长3个月。这就意味着,自诉人在较长期间内仍难逃避家庭暴力。

有的德国学者针对"家庭暴君案"发表评论说:"对于涉及家庭冲突的案件,存在着寻求制度化的救助和回避的可能性,所以不允许选择紧急避险这一'私力的'解决方案。"②这一论断放在公民人身安全保护制度较为完备的德国社会中或许是成立的。但结合以上分析可以看出,在我国,特别是在广大农村和经济落后地区,国家现时能提供给家庭暴力受害者的有效、可行的保护途径实在是少得可怜。

2. 离家出逃遇到的困境

在求助公权力无门的情况下,最后能够考虑的就只有"走为上计"。但是,在现实案件中,逃跑这一选择所带来的绝不是如人们一般所想象的"一走了之"那么简单。对于众多家庭暴力受害者来说,踏上这条路依然步履维艰。原因如下:其一,独立生存能力的缺

---

① 参见康天军、赵学玲、袁辉根:《彰显人身保护令,有效预防家庭暴力——陕西高院关于人身安全保护裁定的调研报告》,载《人民法院报》2011年9月15日,第8版;吴静:《"人身保护令"在基层法院实施中的问题、原因及对策》,载 http://www.chinacourt.org/article/detail/2011/09/id/464731.shtml,访问日期:2020年8月5日。

② Pawlik, Der rechtfertigende Notstand, 2002, S. 314 f.

失。受虐者作为家庭中地位较低的一方,往往既无控制处分家庭财产的权利,同时又缺少独自谋生的技能,故一旦出逃,即会陷入衣食无着的困境之中。这也是现实中许多受虐者在短暂逃离后,最终又不得不冒着重陷苦难的危险返回家中的原因。其二,家庭成员的牵绊。如上述 3 个案件所体现的那样,许多受虐者无法割舍家中的子女或父母,一旦独自逃离则这些亲人将陷入更为困难的处境,但自己又无力将其一同带离"虎口"。

综上所述,至少就"刘某某故意伤害案"和"吴某、熊某故意杀人案"来说,可以认为被告人已经处于穷途末路之境,故紧急避险中的不得已要件已经得到了满足。

(四)剥夺他人生命与"利益衡量"要件

我国传统刑法理论在论及避险限度的判断时,习惯于以"人身权利大于财产权利、人身权利中生命最高、财产权利以财产价值大小来衡量"的公式为圭臬,仅对避险行为所保护和所损害之法益的抽象位阶进行简单对比。① 然而,这种单一的法益衡量说(Güterabwägungslehre)应当为综合的利益衡量说(Interessenabwägungstheorie)所取代。因为,避险限度所要权衡的是具体案件当中保护一种法益和损害另一种法益,双方所体现的实质利益大小。法益的抽象价值仅仅是决定这种利益对比关系的一个因素而已。危险的急迫程度、危险源与避险对象的关系、法益损害的强度、行为人对危险状态的责任等事实,同样会对利益衡量天平的倾斜方向产生影响。② 换句话说,"在这种具体的考察模式中,完全可能出现这样一种情况:即便某一法益从其抽象的位阶顺序来看具有比另一法益更高的价值,但如果根据个案的特殊性,保护后一法益所体现的利益明显高于不让前一法益受损所代表的利

---

① 参见陈兴良:《规范刑法学(上册)》(第二版),中国人民大学出版社 2008 年版,第 152—153 页;高铭暄、马克昌主编:《刑法学》(第八版),北京大学出版社、高等教育出版社 2017 年版,第 140 页。

② 近年来,我国有学者意识到了这一点,进而在"法益的静态比较"之外还加入了"法益的动态衡量"的判断。参见黎宏:《刑法学总论》(第二版),法律出版社 2016 年版,第 148 页以下。

益,那么前一法益也应当让位于后者。"①

如果放眼整个紧急权体系,我们就会发现,利益衡量是一切紧急权限度判断的基础,所保护之利益大于所损害之利益也是一切紧急权能够得以合法化的共同根据。但是,正如本书第三章所揭示的那样,随着紧急权损害的对象与危险源之间的关系不同,其法益值得保护性的大小也会发生变化,故不同的紧急权在进行利益衡量时所能容许的法益对比关系也就存在重大差别。在正当防卫中,由于被损害者自己就是以违反义务的方式引起法益冲突之人,故其法益的值得保护性与他所侵害的法益相比就会大幅下降。因此,即使防卫人为了保护财产法益而导致侵害人重伤甚至死亡,也同样可以认为他保护了更高的利益。在攻击性的紧急避险中,由于被损害者是与危险引起无关的第三人,故其法益的值得保护性本身并无减损,只有当其法益的价值明显低于受危险威胁的法益时,才能基于社会团结原则认为避险行为保护了较高的利益,进而要求被损害者承担忍受的义务。正因为如此,由于生命作为最高的法益,不可能在价值上明显低于其他法益,故它绝对不能成为攻击性紧急避险牺牲的对象。在防御性紧急避险中,有两个反向的因素共同影响着利益衡量的判断。一方面,避险对象是危险的产生方,故其法益的值得保护性必然会有所下降;但另一方面,由于避险对象并未实施违法行为,故其法益值得保护性的下降幅度又不可能等同于正当防卫中的不法侵害人。由此决定,防御性紧急避险中的利益衡量标准较攻击性紧急避险要宽松,但又严于正当防卫。② 所以,只要保护和损害的法益在价值上基本相当,即可认为避险行为维护了较高的利益。换言之,"防御性紧急避险行为人所代表的利益原则上占据显著的优势,除非他给避险行为被害人所造成之损害的严重程度不合比例地高"③。这就意味着,在行为人

---

① Bundestagsdrucksache Ⅳ/650, 1962. S. 159.
② Vgl. Lenckner, Der Grundsatz der Güterabwägung als Grundlage der Rechtfertigung, GA 1985, S. 306 f. ; Kühl, Strafrecht AT, 8. Aufl. , 2017, § 8 Rn. 134.
③ Günther, Defensivnotstand und Tötungsrecht, FS-Amelung, 2009, S. 151.

不得已导致了危险来源者死亡的情况下,如果该行为所保护之法益的价值与生命法益相比并不存在明显失衡的现象,那它就有可能以防御性紧急避险之名找到合法化的空间。①

接下来需要讨论的问题是:何种法益的价值并不明显低于生命法益呢?笔者认为,对此可以参考《刑法》第 20 条第 3 款关于特殊防卫权的规定。理由在于:自 20 世纪 80 年代后期以来,我国通行的正当防卫论在防卫限度的问题上一直奉行对以往的"必需说"和"基本相适应说"加以综合的折中说。该说认为:"必要限度的掌握和确定,应当以防卫行为是否能制止住正在进行的不法侵害为标准,同时考察所防卫的利益的性质和可能遭受的损害的程度,同不法侵害人造成损害的性质、程度大体相适应。"②但事实上,该学说与"基本相适应说"并无本质差异,因为折中说认为,双方法益的价值是否大体相当这一标准,依旧对于防卫是否过当享有最终的决定权。于是,"基本相适应说"所具有的过分束缚防卫权的弊端,就根本无法在"折中说"中得到有效克服。结合上述分析,我们其实不难发现,真正需要受到"基本相适应"标准制约的,并不是正当防卫,而是防御性紧急避险。所以,通说是将本属于防御性紧急避险的限度判断标准,错安在了正当防卫上。这就难怪,当通说自认为能够为防卫限度的认定提供万全之策时,将该标准付诸实践的司法机关对防卫限度的掌握却仍然显得过于严苛。③ 正是在这一背景下,立法者于 1997 年增设了特殊防卫权的规定,旨在引导司法实践放宽对防卫限度的拿捏。不过,立法者规定针对严重危及人身安全的暴力犯罪进行防卫可以致侵害人伤亡,归根结底还是考虑到这类犯罪具有极其严重的社会危害性,故即使造成不法侵害人重伤死亡,该损害结果与犯罪行为可

---

① Vgl. Hirsch, in: LK-StGB, 11. Aufl., 1993, § 34 Rn. 73; Günther, in: SK-StGB, 7. Aufl., 2000, § 34 Rn. 43; Roxin/Greco, Strafrecht AT, Bd. Ⅰ, 5. Aufl., 2020, § 16 Rn. 78.
② 参见高铭暄主编:《刑法专论》(第二版),高等教育出版社 2006 年版,第 427 页。
③ 参见高铭暄主编:《刑法专论》(第二版),高等教育出版社 2006 年版,第 427 页。

能造成的法益损害相比也不存在悬殊的差距。① 既然《刑法》第 20 条第 3 款依然是"基本相适应"思维主导下的产物②，而基本相适应的标准原本应适用于防御性紧急避险，那么该条文的内容似乎就可以作为确定防御性紧急避险致人死伤之合法性边界的立法依据。从该条文可以看出，在立法者眼中，受行凶、杀人、抢劫、强奸、绑架等暴力行为威胁的重大人身安全，与生命法益相比是大致平衡的。因此，不得已导致危险来源者死亡的避险行为要得到合法化，必须是为了保护重大人身安全。首先，生命自当属于重大人身安全。其次，由于"行凶"包含了可能造成他人重伤的行为③，故当他人面临着遭受身体重伤害的危险时，也可以认为重大人身安全正处于威胁之中。

据此，我们对前述三个案件展开分析：

从"刘某某故意伤害案"的案情来看，在事发前的数月内，张某某对刘某某的暴力殴打不仅越来越频繁，而且严重程度也在明显上升，到后来已发展为用铁锹和斧头等杀伤力较大的器械击打刘某某头部等要害部位。可以预见，长此以往，刘某某将随时遭受丈夫手段更残忍、暴力强度更高的袭击，故对于被告人而言，身体健康遭受严

---

① 参见赵秉志、肖中华：《正当防卫立法的进展与缺憾》，载《法学》1998 年第 12 期；高铭暄：《中华人民共和国刑法的孕育诞生和发展完善》，北京大学出版社 2012 年版，第 198 页。

② 尽管如此，在刑法语义能够包容的范围内，我们仍然可以赋予该条文不同于通说的崭新内涵。正如本书第五章第三部分所述，在认定行为是否逾越防卫限度时，关键不在于双方的法益损害是否基本相当，而是在于行为是否属于为安全、有效地制止不法侵害所必不可少的防卫措施。据此，对《刑法》第 20 条第 3 款就应当有如下认识：第一，该条只是一种注意性规定，而非法律拟制。对于严重危及他人人身安全的暴力犯罪采取足以致侵害者重伤死亡结果的防卫措施，这本来就是为确保防卫效果和防卫人自身安全的必要之举，自然处在正当防卫的限度之内。因此，即便立法者当初没有制定这一条款，根据防卫限度的一般判断标准，也完全可以推导出与该款内容完全相同的结论。第二，正因为本条款只是提示性的规定，故不能认为，只要侵害行为不属于严重危及他人人身安全的暴力犯罪，则导致侵害人死伤的防卫行为一概成立防卫过当。即便防卫人面对的只是非暴力的不法侵害，但只要防卫行为满足了有效性、安全性和最低性的要求，则无论它是否造成侵害人重伤或死亡，原则上均应认定该行为未逾越防卫限度。

③ 参见高铭暄主编：《刑法专论》（第二版），高等教育出版社 2006 年版，第 439 页；黎宏：《刑法学总论》（第二版），法律出版社 2016 年版，第 143 页。

重伤害的危险已迫在眉睫。因此,刘某某将张某某杀死的行为,并未超出防御性紧急避险的限度。

再来看"吴某、熊某故意杀人案"。首先,从目前所知的案情来看,熊某某长期以来对被告人实施的虐待行为并未达到足以导致后者重伤的严重程度,也没有朝造成重伤结果的方向升级的迹象。故不能认为被告人处于重大人身安全即将遭受侵犯的危险之中。其次,吴某通过氰化钾的出现、熊某某的异常表现等一系列事实,预感到丈夫即将要害死自己和儿子,能否据此认为被告人的生命正面临急迫的危险呢?由于法院判决并未对这一关键性问题给出回答,故在此需要区分情况来讨论:(1)若查明熊某某确实有杀害两名被告人的打算,则吴某与其子杀死熊某某的行为可以成立防御性紧急避险。(2)若确定熊某某当时并无杀人的意图,吴某的推测与事实不符,则由于客观上只存在遭受一般虐待的危险,故受到威胁的法益与行为人损害的法益之间相差明显,被告人的避险行为超出了必要限度,不能成立正当化的紧急避险。在这种情况下,需要进一步根据被告人的错误认识是否具有避免可能性作出不同的处理:① 若被告人在肉体和精神长期遭受折磨的过程中,形成了极度担忧自己和儿子的安全会受到侵害的敏感心理,从而对施虐者的一切反常举动都具有超乎一般的恐惧感和警惕性,那就可以认为她已经丧失了冷静、准确判断事态的能力。同时,被告人的认识能力之所以下降,并非因为自身的过错,而是被害人的长期虐待行为造成的结果。因此,应当根据《刑法》第16条关于意外事件的规定,认定避险行为超过限度是"由于……不能预见的原因所引起",被告人无罪。② 若被告人有充分的能力和时间查明是否确实存在死亡的危险,则应根据《刑法》第21条第2款的规定,认定其行为属于避险过当,"应当负刑事责任,但应当减轻或者免除处罚"。在关于行为人的错误认识是否具有避免可能性的判断中,前述"受虐妇女综合征"理论的研究成果无疑可以作为一个重要参考。

对于"家庭暴君案",许多德国学者以被告人本可通过求助公权力摆脱险境为由,否定了其杀人行为成立紧急避险的可能。在此,暂且假定"不得已"的要件已得到满足,A 的行为能否成立防御性紧急避险,就取决于其子 R 的生命在行为当时是否确已岌岌可危。罗克辛(Roxin)对此给出的回答是否定的,理由是:"那位父亲在儿子归来之时究竟会干些什么,他的怒气是不是也许会归于平息或者至少得到压抑,这谁也不知道。法律允许那位母亲做的,是准备好武器,等到正当防卫的条件出现时才将其丈夫杀死。"①但这种看法或许将问题过于简单化了。可以确定的是,仅凭 E 曾经声称要夺 R 之性命的一句话还不足以肯定这种危险的存在。对此,需要结合更多的案件细节区分情况来处理:(1)如果 E 在平时已经表露出对继子 R 非同寻常的憎恶,并且在此前的长期虐待过程中经常对其使用较为严重的暴力,那么 R 这一次擅自出逃的行为就很可能成为激发 E 将其打成重伤甚至置其于死地的导火索。于是,E 的那句话恐怕并非戏言,针对 R 的生命或者重大身体健康的急迫危险已现实存在。当然,直到 E 见到 R 之前,谁也不能百分之百地确定 E 的真实反应究竟是怎样的。然而,作为紧急避险的前提条件,所谓"正在发生的危险"本来就是事前对事态发展所作的一种预测;紧急避险也正是在结果的发生虽有盖然性但尚不能完全确定的时刻赋予行为人的紧急行动权。尤其需要注意的是,在该案中,一旦确定父亲真的想要杀害继子,暴力行为就已经开始,在体力上处于绝对弱势的母亲即便做好了准备,也没有充分的把握能保护儿子的安全,甚至连她自己都有可能在防卫过程中付出生命或者重大身体健康的代价。法律有什么理由仅仅为了保护具有实施不法侵害危险之人的安全,就迫使无辜者陷入如此艰难和凶险的境地呢?② (2)假如 E 此前对 R 所实施的只是一般性的虐待,并没有表现出与 R 之间水火不容的矛盾,那么再结合 E 所具有的情绪激动时言语易夸张的性格,大致可以推断他说的不过是一句气话,不能认为 R 的重大人身安全已处在现实危险中。这时,结合前述对"吴某、熊某故意杀人案"的分析,A 杀死其夫的行为要么属于意外事件,要么成立避险过当。

---

① Roxin, Der durch Menschen ausgelöste Defensivnotstand, FS-Jescheck, 1985, S. 483.
② Vgl. Erb, in: MK-StGB, 4. Aufl., 2020, § 34 Rn. 235.

第六章 防御性紧急避险的适用空间

对于本章观点可能引发的疑虑和异议,笔者认为有必要在此"预防性地"作出以下回应:

首先,将杀死家暴实施者的行为合法化,是否会鼓励一些人一受虐待就动起杀人的念头? 这完全是杞人之忧。因为:第一,防御性紧急避险是以所有其他求助和回避的可能性都已断绝为先决条件的。正如"刘某某故意伤害案"和"吴某、熊某故意杀人案"所显示的那样,被告人的杀人行为之所以有可能合法化,首先是因为国家和社会能为其提供的及时有效的保护手段寥寥无几。因此,建立在最后手段原则上的紧急避险,只会以例外的形式出现在极为特殊的案件中,并不会放纵人们滥杀生命。在我国传统社会中,由于家法族规拥有对国法加以补充的地位,丈夫作为一家之长亦对妻子以及子女享有统治权甚至责罚权①,故对于家庭暴力,国家公权力多以"清官难断家务事"为由避免介入;只是自现代法制建立之后,国家才逐步加大了保护家庭成员基本权利的力度,完善了解决家庭冲突的介入机制。在这一转型过程中,公权力救济途径不可避免地存在漏洞和缺陷,这时,允许家庭成员实行自救就是国家在力有未逮、鞭长莫及之时所采取的权宜之计。可以预料,随着国家和社会针对家庭暴力的预防措施和救助制度日趋完善和多样,受到最后手段性要件的制约,公民行使防御性紧急避险权的空间势必逐渐萎缩。在一个以建成现代法治国为目标的国度里,这恰恰是值得期待的发展方向。第二,只有在为保护生命和重大身体健康这两种最高价值法益的情况下,杀人行为才可能成立防御性紧急避险。所以,仅遭受轻微虐待的人,无论如何无权杀死施虐者。

其次,运用责任阻却事由的原理来解决相关案件,是否更为合适? 不少德国学者坚持认为,即便是为了抵御生命的危险,行为人杀死家庭暴力实施者的行为也不能成立阻却违法的紧急避险,至多只能成立《德国刑法典》第 35 条所规定的以期待可能性理论为基础的

---

① 参见张中秋:《中西法律文化比较研究》(第五版),法律出版社 2019 年版,第 56 页。

阻却责任的紧急避险。① 该观点也得到了我国一些学者的支持。② 从能够达到否定被告人成立犯罪的效果这一点来看,认定被告人的行为成立责任阻却事由的做法③,似乎与将行为认定为违法阻却事由的观点没有实质差别。但笔者认为,责任阻却说存在以下问题:首先,行为人是否有权损害某一法益,并非取决于该法益的抽象位阶,而是取决于它在具体的法益冲突中值得保护性的强弱。生命的最高性和不可比较性是支配责任阻却说的核心思想。④ 但是,任何法益都不可能抛开具体的情形无条件地享有绝对保护的地位,生命法益也不例外。如前所述,在攻击性紧急避险中,之所以排除了牺牲他人生命的避险行为成立违法阻却事由的余地,是因为无辜第三人的值得保护性并无明显下降,故任何法益都不可能比他的生命更为优越。既然在本章所探讨的案件中,避险行为的对象就是危险的制造者本人,那么其生命就不可能像无辜第三人那样仍然值得法律给予完整的保护。在这种情况下,利益衡量的天平完全有可能向行为人的重大法益一方倾斜,避险行为也就存在获得法律肯定的空间。其次,责任阻却说也存在前后矛盾之处。按照德国刑法学的通说,一旦出现分娩阵痛,胎儿即成为有生命的人。⑤ 所以,在此之后的生产过程中,若出现紧急情况,医生为了避免母亲丧生或者健康受到严重损害,不得已导致婴儿死亡,则该行为无疑符合故意杀人罪的构成要件。包括责任阻却说的支持者在内的绝大多数德国学者都认为,该

---

① Vgl. Hillenkamp, In tyrannos – viktimodogmatische Bemerkungen zur Tötung des Familientyrannen, FS–Miyazawa, 1995, S. 154; Zieschang, in: LK–StGB, 12. Aufl., 2006, § 34 Rn. 74a; Kühl, Rechtfertigung vorsätzlicher Tötungen im Allgemeinen und speziell bei Sterbehilfe, Jura 2009, S. 883; Lackner/Kühl, StGB, 29. Aufl., 2018, § 34 Rn. 9; Roxin/Greco, Strafrecht AT, Bd. Ⅰ, 5. Aufl., 2020, § 16 Rn. 87.
② 参见屈学武:《死罪、死刑与期待可能性——基于受虐女性杀人命案的法理分析》,载《环球法律评论》2005年第1期。
③ 在我国,如果无法得出《刑法》第21条的规定包含了阻却责任之紧急避险的解释结论,那么至少也可以认为存在成立超法规的责任阻却事由的余地。
④ Vgl. Zieschang, in: LK–StGB, 12. Aufl., 2006, § 34 Rn. 74.
⑤ Vgl. Eser/Sternberg–Lieben, in: Schönke/Schröder, StGB, 30. Aufl., 2019, vor § 211 Rn. 13.

行为成立阻却违法的防御性紧急避险。① 在此,婴儿并没有实施任何行为,他(她)之所以成了威胁其母亲健康乃至生命安全的危险源,完全是自然的分娩过程所致。既然在这种情形中,杀死无辜的危险来源者的行为都可以被合法化,那么在家庭暴力的案件中,危险来源者对于危险的产生具有严重的过错,为何不得已将其杀害的行为反而绝对为法律所不容呢?最后,如果认为杀害家庭暴力实施者的避险行为只能成立责任阻却事由,那就意味着该行为依然属于一种不法侵害,于是,施暴者或者第三人就可以针对避险人采取正当防卫,甚至可以行使直接致其死亡的特殊防卫权。这样的结论恐怕难以为人们所接受。

四、本章小结

关于为摆脱家庭暴力而杀害施暴者之案件的思考,或许可以为我们带来以下两点启示:

其一,"法律总是要给人一条路走的,而且给的必须是一条属于人走的路。"②法律不能只告诉被告人"你不能这么干""你那样做不对",但在面对被告人"那我究竟该怎么办?"的追问时,却冷漠地耸耸肩抛下一句:"那可不归我管"或者"谁摊上谁倒霉吧"。在刑法教义学能够体察和吸纳常理、人情的所有途径尚未穷尽之前,我们不应随意将被告人的行为划入违法圈;在排除犯罪性事由得到充分考虑之前,法官也不宜匆忙地给被告人贴上犯罪人的标签。

其二,关于紧急权的法教义学研究,应当更加自觉地朝体系化的方向迈进。正是通过对紧急权体系的全面把握,防御性紧急避险的形象才更为清晰地展现在世人面前,由此既避免了正当防卫因承受过多压力而导致其适用范围无限扩张的危险,也为以危险来源者为对象、但不符合正当防卫要件的紧急行为找到了一条合理的正当化路径。可见,正如对刑法具体条文的把握离不开对刑法整体的理

---

① Vgl. Roxin, Der durch Menschen ausgelöste Defensivnotstand, FS - Jescheck, 1985, S. 476 f.; Lackner/Kühl, StGB, 29. Aufl., 2018, § 34 Rn. 9.
② 黄荣坚:《刑罚的极限》,元照出版公司1999年版,第84页。

解,对刑法分则具体犯罪的解释离不开对各罪在整个分则体系中所处地位的考量一样,对正当防卫、紧急避险具体问题的探讨,也不能停留在零敲碎打、就事论事的层次上,而有必要将之置于紧急权的体系框架内,在厘清具体紧急权之间的逻辑关联和位阶关系的基础上去展开。

第七章 攻击性紧急避险与生命冲突

一、问题的提出

"人命至重,有贵千金。"①生命之间的冲突自古以来便是悲剧的典型;以一个生命换取另一个生命,则更是文明人类最难以直面的残酷场景之一。长久以来,生命冲突不仅是文学艺术作品不竭的素材来源,同时也成为哲学、伦理学和法学竞相争论的千古难题,不断考验着人们的理性和智慧。无论是古希腊哲学家卡纳阿德斯(Carneades)构想的二人同遇海难、一人为争夺救命的木板将另一人推入海中致其溺毙的事例,还是中国唐代有关郭泰、李膺覆舟争桡的一篇判文②,都展现了古人对于生命冲突问题的深度思索。时至今日,在危难关头牺牲他人生命以保全另一生命的情形,不再是仅供思想实验的假设事例,而是早已成为司法实践需要面对的真实场景。例如,我国已

---

① 孙思邈:《千金方》。
② 该判文的原文为:"奉判:郭泰李膺,同船共济。但遭风浪,遂被覆舟。共得一桡,且浮且竞。膺为力弱,泰乃力强。推膺取桡,遂蒙至岸。膺失桡势,因而致殒。其妻阿宋,喧讼公庭。云其亡夫,乃由郭泰。泰其推膺,取桡是实。郭泰李膺,同为利涉;扬帆鼓枻,庶免倾危。岂谓巨浪惊天,奔涛浴日。遂乃遇斯舟覆,共被漂沦。同得一桡,俱望济己。且浮且竞,皆为性命之尤;一强一弱,俄致死生之隔。阿宋夫妻义重,伉俪情深。哀彼沉魂,随逝水而长往;痛兹沦魄,仰同穴而无期。遂乃喧讼公庭,心雠郭泰。披寻状迹,清浊自分。狱贵平反,无容滥罚。且膺死元由落水,落水本为覆舟。覆舟自是天灾,溺死岂伊人咎。各有竞桡之意,俱无相让之心。推膺苟在取桡,被溺不因推死。俱缘身命,咸是不轻。辄欲科辜,恐伤猛浪。宋无反坐,泰亦无辜。并各下知,勿令喧扰。"根据学者考证,由于文中所使用的并非真实姓名,而是借用了汉代名人之名,故可推断该判文或许只是策对之文,并非按律定罪的实判。参见朱华荣、陈浩然:《我国"紧急避险"的法律概念早于欧洲十个世纪——从唐代的一份判文谈起》,载《法学》1982年第9期。

经出现与"卡纳阿德斯之板"和郭泰、李膺案的事实情节相仿的案例:

【张某致王某死亡案】2002年5月3日下午5时40分左右,张某与大学同学王某到某市丽水公园游玩。由于已近下班时间,该公园丽水湖的管理人员均已提前离岗,两人遂私自解开一游船上湖游玩。该船年久失修,至湖心时溢水下沉,两人同时落水。王某抓住了船上唯一的救生圈,张某向其游去,也抓住救生圈。由于救生圈太小,无法承受二人的重量,两人不断下沉。此时,张某将王某一把拽开,独自趴在救生圈上向岸边游去,得以生还。王某则溺水身亡。①

又如,发生于20世纪80年代初期的李某某为保全自己性命而偷梁换柱致他人被杀的案件,也曾引发刑法学界的高度关注。其基本案情为:

【调包保命案】李某某(女,21岁,某县委干部)骑自行车去农村工作,路遇张某(男,22岁,公社社员)企图抢车。李某某表示愿意让张某将车推走,但提出将车上的打气筒留下,以便还给别人,张某同意。李某某在卸打气筒时,趁张某不备,用打气筒朝他后脑猛击一下,将其击晕在地。李某某骑上车驶入一个屯子,见天色已晚,遂留宿在一老太太家中。老太太恐客人害怕,便让女儿陪李某某睡在西房。不料,李某某借宿的恰是张某之家,主人正是张某的母亲和妹妹。张某苏醒后回到家中,从母亲口中得知李某某留宿之事后,大为惊慌,遂问明李某某睡觉的方位,摘下窗下铡草用的铡刀,进入西房,摸准睡在炕外侧的人头,照脖颈部猛砍一刀。可是,由于李某某先前始终未能入睡,她对张某母子的对话听得一清二楚,故在张某进屋之前,就赶紧把自己和已经熟睡的张某之妹调换了位置。因此,张某杀死的实际上是自己的妹妹。李某某趁张某及其母抬尸外出之机,骑车回县公安局报案。②

---

① 参见唐明:《该行为是否构成犯罪》,载《人民法院报》2004年6月24日,第3版。
② 遗憾的是,这一极具标本意义和研究价值的重要案件,其判决却至今未能公布。在笔者目前所能查阅到的资料范围内,关于该案的介绍最早出现在高格教授所著的《正当防卫与紧急避险》一书中(参见高格:《正当防卫与紧急避险》,福建人民出版社1985年版,第119页以下)。随后,该案被许多文献转述和讨论。例如:高铭暄主编:《刑法学原理》(第二卷),中国人民大学出版社1993年版,第247—248页;刘明祥:(转下页)

再如,近年来出现了多起受胁迫杀人的案件,无不引起了媒体和公众的热议,人们对于应否追究行为人的刑事责任的问题也是歧见重重、莫衷一是。在此选出两例:

【何某、李某被迫杀人案】2007年3月20日晚,袁某、周某以嫖宿为名,在昆明某地驾车将卖淫女何某、李某和方某从发廊骗至呈贡县吴家营乡的农田旁。袁某和周某谋划让卖淫女自相残杀,以便掌握杀人证据后能更好地控制她们。于是,二人拿出三张牌对三名女子说,他们是一黑道组织的人,现在要她们其中的两人加入,但多出的那个人必须得死。两张9、一张K,谁抽到K谁死。方某恰巧抽到了K。袁、周以杀死何某、李某相威胁,逼迫二人用匕首杀害方某。先由周某握住两人的手刺杀方某,再由两人分别刺杀方某,直至其死亡。为了保留杀人证据,袁某在一旁用自己的手机拍下了杀人全过程。2008年3月5日,云南省昆明市检察院对何某、李某作出相对不起诉的决定。[①]

【章某某被迫杀人案】2015年11月10日,刘某、岳某、陈某、冯某四人将某集团董事长章某某绑架至一居民屋内,向其索要1亿元。四人为确保拿到赎金,用刀枪胁迫章某某以绳索勒颈的方式将一名按摩店女员工吉某杀害,并将杀人过程录像,之后将章某某释放回家准备赎金。章某某于11月11日凌晨4时到公安局报案,公安部门将刘某等四人抓获。[②]

此外,随着世界范围内反恐形势日益严峻,像"9·11"事件那样由恐怖分子劫持载有无辜乘客的大型交通工具撞击有大量平民聚集的公共建筑物,已不再是天方夜谭,而是成了各国政府需要随时加以防范的现实危险。因此,完全可能发生以下情形:

【击落被劫客机案】恐怖分子劫持载有100余名乘客的客机,试图

(接上页)《紧急避险研究》,中国政法大学出版社1998年版,第78—79页;陈兴良主编:《刑事法判解》(第1卷),法律出版社1999年版,第313页以下。

[①] 参见储皖中:《故意杀人未被检方起诉引争议》,载《法制日报》2008年4月14日,第5版。

[②] 参见张杰:《富豪被胁迫杀人是否有罪》,载《河南法制报》2015年11月20日,第11版。

撞击一幢住有1000余人的大楼。国家或者公民个人在来不及疏散楼内人员的情况下,在飞机即将撞上大楼的前一刻将飞机击落,导致机上人员全部死亡。

为应对这种可能出现的事态,已有国家进行了立法上的尝试。例如,德国曾于2005年1月11日颁布了《航空安全法》,该法第14条第3款和第4款分别规定:"对航空器直接使用武力的行为只有在满足以下条件时才能得到允许,即根据事实情况,能够认定航空器已被用作攻击人之生命的工具,并且直接使用武力是避免这一正在发生之危险的唯一手段。""只有联邦国防部部长或者联邦政府内合法代理行使其职权的阁员,才能下令实施本条第3款所规定的措施。"①该条款引起了德国宪法和刑法学界盛况空前的热烈讨论。在我国,尽管这一情形目前尚未正式进入立法者和司法者的视野,但随着2015年12月27日《反恐怖主义法》的颁布,以及该法对遏制打击恐怖主义犯罪和尊重保障人权并重原则的确立,如何应对因暴恐袭击而引起的生命冲突状态,必将成为我国刑法学界高度关注的课题,刑法教义学也有责任对此展开前瞻性的思考。

对生命冲突案件的分析与裁判,能够在一定程度上考验一国出罪事由及其理论的完备性,也能够鲜明地折射出一国刑法和刑法学的基本立场。对于这个重大的基础性问题,中国刑法学界一直有所关注,有的探讨也达到了相当的深度。② 但迄今为止的研究整体来说可能还存在以下不足,从而导致我国相关研究的总体水平与该问题的重要意义不完全相称:第一,零碎分散,就事论事。目前,多数著述尚停留于以个案为研究对象,鲜有对生命冲突的案件进行全面系统

---

① 2006年2月15日,德国联邦宪法法院判决《航空安全法》的这一规定因违宪而无效。关于宪法法院的判决理由,参见 BVerfG, NJW 2006, S. 751 ff., 亦可参见张翔主编:《德国宪法案例选释:基本权利总论》(第1辑),法律出版社2012年版,第252页以下。

② 较为重要的专题研究成果有:刘为波:《紧急避险限度条件的追问》,载陈兴良主编:《刑事法判解》(第1卷),法律出版社1999年版;黎宏:《紧急避险法律性质研究》,载《清华法学》2007年第1期;谢雄伟:《论紧急避险中生命的衡量》,载《求索》2007年第8期;柏浪涛:《三阶层犯罪论体系下受胁迫行为的体系性分析》,载《政治与法律》2011年第2期。

的类型划分,也缺少对不同案件的处理思路进行教义学上的体系性总结与提炼。第二,视域偏窄,思路单一。人们在讨论生命冲突的问题时,往往习惯于将目光局限于攻击性紧急避险的框架范围之内,忽视了对宪法学、紧急权体系、刑罚目的等多领域研究工具和资源的全方位综合运用。有鉴于此,本书将首先回答若干前提性的问题,接着结合中外典型案例,试图对涉及生命冲突的两大案件类型,即"危险共同体的内部牺牲"和"生命危险的单纯转嫁"分别进行较为深入的分析。在此,需要预先说明两点:(1)由于我国法律(不仅限于刑法)对正当化事由的规定尚不及德国等大陆法系国家详尽和全面,甚至对一些出罪事由完全缺乏成文规定①,所以更加迫切地需要从理论上体系性地去把握紧急权的种类及相互关系,需要对超法规出罪事由的位阶顺序和成立要件进行教义学上的全面梳理与精细加工。这将成为本书着力追求的目标。(2)由于篇幅所限,本书分析的对象限于因生命冲突而以积极作为的形式实施的故意杀人行为,不包括不作为导致他人死亡的情况。

二、三个前提性问题的厘清

在对具体的案件类型展开讨论之前,以下几个问题是需要预先回答的:(1)对于生命对生命的避险来说,其可能的出罪根据究竟是单一的还是多层次的?(2)针对相关避险行为的判断结论是否只有合法与违法这两个选项?(3)以生命为牺牲对象的避险行为有无正当化的余地?

(一)"不成立犯罪"≠"成立紧急避险"

从我国不少学者对生命冲突案件的分析中,时常能看到这样的推理逻辑:由紧急状态下的特殊事实情况所决定,将行为人致他人死亡的行为当作犯罪来加以处罚是不适宜的,故应当将该行为认定为

---

① 例如,《德国民法典》第228条和第904条分别规定了防御性紧急避险(Defensivnotstand)和攻击性紧急避险(Aggressivnotstand),而我国《刑法》第21条和《民法典》第182条均未明确对紧急避险作出这种划分。又如,《德国刑法典》第35条规定了阻却责任的紧急避险,但我国《刑法》却无相关内容。

紧急避险。例如,有学者在分析"调包保命案"时认为,由于杀害张妹的人是张某,而非李某某,故后者既不能负直接杀人的责任,也不能负间接杀人的责任,故应将李某某的行为划入紧急避险的范畴。① 又如,有学者针对"卡纳阿德斯之板"的设例提出:由于行为人的杀人行为是基于求生本能的无奈选择,故对该行为予以处罚,既违背常情,又无法达到刑罚一般预防和特殊预防的效果,因此,应将该行为认定为紧急避险,不作犯罪处理。② 这种论证思路忽视了出罪事由的层次性和多元性,从而有意无意地将"不成立犯罪"与"成立紧急避险"完全等同起来。

犯罪赖以成立的支柱有二:一是行为以符合法定构成要件的方式对法益造成了不应有的侵害;二是行为人能够并且需要为法益侵害行为负责。因此,排除犯罪成立的理由也必然是多样的。某一行为之所以不为罪,既可能是因为该行为与犯罪构成要件不合,也可能是因为该行为所造成的法益损害例外地得到了法秩序的认可,亦可能是因为行为人无法或者无须承担刑事责任。即便在不区分违法和责任的四要件犯罪构成体系中,实际上也存在积极的犯罪成立判断(即四方面犯罪构成的判断)与消极的犯罪排除判断(即排除社会危害性之行为的判断)的划分,故出罪事由也至少可以分为不符合犯罪构成要件和成立正当行为这两大类。③ 首先可以确定的是,紧急避险不是构成要件排除事由。因为无论在上述哪一种犯罪论构造中,紧急避险都属于消极的犯罪排除事由,只有在确定了行为形式上与刑法分则所描述的犯罪类型相吻合的前提下,才有必要和可能例外地根据紧急避险出罪。所以,对于"调包保命案"来说,若真的如论者所认为的那样,李某某的行为既不是直接杀人,又不属于间接杀人,张妹之死应完全归责于张某,那就意味着李某某的行为根本不符合《刑法》第232条故意杀人罪的构成要件,故直接根据构成要件的欠缺就足以排除被

---

① 参见高格:《正当防卫与紧急避险》,福建人民出版社1985年版,第121页。
② 参见王政勋:《正当行为论》,法律出版社2000年版,第269页;黎宏:《紧急避险法律性质研究》,载《清华法学》2007年第1期。
③ 参见高铭暄、马克昌主编:《刑法学》,高等教育出版社、北京大学出版社2017年版,第127页。

告人的刑事责任,完全无须借助紧急避险的概念。那么,能否以行为人欠缺有责性为由认定紧急避险的成立呢?这就进一步涉及一个问题:我国《刑法》第 21 条所规定的紧急避险究竟是单纯的违法阻却事由,还是同时兼具阻却违法和阻却责任这两项功能?① 根据利益衡量这一违法阻却事由的基础性原理,只有当行为所保护的利益高于其损害的利益时,它才能得以正当化。因此,假如我国《刑法》第 21 条像《德国刑法典》第 34 条、《日本刑法典》第 37 条那样,明确规定紧急避险的成立以行为造成的损害小于或者不超过其所欲避免的损害为前提,那么该条所规定的紧急避险自然没有争议地属于正当化事由。但笔者认为,尽管我国《刑法》第 21 条并未对避险限度的内容作出明

---

① 有的学者明确主张,我国《刑法》中紧急避险的不罚根据在于责任阻却。参见刘为波:《紧急避险限度条件的追问》,载陈兴良主编《刑事法判解》(第 1 卷),法律出版社 1999 年版,第 357 页;童德华:《刑法中的期待可能性论》(修订版),法律出版社 2015 年版,第 187 页。另外,有的学者则无意中将阻却违法的紧急避险和阻却责任的紧急避险混同。例如,黎宏教授一方面赞同将牺牲他人生命以保全自己生命的行为看作违法阻却事由,另一方面又援引了康德关于"卡纳阿德斯之板"的论述作为支持自己观点的依据。(参见黎宏:《紧急避险法律性质研究》,载《清华法学》2007 年第 1 期。)康德曾在《道德形而上学》一书中写道:"不可能存在这样的刑法,它判处这样一个人死刑:在船沉时此人和另外一个人一起在同样的危险中漂浮,他为了自己活命而把那个人从其曾经赖以活命的木板上推下。因为,法律所威胁的惩罚毕竟不可能比这个人丧命的惩罚更重。于是,这样一种刑法根本不可能具有预期的作用;因为以一个尚不确定的灾祸(由法官判决而来的死亡)来威胁,不可能胜过对确定的灾难(亦即淹死)的恐惧。所以,暴力的自我保存的行为绝不应当被评判为无可指摘的(inculpabile),而只能被评判为无法惩罚的(imopunibile),而且这种主观的免于惩罚由于一种奇特的混淆,被法权学者们看作一种客观的免于惩罚(合法性)。"[〔德〕康德:《道德形而上学》(注释本),张荣、李秋零译注,中国人民大学出版社 2013 年版,第 32—33 页。]很明显,在康德看来,虽然牺牲他人生命以自保的行为不可罚,但不罚的根据绝不在于该行为属于违法阻却事由。因为,康德从偏向消极自由的立场出发,认为只有当某一行为根据一条普遍的法则,能够使个人意志选择的自由与任何他人的自由同时并存时,它才属于合法行为。但在紧急避险的场合,由于避险行为人是为了个人的愿望或者需求而侵入了他人的自由空间,故其行为无论如何都是违法的。参见 Kühl, Zur rechtsphilosophischen Begründung des rechtfertigenden Notstands, FS-Lenkner, 1998, S. 145 f. 。这样一来,康德就完全否定了紧急避险得以合法化的可能。诚如他自己所言,"不可能存在任何可以将不法之事变为合法的紧急状态"(Kant, Metaphysik der Sitten, Einleitung in die Rechtslehre, S. 343 f.)因此,康德恰恰是极力反对将"卡纳阿德斯之板"一案中的杀人举动认定为正当行为的,他甚至认为也不能完全否认该行为的可谴责性。在康氏看来,之所以不应对杀人者处刑,原因仅仅在于处罚必要性的欠缺,即刑罚在这种极端的紧急情形下根本无法有效地发挥预防的功能。可见,如果与现代刑法理论的概念相对接,牺牲他人生命以自保的行为在康德眼中至多只是责任阻却事由,而不可能是违法阻却事由。

确界定,也仍然应将该条所规定的确定为违法阻却事由。理由如下:

第一,从立法过程来看。在中华人民共和国刑法草拟的过程中,包括1950年的《刑法大纲草案》、1954年的《刑法指导原则草案(初稿)》以及1957年的《刑法草案(初稿)》(第22次稿)在内的历次稿本中,关于紧急避险的条文都明确规定了行为造成之损害应轻于所避免之损害的要件。只是从1963年的《刑法草案(修正稿)》(第33次稿)开始,才形成了与现行《刑法》基本相同的表述。[1] 至少到目前为止,没有任何资料能够证明,这种条文措辞上的调整意味着立法者对紧急避险的定性发生了根本变化。相反,有关回顾和总结刑法制定过程的权威文献指出,现行《刑法》中的"紧急避险和正当防卫一样是公民的一项合法权利,正确行使这项权利,对社会也是有益无害的",紧急避险的"必要限度通常是指引起的损害比所避免的损害较轻的情况,因为只有在这种情况下,才能说紧急避险行为客观上对社会是有益的"[2]。这就说明,立法者的本意仍然是将法益损害的正当性视为紧急避险的出罪根据。

第二,从条文本身来看。不可否认,"进行历史解释,意味着要参考法条的来龙去脉等因素得出解释结论。但是,这并不意味着对某个概念的解释必须永远采用该概念在刑法史上的意图与含义"[3]。不过,即便从客观解释论的立场出发去审视《刑法》第21条,依然难以认为其包含了责任阻却事由。众所周知,违法性的评价重点在于行为的法益侵害性,而责任的判断中心则在于行为人的可谴责性。[4] 首先,尽管《刑法》第21条未明确包含有关法益衡量的字眼,但其第2款规定紧急避险不能"超过必要限度造成不应有的损

---

[1] 参见高铭暄、赵秉志编:《中国刑法规范与立法资料精选》(第二版),法律出版社2013年版,第267、287、302、322页。

[2] 高铭暄:《中华人民共和国刑法的孕育诞生和发展完善》,北京大学出版社2012年版,第25、26页。

[3] 张明楷:《刑法分则的解释原理(上)》(第二版),中国人民大学出版社2011年版,第72页。

[4] Vgl. Schünemann, Die Funktion der Abgrenzung von Unrecht und Schuld, in: ders./de Figueiredo Dias (Hrsg.), Bausteine des europäischen Strafrechts, 1995, S.160.

害"。这种对行为限度的强调实际上已表明,该条文至少是倾向于根据行为本身所造成的法益损害是否值得法秩序予以肯定这一点,来确定能否排除避险行为的犯罪性。其次,从反面来说,倘若本条的紧急避险属于责任阻却事由的话,那么避险行为是否成立犯罪就并不取决于法益损害是否超过了必要限度,而是取决于行为人本人是否具有值得宽恕和原谅的特殊情状;既然如此,客观的损益界限要求自然就显得多余。所以,凡将紧急避险视作责任阻却事由的立法例均不会出现"必要限度"一类的用语,像1871年《德意志帝国刑法典》第54条、现行《德国刑法典》第35条等皆是如此。反之,尽管1928年《中华民国刑法》第37条和1935年《中华民国刑法》第24条对紧急避难的规定同样没有关于两害相权的表述,但由于该条文毕竟包含了"避难过当"的用语,故民国时期和现在台湾地区的绝大多数学者均认为,相关条文所规定的紧急避难属于违法阻却事由。[①]

第三,就民刑协调而言。我国民事法律并没有单独对紧急避险进行具体的定义,因此要把握《民法典》第182条中"紧急避险"的含义,就必须求助于《刑法》第21条的规定。这就说明,在我国,民、刑两大部门法中的紧急避险概念是一脉相承、桴鼓相应的,故我们在界定紧急避险的性质时,就不能不考虑两者的衔接关系。我国《民法典》第182条的规定,避险行为人在没有过错的情况下无须承担任何的民事责任(在危险是由自然原因引起而避险行为人又无过错的情况下,避险行为人承担的只是基于受益人身份的公平责任[②]),可见紧急避险连最为轻微的民事违法性都没有,它是完全而彻底的违法阻却事由。在这种情况下,如果认为《刑法》第21条包含了责任阻却

[①] 参见陈瑾昆:《刑法总则讲义》,中国方正出版社2004年版,第164页;王觐:《中华刑法论》,中国方正出版社2005年版,第230页以下;陈文彬:《中国新刑法总论》,中国方正出版社2008年版,第126页以下;林山田:《刑法通论(上)》(增订新版),北京大学出版社2012年版,第213页;林钰雄:《新刑法总则》(第7版),元照出版公司2019年版,第262页。

[②] 参见张新宝:《侵权责任构成要件研究》,法律出版社2007年版,第65页;陈璇:《对紧急避险正当化根据的再思考》,载赵秉志主编:《刑法论丛》(第12卷),法律出版社2007年版,第180页以下。

事由,则势必会破坏民法和刑法中紧急避险概念的统一性。因为,责任阻却虽然意味着行为不构成犯罪,但它仍然是以承认违法性的存在为前提的,这样的情形无论如何也不能为民法中的紧急避险所包容。

第四,从实际适用来说。一方面,将《刑法》第 21 条规定的紧急避险认定为单纯的违法阻却事由,丝毫不妨碍人们对超法规责任阻却事由的运用。因为,责任阻却事由的功能在于限制而非扩张处罚的范围,故其适用本来就无须以法律有明文规定为前提。① 另一方面,即使认为《刑法》第 21 条囊括了阻却责任的紧急避险,也是仅具象征意义而无实质价值。因为,如此一来,尽管司法机关在运用责任阻却事由的原理判案时,能够获得一个有法可据的"名义",但阻却违法的紧急避险与阻却责任的紧急避险在成立条件上毕竟有诸多不同,而我们从《刑法》第 21 条中却根本无法获知阻却责任之紧急避险的特殊要件究竟有哪些。既然该条文无法为司法实践具体认定责任阻却事由的成立提供任何可供操作的依据,法官最终还是不可避免地需要求助于超法规责任阻却事由的原理,那么将阻却责任的紧急避险视为法定的出罪事由就没有多少实际意义。

综上所述,我国刑法所规定的紧急避险只是一种排除行为违法性的事由。所以,一方面,牺牲他人生命的行为不宜受到处罚,这不是将之归入紧急避险的充分理由;另一方面,即便行为不成立紧急避险,也只说明该行为具有违法性,但并不意味着它必然成立犯罪。因为,当行为人具有值得谅解的特殊情节、从而导致刑罚处罚失去必要性时,完全可以在责任层面上根据某种超法规的责任阻却事由实现出罪。

(二)"法外空间"概念难以适用

结合以上分析,我们可以看出,就生命对生命的避险行为来

---

① 参见陈兴良:《教义刑法学》(第三版),中国人民大学出版社 2017 年版,第 400—401 页;Rudolphi, in: SK-StGB, 6. Aufl., 1997, § 1 Rn. 20; Dannecker, in: LK-StGB, 12. Aufl., 2006, § 1 Rn. 175。但我国司法实践对此还存在误区,不少判例仅仅因为刑法对某种犯罪阻却事由没有明文规定,就拒绝对之加以适用。参见上海市第二中级人民法院(2015)沪二中刑终字第 992 号刑事判决书。

说,刑法对它的定性会有以下三种可能:(1)因阻却违法而归于合法,故无罪;(2)虽违法但阻却责任,故无罪;(3)同时具备违法性和责任,故有罪。但无论如何,相关的避险行为要么合法,要么违法。那么,在合法与违法这两个选项之外,还有没有第三种评价结论,即能否认为生命冲突的案件处在"法外空间"(rechtsfreier Raum),故避险行为既不合法也不违法呢?鉴于在大陆法系刑法理论中曾有人对此持肯定态度,而且在我国,法外空间的概念近年来也得到了一些刑法学者的关注和运用①,更有部分学者采用与法外空间理论基本一致的放任行为说来解释紧急避险的不罚根据②,故在此有必要对之略加探讨。法外空间的概念原本来自法哲学和民法学,它指的是法秩序不予规制的领域。③ 法律以调整人与人之间由外在行为所引起的社会关系为己任。但是,在我们的社会生活中,有许多行为纯属私人的日常生活举动,完全不涉及人际关系,例如上床睡觉、吃饭喝水、外出散步、欣赏音乐等,这些自然不在法律关心的范围之内。另外,有的行为虽然涉及人与人之间的关系,但法律往往宁愿置身事外,将其交由道德、风俗、宗教等其他社会规范去加以规制,例如邀请友人畅饮、同意搭乘便车、相约外出旅游等纯粹的情谊行为。④ 法外空间的概念提出后,旋即被德国学者宾丁(Binding)、纳格勒(Nagler)等人引入刑法学的视域;人们逐渐试图借助它来解决紧急避险、堕胎、自杀等刑法上的一系列棘手难题。⑤ 阿图尔·考夫曼(Arthur Kaufmann)则以法外空间说为依据明确提出:对于诸如"卡纳阿德斯之板"一类的生命冲突案件来说,法秩序难以找到合理的裁决标准,故只好撤回规范

---

① 参见周光权:《教唆、帮助自杀行为的定性——"法外空间说"的展开》,载《中外法学》2014年第5期;王钢:《法外空间及其范围——侧重刑法的考察》,载《中外法学》2015年第6期。
② 参见张灏:《中国刑法理论及实用》,三民书局1980年版,第137—138页;王政勋:《正当行为论》,法律出版社2000年版,第235页。
③ Vgl. Larenz, Methodenlehre der Rechtswissenschaft, 3. Aufl., S. 355 f.
④ 参见王雷:《情谊行为、法外空间与民法对现实生活的介入》,载《法律科学(西北政法大学学报)》2014年第6期。
⑤ Vgl. Stübinger, „Not macht erfinderisch"-Zur Unterscheidungsvielfalt in der Notstandsdogmatik, ZStW 123 (2011), S. 432 ff.

的要求、放弃规范的评价,从而使相关行为既不受到禁止,也未获得容许。①

笔者认为,法外空间理论不能成为生命冲突案件的解决路径。理由在于:

首先,对于生命受到侵害的案件来说,不存在承认"法外空间"的余地。在一个尊重公民基本权利的国度,公民的自由并非拜国家法律恩赐,而是与生俱来的②;在一个认可多种规范共生的多元社会,只有当遇到攸关重大利益的事宜并且其他规范均无能为力时,法律方能介入。所以,"我们必须对有必要用法律来规制的社会事实过程,和仅需社会力量来管理的自由空间加以区分,后者仅仅处在诸如伦理、礼仪之类的其他秩序机制的规范之下"③。国家不应也无须事无巨细地对人们的一举一动都详加过问、严加监管;法律不应也无须将其触角延伸至社会的方方面面、生活的每一角落。对于那些不与他人利益发生关联的纯粹私人活动,或者对于那些只需借助其他社会规范就能得到良好规制的举动来说,法秩序没有加以干涉的必要。在这种情况下,法律选择不予置评,恰恰既是对公民生活自由的尊重,也是对国家管制成本的节约。可见,原初意义上的法外空间理论是值得赞同的。但问题在于,生命冲突所涉及的,绝非日常生活中无关紧要的琐事,而是人的生命这一最高位阶之法益遭受侵害的重大事件。如果说法律在这类案件中撤回了规范的命令、放弃了规范的评价,那就意味着被害人的生命不再处于法律的保护之下,而是倒退至可以任由他人宰割的原始状态。然而,国家一方面声称对生命实行比任何其他法益都更为严格的保护,即便是得到被害人同意的杀人行为都被评价为违法,可另一方面,在生命间发生冲突的案件中,却仅仅因为被害人偶然身陷某种特殊的紧急状态之下,法秩序就选择弃之不顾、袖手旁观,这岂非自相矛盾?!换言之,只要某种利益

---

① Vgl. Arthur Kaufmann, Rechtsfreier Raum und eigenverantwortliche Entscheidung, FS-Maurach, 1972, S. 336.
② Vgl. Roxin/Greco, Strafrecht AT, Bd. Ⅰ, 5. Aufl., 2020, § 14 Rn. 27.
③ Rehbinder, Rechtssoziologie, 6. Aufl., 2007, Rn. 100.

获得了刑法的保护,那它就必然属于法律关注的对象,相关的利益冲突也注定是法律必须直面裁决的问题,故损害该利益的行为也就不可能处于法秩序不闻不问的法外空间。"将杀害他人的行为置于法外空间之中,从而使之能够与散步及类似的在法律上并不重要的行为方式相提并论,这与任何一种法律上的标准都是不相符合的。"①

其次,对于构成要件所涵摄的行为,难以形成"评价真空"。在紧急状态下牺牲他人生命的行为,无疑符合《刑法》第232条故意杀人罪的构成要件。时至今日,人们近乎一致地认为,构成要件并非如贝林(Beling)当初所认为的那样与违法性的评价完全绝缘,相反,构成要件本身就内含法秩序对相关行为的否定性态度。因为,立法者不可能把自己漠不关心的行为类型写进罪刑条文之中。他之所以选择将某一举动纳入构成要件,就是因为在其眼中,该行为是社会所无法容忍的侵害事件,应当成为行为规范禁止的对象。所以,只要某种行为落入构成要件的范畴之中,它就必然会受到刑法明确的否定性评价。这种否定性的评价一经形成,就表明立法者已经为它贴上了违法性的标签。于是,要想在个别的特殊情形下取消这种评价,就只能借助于能够对禁止性规范产生对抗效力的容许性规范。② 一旦容许性规范的对抗成功,则意味着相关行为不再受到禁止,即为合法举动。可见,对于那些游离于构成要件以外的行为,刑法或许还有采取中立、骑墙态度的空间;而对于那些已经跨入了构成要件大门的行为,刑法却丧失了放弃评价、抽身其外的可能,要么(在原则上)认定其为违法,要么(在个别情形下)推翻原有的违法性评价,将之认定为合法,不可能出现对该行为既不禁止也不容许的中间状态。

最后,法外空间说在正当防卫的问题上也无法得出合理的结论。对牺牲他人生命之行为的定性,直接决定了针对该行为能否实施正当防卫。关于这个问题,支持法外空间说的学者内部存在不同看法:(1)有的学者认为,针对合法的行为固然不能进行正当防卫,但由于牺牲他人生命的行为并未得到容许,故避险行为的对象不负有忍受

---

① Hirsch, Strafrecht und rechtsfreier Raum, FS-Bockelmann, 1979, S. 107.
② Vgl. Lenckner, Der rechtfertigende Notstand, 1965, S. 19.

的义务,他有权采取正当防卫予以反击。① 但是,这一观点有自相矛盾之嫌。无论是按照我国《刑法》第 20 条第 1 款还是根据《德国刑法典》第 32 条第 2 款的规定,正当防卫均以存在"不法侵害",即具有违法性的法益侵害行为为前提。该说在论证时,有意无意地只是单方面地强调行为"未获容许"这一属性,却绝口不提处于法外空间的行为恰恰还具有"不受禁止"的性质。尽管我国传统刑法理论也主张,只要某种行为在客观上对他人的合法权益构成了威胁,而且他人对该危险也不负有忍受的义务,则针对该行为可以实施正当防卫②,但其理论前提依然是将该侵害行为认定为违法行为。既然法外空间说认为牺牲他人的行为在"不合法"的同时也"不违法",那怎么能将之归入不法侵害之列呢? 如果认为以他人生命为代价的避险行为可以成为正当防卫的起因,那这和将该避险行为认定为违法行为的观点又有何本质差别? (2)阿图尔·考夫曼注意到了前一学说的弊端,遂提出:由于牺牲他人生命的避险行为既不合法也不违法,故与之相对抗的行为不成立正当防卫,而是同样处在法外空间之中,没有合法与违法之分。③ 根据这一观点,以前述"张某致王某死亡案"为例,假设当张某为夺取救生圈拖拽王某时,王某以暴力相反抗,则该反击行为以及后续的相互搏斗均处在"无法无天"、弱肉强食的原始状态之中。于是,冲突的最终决断权就完全归属于在体能、力量上占据优势的个人手中。然而,在如生命这样重大的法益发生冲突的场合,正是需要法秩序予以公正裁决之时,可法律竟然听任成王败寇的丛林法则大行其道,居然甘愿"向强拳俯首称降"④,这在一个法治国家中是不可接受的。

---

① Vgl. Nagler, in: LK-StGB, 6. Aufl., § 54 Anm. Ⅲ 2c, 3; Binding, Handbuch des Strafrechts, Bd. 1, 1885, S. 766.
② 参见马克昌主编:《犯罪通论》(第三版),武汉大学出版社 1999 年版,第 722 页;陈兴良:《正当防卫论》(第三版),中国人民大学出版社 2017 年版,第 62 页。
③ Vgl. Arthur Kaufmann, Rechtsfreier Raum und eigenverantwortliche Entscheidung, FS-Maurach, 1972, S. 342.
④ Lenckner, Der rechtfertigende Notstand, 1965, S. 25.

第七章 攻击性紧急避险与生命冲突

(三)牺牲生命的避险有正当化之可能

1. 生命不可衡量性之证成

我国刑法理论通说认为,以牺牲他人生命的方式来保全自己生命的行为不能得到容许。① 至于其理由,传统学说似乎更多的是站在道德的角度上来阐发的,即认为:"根据社会主义的道德,不能牺牲他人的生命保护自己的生命。如果允许牺牲他人的生命作为避险的手段,就会使无辜的人受到侵害。"②但这一说法的信服力明显是有限的。一方面,在道德判断标准已趋向多元、价值观念的包容性已逐渐提高的现代社会,法律,特别是可能对公民自由和权利造成巨大限制的刑法,应当与伦理道德保持必要的距离。因此,不能仅以某一行为与道德不符为由,直接推导出该行为违法的结论。另一方面,如果说社会主义道德要求人们不做自私自利、损人利己之事,那么即便是为了保全自己的健康或者贵重财物而毁损他人价值较低财物的行为,也同样使无辜的人遭受了损害,故也不应当被容许。这样一来,所有为了保护本人利益而实施的避险行为均属违法;只有那些以保护他人利益为目的的避险行为,才可能得以正当化。这明显与《刑法》第21条第1款的规定不符。因此,对这一问题的回答只能立足于以宪法为基石的整体法秩序的价值取向。笔者认为,从宪法的立场出发,不同公民的生命法益在价值上是不可比较的。

首先,生命权是公民的基本权利和国家宪制的存在前提,故在我国宪法的价值体系中处于基础与核心地位。尽管中国宪法并未对生命权作出明确规定,但这并不妨碍生命权实际上所享有的至高无上的宪法地位。③《宪法》第33条第3款将"国家尊重和保障人权"定为宪法的一条基本原则;此外,根据《宪法》第37、38条的规定,中华人民共和国公民的人身自由和人格尊严不受侵犯。第一,人权条款

---

① 参见马克昌主编:《犯罪通论》(第三版),武汉大学出版社1999年版,第802页。
② 高铭暄主编:《刑法学原理》(第二卷),中国人民大学出版社1993年版,第247页。类似的论述,参见高格:《正当防卫与紧急避险》,福建人民出版社1985年版,第121页。
③ 参见韩大元:《宪法学为何关注生命权问题》,载《法制资讯》2012年第11期。

入宪使得宪法中的基本权利具有了开放性,故作为人权之基础的生命权自然处在宪法的保护之下。① 另一方面,人类要获得有尊严的存在和发展,前提是其生命的价值获得国家的承认。既然宪法明确将人格尊严列为保护对象,那它也必须对作为其根源的生命给予保障;由于人格尊严的要义在于禁止将人格贬低为物化的工具②,而生命权的存在又是人享有一切尊严的前提,故不允许将生命作为实现其他目的的手段。

其次,生命之间不存在质量上的差别。《宪法》第33条第2款规定:"中华人民共和国公民在法律面前一律平等。"据此,不论公民之间在年龄、性别、智力、社会地位、受教育程度以及健康状况方面有多大的差异,生命一律等价;不能因为不同人的生活质量、对社会发展的贡献和意义有别,就对他们的生命进行任何价值上的高低排序。这一信条的确立,也源于对人类惨痛历史教训的总结和汲取。德国刑法学家宾丁曾于1920年与精神病学家阿尔弗雷德·霍赫(Alfred Hoche)共同撰写出版了《容许毁灭无存在价值的生命》(Die Freigabe der Vernichtung lebensunwerten Lebens)一书。二人在书中提倡,当某人继续存活下去不仅对于生命主体本人,而且对于社会而言不再具有任何积极价值时,应当允许将其杀死。这些可以被杀害的人包括无法挽救的伤病员、无治愈可能的痴呆者等。不论两位学者在发表这一观点时曾怀有如何善良的初衷,难以否认的是,该思想成为后来纳粹政权大规模屠戮残障患者的理论依据。可见,一旦从生命法益一律等价这一立场上稍有后退,则势必打开随意牺牲他人生命的潘多拉魔盒。

最后,生命的价值也不能用数量来作比较。我国有学者从行为功利主义的立场出发,主张为避免多数人死亡而牺牲少数人的生命的行为可以得到容许。例如,张明楷教授提出:"如果不允许以牺牲一个人的生命保护更多人的生命,则意味着宁愿导致更多人死亡,也不能牺牲一个人的生命,这难以为社会一般观念所接受,也不一定符

---

① 参见上官丕亮:《论宪法上的生命权》,载《当代法学》2007年第1期;张翔:《基本权利的体系思维》,载《清华法学》2012年第4期。
② 参见刘志刚:《人格尊严的宪法意义》,载《中国法学》2007年第1期。

合紧急避险的社会功利性质。由此看来,至少对保护多数人生命而不得已牺牲一个人生命的行为应排除犯罪的成立。"①但笔者难以赞同这一观点。理由如下:

其一,财产法益之所以能够以数量来衡量,根本原因在于它并非专属一人,而是可以在不同主体之间交易和流转。例如,5辆汽车,不论其原先的所有人是谁,它们都具有通过买卖、赠与等方式归属一人的可能。因此,在同一主体那里,汽车的价值就可以累加计算;对于该主体而言,5辆汽车所代表的财富总量自然高于1辆。然而,作为人格尊严之基础的生命,却始终专属于某一特定的个人,它无法在不同的公民之间进行交换和流通。一个人只能拥有自己的生命,其他人的生命数量再多,也不可能移转于他所有。正是由于不存在享有多个生命的法益主体,故生命价值不具有累计的可能。②

其二,《宪法》第33条第2款的规定不仅保证了不同个人之间的平等性,而且也确保了少数人的基本权利能够得到与多数人同等程度的保护。在法治国家,"多数人的意志也要受到更高的理性和法治制度的制约。如果把人民主权理解为多数人不受限制的权力,那也是危险的。因为这有可能为经常出现的以多数人的意志来压制少数人的正当权利的恶劣行径作辩护"③。可见,尽管根据民主制度的多

---

① 张明楷:《行为功利主义违法观》,载《中国法学》2011年第5期。黎宏教授也持类似的看法,参见黎宏:《紧急避险法律性质研究》,载《清华法学》2007年第1期。不过,值得注意的是,张明楷教授虽然在上述论文中明确认为以一个人的生命换取多数人生命的行为是合法的,并且强调"不宜动辄以将生命作为手段为由批判行为功利主义的观点",但他在其《刑法学》教科书中似乎又采取了更为谨慎的态度,一方面仍然主张牺牲少数人以保全多数人的行为不为罪,另一方面又指出:"对于生命的紧急避险,大多具有违法性,无辜的第三者仍然可以进行防卫,在符合紧急避险其他条件的情况下,只能认为避险者没有责任,即作为超法规的阻却责任的紧急避险处理。"[张明楷:《刑法学(上)》(第五版),法律出版社2016年版,第222页。]然而,在张明楷教授那里,行为功利主义本来就是违法性论,而非责任论的哲学基础。既然从行为功利主义出发,应当认为以少数人的生命换取多数人的生命的行为是正确的,那么与此相应,该行为在刑法上也应当是合法的,而非只是排除责任。如果说这种避险行为仍属违法,那似乎就说明张教授并未将行为功利主义的违法观贯彻始终。

② Vgl. Neumann, in: NK-StGB, 5. Aufl., 2017, § 34 Rn. 74.

③ 顾肃:《自由主义的基本理念》(修订版),译林出版社2013年版,第161—162页。

数决原则,多数人在决策公共行政事务的过程中享有更高的决断力,但多数人的尊严与人格并不高于少数人。后者包括生命在内的基本权利,绝不因为其数量上的势孤力单而可以沦为前者的牺牲品。

其三,功利主义思想不适宜成为紧急避险的正当化根据。功利主义伦理学虽然发端于自由主义,但它实际上又隐藏着某种集体主义的倾向。① 因为,功利主义对行为效果的评判、对损益收支的计算最终落脚于"是否实现了最大多数人的最大幸福",或曰"对整个社会是否实现了利益最大化"这一标准。张明楷教授在论述行为功利主义违法观时,就曾明确指出:"如果从个人主义的观点出发,就不应当将自己面临的危难转嫁于他人;但从社会整体的立场出发,在不得不丧失两个合法利益中的某一利益时,不管是谁的利益,保存价值更高的利益才是理想的,正是基于对整体社会利益的考虑,紧急避险在刑法上才是允许的。因此,说紧急避险对社会有益是完全成立的。"②显而易见,这一思想意味着社会整体可以凌驾于公民个人之上,只要为了实现社会整体利益的最大化,个人权益可以随时成为被利用和牺牲的对象。因此,"用功利主义思想去论证违法阻却事由的根据,这种做法最终是与人的尊严相抵触的"③。正因为如此,如后文所述,目前越来越多的学者主张应从保障个人自由的立场出发,借助社会团结的思想去探寻攻击性紧急避险的合法性根据。

其四,社会一般观念的认同,也不能成为倡导以数量关系来衡量生命价值的理由。一方面,在法治国家,某个公民依照宪法和法律所享有的基本权利,本来就不会仅因一时一地的民意而横遭剥夺。另一方面,纵使在某项民意测验中,90%以上的受访者都赞同"不得已时可以通过牺牲 1 人的生命来换取 100 人的生命",但需要注意的是,支持者大多都是在默认自己属于置身事外之第三者的前提下表

---

① 参见李强:《自由主义》(第三版),东方出版社 2015 年版,第 100—101 页;Pawlik, Der rechtfertigende Notstand, 2002, S. 33。

② 张明楷:《行为功利主义违法观》,载《中国法学》2011 年第 5 期。文中着重号为引者所加。

③ Jäger, Die Abwägbarkeit menschlichen Lebens im Spannungsfeld von Strafrechtsdogmatik und Rechtsphilosophie, ZStW 115(2003), S. 785.

态的。既然那个被牺牲的人与自己无关,多数受访者就自然而然地会从社会整体的视角出发,认为死 1 个人总比死 100 个人强。可是,一旦让受访者换位思考,假定本人就是那个即将被牺牲的对象,恐怕多数人都不会甘愿为他人慷慨赴死,故调查的结论必将发生变化。可见,民意具有极强的易变性和可操纵性,按照所谓的社会一般观念去裁决难以保证公平正义的实现。①

其五,死亡人数的多寡会对致死行为的刑罚轻重产生影响,这并不能成为动摇生命不可衡量原则的充分理据。有的学者提出:相比杀害单个人的情形而言,一次性杀害多人的行为,不论是从行为无价值还是结果无价值的角度来看,其不法程度都显然更高;此时,刑法完全可能将不同的生命价值相叠加,认定行为人实现了更高程度的不法,从而对其处以更为严厉的刑罚。这就说明,生命间并非不能进行数量上的比较。② 但这一观点尚有研究的余地。一则,反对从数量上对生命进行比较,始终是以维护个人尊严不受侵犯这一宪法原则为落脚点的。如上文所述,之所以禁止对生命数量进行累计,归根结底是为了防止像对待物一样对生命进行交换和利用,是为了避免使少数人的生命沦为延长多数人生命的工具。然而,在认定罪行严重程度时,对杀死较多被害人的行为人处以更为严厉的刑罚,这并没有将少数人的生命当作多数人实现某种目标的手段,不存在侵犯公民人格尊严的危险,故无可厚非。二则,刑罚的轻重并不单纯取决于不法的程度,它还受制于特殊预防与一般预防的必要程度。即便认为杀害 1 个人与杀害 100 个人的行为在不法程度上并无本质差异,但由于后者对社会公众心理所造成的冲击以及它所体现出的行为人的危险性都远高于前

---

① 这也正是罗尔斯在设计社会制度的选择模式时,要求设置一幅"无知之幕"的原因。因为,如果人们在选择之前就已经预知自己未来将属于何种角色、处于何种境况,那么每个人都只会选择最有利于自己的制度,而不愿顾及他人的利益,故正义的实现就无从谈起。唯有彻底排除这种预知,人们才有可能选择一种对所有社会成员最为公平合理的制度。

② 参见王雷、王沁:《论生命权能否作为紧急避险客体应用于刑事领域》,载《学理论》2009 年第 8 期;王钢:《法外空间及其范围——侧重刑法的考察》,载《中外法学》2015 年第 6 期。

者,故也完全有理由对后者的行为人处以较重的刑罚。①

综上所述,"人的生命是一种'绝对的最高价值',一种'不可比较的人格价值'。该价值使得人享有了与所有其他法益、尤其是物质性法益相比独一无二的地位。我们不得将生命贬低为一种可以进行收支结算的数值,从而使之变成单纯为实现其他目的而服务的手段"②。尤其是对于人权条款入宪不过十余载、对人格尊严的保护尚待强化和完善的我国来说,容许牺牲个体生命去换取社会、集体甚至单纯经济利益的观念仍有不小的影响,故确立生命法益不可衡量的原则,具有特别重要的现实意义。

2. 生命值得保护性差异的揭示

以上关于生命完全等价的论断,是纯粹就生命法益的抽象价值而言的。它绝不意味着,为了保护生命而剥夺他人生命的行为自始至终不具有合法化的可能。否则,就无法对《刑法》第20条第3款所规定的特殊防卫权作出解释。的确,刑法的任务在于保护法益,但刑法并非笼统地对各种法益一律实行保护,而是只为那些在具体情形下需要且值得保障的法益提供护卫的盾牌。③ 因此,侵害某一法益的行为能否被正当化,不仅取决于该法益在法律中的抽象价值与位阶,而且还取决于它在具体案件中值得保护的程度。④ 尽管所有人的

---

① 按照各国的法律规定或者惯例,只有在国家领导人或者有重大贡献的人士逝世,以及有大量公民遇难时才会举行全国哀悼(参见我国《国旗法》第15条)。既然生命价值不论个人地位高低、贡献大小,也不论数量多寡,均一律平等,那么这种做法似乎也违背了生命不可衡量的原则。其实不然。第一,国家在悼念规格上对不同身份、不同数量的逝者区别对待,这并没有将那些未享受国家哀悼待遇的生命当作实现其他目的的手段,故并未侵犯公民的人格尊严。第二,尽管个体生命等价,但不同人的生命、不同数量的生命逝去,事实上给社会带来的震动和悲伤却有明显的差异。当国家领导人、杰出人士辞世时,其广泛影响力和泽被普罗的巨大贡献能够激起国民广泛的哀思;当众多平民在某次不幸事件或者自然灾害中遇难时,也会引发全社会的震惊和同情。在此情况下,才有必要以国家的名义集中表达人们的怀念与哀伤之情。

② Lenckner, Der rechtfertigende Notstand, 1965, S. 30.

③ Vgl. Schünemann, Zur Stellung des Opfers im System der Strafrechtspflege, NStZ 1986, S. 439 f. ; Mitsch, Rechtfertigung und Opferverhalten, 2004, S. 35.

④ Vgl. Lenckner, Der Grundsatz der Güterabwägung als Grundlage der Rechtfertigung, GA 1985, S. 299.

第七章　攻击性紧急避险与生命冲突

生命在法律上没有高低贵贱之分,但由个案的特殊情况所决定,不同主体之生命的值得保护性却可能存在差异。至于说在何种情形下会产生此种差别,从而导致杀人行为能够被合法化,对这个问题的回答还需要借助紧急权体系的建构。

紧急权(Notrecht)是公民在紧急状态下为保护法益而损害他人法益的权利。正如本书第一章所述,一个违背被害人意志的法益侵害行为之所以能够得到法秩序的认可,主要是基于以下两个基本的思想:一是自由平等原则,任何人对于他人无正当根据侵犯自己权利空间的行为都没有忍受的义务。二是社会团结原则,即社会共同体成员之间应当休戚与共,并且在一定程度上互相照应,这就要求任何人都应当对他人负有一定责任,在必要时甚至应当适当地为他人牺牲自身的利益,部分地放弃自己的自由。①

正是在以上两大原则的基础上,相关的紧急权制度得以建构起来。首先,当某人以违反义务的方式侵入他人的自由空间时,由于侵犯者作为率先僭越义务的人,失去了要求对方作出牺牲、给予照顾的资格,故基于自由平等原则,受侵犯者不负有忍受、逃避的义务,他有权在为有效制止侵害、保护法益所必要的限度内,对侵犯者的法益造成损害。由于这种紧急权几乎纯粹以个人自由为基础,故它在行使过程中所受的制约条件最少。② 这就是正当防卫权。其次,当某人虽然对他人的自由空间造成了威胁,但并未实施违反义务的行为时,公民的紧急权同时受到自由平等和社会团结原则的影响。即:一方面,由于这种威胁缺乏合法的依据,故遭受危险的人没有义务对之全盘容忍,他有权对危险来源者进行反击;另一方面,由于危险来源者毕竟要么并未现实地违反义务,要么不具备实施合法行为的能力,这些值得体谅的事由使他仍在一定范围内保留了要求对方给予照应的权利,故行为人对其展开的反击就要比正当防卫更加克制。③ 此即防

---

① 详见本书第一章第三部分。
② Vgl. Kühl, Freiheit und Solidarität bei den Notrechten, FS-Hirsch, 1999, S. 260 ff.
③ Vgl. Pawlik, Der rechtfertigende Defensivnotstand im System der Notrechte, GA 2003, S. 16 f.

御性紧急避险权。最后,当公民的某一法益遭遇险境时,基于社会团结原则,其他公民有义务作出一定的牺牲以协助他转危为安。但由于社会团结毕竟只是在坚持自由平等原则的前提下出现的例外,故建立在该思想基础上的紧急权必然会受到最为严格的规制。这便是攻击性紧急避险权。由此可见,随着紧急权损害的对象与危险源之间的关系不同,其法益值得保护性的大小也会发生变化,故不同的紧急权在进行利益衡量时所能容许的法益对比关系自然也就存在重大差别。在正当防卫中,由于被损害者自己就是以违反义务的方式引起法益冲突之人,故其法益的值得保护性与他所侵害的法益相比就会大幅下降。因此,即使防卫人为了保护财产法益而导致侵害人重伤甚至死亡,原则上也同样可以认为他保护了更高的利益。在攻击性紧急避险中,由于被损害者是与危险引起无关的第三人,故其法益的值得保护性本身并无减损,只有当其法益的价值明显低于受危险威胁的法益时,才能基于社会团结的原则认为避险行为保护了较高的利益,进而要求被损害者承担忍受的义务。由于生命作为位阶最高的法益,在价值上不可能明显低于其他法益,故它绝对不能成为攻击性紧急避险牺牲的对象。在防御性紧急避险中,有两个反向的因素共同影响着利益衡量的判断。一方面,避险对象是危险的产生方,故其法益的值得保护性必然会有所下降;但另一方面,由于避险对象并未实施违法行为,故其法益值得保护性的下降幅度又不可能等同于正当防卫中的不法侵害人。由此决定,防御性紧急避险中的利益衡量标准较攻击性紧急避险要宽松,但又严于正当防卫。① 所以,只要保护和损害的法益在价值上基本相当,即可认为避险行为维护了较高的利益。换言之,"防御性紧急避险行为人所代表的利益原则上占据显著的优势,除非他给避险行为被害人所造成之损害的严重程度不合比例地高"②。这就意味着,在行为人不得已导致了危险来源者死亡的情况下,如果该行为所保护之法益的价值与生命法益

---

① Vgl. Lenckner, Der Grundsatz der Güterabwägung als Grundlage der Rechtfertigung, GA 1985, S. 306 f.

② Günther, Defensivnotstand und Tötungsrecht, FS-Amelung, 2009, S. 151.

相比并不存在明显失衡的现象,那它就有可能以防御性紧急避险之名找到合法化的空间。①

(四)小结

综合以上分析,可以初步得出以下结论:第一,《刑法》第 21 条所规定的紧急避险仅属于违法阻却事由。生命冲突中杀人行为的出罪根据,既有可能在于行为成立紧急避险,也有可能在于行为成立超法规的责任阻却事由。第二,生命冲突中的杀人行为不可能处在法外空间,其性质在合法与违法之间必居其一。第三,尽管从法益抽象价值的角度来看,不同人的生命价值不会因为任何的质量或者数量差异而有所不同;但相互冲突的生命法益在具体的值得保护性上却完全可能出现差别,故在防御性紧急避险中,为保全生命而致他人死亡的避险行为存在被正当化的空间。

生命对生命的避险行为,根据事实结构大致可以划分为"危险共同体内部的牺牲"和"生命危险的单纯转嫁"这两类。接下来,笔者将以上文所确立的若干理论前提为基础,分别对这两种情形详加分析。

三、危险共同体的内部牺牲

危险共同体指的是,二人以上同处一个危险境地之中,只有牺牲其中一部分人才可能营救其他人的生命,也才能避免共同体内的所有成员同归于尽。根据被牺牲者与危险来源之间关系的不同,危险共同体又可以划分为两种类型:(1)差别型的危险共同体。在这种情形中,被牺牲者一方面与危险共同体的其他成员一样,属于危险所针对的对象,但另一方面又与危险源有着一定联系。其典型就是"击落被劫客机案":由于客机与建筑物即将相撞,故飞机上的无辜乘客与建筑物内的人员都面临着同一死亡危险;但由于恐怖分子的劫持行为,乘客又与危险来源,即高速撞向大楼的飞机不可分割地捆绑在了

---

① 关于能够通过防御性紧急避险得以正当化的杀人行为类型,参见本书第六章第三部分。

一起。(2)平等型的危险共同体。在这种情形中,危险共同体中的所有成员均处在危险源之外,都只是危险所威胁的对象。对于该类型而言,除"张某致王某死亡案"之外,实践中出现的最为著名的相关案件当推以下二者:

【女王诉达德利和斯蒂芬斯案】1884 年,从英国法尔茅斯(Falmouth)驶向澳大利亚悉尼的一艘帆船米农奈特(Mignonette)号在南大西洋海域遇风暴沉没。船长达德利(Dudley)和斯蒂芬斯(Stephens)与一名水手派克(Parker)共同乘坐救生艇在海上漂流,在第 4 天时捕食了一只小海龟,在第 8 天时开始喝自己的尿。到了第 19 天,在没有任何食物和饮用水的情况下,为了维持性命,达德利和斯蒂芬斯一同将因饮用了海水而病重的派克杀死,通过食其肉饮其血支撑到了最终获救的一刻。①

【精神病科医生案】1941 年,在纳粹统治下的德国,精神病科医生 P 和 St 接到纳粹政府下达的命令,命令要求他们遴选出医院合乎条件的精神病人实施安乐死。两人意识到,一旦他们完全拒绝服从这项指令,则政府必定会让绝对忠诚于命令的其他医生取而代之,届时大量的患者都将性命难保。因此,P 和 St 只好选择执行命令,但通过隐瞒事实将不少本来符合条件的患者从名单中删除,从而最大限度地减少了执行安乐死的人数。②

首先可以确定的是,牺牲共同体成员生命的杀人行为,不可能以推定的被害人承诺之名得到正当化。因为:一则,由于推定的被害人承诺的正当化根据在于对公民自我决定权的尊重,故只有在根据法益损害的事实以及具体被害人的个人情况,确实能够推测被害人本人会表示同意的前提下,才可认定推定的被害人承诺的成立。当损害被害人法益的目的不是为了保护他本人,而是为了救助其他人时,尤其需要强调这一点。例如,不能否认,事实上或许确有乘客在知悉自己命不久矣后,会基于高尚的动机同意将客机击落,从而将生

---

① See R. V. Dudley and Stephens (1884), 14 QBD 273. Vgl. Bernsmann, „Entschuldigung" durch Notstand, 1989, S. 45.

② Vgl. OGHSt 1, 321; BGH, NJW 1953, S. 513.

还的希望留给他人。但击落行为毕竟会提早乘客的死亡时间,对于生命这样具有最高价值和根本意义的法益而言,法律无法概括性地推定所有的被害人都愿意作出这一选择。① 二则,即便可以推定被牺牲者都会表示同意,但刑法理论几乎一致认为,针对生命的被害人承诺是无效的②,故得到同意的杀人行为依然无法被正当化。

(一) 正当化事由之考察

1. 正当防卫:侵害者范围不宜过度扩张

原则上来说,危险共同体的内部牺牲行为与正当防卫无缘;除非针对生命的危险来自某一不法侵害行为,且被牺牲者与该行为相关。所以,能够考虑正当防卫的只有"击落被劫客机案"。毫无疑问,由于劫持客机的恐怖分子属于正在实施严重暴力不法侵害的人,故通过击落客机将其杀死的行为成立正当防卫。我国有学者主张,当不法侵害人利用第三人的身体作为工具攻击他人时,由于第三人已成为不法侵害的组成部分,故行为人为制止袭击而导致第三人死伤的反击行为可以成立正当防卫。③ 照此推理,由于在飞机被劫持的情况下,乘客已和飞机连为一体成为恐怖分子撞击地面建筑物的工具,故击落行为所引起的乘客死亡结果亦可借正当防卫之名得以合法化。但笔者难以认同这一见解。

第一,《刑法》第 20 条第 1 款明确规定,只有"对不法侵害人造成损害的"行为,才可能成立正当防卫。既然第三人本身并未实施任何不法侵害行为,而只是被侵害人用作发动袭击的工具,那么反击行为对他造成死伤结果无论如何不属于对不法侵害人造成损害。

第二,支持上述见解的一个重要理由在于,利用第三人身体损害他人法益的行为属于间接正犯,既然被利用者的举动可以被视为间

---

① Vgl. BverfG, NJW 2006, S. 759; Hörnle, Töten, um viele Leben zu retten, FS-Herzberg, 2008, S. 556 f.

② 参见王作富主编:《刑法分则实务研究(中)》(第三版),中国方正出版社 2013 年版,第 732 页;张明楷:《刑法学(上)》(第五版),法律出版社 2016 年版,第 224 页;陈兴良:《教义刑法学》(第三版),中国人民大学出版社 2017 年版,第 413 页。

③ 参见王政勋:《正当行为论》,法律出版社 2000 年版,第 155—156 页;陈家林:《防卫行为与第三者法益侵害》,载《甘肃政法学院学报》2008 年第 2 期。

接正犯行为的组成部分,那么针对被利用者的反击也就可以看成针对利用者的防卫。① 可是,间接正犯理论所解决的是结果应当归责于谁的问题,它与正当防卫中谁是遭受损害者的问题无关。由于利用者本人并未直接实施构成要件行为,故欲将法益侵害结果以正犯之名归责于他,就需要将被利用者的举动评价为利用者行为的一部分。② 可见,间接正犯的原理只是说明,从规范上来看,被利用者的举动相当于利用者自己的行为,被利用者引起的结果相当于利用者自己引起的结果。然而,从这一点出发我们却根本无法推导出被利用者因反击而遭受损害,就等于是利用者遭受了损害的结论。因为,无论是从事实上还是从规范上来说,被害者就是法益受到现实损害的人,不存在被利用者所遭受的损害,可以因为他是别人操纵的工具而转移给幕后指使者的道理。

第三,论者之所以主张将针对被利用之第三人的反击也定性为正当防卫,或许是基于应当为遭受不法侵害之人提供充分保护的考虑。即侵害者不论是自己直接实施侵害,还是利用第三人间接实施侵害,这只是在实现侵害目的的具体策略上存在差异;无论在哪一种情形中,遭受侵害之人的法益均应受到同等程度的保护。既然针对侵害者本人的反击无疑属于正当防卫,那么指向被利用者的反击也理应成立正当防卫。否则,就意味着侵害者只需劫持第三人为袭击工具或者挡箭牌,就能轻而易举地排除他人的正当防卫权,从而为顺利达到侵害目的扫清障碍。但这一看法还有待商榷。其一,在确定正当防卫的成立要件时,固然需要考虑受侵害行为威胁一方的利益,但同时也必须顾及因反击行为受损一方的利益。在众多紧急权中,正当防卫无疑是最具强势风格的一种。一旦某人成为正当防卫权的对象,则意味着他需要忍受远比其他紧急权对象更为严重的损害。具体表现为:(1)"不得已"要件的欠缺,即行为人并非只有在别无选择的情况下才能实施正当防卫。即便存在逃避、报警等其他同样有效的法益保护措施,也不妨碍行为人直面侵害、出手反击。

---

① 参见陈家林:《防卫行为与第三者法益侵害》,载《甘肃政法学院学报》2008年第2期。
② Vgl. Kindhäuser, Strafrecht AT, 8. Aufl., 2017, § 39 Rn. 5.

（2）限度条件的宽松。尽管《刑法》第 20 条第 2 款和第 21 条第 2 款在分别规定防卫限度和避险限度时，都采用了"必要限度"一词，但无论是学界还是实务界都已达成共识：在判断防卫行为是否超过限度时，并不需要像紧急避险那样进行严格的法益衡量。那么，正当防卫何以如此雷厉风行呢？对此，理论界主要有两种观点：法秩序维护说认为：正当防卫行为之所以合法，是因为它一方面保护了具体的法益，另一方面保障了国家法秩序不受侵犯；这两点相叠加，就使防卫人一方的利益远远高于不法侵害人。被害人利益值得保护性下降说则主张：正当防卫的合法性根据在于，不法侵害人（即防卫行为的被害人）在本可避免的情况下以违反义务的方式挑起法益冲突，故其利益的值得保护性与防卫人相比出现了大幅下降。① 但不管从哪一立场出发，由于正当防卫犹如刀之两刃，它对于行为人来说无疑是保护法益的强有力手段，可对于行为对象来说则是一把杀伤力极大的锐器，故其行为对象的范围必须受到严格限制，非现实实施违法行为者不得被强行置于防卫对象的境地。② 一言以蔽之，"正当防卫人享有凌厉无情的侵入权限，该权限只有针对那些需要为正当防卫情境的出现负责的不法侵害者，才能得到正当化"③。其二，《反恐怖主义法》虽于第 2 条第 2 款声明："国家不向任何恐怖活动组织和人员作出妥协"，但同时也在第 6 条第 1 款中规定："反恐怖主义工作应当依法进行，尊重和保障人权……"这就说明，国家在面对恐怖袭击时，不能只考虑如何有效地制止袭击行为，还必须注意最大限度地保护无辜公民的安全，这当然就包括被劫持者在内。其三，对于被劫持作为侵害工具的第三人不能实施正当防卫，并不意味着处于袭击威胁之下的公民要么坐以待毙，要么被判有罪。因为，针对被利用者的杀伤行为尚有成立紧急避险或者责任阻却事由的可能。

---

① 相关的理论争议，参见陈璇：《侵害人视角下的正当防卫论》，载《法学研究》2015 年第 3 期。

② Vgl. Günther, in: SK-StGB, 7. Aufl., 1999, § 32 Rn. 84a; Rönnau/Hohn, in: LK-StGB, 12. Aufl., 2006, § 32 Rn. 161; Perron/Eisele, in: Schönke/Schröder, StGB, 30. Aufl., 2019, § 32 Rn. 31.

③ Kühl, Strafrecht AT, 8. Aufl., 2017, § 7 Rn. 84.

第四,这一见解实际上也存在自相矛盾之处。持该观点的学者虽然声称针对被利用之第三人的反击成立正当防卫,但同时又提出:"鉴于这种情况毕竟涉及第三者的人身权利,基于人道主义的考虑,在解释防卫行为的必要性、相当性时应作更严格的限制。……如果有躲避或避开第三者直接反击不法侵害人的可能性,而且实施起来也不是特别困难的话,还是应当优先考虑躲避或直接反击侵害人等方法。"①可是,这些限制性条件均非正当防卫所固有,一旦受到这些条件的束缚,所谓的正当防卫权就丧失了其本应具有的果敢、强势的风格,这种有名无实的防卫权实质上已与紧急避险权并无二致。

2. 防御性紧急避险:危险来源的认定需慎重

根据本章第二部分第(三)点的论述,在紧急避险的框架内,只有防御性紧急避险才可能使杀人行为得以正当化。不可否认,"击落被劫客机案"中的乘客"在空间上已被不可分离地卷入到了危险源之中"。②既然不能将乘客看作不法侵害者,那能否将他们视为单纯的危险来源,进而认为击落客机导致乘客死亡的行为成立防御性紧急避险呢?答案是否定的。

的确,防御性紧急避险的成立,并不要求避险对象是正在实施违法行为之人。但之所以针对并未实施违法举动、甚至没有实施刑法意义上之行为的人,也可以进行反击,而且其损害强度可以高于攻击性紧急避险,其实质根据就在于,避险对象对产生危险的法益享有排他性的独占。从《宪法》第13条和《民法典》第114条第2款的规定可以推知,公民在其自由空间当中可以根据本人的意愿使用、处分自己的法益,并且有权禁止和排除任何他人的干预。既然在这一领域中,权利人享有排他性的高度自由,其他公民未经许可无权介入其中,只能信赖权利人在行使自由的同时不会对他人的法益造成妨害和威胁;那么,根据自由与责任相对等的原则,法律有理由给权利人施加相应较重的义务,要求他在行使自由时必须满足其他公民的合理期待,承担起保证避免给他人

---

① 陈家林:《防卫行为与第三者法益侵害》,载《甘肃政法学院学报》2008年第2期。

② Hirsch, Defensiver Notstand gegenüber ohnehin Verlorenen, FS-Küper, 2007, S. 154.

带来危险的责任。① 这一点已经为《宪法》第51条所确认。一旦权利人独占的自由空间给他人的法益安全造成了危险,就会在法律上产生以下两方面的效果:第一,权利人作为保证人负有及时排除该危险的义务,若他拒不履行该义务,则可能成立不真正不作为犯;第二,若权利人未能及时排除危险,则遭受威胁的公民或者第三人有权自行打破权利人对该空间的独占,在消除危险的必要限度内损害其法益,权利人对此负有忍受义务。权利人是否实施了违法行为、是否在事实上具有及时排险的能力,这只影响到能否对他追究法律责任、施加法律制裁,却丝毫不影响遭受威胁者对之享有的反击权。② 即便危险的产生不能归责于权利人的违法行为,纵然危险的出现纯属偶然和意外,但"由于遭受威胁者毕竟享有与权利人平等的法律地位,由于权利人与其法益的关系,毕竟远比某个任意第三人与该法益的关系更为紧密"③,故法律保护的天平必须向遭受威胁的一方倾斜,为消除该危险所需要付出的代价也应当主要由权利人来负担。这是权利人在享受独占性、排他性自由空间的同时,必须自行承担的风险。

有一种学说认为,只要某人在事实上处于危险源之中,这一状态本身就足以使面临危险的公民对之享有防御性紧急避险权。理由在于:其一,这是双方权利义务关系所要求的。一方面,凡是遭遇险境的公民,只要他自己对该危险的产生没有责任,就有权通过反击捍卫自身利益;另一方面,当危险来自某人时,即便他不具有管控该危险的职责和能力,而只是偶然地陷入危险源之中,毕竟这种不幸只能由他自己承受,而不能转由无辜第三人分担,故其他公民不承担与他共赴黄泉的义务。④ 其二,此乃有效实施正当防卫权所必需。当甲被迫

---

① Vgl. Renzikowski, Notstand und Notwehr, 1994, S. 179; Pawlik, Der rechtfertigende Defensivnotstand, Jura 2002, S. 30.

② Vgl. Köhler, Die objektive Zurechnung der Gefahr als Voraussetzung der Eingriffsbefugnis im Defensivnotstand, FS-Schroeder, 2006, S. 262 ff.

③ Pawlik, Der rechtfertigende Defensivnotstand im System der Notrechte, GA 2003, S. 20.

④ Vgl. Schünemann, Rechtsfreier Raum und eigenverantwortliche Entscheidung, in: Neumann/Hassemer/Schroth (Hrsg.), Verantwortetes Recht, Die Rechtsphilosophie Arthur Kaufmanns, 2005, S. 152 f.; Gropp, Der Radartechnik-Fall-ein durch Menschen ausgelöster Defensivnotstand? Ein Nachruf auf § 14 Ⅲ Lufsicherheitsgesetz, GA 2006, S. 287 f.

与乙所实施的不法侵害连为一体时,其他公民对乙无疑享有正当防卫权,可如果认为在防卫的过程中不得已致甲死亡的行为不成立防御性紧急避险,则意味着针对乙的正当防卫权也将受到极大的限制,这是不合理的。① 但这一观点有失偏颇,因为它只注重对遭遇危险者一方的保护,却置避险对象的利益于不顾。首先,"正当化事由不仅排除了国家刑罚权的发动,而且还剥夺了被害人的权利,使其无权要求行为人不去实施符合构成要件的行为。一切正当化事由的效果都在于缩减对被害人的保护"②。因此,我们在为某一紧急权划定适格对象的范围时,就必须结合该紧急权的侵害强度,谨慎地对损害对象和保护对象双方的利益加以平衡。如前所述,防御性紧急避险的强势水平仅次于正当防卫,只要未达到差距过分悬殊的程度,行为损害的法益甚至可以在价值上略高于其保护的法益。正因为如此,当某人与危险源的关系尚未在规范上达到足够紧密的程度时,法律就没有理由让他承受比防御性紧急避险的对象更重的忍受义务。其次,类似于"木桶原理",当一个紧急行为将同时损害不法侵害者和无辜第三人时,应当遵循"从严原则",即该行为整体可允许的损害限度只能取决于条件较为严格、而非条件相对宽松的紧急权。③ 于是,只能使正当防卫权的行使顾及紧急避险权的谨慎性而受到限制,不能让紧急避险权迁就正当防卫权的强势性而得以扩张。

由此可见,仅仅是某人与危险源在同一时空范围内连成一体,仅仅是某人的存在状态与他遭遇危险之间有事实上的条件关系,仅仅是不伤及某人就无法阻止危险,均不足以使其他公民获得如防御性

---

① Vgl. Rogall, Ist der Abschuss gekaperter Flugzeuge widerrechtlich?, NStZ 2008, S. 4.
② Mitsch, Rechtfertigung und Opferverhalten, 2004, S. 30.
③ 王政勋教授持相反的观点,他主张:"防卫行为本身导致第三者合法权益损害的,是防卫行为与避险行为的竞合。由于法律对正当防卫的条件放得较宽而对紧急避险的条件要求得更严,按照有利于行为人的原则,仍应以正当防卫处之。"王政勋:《正当行为论》,法律出版社2000年版,第157页。但是,当防卫行为将不可避免地伤及无辜第三人时,意味着防卫行为所保护的法益与第三人的法益处于难以两全的冲突境地。由于第三人并非侵害的实施者,其法益的值得保护性与防卫行为试图保护的法益没有高下之分。所以,没有理由将第三人在法律上所享有的保护地位降格至不法侵害人的水平,也没有理由仅仅为了使防卫行为得以顺利实施就随意牺牲第三人的利益。

紧急避险那样高强度的反击权。要成为防御性紧急避险的对象,还需要进一步满足以下两个要件:(1)权利人的独占性,即产生危险的法益空间处在权利人的排他性支配之下。这是其他公民对权利人产生信赖的根源,也是权利人对他人的防御性紧急避险负有容忍义务的关键所在。在正常情况下,权利人本来具有支配和控制该法益空间的能力,只是在险情发生当时,权利人偶然丧失了这一能力。① 例如,甲驾驶货运卡车正常行进在公路上,因突发脑梗而昏迷,导致卡车失控撞向路边的行人(脑梗案)。虽然在这一刻,甲失去了支配其身体和控制卡车的现实能力,但身体和车辆终究处在他的独占空间当中,人们对该车安全行驶的期望只能寄托在甲的身上。所以,他人在不得已的情况下,有权对之实施防御性紧急避险致其死伤。(2)法益空间的危险性,即避险行为所针对的法益,必须对危险的产生或者升高发挥了积极推动作用。为了综合说明上述两个要件,现举两例。其一是人们频繁援引的"登山者案":A 与 B 结伴攀登高峰,B 因冰雪塌陷而跌落峭壁,联结 A 与 B 的一根绳索使 B 悬于半空中;A 无力将 B 拽起,若再这样下去 A 也会被拖下深渊;于是,A 为保住自身性命,只好拿出刀割断绳索,致使 B 坠亡。在该案中,一方面,虽然 B 因意外而无法控制自己的身躯,但 B 的身体却无疑属于他本人的独占领域;另一方面,由 B 身体的重量所引起的下坠趋势,使 A 也面临着死亡的险境。这样一来,B 的存在就成了对 A 的性命造成威胁的危险源,故 A 的行为成立防御性紧急避险。② 其二为英美法上经常讨

---

① Vgl. Jakobs, Strafrecht AT, 2. Aufl. , 1991, 13/47.

② Vgl. Roxin, Die notstandsähnliche Lage-ein Strafunrechtsausschließungsgrund?, FS-Oehler, 1985, S. 194; Hirsch, in: LK-StGB, 11. Aufl. , 1993, § 34 Rn. 74; Günther, in: SK-StGB, 7. Aufl. , 2000, § 34 Rn. 20; Pawlik, Der rechtfertigende Defensivnotstand, Jura 2002, S. 31. 由于防御性紧急避险的概念在我国传统刑法理论中长期处于被遗忘的状态,故学者们在谈到该案以及类似案例时,几乎都忽略了对防御性紧急避险的考察。例如,关于登山者案,黎宏教授也主张 A 的行为属于紧急避险,但他的论证依然是沿着攻击性紧急避险的思路展开的。其具体理由在于:B 无论如何都会死亡,根本没有生存的机会,牺牲 B 总比 A、B 两人都丧命要强。参见黎宏:《刑法总论问题思考》,中国人民大学出版社 2007 年版,第 365 页。然而,正如后文第 3 点所述,以存活几率的高低为标准来衡量生命价值的做法存在重大疑问。

论的"自由企业先驱号案":在轮船不断下沉的紧急时刻,唯一可能逃生的办法就是登上绳梯,但绳梯被因寒冷和极度恐惧而动弹不得的C挡住,他欲上不能、欲下不得;在尝试劝他离开无效后,某军官将C推入水中,从而使其他被困乘客得以安全逃离。① 就该案而言,尽管C一时失去了支配自己躯体的能力,但他的身体毕竟对其他乘客的生命构成了威胁,故在不得已的情况下致其死亡的行为也属于防御性紧急避险。

然而,"击落被劫客机案"的情形却并不符合防御性紧急避险的这两个要件。首先,对于机长、领航员、乘务员等机组成员而言,由于他们接受过专门培训,在正确操作飞机、确保乘客安全方面具备远高于常人的专业技能,故其他公民有理由信赖其能够保障客机顺利和安全地航行、避免因事故给乘客和地面人员造成损害。既然在前述的"脑梗案"中,因身体突发疾病而无法控制车辆的甲可以被视为危险来源,那么在该案中,因第三人的强迫而丧失了对客机的实际控制能力的机组人员,同样也可以被看作危险来源。但是,与机组人员不同,普通乘客只是为了长途旅行才暂时停留在机舱中,作为匆匆过客的他们既没有能力、也没有意愿对客机内的空间和设备实现独占性的支配。其次,由于正是客机的飞行状态引起了其与地面建筑物撞击的危险,而机组人员对飞机的航行发挥着决定性的作用,甚至恐怖分子也必须通过控制飞行员才能完成袭击,故在客机成为危险来源的过程中,机组人员的存在是不可或缺的推动因素。然而,机舱内是否有乘客、究竟有多少乘客,这对于飞机撞击楼房的速度、强度和方式等都毫无积极的影响。② 甚至,为了监视、排除乘客可能实施的反抗,劫机者还不得不额外分出相当的人力和精力。可见,众多乘客的存在有时反而会成为发动袭击的累赘,并对客机变为危险来源起到消极阻碍的作用。因此,乘客无论如何都不应被视作危险来源的组

---

① See JC Smith, *Justification and Excuse in the Criminal Law*, Sweet & Maxwell, London, 1989, pp.73-78.

② Vgl. Pawlik, § 14 Ab. 3 des Luftsicherheitsgesetzes - ein Tabubruch?, JZ 2004, S. 1049; Hörnle, Töten, um viele Leben zu retten, FS-Herzberg, 2008, S.556 f.

第七章 攻击性紧急避险与生命冲突

成部分,他们在恐怖袭击中所处的地位与地面建筑物内的人员完全相同。① 因此,击落客机导致乘客死亡的结果,无法以防御性紧急避险之名得以正当化。

3. 攻击性紧急避险:"生还希望"标准之否定

在排除了成立防御性紧急避险的可能的情况下,无论差别型危险共同体还是平等型危险共同体,其内部牺牲的行为都只剩下最后一种可以考虑的正当化途径,即攻击性紧急避险。根据本章第二部分第(三)点的分析,在攻击性紧急避险中,只有当被保护的法益在价值上明显高于被损害者时,才能例外地依据社会团结义务取消行为的违法性。既然危险共同体内所有成员的生命不论在抽象价值还是值得保护性上均无差别,那么牺牲部分人以营救另一部分人的行为,就不可能成立攻击性紧急避险。

需要强调的是,危险共同体内不同人在生还几率上的差异,不能成为证立避险行为合法性的依据。有一种颇具影响力的理论认为:尽管危险共同体内各人的生命在值得保护性上完全相等,但由于杀人行为的违法性体现在它断绝了他人继续生存的机会,故只有当营救一部分人的生命是以剥夺另一部分人的生存机会为代价时,该牺牲行为才应受到禁止。如果根据案件的情况可以认定,一方最终难逃一死,另一方则尚有生还的希望,那么由于必死无疑的那部分人本来就已经失去了任何存活的可能,对于他们而言,无所谓剥夺生存机会的问题,故稍稍提前其死亡时间的杀害行为并不违法。② 张明楷教授就指出:"在被牺牲者已经特定化,而且必然牺牲,客观上也不可能行使防卫权时,略微提前牺牲该特定人以保护多人生命的,可以认定为违法阻却事由。"③不少学者据此针对"击落被劫客机案"提出:虽然乘客与地面人员的生命在值得保护的程度上没有差别,但二者的挽救可能性却大相径庭。对于乘客来说,无论是否将客机击落,他们

---

① Vgl. Roxin, Der Abschuss gekaperter Flugzeuge zur Rettung von Menschenleben, ZIS 2011, S. 559; Stübinger,„Not macht erfinderisch"-Zur Unterscheidungsvielfalt in der Notstandsdogmatik, ZStW 123 (2011), S. 411.
② Vgl. Otto, Pflichtenkollision und Rechtswidrigkeitsurteil, 3. Aufl. , 1978, S. 79 ff.
③ 张明楷:《刑法学》(第四版),法律出版社 2011 年版,第 211 页。

终难逃脱罹难的厄运;但对于地面人员而言,如果能及时将客机击落,他们完全能够幸免于难。既然在此极端情况下,双方的生命无法两全,那么为了防止恐怖分子造成最大限度伤亡的计划得逞,为了避免袭击所指向的全部生命皆毁于一旦,国家应当允许采取避险措施以营救那些尚有生存希望的人。① 也有学者就"精神病科医生案"发表意见认为:既然在医生不对执行名单进行删减的情况下,所有符合条件的精神病人都将死亡,这就说明,最终被实际执行安乐死的患者本来就没有生还的可能,所以将其杀害的行为也没有减损其生存的机会。故医生营救尽可能多的患者的行为并不违法。② 但笔者难以赞同这一观点。

第一,对于危险共同体的案件来说,坚守禁止杀人的规范并不违背该规范的保护目的。作为故意杀人罪构成要件的基础,"不得杀人"这一禁令的宗旨无疑在于保护生命法益不受损害。在不少学者看来,当危险共同体成员的生命无法全都得到保护时,若允许杀死其中已无生存希望者,则至少还能保住一部分的生命,可如果继续贯彻"不得杀人"的规范,却反而将导致全部成员丧生。可见,不加变通地坚持杀人禁令,其最终的后果恰恰与该规范所追求的目标南辕北辙。③ 但细加推敲,这种说法实际上是难以成立的。因为,当我们在考虑某人是否有生还希望时,其实是在预测他能否彻底度过劫难、化险为夷,例如能否躲过屠杀、能否避开飞机的撞击等。然而,不可忽视的是,即便是在危险共同体中无望逃离鬼门关的人,在避险行为不出现的情况下,原本也确定地享有一定的存活期间。例如,若客机不被击落,则乘客至少可以等到数秒之后才死于飞机撞击大楼所引起

---

① 参见黎宏:《紧急避险法律性质研究》,载《清华法学》2007 年第 1 期。Vgl. Sinn, Tötung Unschuldiger auf Grund § 14 Ⅲ Luftsicherheitsgesetz – rechtmäßig?, NStZ 2004, S. 592 f. ; Neumann, in: NK-StGB, 4. Aufl. , 2013, § 34 Rn. 77e。

② Vgl. Otto, Die strafrechtliche Beurteilung der Kollision rechtlich gleichrangiger Interessen, Jura 2005, S. 477 f.

③ Vgl. V. Weber, Das Notstandsproblem und seine Lösung in den deutschen Strafgesetzentwürfen, 1925, S. 30; Mangakis, Die Pflichtenkollision als Grenzsituation des Strafrechts, ZStW 84(1972), S. 475.

的爆炸。如前所述,刑法在捍卫生命安全时,只关心某人的生命长度是否被他人不当地缩短了,而不应考虑命运可能对该人寿命长短所作的安排。使一名本可寿及耄耋的健壮之人提前50年辞世,和致一位濒死病人提早15分钟咽气,由于50年的生命与15分钟的生命处在法律的同等保护之下,故这两种行为在刑法上同样都是不折不扣的杀人犯罪。总之,"法对每个人的生命都加以保护,它所保护的生命是一种现有的实存、是一种'此处和当下的'生物性存在,而生命的不同前景则并非法所应当考虑的因素。……不论生命将来持续的时间有多长,所有的生命在法律看来都是同一的"①。因此,在危险共同体中,即便能够确定,一部分人只有10秒钟的生存时间,另一部分人则有可能得以善终,法律也没有理由厚此薄彼。正如它应保护后者安全度过余生一样,法律也同样有责任保障前者能走完属于他人生的最后10秒钟。

第二,生命不因其剩余时间的短暂而失去意义。为了防止杀人行为的正当化过度泛滥,支持该说的一些学者一再强调,只有当对死亡时间的提前微乎其微时,危险共同体的内部牺牲行为才有合法化的空间。② 可是,一方面,无论剩余的生命如何短暂,它都不可能被评价为不值一提。论者在提出"微乎其微"这一限定标准时,其不便言明的潜台词是:与较长的生命相比,几秒钟的生命对于人来说不可能有什么实际意义,几乎可以忽略不计。但这种看法不能成立。从法律上来说,生命的意义就在于它的存续本身,而不取决于它可能为个人、社会带来的功利性价值。即便撇开这一点不说,有的人终其一生碌碌无为,有的人则一朝成就伟业,生命时间的长短本来就和它可能创造的价值没有必然联系。即使是短暂的生存时间,对于生命主体而言也完全可能有着至关重要的意义。③ 譬如,在"击落被劫客机案"中,纵然数秒之后客机就将与大楼相撞,但就在这转瞬即逝的

---

① Küper, Tötungsverbot und Lebensnotstand, JuS 1981, S. 793.
② Vgl. Neumann, in: NK-StGB, 5. Aufl., 2017, § 34 Rn. 77.
③ Vgl. Wolter, Menschenwürde, Kernbereich privater Lebensgestaltung und Recht auf Leben, FS-Küper, 2007, S. 715; Roxin, Der Abschuss gekaperter Flugzeuge zur Rettung von Menschenleben, ZIS 2011, S. 556.

时间内,乘客或许就能完成祷告仪式,也许就能通过无线通信工具与家人诀别,甚至还可能最终制服恐怖分子、挽狂澜于既倒。另一方面,论者所提出的这一标准能否真正起到限定的作用,也值得怀疑。其一,何为"微乎其微",是仅限于数秒钟,还是可以扩及数分钟、数小时乃至1天?对此不可能存在一个客观确定的数值界限。于是,可以被允许的死期提前幅度就势必处于言人人殊的状态之中。其二,按照这一观点的逻辑,岂不意味着,医生在医疗设备短缺的情况下,撤下气息奄奄之绝症患者身上的治疗仪器、转移给有治愈希望者的举动,也可算作合法行为?由此可见,只要认可短暂提前死亡时间的行为能够合法化,就是以功利主义的计算思维颠覆了宪法所确立的生命一律平等的铁律,就是在阻挡杀人行为的规范大坝上撕开了一道口子,一旦该裂缝出现,任何事后的小修小补都无济于事,它将不受控制地蔓延扩大,直至整座堤坝土崩瓦解。

第三,支持该说的另一个理由在于,如果完全禁止危险共同体的内部牺牲行为,那就意味着,仅仅为了让脱险无望者多活那么短暂的一刻,就需要让大批本可幸免于难的人白白搭上自己的性命,这是不合理的。① 不难看出,该说实际上已经有意无意地预设了一个理论前提,即"本可幸免于难者"的生命比"脱险无望者"的生命更值得保护,故后者不应成为前者的拖累。但这种针对生命的价值比较思维本身就值得警惕。否认牺牲行为的合法性,只不过是重申了在法律面前所有人的生命不论其剩余时间长短都应享有同等保护这一基本原则。正是基于这一原则,无论是否有逃脱险境的希望,危险共同体内每一成员的生命都难以获得优于其他成员的地位。因此,这样的结论丝毫没有不公正之处,它也没有对任何一方课以过重的义务。

(二)责任阻却事由之分析

既然所有可能使行为正当化的方案已被一一排除,那么唯一可

---

① Vgl. Erb, Der rechtfertigende Notstand, JuS 2010, S. 111; Neumann, in: NK-StGB, 5. Aufl., 2017, § 34 Rn. 77.

以考虑的出罪依据就只剩下责任阻却事由。

1. 避险过当的规定与责任阻却不悖

有的学者主张,既然生命对生命的攻击性避险行为不符合紧急避险的限度条件,那就可以直接适用《刑法》第 21 条第 2 款关于避险过当的规定,认定行为人成立故意杀人罪,同时"应当减轻或者免除处罚"。① 据此,刑法有关避险过当的规定似乎已经断绝了相关避险行为无罪的可能。但笔者对此不以为然。其一,不能简单地将避险过当等同于逾越了避险限度的行为。因为,按照《刑法》第 21 条第 2 款的规定,避险过当是以行为人"应当负刑事责任"为前提的。可见,只有超过避险限度并且成立犯罪的行为才属于该条款所说的避险过当。② 因此,欲适用《刑法》第 21 条第 2 款的规定,除要肯定行为客观上超出了必要限度、造成了不应有的损害之外,还需要确定该行为不具有包括期待可能性在内的一切出罪事由。所以,刑法关于避险过当的规定并不排斥对责任阻却事由的适用。其二,不能认为,即便认定行为成立避险过当,反正也可以对行为人"免除处罚",这与根据责任阻却事由认定行为人完全无罪相比,在最终的法律后果上并无实质差别,故没有必要在避险过当之外再进行期待可能性的判断。一方面,免除处罚是以肯定行为成立犯罪为先决条件的,而且一旦认定行为构成犯罪,就意味着刑法对行为人发出了最为严厉的谴责。可是,在无期待可能性的情况下,国家恰恰根本无法对行为人发出非难。因此,"无罪"与"免除处罚"在性质上有天壤之别。另一方面,某人只要被判有罪,即便最终被免除处罚,也仍然可能按照《刑法》第 37 条的规定接受各种非刑罚处罚方法,并且需要在未来的人生道路上背负犯罪标签所带来的各种沉重包袱和不利影响。③ 所以,基于保护公民的人格尊严和自由的考虑,也必须对"无罪"和"定罪免刑"这两种处理结论作严格区分。

---

① 参见赵杨:《遭绑架后被胁迫杀人该如何定性》,载《法制博览》2016 年第 1 期。
② 参见黎宏:《刑法学总论》(第二版),法律出版社 2016 年版,第 150 页。
③ 参见张明楷:《刑法学》(第五版),法律出版社 2016 年版,第 502 页。

2. 无期待可能性的根据、要件与适用

无期待可能性作为一种超法规的责任阻却事由,目前已在我国刑法理论界获得了广泛认同。① 但是,我国支持期待可能性理论的学者,大多是从行为人意志自由的角度出发来论证期待可能性的出罪依据,即人们习惯于认为:所谓无期待可能性,是指行为人的心理遭受了强大的压力,导致其完全丧失了选择合法行为的自由与可能,故基于法不强人所难的原则,不应对行为人予以谴责。② 甚至有学者据此将无期待可能性的情形直接归入《刑法》第 16 条所规定的不可抗力之中。③ 这种观点恐怕还有斟酌的余地:第一,该说难以说明期待可能性为何能够成为独立的犯罪排除事由。事实上,期待可能性的判断恰恰是以行为人具有意志自由为前提的。因为,在真正需要借助期待可能性理论来解决的案件中,一方面,行为人并没有受到绝对的身体强制,否则就可以直接认定其举动因欠缺有意性而根本不属

---

① 例如李立众、刘代华:《期待可能性理论研究》,载《中外法学》1999 年第 1 期;舒洪水:《期待可能性的哲学基础与本土化思考》,载《法律科学(西北政法大学学报)》2008 年第 3 期;陈兴良:《期待可能性的体系性地位———以罪责构造的变动为线索的考察》,载《中国法学》2008 年第 5 期;张明楷:《期待可能性理论的梳理》,载《法学研究》2009 年第 1 期;刘艳红:《调节性刑罚恕免事由:期待可能性理论的功能定位》,载《中国法学》2009 年第 4 期;童德华:《刑法中的期待可能性论》(修订版),法律出版社 2015 年版;钱叶六:《期待可能性理论的引入及限定性适用》,载《法学研究》2015 年第 6 期。

② 参见陈兴良:《期待可能性问题研究》,载《法律科学(西北政法大学学报)》2006 年第 3 期;周光权:《刑法总论》(第三版),中国人民大学出版社 2016 年版,第 179 页;劳东燕:《风险社会中的刑法:社会转型与刑法理论的变迁》,北京大学出版社 2015 年版,第 381 页。该观点与德国早期的期待可能性理论基本一致。在德国,从期待可能性成为超法规责任阻却事由开始,一直到 20 世纪 70 年代以前,单一心理视角的期待可能性论不仅在理论界十分盛行(Vgl. Frank, StGB für das Deutsche Reich, 18. Aufl., 1931, Anm. II vor §§ 51 f.),而且也得到了司法机关与立法机关的认可。德意志帝国法院的判例明确认为,无法期待某一行为人实施合法行为的根据在于,特殊情况的出现导致行为人产生了超乎寻常的精神压力,自保本能的存在使其自由的意志决定能力出现了重大损害。(Vgl. RGSt 66, 225, 398.)"二战"结束后成立的刑法改革委员会在说明新刑法总则第 35 条的立法理由时也指出,阻却责任之紧急避险的出罪根据在于,行为人的"动机形成过程所遭受的过度压力"。(Bericht des Sonderausschusses für die Strafrechtsreform, Drucksachen des Deutschen Bundestages, V/4095, 16.)但该学说目前在德国已走向衰落。

③ 参见张明楷:《刑法格言的展开》(第 2 版),法律出版社 2003 年版,第 227 页;陈兴良:《期待可能性问题研究》,载《法律科学(西北政法大学学报)》2006 年第 3 期。

于刑法意义上的行为;另一方面,单纯的心理压力并不足以使行为人丧失辨认和控制自己行为的精神能力。例如,不论求生的本能如何强烈,也不至于使行为人无法识别杀人行为的违法性,亦不至于使其无力控制自己的肢体。否则,就可以径直以欠缺责任能力为由出罪。这就说明,即便在遭遇强大精神压力的情况下,行为人仍然具备意志自由以及选择实施合法行为的能力;他也依然是基于对当前处境的认知、经过趋利避害的理性权衡之后才实施了行为。单纯从这一点来说,刑法完全可以向其发出规范的期待。① 因此,如果仅从精神压力、人性脆弱的角度出发,似乎至多只能将无期待可能性解释为责任减轻事由,而难以将之定位为责任阻却事由。第二,该说无法恰当地解决期待可能性的认识错误问题。本来,如果说无期待可能性的出罪根据在于意志自由的丧失,那么无论行为人对于能够导致期待可能性缺失的异常情状是否存在误认,也不管该错误是否可以避免,只要行为人在当时的情形下同样遭遇了巨大的心理压力,按理说都应当肯定他不具有期待可能性才对。② 然而,学者们却主张,对于行为人误以为出现了异常情状的案件,只有当这种错误是不可避免的时候,方能同样阻却责任。③ 第三,该说也难以解释无期待可能性的出罪为何仅限于避险者为保护重大人身法益的场合。仅从心理的角度来看,能够给行为人造成巨大压力的并不限于生命、健康危险。对于某些爱财如命或者宁死不愿受辱的人而言,遭受经济或者名誉上的损害给他带来的精神压力完全不亚于失去生命。然而,几乎所有支持期待可能性理论的学者都强调,单纯以保护财产或名誉为目标的避险行为没有阻却责任的可能。

---

① Vgl. Roxin,„Schuld" und „Verantwortlichkeit" als strafrechtliche Systemkategorien, FS-Henkel, 1974, S. 183. 就此而言,我国一些学者质疑期待可能性理论将意志自由的减弱与意志自由的丧失混为一谈,从而主张将期待可能性定位为刑罚减免事由,不是没有道理的。参见杨明洪:《为求生存而故意杀人仍是犯罪》,载《人民法院报》2004年8月19日;柏浪涛:《三阶层犯罪论体系下受胁迫行为的体系性分析》,载《政治与法律》2011年第2期。

② Vgl. Zieschang, in: LK-StGB, 12. Aufl., 2006, § 35 Rn. 4; Roxin/Greco, Strafrecht AT, Bd. I, 5. Aufl., 2020, § 22 Rn. 8.

③ 参见张明楷:《期待可能性理论的梳理》,载《法学研究》2009年第1期。

既然传统的心理压力说不足以完整地揭示期待可能性的出罪理由,那就有必要结合责任论的一般原理,重新寻求期待可能性阻却责任的根据,进而为其适用划定合理的界限。我国学者对于责任的本质还有一定争论,本书囿于篇幅无法详作考察。不过,在对不法与责任进行区分的前提下,不同的责任论或许就以下几点是大致可以达成共识的:首先,责任是从法的角度对行为人的谴责。只有当行为人具备形成合法行为之动机的能力和自由时,我们才有理由对他选择形成犯罪动机的决定予以非难。其次,在阶层犯罪论体系中,责任是犯罪判断流程的终点,责任的成立也意味着对行为人处以刑罚的全部要件均已具备;刑罚并非单纯报应性地施加痛苦,而是必须追求预防犯罪的目的,故责任也与刑罚的目的相关。只有当处罚行为人能够对遏制将来同种情况下出现相同的犯罪发挥作用时,才有必要肯定责任的存在。① 最后,根据行为责任原则,责任判断的对象只能是在不法行为中出现的思想意识;责任非难针对的也只能是行为人在其行为中的动机形成过程。正是由于不法始终是责任的前提,故除独立的责任要素之外,责任的内容通常也是由不法的内容所决定的。因此,不法的程度也必然会间接影响责任的大小。② 由此可见,当行为人的意志自由完全消失时,固然可以排除责任,但即便在意志自由仍然存在的情形下,也完全可能因为动机形成能力的减弱、不法程度的缩小以及预防必要性的降低这三个方面的共同作用,使得国家不应当对行为人发出责任非难并动用刑罚这一最为严厉的制裁手段。③ 事实上,这种综合的期待可能性理论能够完美地与我国刑法关于犯罪本质的规定相契合。尽管在我国刑法中,期待可能性并非法定的出罪事由,但《刑法》第 13 条但书毕竟包含了一个可供解释和建构出罪事由的指导性规定。《刑法》第 13 条前半段明文将"危害社会"和"应当受刑罚处罚"视为犯罪的两个本质要素,而社会危害性

---

① 参见冯军:《刑法中的责任原则——兼与张明楷教授商榷》,载《中外法学》2012年第 1 期。

② Vgl. Gallas, Zum gegenwärtigen Stand der Lehre vom Verbrechen, ZStW 67 (1955), S. 30.

③ Vgl. Frisch, Gewissenstaten und Strafrecht, FS-Schroeder, 2006, S. 26 ff.

由不法和与之直接相联系的责任要素共同决定,应受刑罚处罚性则离不开一般预防和特别预防的必要性。当这两大要素同时减弱到轻微程度时,就能产生但书所规定的非罪化效果。

因此,期待可能性作为责任阻却事由,其成立要件就应根据以上三方面来确定:(1)要使动机形成能力出现明显减弱,就要求某种危险状态的出现使行为人的心理承受了巨大的压力,从而令其形成合法的行为动机虽非完全不能,但与正常情形相比难度大增。(2)欲令一般预防和特别预防的必要性双双大幅降低,就要求一方面危险状态极为异常和罕见①,另一方面行为人违反规范的行为实属在困境中为保护重大法益不得已所为,其忠诚于法规范的态度没有发生根本性的改变。(3)欲使不法程度显著降低,就要求行为是以保护重大利益为导向,从而导致其违法性中的结果无价值和行为无价值均得到相当程度的抵消。概而言之,原则上来说,只有当行为人在异常的紧急情势下,为了保护自己、近亲属或者其他关系密切之人的生命、健康等重大利益而不得已损害他人法益时,才能认为其行为无期待可能性。

接下来,我们将视线转向上述各案例。"张某致王某死亡案"和"女王诉达德利和斯蒂芬斯案"中的行为人都是在别无他法的情况下,为避免自身急迫的死亡危险而实施了杀人行为,完全符合无期待可能性的要件,故可以被阻却责任。现在需要讨论的问题是:在"击落被劫客机案"和"精神病科医生案"中,决定和实施击落行为的国家工作人员以及 P 和 St,他们所营救的既不是自己也非其近亲属或者关系密切之人的生命,这是否意味着相关的杀人行为只能成立犯罪? 笔者的回答是否定的。(1)可以确定的是:一则,两案中的行为人完全是出于在绝境中尽最大可能保护生命的目的,这一目的表明他们并未对法规范采取敌视的态度;二则,在各国反恐预警机制日益严密的当今,"击落被劫客机案"的情形真实再现的可能性极低,"精神病科医生案"也只能发生在大规模屠杀的背景之下,这在现代社会毕竟属于极为例外的个案。因此,对于这两个案件来说,通过处罚来

---

① 参见谢望原、邹兵:《论期待可能性之判断》,载《法学家》2008 年第 3 期;钱叶六:《期待可能性理论的引入及限定性适用》,载《法学研究》2015 年第 6 期。

实现一般预防和特别预防的必要性,和"张某致王某死亡案"以及"女王诉达德利和斯蒂芬斯案"一样都十分微弱。(2)两案都符合无期待可能性的另一个核心要件,即行为人合法动机的形成存在重大困难。在期待可能性的判断中,之所以强调应当将行为的目的限定于为保全自己、近亲属或者其他关系密切之人的法益,是因为通常来说,唯有当这类人的法益面临损害的威胁时,才足以使行为人产生必须全力以赴、不惜代价地展开施救的强大精神压力。不过,对于某些负有保护他人之义务的特殊主体来说,即便面临死亡者与他非亲非故,但基于职业伦理的要求,仍然会使行为人内心出现极其痛苦的挣扎。需要注意,在这两个案件中并不存在严格意义上的义务冲突。① 例如,虽然从表面上来看,被告人P和St一方面有义务严守不得杀人的禁令(不作为义务),另一方面作为医院的主治大夫又负有保护患者生命的保证人义务(作为义务)。但这两种义务实际上并非处在同一位阶之上,故难以形成真正的对抗。因为,紧急避险所正当化的就是违反不作为义务的行为,故为履行作为义务而违反不作为义务的行为要想合法化,前提是履行作为义务所保护的利益大于违反不作为义务所损害的利益,但在不作为义务体现为"不得杀人"的场合,这一点是无法实现的。可见,"不得杀人"是必须无条件得到遵守的绝对命令;而对于"应当救人"的作为义务来说,只有当它不以导致其他无辜之人死亡为代价也能得到履行时,行为人才真正负有该义务。② 所以,该案的被告人只负有不得杀害精神病患者这一项义务。如果P和St断然拒绝执行命令,即便所有符合条件的患者都被前来接替的其他医生杀害,两人的不作为也是合法的,他们无须为死亡结果承担任何法律责任。③ 然而,被告人作为专业医务人员,毕竟

---

① 主张该案属于义务冲突的观点,参见林钰雄:《新刑法总则》(第七版),元照出版公司2019年版,第308—309页。

② Vgl. Küper, Grundsatzfragen der „Differenzierung" zwischen Rechtfertigung und Entschuldigung, JuS 1987, S. 90; Roxin, Der Abschuss gekaperter Flugzeuge zur Rettung von Menschenleben, ZIS 2011, S. 554.

③ Vgl. Sternberg-Lieben, in: Schönke/Schröder, StGB, 30. Aufl., 2019, vor §§ 32 ff. Rn. 116.

第七章　攻击性紧急避险与生命冲突

长年以来都以全力救死扶伤、尽量延长生命为其最高的职业追求。在实际上至少能救部分患者脱险的情况下,如果完全无所作为,眼睁睁地坐视全部病人被杀,必将使行为人内心产生强烈的负罪感。这种良心上的沉重压力就使得被告人在形成合法行为动机时,遇到了极大的阻力。① 同样,由于国家毕竟是公民合法权益的守卫者和保证人,故在本可挽救部分人生命的情况下,任由客机和建筑物内所有人员的生命都消逝在爆炸的烈焰中,这必将使相关国家工作人员的内心产生难以忍受的道德压力。这一压力对其自由地形成合法行为的动机无疑会构成巨大的障碍。

(三)小结

本部分对危险共同体的内部牺牲行为所进行的分析可以得出以下三点结论:(1)当危险共同体成员中的一部分人与危险源相关联时,需要区分两类情况来处理:首先,若这部分人可被评价为危险源,则将其杀害的行为可能以防御性紧急避险的名义获得正当化;其次,若这部分人纯粹只是被裹挟进危险源之中,既未对产生危险的法益有排他性支配,亦未对危险的出现和升高发挥积极推动作用,则不得已将其牺牲的行为只可能因无期待可能性而成立责任阻却事由。(2)当危险共同体的所有成员均处在危险源之外时,牺牲行为仅存在阻却责任的可能。(3)即便行为人所营救的危险共同体成员并非其本人,亦非其近亲属或其他密切关系人,但若根据案情和行为人的特殊身份,能够认定道德压力对他形成合法行为的动机同样产生了巨大阻碍,则也存在根据无期待可能性阻却行为人责任的空间。

四、生命危险的单纯转嫁

生命危险的单纯转嫁是指,行为人在不得已的情况下"祸水东引",将自己或者他人面临的生命危险,转移到原本处在安全状态中的第三人身上。结合上文的分析,可以首先得出以下两个原则:首

---

① Vgl. Rudolphi, in: SK-StGB, 7. Aufl., 2003, vor § 19 Rn. 8; Frisch, Gewissenstaten und Strafrecht, FS-Schroeder, 2006, S. 28.

先,由于被牺牲者与危险源无关,故导致其死亡的行为不可能成立防御性紧急避险,不存在正当化的空间。其次,当行为人为了保全自己、近亲属或其他关系密切之人的生命时,可以根据期待可能性理论阻却行为人的责任。不过,结合相关案件的不同情况,以下三个问题是需要专门加以分析的。

(一)"挡箭牌"案件中构成要件行为的认定

所谓"挡箭牌"案件,是指甲面临着被乙杀死的危险,他在危急之下将第三人丙当作"挡箭牌"代替自己殒命的情形,"调包保命案"即为典型。按照阶层式犯罪论体系的逻辑,如果能够否定行为符合犯罪的构成要件,则直接可以得出无罪的结论,无须求助于违法或者责任阻却事由。"挡箭牌"案件的特殊之处在于,直接导致丙死亡的并非甲,而是乙的杀人行为。那么,甲的行为能否满足故意杀人罪的构成要件呢?

我国早期的不少论著在分析"调包保命案"时,倾向于从因果关系的角度出发来寻找排除行为犯罪性的根据。例如,高格教授认为,虽然李某某主观上具有牺牲张某之妹的生命来保全自己生命的意图,但客观上张妹却并非李某某所杀,故对死亡结果负责的只能是张某而非李某某。① 姜伟教授指出:"如果因为他人死亡便追究女青年(即李某某——引者注)的刑事责任,显然是不合适的,因为他人的死亡是由罪犯(即张某——引者注)的杀人行为决定的。"②刘明祥教授亦主张,不能追究李某某刑事责任的"根本的理由是避险行为与实际结果之间没有直接因果关系,被害人的死亡是由罪犯的杀人行为造成的,杀人行为是决定因素,避险行为只是一个条件"③。但这种观点存在疑问:第一,以行为与结果之间欠缺直接关联为由否定结果归责的说法难以成立。因为,刑法上归责关系的成立,只要求内含于行为的法益侵害危险属于引起结果发生的不可或缺的必要条件,并

---

① 参见高格:《正当防卫与紧急避险》,福建人民出版社1985年版,第121页。
② 高铭暄主编:《刑法学原理》(第2卷),中国人民大学出版社1993年版,第248页。书中的相关章节为姜伟所撰。
③ 刘明祥:《紧急避险研究》,中国政法大学出版社1998年版,第79页。

不要求该行为必须能够独立、直接地导致结果出现。例如,在间接正犯的场合,仅有利用者的利用行为根本无法直接实现犯罪,它只有借助被利用者的行为才可能引起犯罪结果;又如,在帮助犯的情形中,递送犯罪工具等提供便利的行为也只有与正犯行为相结合才足以导致结果的发生。但是,没有任何人会因此否认利用行为、帮助行为与犯罪结果之间存在因果关系。第二,对于故意犯来说,缺少因果关系只意味着不能将结果归责于行为,由于《刑法》第23条确立了未遂犯亦可罚的原则,故从因果关系的欠缺这一点并不能直接得出行为不成立犯罪的结论。只有在完全否定行为人实施了犯罪构成要件行为的情况下,才能真正排除犯罪的成立。因此,当我们在构成要件层面上分析"挡箭牌"案件时,首先需要确定避险行为是否属于故意杀人罪的实行行为。

可以确定的是,由于行为人并未直接杀死被害人,故难以成立故意杀人罪的直接正犯。不过,这种使被害人陷入被他人杀害之险境中的行为,符合间接正犯的要件。第一,被利用者需为结果承担完全的故意犯刑事责任,这并不意味着利用者对犯罪事实必然欠缺支配。在多数情况下,当被利用者成为利用者操纵的工具时,也就意味着前者无法为犯罪结果承担完整的故意犯刑事责任,即被利用者要么根本未实施刑法意义上的行为,要么行为不符合故意犯构成要件,要么行为不具有违法性或者责任。的确,在"挡箭牌"案件中,乙因甲的"调包"行为而杀错了对象,这仅仅属于对象错误或者打击错误;按照我国刑法学通说,同一构成要件范围内的对象错误和打击错误均不影响故意的成立,故乙须为死亡结果承担故意杀人罪既遂的刑事责任。然而,乙的犯罪计划毕竟是以甲这一具体的人为特定对象的,而甲利用他的优势认知通过操控、更改事件的发展进程,引起了乙的错误,正是该错误导致乙杀害了一个他本不愿意杀死的人丙。所以,仍然可以认为甲对引起丙死亡的因果流程实现了支配。① 第二,若不将甲的行为认定为间接正犯,则无法得出合理的结论。因为,一旦间接

---

① Vgl. Roxin, in: LK-StGB, 11. Aufl., 1992, § 25 Rn. 105; Heine/Weißer, in: Schönke/Schröder, StGB, 30. Aufl., 2019, § 25 Rn. 24.

正犯的可能性被排除,则只能考虑该行为是否成立狭义的共犯。可是,首先,由于乙在此之前已经形成了杀人的决意,故甲的行为不可能成立教唆犯;其次,甲的行为不仅没有为乙实现犯罪创造比先前更优的条件,而且使得乙个人的犯罪计划归于落空,故也无法认定他为乙提供了帮助。这样一来,似乎就只能认为甲的行为完全不符合故意杀人罪的构成要件。但是,假设甲是单纯为了借乙之手达到杀害丙的目的,并不存在紧急时刻转移危险以保全自身性命的客观需要和主观意图,那么,就此认定甲的行为无罪,这恐怕难以为人们所接受。

综上所述,"挡箭牌"案件中的行为至少可以以间接正犯的形式满足故意杀人罪的构成要件。据此来分析"调包保命案":首先,李某某通过引起张某的对象错误,利用他杀害了张妹,已符合故意杀人罪间接正犯的构成要件。其次,李某某的杀人行为无法成立紧急避险,故仍属违法。最后,在当时的情形下,由于张某即刻将入屋实施砍杀,而李某某于深夜时分寄宿于他人住所之内,既不熟悉地形,又慑于对方握有凶器,而且张家人多势众,故无论是夺路而逃还是奋起反抗,都难以有效保全自己的生命。所以,将自己与张妹调换位置,诱使张某误杀张妹,属于千钧一发之际为避免死亡危险而不得已选择的唯一出路。因此,可以根据期待可能性的欠缺阻却行为人的责任。

(二)被胁迫杀人的行为与胁从犯

对于我国近年来发生的多起受胁迫杀人的案件,理论界和实务界都有一种相当有力的见解,认为对行为人不可能按无罪处理,因为根据《刑法》第28条的规定,被胁迫参加犯罪的人仍需承担刑事责任,只是"应当按照他的犯罪情节减轻处罚或者免除处罚"而已。[①] 但这一观点

---

① 参见张晓敏、赵杰:《是胁从犯罪还是紧急避险》,载《人民法院报》2003年12月11日,第7版;王海天、李希慧、郑旭:《办案人员:罪可确定,情有可原》,载《检察日报》2008年4月16日,第3版;郑志:《人质被迫杀人岂能无罪?》,载《东方早报》2009年8月1日,第10版;刘洋、孟粉:《被胁迫杀人该如何论罪》,载《北京日报》2015年11月25日,第18版。

大有可以商榷的余地。①

第一,既然胁从犯属于犯罪,那么它的存在当然以行为具备犯罪成立的所有要件为先决条件。由于刑法有专门条文集中规定了可普遍适用于所有犯罪的各类排除犯罪性事由,也由于超法规出罪事由的适用并不被禁止,故关于犯罪构成要件的规定只对某种犯罪类型的特殊积极要件加以描述即可,无须对各种可能出现的出罪事由也一一详作规定。在此情况下,司法者当然需要将规定了犯罪的特殊积极要件的法条与关于出罪事由的法条或原理结合起来,最终确定犯罪的成立范围。譬如,虽然《刑法》第 232 条规定:"故意杀人的,处……"但恐怕没有人会认为只要是故意杀人的行为就一律成立该罪,至少符合了正当防卫要件的故意杀人行为就会被排除在犯罪的区间以外。同理,"被胁迫参加犯罪"只是行为在满足了犯罪成立要件的基础上额外具有的特殊情节而已。所以,不能认为,只要是"被胁迫参加犯罪的",就一定属于胁从犯;一旦违法或者责任阻却事由成立,即便是被胁迫参加犯罪者,也完全可能归于无罪。

第二,立法者的原意不能成为从解释论上限制胁从犯成立范围的障碍。自 1949 年中华人民共和国成立以来,我国的刑事政策和刑

---

① 本来,如果按照刑法学通说的观点,被胁迫杀人的行为似乎鲜有成立胁从犯的空间。因为,通说主张,胁从犯只能是在共同犯罪中起次要作用者,虽然被胁迫参加犯罪,但在共同犯罪中起主要作用的,不能以胁从犯论处。参见张明楷:《刑法学》(第五版),法律出版社 2016 年版,第 453—454 页;高铭暄、马克昌主编:《刑法学》(第八版),高等教育出版社、北京大学出版社 2017 年版,第 176 页;陈兴良:《共同犯罪论》(第三版),中国人民大学出版社 2017 年版,第 209—210 页。但笔者认为,胁从犯并非独立的共犯人种类,而只是一种共犯量刑情节而已。因为:首先,通说向来主张,主犯、从犯、胁从犯是以作用为标准所作的共犯人分类。可是,一旦以作用为标准,那就只有主从之分,至于行为人是否受到胁迫,这与他为共同犯罪贡献的作用大小并无直接关联。其次,依照《刑法》第 28 条的规定,胁从犯区别于其他共犯人的唯一特征是"被胁迫参加犯罪",而非他在共同犯罪中所起的作用。更何况,《刑法》第 28 条为胁从犯确定的处罚原则是"按照他的犯罪情节减轻处罚或者免除处罚"。所谓"犯罪情节",除所受胁迫的强度之外,自然还包括他在共同犯罪中发挥的作用大小。因此,不论是从分类逻辑的一致性还是从刑法的规定来看,胁从犯的成立都不应以行为人在共同犯罪中起次要作用为限。详细的论证,参见赵微:《论胁从犯不是法定的独立共犯人》,载《中国刑事法杂志》2005 年第 2 期;闫二鹏:《胁从犯体系定位之困惑与出路——一个中国问题的思索》,载《中国社会科学院研究生院学报》2012 年第 2 期。

事立法对于胁从犯的处理态度前后发生过变化,即从原先的"胁从不问"到后来对胁从者追究刑责但从宽处罚。① 有学者准确地指出,这种变化的内在历史根据在于:一方面,"胁从不问",主要是在新生政权初建未稳之时因迫切需要分化瓦解敌对势力而提出的斗争策略,具有鲜明的功利色彩。嗣后,随着国家政权日益稳固,这种功利需求已不复存在。另一方面,1979 年《刑法》诞生前的三十年,正是我国道德理想主义和革命英雄主义盛行的时代。在这一背景下,立法者很自然地会倾向于要求公民在他人的胁迫面前有义务坚决选择反抗,而不能屈从于胁迫者的犯罪命令。② 所以,当年的立法者可能确实是本着"只要被胁迫参与犯罪者应一律定罪"的想法来订立胁从犯条款的。但是,由于"刑法被立法者制定出来以后,就成了一种脱离立法者的客观存在,人们应当根据客观存在本身去理解它、解释它,而不是询问立法者当初是何种本意"③,只要在条文可能语义所包摄的范围之内,解释者完全可以根据变化了的社会现实和演进了的社会观念,对刑法条文作出有别于立法者当初设想的解读。既然经过三十余载的发展,中国社会的价值观念已趋向多元,"存天理、灭人欲"的泛道德主义逐渐衰退,将伦理要求与法律规范相分离的理念日益成为共识,既然我国刑法学对各类违法和责任阻却事由的挖掘愈加深入和充分,那么运用各种出罪事由对胁从犯的成立范围作限缩化的解释,既无可指摘又势在必行。

结合阶层式犯罪论的构造,被胁迫行为的出罪事由大致有如下三类:(1)如果他人直接对行为人的身体施加物理上的强制力,使之完全丧失了自由行动的能力,那么对于被强制者而言,由此导致法益损害结果的过程根本不属于刑法意义上的行为,故可以根据《刑法》

---

① 详见陈兴良:《历史的误读与逻辑的误导——评关于共同犯罪的修订》,载陈兴良主编:《刑事法评论》(第 2 卷),中国政法大学出版社 1998 年版,第 279 页以下;高铭暄:《中华人民共和国刑法的孕育诞生和发展完善》,北京大学出版社 2012 年版,第 30 页以下。
② 参见刘之雄:《胁从犯立法之反思》,载《湖北警官学院学报》2002 年第 2 期。
③ 张明楷:《刑法分则的解释原理(上)》(第二版),中国人民大学出版社 2011 年版,第 31 页。

第 16 条所规定的不可抗力阻却犯罪的成立。(2)若行为人在面临胁迫时,为了保全较大的利益不得已按照胁迫者的指令以符合构成要件的方式损害了较小的利益,则该行为可能成立《刑法》第 21 条规定的紧急避险。① (3)若行为人受胁迫所实施的行为无法成立正当化事由,但符合了无期待可能性的要件,则可以成立超法规的责任阻却事由。就被胁迫杀人的行为而言,可能考虑的出罪事由只有第(3)种。据此,我们来分析"何某、李某被迫杀人案"和"章某某被迫杀人案"。对于"何某、李某被迫杀人案"来说:首先,何某、李某若不按袁、周二人的指令杀害方某,则将被立即处死,故两被告人面临着极为急迫的生命危险。其次,由于被告人于夜晚被诱拐扣押在一陌生地点,袁、周二人事先准备周密,且手握凶器,故被告人当时难以通过逃跑、反抗等方法及时有效地避免生命危险。可见,其杀人行为是为了保全自身性命而不得已实施的,故两被告人因无期待可能性而被阻却责任。就"章某某被迫杀人案"而言,由于目前由媒体披露的、经司法机关查证的案件细节较为有限,故笔者只能假设不同的情形分别讨论。第一,若刘某等人用刀、枪指着章某某,以当场杀死他相要挟,则可以认为章某某是在没有其他求生门路的情况下为避免迫在眉睫的死亡危险而杀害吉某,他因不具有期待可能性而无罪。第二,假如刘某等人只是以若不服从杀人命令则另行择日处决章某某相威胁,那么尽管章某某也是为了避免死亡危险而不得已实施杀人行为,但由于危险的急迫程度毕竟明显低于前一情形,故其期待可能性并未完全丧失,而只是有明显降低,在此情况下,似应认定章某某的行为成立故意杀人罪,但属于避险过当和胁从犯,应予减轻或者免除处罚。

(三)非密切关系人实施的避险与责任阻却

最后需要探讨的问题是:如果行为人与遭遇生命危险者并无近

---

① 例如,我国有判例明确认为,行为人在受到他人杀害威胁的情况下,为保全自身性命而被迫强奸被害人的行为,属于紧急避险,不成立犯罪。参见"谭荣财、罗进东强奸、抢劫、盗窃案",载中华人民共和国最高人民法院刑事审判第一、二、三、四、五庭主办:《中国刑事审判指导案例:侵犯公民人身权利、民主权利罪》(第 3 册),法律出版社 2009 年版,第 429—430 页。

亲属等密切关系,那么他将生命危险转嫁给第三人的行为能否成立责任阻却事由呢？例如：

【彭某交通肇事案】1999 年 10 月 6 日 17 时 20 分左右,被告人彭某驾驶一辆农用车从萍乡返回银河,途经 320 国道芦溪县公路征费站路段,突遇一女青年 X 从右向左横穿公路,彭某为避免碰撞 X,即向左打方向,驶入左车道,与相对行驶的萍乡市人民政府决策咨询委员会的捷达小轿车相撞,致使小轿车驾驶员刘某某受伤,经抢救无效死亡;车内乘车人员林某某受伤,其伤情经萍乡市公安局和萍乡市中级人民法院法医技术鉴定结论为重伤乙级、残废十级。法院认定彭某的行为为避险过当,以交通肇事罪判处其有期徒刑 2 年。①

在该案中,由于彭某在事发时属正常驾车行驶,故 X 所遭遇的生命危险完全是她自行引起的。在无法及时刹车的情况下,彭某为了保住与其无密切关系之人 X 的生命,将死亡危险转嫁给了刘某某和林某某。笔者认为,这类案件中的杀人行为难以被阻却责任。理由如下：

如本章第三部分第(二)点所述,在危险共同体的场合下,即便避险行为人并非遇险者的密切关系人,也不妨碍责任阻却事由的成立。但是,在生命危险的单纯转嫁的场合,情况却大不一样。

首先,就危险共同体的内部牺牲而言,无论是被营救者还是牺牲者原本都面临着同一危险状态。如果不实施避险,则共同体内的所有成员都将死亡;如果实施避险,则可以挽救其中部分生命。尽管一般人的看法不能改变共同体内的所有成员的生命法益同等值得保护的事实,亦无法影响避险行为的违法属性,但它却属于刑法决定是否向行为人"倾注同情之泪"的重要考量因素。在一般人看来,此种情形下的避险行为只是在已然遭遇死亡厄运的一群人当中,将不幸的波及范围减至最低,尽力从死神手中夺回更多的生命,故理应获得更多的理解。然而,在生命危险的单纯转嫁的案件中,若不采取避险行为,则注定死亡的只有被营救者,牺牲者并不包含在内。在"彭某交通肇事案"中,本来按照命运的安排,将在意外事故中不幸丧生的

---

① 参见江西省萍乡市芦溪县人民法院(2000)芦刑初字第 10 号刑事附带民事判决书。

第七章　攻击性紧急避险与生命冲突

只有 X,而不包括刘某某。正是彭某的行为彻底改变了刘某某的人生轨道,使其与 X 的位置骤然互换,就此踏上了死亡之路。可见,当第三人强行将牺牲者从一个本来安全的状态放入死神的掌中,从而将被营救者替换带离险境时,他仿佛就是以命运主宰者的身份操纵着他人的生死。① 在行为人与被营救者缺少近亲属等密切关系的情况下,该行径既是法秩序所无法允许,也是法律与公众所难以完全谅解的。

其次,无期待可能性阻却责任的根据不仅在于行为人所承受的心理压力,更在于特殊预防和一般预防的必要性。从前文的举例和分析可以看出,多人处于同一危险共同体的情形可谓百年难遇,只有在意外灾害、暴恐袭击以及大规模屠杀等极端事态下才有可能发生。因此,不追究相关行为人的刑事责任,并不会动摇人们对规范普遍效力的信任,也不会令人担心其他公民会竞相仿效实施同种行为从而危及社会安全。可是,生老病死乃世间人之常情、人有旦夕祸福如月有阴晴圆缺,某个人的生命遭遇危险,这本是我们的社会中几乎每时每刻都在上演的事情。一旦责任阻却的对象从被营救者本人以及与之有近亲属等密切关系的人,扩展到任意第三者,那么被认定为无罪的杀人行为将比比皆是。② 如此一来,每个公民随时随地都可能成为用于消除他人死亡危险的牺牲品,任何人都难保自己哪一天不会在保全他人性命的名义下横遭夺命。例如,因意外而遭遇交通事故,这本是现代社会中需要由个体自行承担的风险,倘若任何公民都可以将这种风险在不同的交通参与者之间进行转移,那么公共交通领域必将笼罩在人人自危的恐惧之中。又如,假如医生为了营救多名病人的生命,杀害另一病人并取走其器官用于移植的行为不成立犯罪,那么任何一名进入医院就诊的患者都将惶惶不可终日。再如,劫匪绑架数名人质后,要求家属杀死 A,否则将处决人质。若警察在通

---

① Vgl. Jakobs, Kommentar: Rechtfertigung und Entschuldigung bei Befreiung aus besonderen Notlagen, in: Eser/Nishihara (Hrsg.), Rechtfertigung und Entschuldigung, 1995, S. 176 f.; Stübinger, „Not macht erfinderisch"-Zur Unterscheidungsvielfalt in der Notstandsdogmatik, ZStW 123 (2011), S. 446.

② Vgl. Roxin/Greco, Strafrecht AT, Bd. I, 5. Aufl., 2020, § 22 Rn. 163 ff.

过其他方法解救人质无望的情况下,将 A 杀死以换取人质生命的行为不成立犯罪,则人们必将对国家绝不伤害无辜公民性命的庄严承诺失去信任。由此可见,一旦主张无关第三人转嫁生命危险的行为也可以阻却责任,则势必导致公民安全感和社会信赖感的崩塌,这无疑会给规范秩序的效力造成无法容忍的沉重打击。

有的学者提出:当行为人为了保全自己、近亲属或者与自己有密切关系之人的生命而采取避险行为时,是基于自利的动机;既然出于自利动机的避险行为都能阻却责任,那么当行为人出于保全无关第三人生命的利他动机实施避险行为时,就没有理由否定成立责任阻却事由的可能。① 但是,无期待可能性能够阻却责任的根据主要并不在于行为动机的道德高尚性,而在于意志自由、不法程度以及特别预防和一般预防之必要性这三者的同时大幅降低。正因为如此,期待可能性理论的成立,原则上要求行为人是基于自保动机,至少是为了保护与自己有近亲属等密切关系之人的法益。在为保护无密切关系之人的场合,唯有当三者的必要性综合下降幅度在实质上与前述情形相当时,才能阻却责任。可见,基于利他动机实施的损害行为,反而比利己动机支配下的损害行为更难以成立超法规的责任阻却事由。在行为人为救助无关第三人而转嫁生命危险的场合,既然如前所述,其一般预防的必要性没有出现明显的减弱,那就不能仅以行为人是基于利他动机这一点为由阻却其责任。

五、本章小结

人生无大事,唯生死系之。面对涉及生死的冲突困境,刑法理论和实践不能不慎之又慎,不可不殚思极虑。本章的研究表明:对于生命冲突的刑法裁决,违法与责任的阶层划分是基础,生命不可衡量原则的确立是前提,紧急权体系下生命值得保护性之具体差异的发现则是关键。结合我国的现实,关于生命冲突的思考或许能够为我们带来以下三方面的启示:

---

① Vgl. Hörnle, Töten, um viele Leben zu retten, FS-Herzberg, 2008, S. 572.

首先，在解决生命冲突案件时，应当将生命法益的抽象价值与生命法益的具体值得保护性区别开来。宪法中有关人权保障、法律面前人人平等以及人格尊严不受侵犯的规定，决定了公民的生命在价值上不具有相互比较的空间。但是，任何法益都不可能抛开具体的情形无条件地享有受到绝对保护的地位，生命法益也不例外。当冲突的一方属于冲突状态的引起者时，法律保护的天平必须向另一方倾斜，于是前者生命法益的值得保护性相比于后者而言就不可避免地会在一定程度上出现下降，这就为杀人行为的合法化创造了空间。所以，在紧急权的体系之内，杀人行为正当化的可能性在正当防卫中最高，在防御性紧急避险中次之，在攻击性紧急避险中则为零。

其次，"投鼠忌器"是法治社会中人们反击暴恐活动时必然要面对的困境。对生命不可衡量原则的坚守，必然导致国家对恐怖袭击的防御受到诸多掣肘和约束，许多果断的反击措施也难以获得正当化。这在有的人看来也许多少有些妇人之仁，因为它使得紧急状态下的反恐战争从一开始就处于不对称的关系之中，一方破釜沉舟、肆无忌惮，另一方却瞻前顾后、畏首畏尾。这看似是法治国面对暴力犯罪软弱无能的表现，但从长远来看却是法治国最终战胜恐怖主义的力量源泉所在。因为，恐怖主义和极端势力所欲毁灭的并非某个人，而是自由、民主、法治这些人类现代文明所取得的成果，所以真正能彻底根除恐怖袭击的，不是武力，而是以公民自由和权利为核心的法治社会的不断稳固和发展。要知道，"对民主政体危害最大的，不是恐怖活动本身，而是对恐怖活动的反应。……恐怖主义对民主政体的最大危害其实就在于，它有可能促使多数公民以为他们所享有的自由是造成政府反恐不力的根源，而认识不到自由正是民主国家反恐的力量所在。"[①]当恐怖分子劫持平民发动袭击时，法律对行使紧急权的犹豫态度和苛刻要求，不是出于怯懦，更不是出于对恐怖分子的怜悯，而是因为被裹挟其中的无辜公民依然享有着不容扣减的尊严和权利，是因为民主政体恰恰不能像恐怖分子那样对待

---

① 周展等编著：《文明冲突、恐怖主义与宗教关系》，东方出版社2009年版，第148—149页。

自己的公民。

最后,不能因为刑法对责任阻却事由没有明文规定,不能因为刑法规定了避险过当、胁从犯应当负刑事责任,就认为牺牲他人生命的避险行为必然成立犯罪。一方面,由于刑事责任的承担以行为成立犯罪为前提,故刑法关于避险过当和胁从犯的规定并未排除相关行为因符合出罪事由的要件而无罪的可能。另一方面,对超法规责任阻却事由的适用并不违背罪刑法定原则,故刑法对期待可能性未作规定不能成为拒绝对其加以适用的理由。"在我国刑法中,具有入罪功能的开放的构成要件都可以存在,我们为什么对具有出罪功能的开放的免责事由如此惧怕呢?"①我国刑法学界,尤其是司法实务界在面对生命冲突案件时,对运用期待可能性等超法规责任阻却事由出罪尚有顾虑,个中原因不难体察。在中国,"杀人偿命"的观念和重刑主义传统根深蒂固,故对于受胁迫杀人之类的案件,司法机关时常会面临来自社会、受害人家属等多方面的压力,难以作出无罪的判决,故往往会选择定罪免刑或者定罪轻判的方式试图左右逢源、息事宁人。但是,"没有责任就没有犯罪,没有责任就没有刑罚(nulla poena sine culpa),认定犯罪和判处刑罚都应当以行为人的行为中所体现的可谴责性的有无及其程度为根据"②。假如意志自由的减弱、紧急状态的罕见以及不法程度的下降使得刑法难以向处在生死边缘的行为人再发出它严厉的斥责,那就没有任何理由仅仅为了维护一方稳定或者平息部分民众的情绪而给行为人贴上犯罪的标签。否则,就是对公民人格尊严的侵犯。

---

① 陈兴良:《教义刑法学》(第三版),中国人民大学出版社 2017 年版,第 607 页。
② 冯军:《刑法中的责任原则——兼与张明楷教授商榷》,载《中外法学》2012 年第 1 期。

第八章 公民扭送权限度的规范续造

一、问题的提出

公民扭送权是我国《刑事诉讼法》第 84 条所载明的一项正当化事由。近年来,司法实践中频频出现公民在追赶、押送犯罪嫌疑人的过程中导致后者死伤的案件,将扭送行为合法性边界的问题推到了舆论关注的风口浪尖。较为典型者例如:

【白朝阳非法拘禁案】被告人白朝阳与被害人刘某某存在经济纠纷。2007 年 10 月 13 日,刘某某因涉嫌非法买卖爆炸物品罪被沁阳市人民检察院决定批准逮捕,沁阳市公安局于 2007 年 11 月 7 日将刘某某上网追逃。白朝阳从沁阳市公安局得知该消息后,让其职工孙某某上网查实,孙某某通过其在巩义市公安局工作的同学查询,确认了刘某某被上网追逃的事实。此后,白朝阳积极打探刘某某的行踪。2007 年 12 月 29 日下午,白朝阳得知刘某某当天下午要从北京返回的消息后,指派其职工王某某、赵某某、吕某某、康某某、李某某、认识刘某某的孙某某和张某某七人分乘两辆轿车,到京珠高速新乡段等候刘某某。当晚 23 时 40 分左右,康某某、孙某某、李某某、张某某等人发现刘某某所乘车辆后,即刻报告白朝阳。白朝阳于 23 时 55 分向巩义市公安局报警,该局刑侦大队一中队副队长等人出警,副队长与白朝阳进行联系,让康某某等人跟着刘某某的车即可。康某某等人所乘两辆车一前一后尾随刘某某的车辆,一路跟踪至郑州市区。当双方车辆行驶至某处,刘某某下车准备离开时,孙某某和张某某分别对同车人指认刘某某并让下车抓人。康某某等人下车后,连推带拉强行将刘某某拉进轿车,后康某某等人拉着刘某某向巩义市方向驶去。途中,康某某、李某某一左一右坐在刘某某两旁并拉住其胳膊,康某某还用右手按着刘某某的肩膀。为防止刘某某在通过高速公路收费站时反抗和叫喊,孙某某指使康某某和李某某将刘某某的头部按低,时间约20多分钟。康某某发现刘某某身体发软时,才和李某某将其扶起坐直。从高速路巩义站下站后,康某某等人于12月30日1时55分将刘某某送到巩义市人民医院抢救,经医院抢救无效后宣布死亡。2009年3月3日,经司法鉴定中心鉴定,刘某某系在被强行带入汽车并被按在前排座中间的过程中,因体位受限对呼吸功能的影响、外伤及情绪激动等因素诱发冠状动脉粥样硬化性心脏病急性发作,致心源性猝死。法院以非法拘禁罪分别判处白朝阳、康某某、孙某某、李某某11年、10年6个月、10年6个月、10年有期徒刑。①

【蓝某致陈某死亡案】 2016年3月21日凌晨4时许,蓝某在漳浦县湖西畲族乡顶坛村家中睡觉,隐约发觉有人(陈某)偷窃其养殖的家禽,于是起身查看。陈某发现蓝某后随即向顶坛村白林社水泥路奔逃,蓝某随后追赶。当时下雨路滑,蓝某追了一段后,伸手从后面抓住陈某的左手衣袖,陈某用力后甩挣脱蓝某,随即侧身摔倒在水泥路面上,致颅骨损伤,经抢救无效死亡。公安机关以蓝某涉嫌过失致人死亡罪将其移送检察院审查起诉。②

【张庆福等诉朱振彪生命权纠纷案】 2017年1月9日上午11时许,张永焕由南向北驾驶两轮摩托车与张雨来无证驾驶同方向行驶的无牌照两轮摩托车追尾相撞,张雨来倒地受伤、摩托车受损。张永焕起身驾驶摩托车驶离现场。此事故经交警部门认定:张永焕负主要责任,张雨来负次要责任。事发当时,被告朱振彪驾车经过肇事现

---

① 参见"白朝阳非法拘禁案",河南省郑州市中牟县人民法院(2009)牟刑初字第57号刑事判决书。该案曾在学界引起较大关注。2009年12月12日,中国政法大学专门针对该案举行了"社会责任与法律责任——公民'扭送'致意外死亡案理论研讨会"。参见龙平川:《扭送"仇人"闹出人命,法律咋办?》,载《检察日报》2009年12月16日,第5版。

② 参见漳浦县人民检察院:《漳浦县人民检察院关于办理蓝某童涉嫌过失致人死亡罪一案的情况通报》(2016年11月14日);陈本兰:《小偷被追身亡,失主该担责吗?》,载《人民日报》2016年11月15日,第11版。

场,发现肇事逃逸行为后即刻驾车追赶。追赶过程中,朱振彪多次向公安部门电话报警。张永焕驾车行至 A 村内,弃车从南门进入该村一村民家中拿走一把菜刀,从北门走出。朱振彪先拿起一个木凳、后又拿起一根木棍继续追赶。此后,有朱振彪喊"你怼死人了往哪跑!警察马上就来了"、张永焕称"一会儿我就把自己砍了"、朱振彪说"你把刀扔了我就不追你了"之类的对话。走出 A 村后,张永焕跑上公路,有向过往车辆冲撞的行为。在被一面包车撞倒后,张永焕又站起来在路上行走了一段,后转向铁路方向的开阔地跑去。张永焕走到铁路时,翻过护栏,沿路垫行进,朱振彪亦翻过护栏继续跟随。朱振彪边追赶边劝阻张永焕说:"被撞到的那个人没事,你也有家人,知道了会惦记你的,你自首就中了。"11 时 56 分,张永焕自行走向两铁轨中间,51618 次火车机车上的视频显示,朱振彪挥动上衣,向驶来的列车示警。12 时 2 分,张永焕被由北向南行驶的 51618 次火车撞倒后死亡。法院最终判决朱振彪对张永焕的死亡不承担侵权赔偿责任。①

　　在扭送权领域,与相关案件的疑难程度以及司法实践的急切需要形成鲜明对比的是,法律规范与法学理论能够提供的资源却异常贫乏。首先,扭送权规定的残缺。尽管《刑事诉讼法》第 84 条对扭送权作了规定,但该条仅仅阐明了扭送权的主体和对象,对于扭送行为的合法限度这一关键性问题却未置一词。其次,扭送权理论研究的薄弱。纵观我国的法学文献,扭送权处在"两不管"的尴尬境地,几近沦为被遗忘的角落。一方面,虽然扭送权规定于《刑事诉讼法》之中,可现有的刑事诉讼法教科书却大多只附于强制措施章节,对此以寥寥数语一笔带过②,有关扭送权的专题论文也屈指可数③。另一方

---

① 参见"张庆福等诉朱振彪生命权纠纷案",河北省唐山市滦南县人民法院(2017)冀 0224 民初 3480 号民事判决书。该案被写入最高人民法院院长周强在第十三届全国人民代表大会第一次会议上所作的《最高人民法院工作报告》中。
② 例如陈光中主编:《刑事诉讼法》(第六版),北京大学出版社、高等教育出版社 2016 年版,第 226 页。
③ 较有代表性的论文有:王铁夫:《试论我国刑事诉讼中的公民扭送人(转下页)

面,尽管"正当化事由皆来源于法秩序的全体领域"①,但从传统上来说,刑法学无疑是对正当化事由研究最为深入和全面的部门法学科。然而,扭送权却鲜有进入实体刑法学者研究的视野。遍寻各类教科书以及有关正当化事由的专著,至多只能在某些边缘地带觅得扭送权模糊的身影。② 在法律依据和学理资源双重短缺的情况下,司法机关在处理相关案件时无所适从、对扭送权的认识误区重重,也就不足为奇了。面对这样的困境,不少学者不约而同地开出了"完善立法"这剂药方。③ 在笔者看来,欲真正实现扭送权的完善,恐怕需要首先克服立法依赖的思维定式。切实可行的途径不是寄希望于立法者,相反,应当是由理论界率先对扭送权的限度要件进行法教义学的续造,继而以成熟的理论推动立法的进步。理由如下:

第一,正当化事由教义学理论的发展,在相当程度上并不依赖于成文法规范的订立和完善。受罪刑法定原则的制约,一旦某种法益侵害行为未被刑法所明确规定,那么对其成立要件进行探讨的意义基本上就只能局限在立法论的范畴之中,无从对司法实践产生直接影响。可是,由于正当化事由具有出罪功能,故在法律规定之外探寻正当化事由的做法并不违背罪刑法定原则。于是,即便没有实定法

(接上页)犯》,载《法学研究》1985 年第 4 期;欧卫安:《论扭送》,载《中国刑事法杂志》1998 年第 6 期;张鸿巍:《扭送刍议》,载《河北法学》2011 年第 1 期;左袖阳:《比较法视野下我国公民扭送权之完善》,载《中国人民公安大学学报(社会科学版)》2011 年第 4 期;谢波:《我国刑事诉讼扭送制度之检讨——兼评新修〈刑事诉讼法〉第 82 条》,载《武汉科技大学学报(社会科学版)》2013 年第 1 期;刘国庆:《论私人逮捕制度——兼论我国的公民扭送制度》,载《云南大学学报(法学版)》2014 年第 6 期;吴宏耀:《现行犯视角下的拘留扭送制度》,载《中国刑事法杂志》2016 年第 1 期。

① Roxin/Greco, Strafrecht AT, Bd. I , 5. Aufl. , 2020, § 14 Rn. 32.
② 附随于正当防卫、法令行为等事由对扭送权略有提及的,参见王政勋:《正当行为论》,法律出版社 2000 年版,第 294 页以下;张明楷:《刑法学(上)》(第五版),法律出版社 2016 年版,第 232 页;黎宏:《刑法学总论》(第二版),法律出版社 2016 年版,第 150 页;陈兴良:《正当防卫论》(第三版),中国人民大学出版社 2017 年版,第 30 页。
③ 参见魏晓娜:《"见义勇为"获刑 全是"扭送"惹的祸》,载《法制日报》2010 年 3 月 23 日,第 3 版;左袖阳:《比较法视野下我国公民扭送权之完善》,载《中国人民公安大学学报(社会科学版)》2011 年第 4 期;刘国庆:《论私人逮捕制度——兼论我国的公民扭送制度》,载《云南大学学报(法学版)》2014 年第 6 期。

作为依托,相关的教义学理论同样能够向前推进并指导审判。德国法中紧急避险制度的发展史就足以说明这一点。在1975年之前,虽然《德国民法典》第904条和第228条已经分别规定了针对财物的攻击性紧急避险和防御性紧急避险,但成文法一直没有规定以财物之外的其他法益为损害对象的避险行为能够得到正当化。这并不妨碍判例和学理逐步发展出正当化效果覆盖各类法益侵害行为的超法规的紧急避险概念,并最终促使立法者于1975年在新刑法总则中为一般性紧急避险创设了成文法规范。① 可见,在我国《刑事诉讼法》第84条对扭送权的限度要件留有空白的情况下,并不是非要等到立法获得完善后才能展开相关的教义学理论研究,理论和司法实践的前进步伐完全可以走在立法之前。

第二,即便正当化事由的成立要件得以成文化,也绝不意味着实践中存在的疑难和困境能在一夜之间烟消云散,更不意味着教义学理论自此可以解甲归田、高枕无忧。因为:一方面,即便是法定正当化事由的规定,也不可避免地具有高度的概括性。例如,正当防卫堪称是成文化水平最高的正当化事由,但各国立法在规定其限度要件时基本上都采用了诸如"必要限度"(我国《刑法》第20条第2款)、"必要的"(《德国刑法典》第32条第2款)、"防卫限度"(《日本刑法典》第36条第2款)之类极为抽象的措辞。这些用语离能够真正用于指导个案审理的判断标准仍有不小的差距,有待教义学理论加以填充和具体化的空间依然很大。正当防卫尚且如此,我们至少在现阶段很难指望立法者会为扭送权的限度作出比正当防卫、紧急避险更为详细的规定。另一方面,退一步说,即便刑事诉讼法对扭送权的限度作出了相对明确的界定,如果没有成熟的教义学理论作支撑,也无法保证司法者对相关案件的审理必然沿着正确的轨道进行。《刑法》第20条第3款可谓前车之鉴。众所周知,我国有关正当防卫的审判实践向来存在严重的唯结果论现象,即一旦防卫行为引起了不法侵害人重伤、死亡的结果,法院便倾向于一概认定为防卫过当。在

---

① Vgl. Lenckner, Der rechtfertigende Notstand, 1965, S. 53 ff.; Perron, in: Schönke/Schröder, StGB, 30. Aufl., 2019, § 34 Rn. 2.

相当长的一段时间里,人们普遍将之归咎于立法的粗疏,认为造成这一弊病的根源在于"对正当防卫超过必要限度的规定太笼统,在实际执行中随意性较大"①。基于这种考虑,立法者于1997年为正当防卫条款增设了特殊防卫权的规定。然而,1997年《刑法》颁行后的司法状况却说明,特殊防卫权条款的设立并没有达到从根本上避免唯结果论的效果。在学界的主流观点仍然坚持"基本相适应说"的情况下,判例并未如立法者所设想的那样将《刑法》第20条第3款视为有关防卫限度的注意规定,而是在总体上倾向于将其理解为关于防卫限度判断的特别规定。于是,一旦遇到防卫人为保护一般的身体健康或者纯粹的财产法益而导致侵害人死亡的案件,法院依旧习惯于仅以法益侵害结果的严重性为依据判定防卫行为过当。由此可见,如果缺少了合理、发达的教义学理论作为法律适用的向导和保障,那么无论初衷如何良好、设计怎样精良的立法都难逃被歪曲和架空的危险。

第三,从法教义学的角度出发对扭送权的限度要件进行续造,也有助于逐步发掘超法规的正当化事由的构建方法。随着中国社会经济的高速发展以及公民权利意识的显著提升,大量新型利益冲突开始涌现。在这一背景下,种类单一的传统法定正当化事由日益显现出供不应求的窘境,创制新型正当化事由的需求也日渐迫切。但是,现有为数不多的有关超法规正当化事由的研究成果,大多只将注意力集中在超法规正当化事由的必要性、理论根据以及在犯罪论体系中的地位等问题上。② 如何确立超法规正当化事由的锻造原则和

---

① 王汉斌:《关于〈中华人民共和国刑法(修订草案)〉的说明——1997年3月6日在第八届全国人民代表大会第五次会议上》,载高铭暄、赵秉志编:《新中国刑法立法文献资料总览》(第二版),中国人民公安大学出版社2015年版,第697页。

② 参见沈琪:《解析超法规违法阻却事由理论——兼论社会危害性》,载《法学论坛》2004年第4期;陈庆安:《超法规违法阻却事由的理论基础》,载《国家检察官学院学报》2004年第6期;张军、彭之宇:《超法规犯罪阻却事由的价值》,载《人民检察》2006年第12期;王骏:《超法规的正当化行为论纲》,载《河北法学》2010年第8期;梁云宝:《超法规的违法性阻却事由之外置化——四要件犯罪论体系下的定位》,载《法学评论》2011年第6期;刘杰:《超法规犯罪阻却事由的理论初探》,载《福建警察学院学报》2015年第3期。

方法,对于这个最具实践价值的核心问题,却鲜有问津。尽管扭送权属于法定正当化事由,但其限度要件却与超法规正当化事由无异,同样处在无法可依的状态之中。因此,通过探寻扭送权限度要件的教义学续造方法,能够为完善超法规正当化事由的建构方法提供先导,并最终为正当化事由立法的进步奠定基础。

二、紧急权体系下扭送权的正当根据

类推适用是基于对同类事物应作相同处理的要求,以回溯法律所包含之原则(即"事物本质")的方式,将原本处在某一法律规范涵摄范围以外的事物纳入其适用领域之中;目的性限缩则是基于对不同事物应作不同处理的要求,根据法律所体现的原则(即"事物本质"),将原本在语义上处在某一法律规范涵摄范围内的事物剔除出其适用领域,试图填补法律隐藏的漏洞。① 因此,无论是类推适用还是目的性限缩,首先需要完成的一项任务就是确定相关法律的原则或曰目的理性。具体到扭送权,在对其限度要件进行规范续造之前,我们首先需要厘清其正当化根据。

包括扭送权在内的一切紧急权均应受到宪法上比例原则的制约。② 发端于行政法领域的比例原则主要由以下三项内容构成:(1)适当性原则,即当法律或者行政权的行使给公民权利造成侵害时,它必须能够达到某种法定目的。(2)必要性原则,是指在适于达到法定目的的所有措施中,应当选择对公民权利损害最小的那一种。(3)狭义比例原则,是指国家权力的行使措施与其所欲达到的目的之间必须相称和均衡。即便某一措施乃为达到法定目的所必要,但如果它对公民基本权利带来的侵害过于严重,明显超过了法定目的所能实现的价值,则该措施仍不被允许。③ 其中,适当性原则和必要性

---

① 参见〔德〕卡尔·拉伦茨:《法学方法论》,陈爱娥译,商务印书馆2003年版,第258、268页。
② 参见本书第三章第一部分。
③ 参见陈新民:《德国公法学基础理论(上卷)》(增订新版),法律出版社2010年版,第415页以下。

原则应当统一适用于一切紧急权,对此不存在争议。据此,某一行为要能够以扭送权之名获得正当化,首先需要满足两个条件:第一,该行为具有及时控制犯罪嫌疑人并将之移送司法机关的能力;第二,该行为必须是在多种能够同样有效地实现扭送目的的措施中,给被扭送者造成损害最小的那一种。不过,"尽管比例原则……是一个普遍适用于所有干预权(Eingriffsrecht)的法原则,但我们需要根据个别的情况使其具体化,所以也有必要为它增添一些判断标准,而这些标准的获得只能求助于各个干预权自身所具有的特性"①。由于在紧急权体系中,不同的权利分别以宪法上的不同原则为其正当化基础,故狭义比例原则(即法益均衡原则)对各个紧急权限度的控制就呈现出不同的宽严程度。按照本书第一章的分析,紧急权可以分为自损型、反击型和转嫁型三类,由于自损型紧急权的限度取决于被害人的意愿或者推定的被害人意愿,所以需要特别探讨限度要件的主要是后两类紧急权。(1)反击型紧急权,即直接针对危险来源实施反击的权利,正当防卫和防御性紧急避险为其典型。(2)转嫁型紧急权,即通过损害第三人法益的方式使某一法益免受危险的权利,例如攻击性紧急避险。首先,《宪法》第33条和第51条共同确立了自由平等原则,即任何人未经他人同意,均无权损害其法益;与此相应,任何人对于他人未经本人许可损害自己法益的行为,也都没有忍受的义务。于是,一旦某人侵入他人的自由空间,受侵犯者均有权在为有效制止侵害所必要的限度内,对侵犯者实施反击。这不仅是为保护受侵犯者的具体法益所需要,更是为维护他在法律上与其他一切公民平等的地位所不可或缺。因此,从最初的意义上来说,反击型紧急权完全建立在个人自由的基础之上,它在行使过程中并不受法益均衡原则的掣肘。② 其次,在自由平等原则之下,为保护自身法益而损害另一个与危险的发生毫无关联之人的法益,这种行为本来是不能得到容许的。但是,鉴于公民间的相互扶助和彼此忍让毕竟是社会共同

---

① Perron/Eisele, in: Schönke/Schröder, StGB, 30. Aufl., 2019, § 32 Rn. 16.
② Vgl. Frister, Die Notwehr im System der Notrechte, GA 1988, S. 292; Pawlik, Der rechtfertigende Defensivnotstand im System der Notrechte, GA 2003, S. 13 f.

体得以存在的必备条件,故现代法治国家在保障个人自由的同时,均在一定范围内承认了社会团结原则。于是,当某一公民的法益遭遇险境时,其他公民有义务作出一定的牺牲以协助他转危为安,转嫁型紧急权由此应运而生。正是由于社会团结只是在坚持自由平等原则的前提下出现的例外,故为防止其无限扩张,以该思想为基础的转嫁型紧急权就需要受到极为严格的限制。只有当行为所保护的利益明显高于其损害的利益时,才允许公民行使攻击性紧急避险。最后,受到社会团结原则的影响,人们根据归责原理对反击型紧急权作了进一步的区分:当侵犯者以违反法义务的方法入侵他人的自由空间时,我们就可以将危险的产生完整地归责于他,故侵犯者原则上就失去了要求对方作出牺牲、给予照顾的资格。与这种强归责性相对应的正当防卫,在强度上也就基本保持了反击型紧急权的原始风貌。但是,当侵犯者虽然对他人的自由空间造成了威胁,却存在缺少预见和避免能力等值得体谅的事由时,危险的可归责性就会明显减弱。这便使他在一定范围内保留了要求对方给予容忍和关照的权利。与这种弱归责性相对应的防御性紧急避险,在强度上就比正当防卫更为克制。防御性紧急避险的行为人所代表的利益原则上仍占据优势地位,但他给侵犯者所造成的损害不能不成比例地高于侵犯者可能引起的损害。由此可见,正是反击型紧急权和转嫁型紧急权在正当化基础上存在的差异,导致从前者到后者,狭义比例原则的制约作用呈现出由弱到强的渐变趋势。

这样看来,狭义比例原则在多大范围内能够适用于扭送权,关键在于扭送权在紧急权体系中的定位。笔者认为,扭送权在本质上属于转嫁型紧急权,其限度应严格受到法益均衡原则的调控。理由如下:

1. 扭送权不具有通过即时制止侵害的方式保护法益的功能

扭送权与正当防卫都是直接针对违法犯罪人所实施的紧急权,故乍一看两者似乎颇为相近。但实际上二者有着本质的差别。作为反击型紧急权的典型,正当防卫权能够通过对不法侵害者造成损害的方式当即消除危险源,从而直接保护某一具体法益免遭侵害的威胁。然而,单纯将犯罪嫌疑人、通缉在案者、越狱逃跑者扭送至司法机关的行为,却并不能及时救受侵犯之法益于危难之间,它所起的作用只是为事后追究犯罪人的刑事责任创造有利条件。众所周知,尽管刑事制裁的终极目的也在于法益保护,但与侵权责任不同,它实现法益保护的具体途径并不是使个案中具体受损的法益恢复原状或得到补偿,而是通过惩罚犯罪人以彰显行为规范不容动摇的效力,从而预防将来再度发生类似的法益侵害行为。① 正是由于追究刑事责任的活动本身无助于受害者法益的恢复,所以服务于刑事追诉的扭送权也不可能具有反击型紧急权的特性。

2. 扭送权的成立并不以被扭送者现实成立犯罪为前提

反击型紧急权正当化的核心在于答责原则(Verantwortungsprinzip),即由于侵害者是法益冲突状态的制造者,是他引起了使自己可能遭遇他人反击的险境,故与遭受侵害者相比,侵害者的值得保护性会出现明显下降,为消除相关法益冲突所需付出的代价,也应当更多地由侵害者本人去承受。② 正是因为侵害者对于危险的出现具有法律上的答责性,故反击型紧急权才在行使限度方面呈现出较为凌厉和强势的特征。目前,大陆法系的刑法理论几乎没有争议地认为:只有当事后证实法益冲突状态的确可归责于被反击者时,反击行为才能得以正当化;一旦行为人对该事实发生了误判,不论该错误的发生在行为当时是否具有合理性,都不存在成立反击型紧急权的余地,至多只能借助假想防卫等原理免除行为人的责任。因此,如果想要将扭送权归入反击型紧急权,那么前提是,被扭送者必须是以法律上可归责的方式制造了扭送权据以产生的利益冲突。换言之,只有经事后的司法程序被确定为实施了犯罪的人,才能成为扭送权的对象。③

这便引出了一个值得探讨的问题:扭送权的成立究竟是否应当以被扭送者事实上实施了犯罪为前提? 笔者认为,只要某人在行为

---

① Vgl. Freund, in: MK-StGB, 4. Aufl., 2020, vor §§ 13 ff. Rn. 65 ff.

② Vgl. Rudolphi, Rechtfertigungsgründe im Strafrecht, GS – Armin Kaufmann, 1989, S. 394 f.; Kühl, Notwehr und Nothilfe, JuS 1993, S. 183; Kindhäuser, Strafrecht AT, 8. Aufl., 2017, § 15 Rn. 4.

③ Vgl. Jakobs, Strafrecht AT, 2. Aufl., 1993, 11/9, 16/16.

当时具有可排除合理怀疑的犯罪嫌疑,那么即便事后证明他是无辜之人,对其所实施的扭送依然合法。理由如下:

第一,不要求扭送权的对象必须是现实犯了罪的人,这是体系解释的应有结论。首先,扭送权位于《刑事诉讼法》"强制措施"一章中,紧接有关逮捕、拘留的规定。由此可见,扭送是国家在情势紧急、公权力机关难以及时采取法定强制措施之际,为确保刑事追诉不被延误而交由公民施行的一种补充性措施。《刑事诉讼法》第81条和第82条明确规定,逮捕和拘留的对象包括"犯罪嫌疑人"或者"重大嫌疑分子"。"嫌疑"是站在事态尚不明朗的事前时点进行预测后得出的判断结论。立法者对该用语的选择说明,刑事强制措施仅以强制对象于当时存在成立犯罪的可能为前提。既然公权力机关在某人仅有犯罪嫌疑的情况下就有权对其采取强制措施,那就不能对作为公权力辅助者的一般公民提出更为严苛的要求,主张其扭送权的成立必须建立在对方确实成立犯罪的基础之上。其次,刑事诉讼的全过程本来就是围绕一个目的展开的,即:使刑事案件摆脱原本真伪莫辨、疑云重重的状态,逐渐达至水落石出、真相大白的目标。扭送权恰恰就处于案件真相调查的过程之中。如果要求扭送权成立的前提是被扭送者被证实为犯罪人,那就无异于是把扭送制度从调查进程的中间移转到了调查进程的终端,无异于从根本上否定了扭送权之于刑事诉讼程序所具有的意义。另外,《刑事诉讼法》第12条规定:"未经人民法院依法判决,对任何人都不得确定有罪。"既然这一规定要求,任何人在刑事诉讼过程中都必须被假定为无罪,那就说明,对无罪之人展开调查,这非但不与刑事诉讼的宗旨相冲突,毋宁说正是刑事诉讼的应有之义。①

第二,在确定扭送权前提要件的内容及判断标准时,需要对扭送者与被扭送者双方的利益加以平衡。首先可以确定的是,无论是认为只要具有一定程度犯罪嫌疑的人就足以成为扭送权的对象(以下简称"犯罪嫌疑说"),还是主张扭送权的成立以被扭送者事实上犯

---

① Vgl. Fincke, Darf sich eine Privatperson bei der Festnahme nach § 127 StPO irren?, GA 1971, S. 43.

了罪为前提(以下简称"现实犯罪说"),采取不同的观点对于扭送行为人承担刑事责任的范围并无实质影响。① 因为,若支持犯罪嫌疑说,则扭送者基于合理怀疑所实施的适当扭送行为均可获得正当化,自然不成立犯罪。即使赞同现实犯罪说,尽管针对仅有合理怀疑但事实上未犯罪的人所进行的扭送不能成立扭送权,但由于这种容许性构成要件错误的发生对于扭送者来说不可避免,故根据《刑法》第16条关于意外事件的规定,依然可以得出扭送行为无罪的结论。不过,在现实犯罪说的支持者们看来,有一个问题可以体现出这两种观点的实质性差异,进而凸显现实犯罪说的优势,即:针对基于合理怀疑所进行的扭送行为,无辜的被扭送人是否拥有正当防卫的权利?如果认为犯罪嫌疑的存在就足以满足扭送权的前提要件,那就意味着,"被错误扭送的人对于自己所遭受的拘禁,只能加以忍受,而无权实施正当防卫"②,这将使无辜的被扭送者陷于过于不利的境地③。但这一看法还存在疑问。

　　首先,按照二元的不法理论,一个违法行为的成立需要同时兼具行为无价值和结果无价值。可是,既然扭送者是基于合理怀疑采取了扭送措施,那就说明他对于误判的产生并无过失。因此,即便站在现实犯罪说的立场之上,也应当认为尽到了必要注意义务的错误扭送行为因为欠缺行为无价值而不成立不法侵害,故他人无权对之实施正当防卫。当然,在这种情况下,由于无辜的被扭送者对于错误的扭送毕竟不负有忍受的义务,故可以考虑承认他享有防御性紧急避险的权利。④ 但是,根据《刑法》第21条第1款的规定,紧急避险的成立受到补充性原则的约束,公民只有在"不得已"、也就是只有在缺少其他能有效避免危险的方法时,才能行使防御性紧急避险权。由于在现实中,被错误扭送的公民往往可以通过即时辩解、澄清等方式摆

---

① Vgl. Kindhäuser, Lehr-und Praxiskommentar, StGB, 7. Aufl., 2017, vor §§ 32-35 Rn. 85.
② Jescheck/Weigend, Lehrbuch des Strafrechts AT, 5. Aufl., 1996, S.398.
③ Vgl. Hirsch, Rechtfertigungsfragen und Judikatur des Bundesgerichtshofs, FG-BGH, Bd. Ⅳ, 2000, S. 225; Fischer, StGB, 64. Aufl., 2017, vor § 32 Rn.7a.
④ Vgl. Roxin/Greco, Strafrecht AT, Bd. Ⅰ, 5. Aufl., 2020, § 17 Rn. 25.

脱拘禁，故允许他直接对扭送人实施防御性紧急避险的余地也极其有限。

其次，退一步说，即便如我国传统刑法理论或者结果无价值论所主张的那样，认为不法侵害的成立仅需行为在客观上具备法益侵害的危险即可①，被扭送者能够真正行使正当防卫权的空间实际上也微乎其微。因为，主张从纯客观的角度去理解正当防卫中不法侵害概念的学者，大多也承认，在侵害人主观上毫无过错的情况下，对他所进行的防卫应当受到更多的限制，或者说防卫人在一定程度上负有对侵害人予以忍让的义务。如果有其他方式能够躲开侵害，如果采取消极抵挡的方法就可以避免受到侵害，那么即便这样做有可能给防卫人带来某些轻微的损害，也要求他加以容忍，而不得优先采取积极的暴力反击手段。② 事实上，在多数情况下，被错误扭送者接受扭送所可能遭受的损害恰好就处在这种忍让义务的合理限度之内，因为他只需忍受短暂的拘禁，一旦到达公安司法机关就能立即被还以清白、重获自由。③ 这样一来，也就排除了允许其行使正当防卫权的可能。

最后，为了保障刑事诉讼秩序的安定性，只要公安司法机关是按照法定要件对某一犯罪嫌疑人采取强制措施，那么即便嫌疑人事实上并未犯罪，他在行为当时也负有配合和忍受的义务④，不得对公安司法人员实施正当防卫，只能在事后通过公力救济途径申请国家赔偿。既然如前所述，扭送权实际上是从刑事强制措施中派生出来的一种辅助性紧急权，其目的同样在于确保刑事诉讼秩序顺利推进，那

---

① 参见马克昌主编：《犯罪通论》（第三版），武汉大学出版社1999年版，第720页；张明楷：《刑法学（上）》（第五版），法律出版社2016年版，第199页；黎宏：《刑法学总论》（第二版），法律出版社2016年版，第129页。
② 参见张明楷：《刑法学（上）》（第五版），法律出版社2016年版，第199—200页；Spendel, in: LK-StGB, 11. Aufl., 1992, § 32 Rn. 235 f.；Jescheck/Weigend, Lehrbuch des Strafrechts AT, 5. Aufl., 1996, S. 345 f.。
③ Vgl. Borchert, Die vorläufige Festnahme nach § 127 StPO, JA 1982, S. 341；Rönnau, in: LK-StGB, 12. Aufl., 2006, vor § 32 Rn. 268.
④ 参见杨雄：《刑事强制措施的正当性基础》，中国人民公安大学出版社2009年版，第56页。

就应当要求被错误扭送的公民也在一定范围内承担忍受的义务,否则设立扭送权制度的目的势必落空。持现实犯罪说的学者提出,公民扭送权与刑事强制措施之间存在两点区别,由此决定了被错误强制之人与被错误扭送之人的防卫权不可相提并论:其一,从主体的能力来看。普通公民不像公安司法人员那样经受过专业的训练,故前者在甄别对方是否具有足够的犯罪嫌疑时就比后者更易出错。因此,如果要求无辜的公民像忍受刑事强制措施那样同等程度地忍受错误的扭送行为,则必将大幅度提升公民基本权利遭受侵犯的风险。其二,从权责均衡的角度来看。对犯罪嫌疑人及时采取刑事强制措施,此乃国家不可推卸的一项法定义务。既然公安司法机关肩负的追诉责任重大,那么适当赋予其"犯错的特权"就在情理之中。与此相对,由于扭送不过是供公民自由选择的一项权利,而非其义务,故要求行为人只有在对方确实犯了罪的情况下才能行使扭送权,就算不上给其添加了过重的负担。[①] 不可否认,扭送主体在技能、经验上的缺失以及扭送所具有的单纯权利属性,的确要求扭送权的成立应当受到比刑事强制措施更为严格的控制。但是,我国立法者正是考虑到了这一点,才将扭送权的行使对象限定在了具有高度犯罪嫌疑的现行犯之上。对比《刑事诉讼法》第 82 条和第 84 条的规定,不难发现拘留和扭送在前提条件上存在两个重大的区别:一是对于犯罪预备之人只能由国家进行拘留,却不允许公民加以扭送。二是被害人或者目击者指认可以成为适用拘留的事由,但扭送权却只能针对"即时被发觉"的犯罪。扭送权的可适用情形之所以明显窄于拘留,是因为立法者考虑到:一方面,犯罪预备是整个犯罪过程中发展程度最不充分的一种形态,与刑法分则所描述的构成要件行为有着较大的距离,非专业人员很难准确地把握其成立标准。另一方面,如果已经离开了犯罪即时被发觉的现场,那么仅凭事后被害人或者目

[①] Vgl. Krey, Strafverfahrensrecht, Bd. 1, 2006, Rn. 534; Satzger, Das Jedermann-Festnahmerecht nach § 127 I 1 StPO als Rechtfertigungsgrund, Jura 2009, S. 110; Kindhäuser, Strafprozessrecht, 4. Aufl., 2016, § 8 Rn. 29; Kühl, Strafrecht AT, 8. Aufl., 2017, § 9 Rn. 85.

击者的指认,普通扭送者发生误判的几率也会较高。正是为了避免错误扭送对公民的基本权利造成过大的干扰,立法者并未将扭送对象的范围放开至一切有犯罪嫌疑的人,而是将其严格收缩在"人赃俱获"的场合。于是,"除非可以一目了然地将特定个体与具体的犯罪行为联系起来,否则,不得以扭送为由,侵害他人的人身自由权"①。关于扭送权的设立宗旨,不论是将其理解成鼓励公民参与刑事司法,还是将其界定为贯彻专门机关与群众路线相结合的原则②,都说明扭送权并不是一种追求实现个人利益的自卫权,而是公民积极投身公益服务的利他权③。因此,在立法者对其行使前提已经作了分外严格限定的情况下,如果还允许他人对已经尽到合理审查义务的扭送者实施正当防卫,那便意味着公民在为协助国家履行追诉职责付出了相当时间和精力成本的同时,还要负担比公权力机关更高的法律风险。④ 这样的解释结论恐怕既不符合公平观念,也与扭送制度所追求的政策导向背道而驰。

事实上,犯罪嫌疑说与我国的司法实践也是相契合的。例如,在"李某故意伤害案"中,张某等四人相约至某剧场观看演出。当准备进入剧场时,张某发现随身携带的1 000余元现金不见了,他见身后的李某形迹可疑,便怀疑钱是李某所偷,他抓住李某的手要求其还钱。李某坚称自己没有偷钱,张某等人便要求他一同到公安机关解决问题。李某不从,张某等人揪住李某推搡着向当地派出所方向走去。途中,李某想要逃脱,无奈张某等人揪住不放。李某突然抽出随身携带的一把长约30厘米的刀子向张某等人刺去,导致与张某同行的王某手掌多处被割破,经法医鉴定为轻伤。后经审理查明,没有证

---

① 吴宏耀:《现行犯视角下的拘留扭送制度》,载《中国刑事法杂志》2016年第1期。
② 参见陈光中主编:《刑事诉讼法》(第六版),北京大学出版社、高等教育出版社2016年版,第101页。
③ Vgl. Arzt, Zum privaten Festnahmerecht, FS-Kleinknecht, 1985, S. 7; Kargl, Inhalt und Begründung der Festnahmebefugnis nach § 127 Ⅰ StPO, NStZ 2000, S. 8.
④ Vgl. Schultheis, in: KK-StPO, 7. Aufl., 2013, § 127 Rn. 9; Paeffgen, in: SK-StPO, 5. Aufl., 2016, § 127 Rn. 2, 8 ff.

据证明李某实施了盗窃行为,故他不成立盗窃罪。对于该案,法院以故意伤害罪判处李某有期徒刑1年。其理由在于:尽管李某最终被认定为不构成盗窃罪,但在行为当时,张某等人确有合理的依据怀疑他实施了盗窃,故张某等人的扭送行为具有合法性,李某无权采取暴力行为予以反击。[1]

综上所述,扭送权的成立并不要求其损害对象是真正犯了罪的人,故答责原则难以适用于扭送权,扭送权也就自然无法归入反击型紧急权之列。既然被扭送人在尚未被确定为犯罪,甚至在事后经司法程序被确定为无罪的情况下,仍然需要对合理的扭送措施加以容忍,那就说明:扭送是一种为了保障公共利益(即刑事诉讼程序的顺利开展)的实现而要求公民作出一定牺牲(即忍受自己的某些法益受到侵犯)的转嫁型紧急权;只有借助社会团结原则才能说明其正当化根据。因此,与攻击性紧急避险相仿,狭义比例原则就必然成为确定扭送权行使限度的一个核心要素。不过,考虑到在现行犯的场合,被扭送者毕竟是有较为明显犯罪嫌疑的人,与完全无辜的第三人有所不同,故在适用狭义比例原则时,不宜照搬攻击性紧急避险"所保护之利益须显著高于所损害之利益"的公式。扭送权的法益均衡标准应略宽于攻击性紧急避险,即只要扭送所实现的利益大体上高于被扭送者受损的利益,即可认为该行为符合狭义比例原则。

3. 扭送权是从国家刑事追诉权中派生而来的一项辅助性紧急权

反击型紧急权是公民基于其宪法上的地位而固有的一项权利。用康德的话说,只有当某人的任性能够根据一个普遍的自由法则与他人的任性保持一致时,这种任性才能成为权利;一旦某人违反了普遍的自由法则从而给他人的自由造成了障碍,该行为即为非法;于是,"与这种障碍相对立的强制,对于对一个自由障碍的阻却,就与根据普遍法则的自由相一致,亦即是正当的,所以,按照矛盾律,与法权相联结的同时有一种强制损害法权者的权限"[2]。换言之,公民有权

---

[1] 参见天津铁路运输法院(2007)津铁刑初字1号刑事判决书。
[2] 〔德〕康德:《道德形而上学》,张荣、李秋零译注,中国人民大学出版社2013年版,第29页。

第八章 公民扭送权限度的规范续造

动用强力反击自身遭遇的不法侵害,这是与其个人自由相生相伴、如影随形的权利,也是公民平等之法律地位的内在要求;一旦取消了正当防卫权,自由平等原则也就不复存在。所以,公民的正当防卫权根植于他生而享有的平等地位之中,根本无须经过国家另行赋予。然而,扭送权的情况却大不一样。尽管在我国《唐律疏议·捕亡律》中已经可以看到扭送制度的雏形①,但将公民针对现行犯的扭送权明确规定在刑事诉讼法中,却是清末开启现代法制建设以来借鉴欧陆刑事法律的成果。② 对于这样一个舶来品,我们有必要对其发展史略作回顾和梳理。(1)在公共刑罚权尚未建立的古日耳曼法时代,犯罪被视作行为人与被害人之间的私人冲突,故扭送权承载了私人复仇的功能,也带有浓厚的私权色彩。根据古日耳曼法,对于现行犯,犯罪的被害人及其亲属有权实行逮捕,甚至有权不经程序即当场将其杀害,但逮捕者随后必须将被杀害的现行犯带至法庭并提出控告。本来,即使是对于严重的罪行,古日耳曼法也允许犯罪人通过向受害者支付钱财、物品的方式赎罪,但考虑到人的神圣不可侵犯性,原则上禁止私人享有流血性司法权(Blutgerichtsbarkeit),唯有在现行犯的场合才允许个人行使该权利。这就说明,当时的扭送权是个人享有的对现行犯展开刑事追诉并实现复仇和赎罪的私权利。③ (2)12世纪以降,随着公共刑罚体制的建立,刑事司法权逐渐从被害人及其亲属处集中转移到各领地的诸侯手中,私人诉讼以及复仇也渐渐为公诉程序所取代。在这一背景下,尽管私人扭送权并未因此而遁迹,但其属性却发生了变化。对此,有德国学者总结道:公民扭送权"最初是个人在遇到现行犯时所固有的一项特别权利。一方面,该权利有助

---

① 《唐律疏议·捕亡律》第2条规定,官人追捕有罪之人,若罪人手持兵械拒捕,或者徒手持械逃亡,则官人有权将其杀死。紧接着,该律第3条第1项又规定:"诸被人殴击折伤以上,若盗及强奸,虽傍人皆得捕系以送官司。捕格法,准上条。"(唐)长孙无忌等:《唐律疏议》,中国政法大学出版社2013年版,第371页。

② 参见简士淳:《私人之现行犯逮捕——其历史溯源、法律基础与比较法分析》,台湾政治大学法律学研究所2012年硕士论文,第183页。

③ Vgl. E. Schmidt, Einführung in die Geschichte der deutschen Strafrechtspflege, 3. Aufl., 1965, § 66 ff.

于个人更为便利地实现其赎罪诉求,另一方面则为被害人及其亲属例外地对犯罪人展开流血性司法提供了依据。因此,现行犯程序起先是私人诉讼司法体制中的一种自助权(Selbsthilferecht);随着公诉程序的兴起,这种权利在性质上发生了变化,它变成了受害者参与国家刑事追诉活动的权利"①。

从上述历史变迁中我们不难看出:随着国家实现了对刑罚权的独占,刑事追诉的主体由被害人及其亲属转变成了国家机关;与此相应,扭送权也从个人与生俱来的天然权利,变成了唯有经国家例外赋予方可行使的、旨在辅助国家刑事追诉的派生权利。法谚有谓:"任何人向他人转让的权利不能超出自己原有的权利范围"(nemo plus iuris ad alium transferre potest quam ipse habet)。国家作为权利转让者,也只能将自己本来所拥有的那部分权利转让给个人。② 既然在法治国家,国家机关针对犯罪嫌疑人所采取的强制措施必须严格处在狭义比例原则的约束之下③,那么国家赋予公民个人享有的扭送权,就不可能摆脱法益均衡原则的控制,不可能拥有超出国家强制措施的权利范围。

4. 狭义比例原则对扭送权所施加的约束,并不会导致不可容忍的消极后果

在比例原则中,"妥当性原则及必要性原则在根本上,是以达成措施目的为着眼点。所以,不会为手段的后果(不利人民之人权)而牺牲其为目标之追求。但是,(狭义)比例原则根本上容有可推翻该目的的追求(只要被损害的人权重过所追求目的的价值的话)",它决定的是"该目的应不应追求,继而手段要不要采取之问题"。④ 因

---

① Bülte, § 127 Abs. 1 Satz 1 StPO als Eingriffsbefugnis für den Bürger und als Rechtfertigungsgrund, ZStW 121 (2009), S. 381.

② Vgl. Albrecht, Das Festnahmerecht Jedermanns nach § 127 Abs. 1 StPO, 1970, S. 81; Bülte, § 127 Abs. 1 Satz 1 StPO als Eingriffsbefugnis für den Bürger und als Rechtfertigungsgrund, ZStW 121 (2009), S. 384.

③ 参见杨雄:《刑事强制措施的正当性基础》,中国人民公安大学出版社2009年版,第115页。

④ 陈新民:《德国公法学基础理论(上卷)》(增订新版),法律出版社2010年版,第418页。

此,在扭送权限度判断中引入狭义比例原则,将使得法益均衡要素拥有一票否决扭送行为合法性的权重,势必导致在某些情形下,只要扭送所追求实现的利益并不优越于它所损害的利益,那么即便扭送行为是为当时有效控制和移送犯罪嫌疑人所必不可少的措施,也不允许行为人实施。这往往意味着,公民只能放弃扭送,任由犯罪嫌疑人逃之夭夭。这样的结论并无不当。在正当防卫中,之所以原则上不应适用狭义比例原则,是因为不法侵害人在危及具体法益的同时,还侵犯了他人的法律地位和人格尊严。所以,一旦以所涉法益有失均衡为由勒令防卫人放弃反抗、唾面自干,便无异于是以国家的名义打破了该公民与不法侵害者之间的平等法律关系,迫使前者的人格地位屈居于后者之下,这是宪法上的自由平等原则所无法容忍的。然而,扭送权却是来源并且从属于国家刑事追诉权的一项紧急权利,其目的在于助力公力诉讼程序的开展,而与公民间平等地位的维护无涉。所以,在欠缺法益均衡的情况下禁止公民继续实施扭送,仅仅是使诉讼进程有所延缓,不过是将国家赋予个人的强制权再度交还公权力机关而已。既然立法者当初只是将扭送设定为公民可以自行选择行使与否的一种权利,而非必须履行的一项义务,那就说明,因公安司法机关力有未逮而导致犯罪嫌疑人一时逃脱,这本来就是现代法治国家不得不加以容忍的一种状态。毕竟,"在刑事诉讼法中,人们已经一致认可,我们既没有必要也不允许以不惜一切代价的方式去查明案件的真相"①。

三、扭送权限度要件续造的具体展开

(一)适当性与必要性原则

合法的扭送行为首先必须是当时条件下,为及时、有效控制犯罪嫌疑人并将其移交公安司法机关所必不可少的措施。

1. 行为方式

扭送行为只能是适于实现扭送目的的措施。公民在发现犯罪嫌

---

① BGHSt. 14, 358 (365).

疑人之后,可能采取的扭送措施包括:(1)追击拦截,即徒步或者驾驶车辆紧随犯罪嫌疑人。(2)暴力强制,即采取按压、绑缚等方式控制犯罪嫌疑人。(3)扣押拘禁,即剥夺或者限制犯罪嫌疑人的人身自由。事实上,在适当性阶段,就可以将致命性的暴力手段排除在扭送权的许可范围之外。因为,扭送的目的在于将犯罪嫌疑人移交司法机关,从而为刑事追诉程序的顺利进行创造有利条件;同时,刑事诉讼的展开又是以犯罪嫌疑人存活为前提的①,故杀害犯罪嫌疑人的行为不可能与扭送权的目的相吻合②。另外,根据《人民警察使用警械和武器条例》(以下简称《条例》)第8条和第9条的规定,警察在遇有违法犯罪分子可能脱逃的情况时,原则上只能使用手铐、脚镣、警绳等约束性警械,只有在判明有暴力犯罪行为的紧急情况下方能使用足以致命的武器。尽管《条例》第9条规定,在押人犯、罪犯聚众脱逃以及犯罪嫌疑人在实施严重暴力犯罪行为后逃跑的,警察也可以使用武器,但这主要是基于制止严重不法侵害的考虑。因为,在这两种情形下,与普通的在逃犯不同,犯罪嫌疑人往往携带了刀具、枪弹等凶器,做好了负隅顽抗的准备,所以他们大多并非单纯地逃亡,而是很可能为摆脱监控和追捕而进一步对警察实施暴力袭击。正是基于正当防卫的需要,《条例》才赋予警察使用武器的权限。既然公安司法机关在亲自实施追捕时尚不可动用足以造成对方死亡的致命性手段,那么公民在行使扭送权这一派生性权利时自然就不能超出原权利的许可范围。因此,公民在追击犯罪嫌疑人的过程中,既不允许开枪射击,也不允许高速驾驶机动车辆撞击、碾压对方。

2. 行为强度

如果存在多种能够同样有效控制犯罪嫌疑人、保障扭送者安全的扭送方式,那么行为人应当选择其中对犯罪嫌疑人造成损害最小

---

① 根据《刑事诉讼法》第16条的规定,一旦出现"犯罪嫌疑人、被告人死亡的"情形,"不追究刑事责任,已经追究的,应当撤销案件,或者不起诉,或者终止审理"。

② Vgl. Wagner, Das allgemeine Festnahmerecht gem. § 127 Abs. 1 S. 1 StPO als Rechtfertigungsgrund, ZJS 2011, S. 473.

的那一种。① 扭送行为是否必要,取决于行为当时成功实现扭送的难度。在判断时需要综合考虑以下因素:(1)扭送双方的力量对比。犯罪嫌疑人在体型、力量、人数和装备等方面越是占据优势,扭送者就越是需要动用较高程度的暴力手段。(2)抓捕的时间和地点。如果抓捕发生在夜间或者地理环境复杂的陌生地带,那么阻碍扭送顺利进行的不利因素就会明显增多。为了排除障碍、争取时间,行为人往往不得不采取较为激烈的抓捕措施。(3)移交公安司法机关的难易。扭送人在控制犯罪嫌疑人后,应当第一时间将其移送公安司法机关,故行为人限制犯罪嫌疑人人身自由的时间,只能限定在为即刻将其送至国家机关所必要的范围之内。事发现场距离公安司法机关越遥远,或者公民与国家机关取得联系越困难,那么法律允许行为人剥夺犯罪嫌疑人人身自由的时间就越长。

(二)狭义比例原则

"对于扭送权来说,并非任何一种为实现扭送目的所必要的手段都能得到允许,即便除此手段之外别无其他能够实行或者维持扭送的方法。行为人所使用的手段与扭送目的之间必须存在适当的比例关系。"② 如前所述,扭送行为所欲实现的保障刑事诉讼安定性的利益,应当大体高于它所损害的犯罪嫌疑人的利益。对此,大致可以先行确定以下三个基本的认识:第一,刑事诉讼的顺利进行属于一项公共利益,但其价值并非一成不变,它会随着涉嫌犯罪的严重程度而发生一定幅度的起伏涨落。案件所涉及的罪行越严重,国家尽快将犯罪人绳之以法、查明真相的需要就越迫切,对犯罪嫌疑人进行及时扭送所能实现的利益也就越高;相应的,法律允许扭送人采取的暴力强度也就越高。第二,限制犯罪嫌疑人的人身自由是任何扭送行为都不可避免地会引起的损害结果,而且刑事诉讼法在对扭送对象详加罗列的同时并未对扭送所针对的犯罪种类加以限定。这就说明,立

---

① Vgl. Schultheis, in: KK-StPO, 7. Aufl., 2013, § 127 Rn. 27.
② Bülte, § 127 Abs. 1 Satz 1 StPO als Eingriffsbefugnis für den Bürger und als Rechtfertigungsgrund, ZStW 121 (2009), S. 407. Vgl. Ähnlich schon BGHSt. 45, 378 (381).

法者在制定扭送权条款时已经作出了一个基本的利益衡量决定,认为对于一切刑事案件,公民以限制犯罪嫌疑人人身自由的方式所实施的扭送,均可以被视为实现了更高的利益。第三,立法者为故意造成他人轻伤害犯罪所设置的法定刑与其为非法拘禁罪基本犯所设置的法定刑完全一致,均为3年以下有期徒刑、拘役或者管制。可见,扭送人在必要的范围内造成犯罪嫌疑人轻伤害,大体也是得到容许的。接下来,需要着重探讨以下两个问题:

1. 重伤害行为可否成为扭送权的行使手段?

笔者认为,具有导致重伤害之现实、急迫危险的行为,不能成为合法的扭送手段。理由如下:

首先,从刑法为保护两类利益所设置的刑罚来看。扭送是通过移送犯罪嫌疑人的方式维护刑事司法秩序,而《刑法》第310条规定的窝藏包庇罪则是以隐匿犯罪嫌疑人的方式破坏刑事司法秩序。因此,本罪的法定刑在一定程度上反映了法秩序对于扭送权追求实现之利益的基本估价。窝藏包庇罪基本犯的法定刑为3年以下有期徒刑、拘役或者管制,只有在情节严重的情况下才可判处犯罪人3年以上10年以下有期徒刑。但是,根据《刑法》第234条第2款的规定,故意致他人重伤犯罪的法定刑自始便为3年以上10年以下有期徒刑。可见,在立法者所确立的法益位阶序列中,公民重大身体健康的地位高于刑事司法秩序。[1]

其次,从两类法益受损后的补救可能性来看。法律上的利益衡量并不是对于法益抽象价值的机械比较,它还需要考虑双方法益可能受到侵害的广度与深度。[2] 在犯罪嫌疑人未被及时扭送归案的情

---

[1] Vgl. Schröder, Das Festnahmerecht Privater und die Teilrechtfertigung unerlaubter Festnahmehandlungen (§ 127 Abs. 1 S. 1 StPO), Jura 1999, S. 13. 德国联邦最高法院于2000年在一则判例中确立了一项原则:"原则上来说,由《刑事诉讼法》第127条(即扭送权条款——引者注)所保障的国家刑罚权,应当让位于犯罪人的身体健康。"BGH, NJW 2000, S. 1349。

[2] Vgl. Günther, in: SK-StGB, 7. Aufl., 2000, § 34 Rn. 42; Zieschang, in: LK-StGB, 12. Aufl., 2006, § 34 Rn. 63; Perron, in: Schönke/Schröder, StGB, 30. Aufl., 2019, § 34 Rn. 26.

况下,刑事司法的进程固然会受到一定的阻滞,但这至多只是使国家开展刑事追诉活动所需付出的时间和人力成本有所增加,并没有达到令侦查、审判等活动永久不能进展的地步。尤其是,随着国家侦查能力的提高以及缉拿手段的增多,公安司法机关只需充分调动技术资源、利用内部协作配合机制,就有较高的把握实现对在逃犯罪嫌疑人的定位和控制。然而,一旦扭送行为造成被扭送者肢体残废、器官机能丧失等重伤害的结果,那么犯罪嫌疑人的身体健康往往会遭受长期性甚至不可逆的严重损伤。可见,放弃扭送所造成的利益损害,远比强行以重伤害手段实施扭送所带来的利益损害拥有更多的补救途径和更高的修复可能。这就必然导致利益衡量的天平向犯罪嫌疑人的重大身体健康一方倾斜。[1]

再次,从重伤结果对刑事诉讼的消极影响来看。的确,在扭送行为造成犯罪嫌疑人重伤害的场合,与犯罪嫌疑人死亡的情形不同,刑事追诉程序仍可继续进行。可是,犯罪嫌疑人的供述和辩解毕竟是一项重要的证据,若犯罪嫌疑人身受重伤,则其正常的辨识和表达能力往往会受到严重削弱甚至归于丧失,这恰恰不利于公安司法机关查清案件事实。打个比方,当某种药物不仅有较大的副作用,而且疗效还不尽如人意时,患者大抵不会选择使用它。同理,当一种扭送手段不仅会对犯罪嫌疑人的重大法益造成损害,而且还可能对扭送目的的实现产生不良效果时,该手段就难免会被鉴定为"得不偿失",从而在利益衡量的判断中出局。

最后,从重伤害行为与杀害行为的区分难度来看。众所周知,正是因为重伤害往往包含致人死亡的高度危险,所以一方面,故意伤害

---

[1] 从这一点也可以看出,公权力机关有效缉捕犯罪嫌疑人的实际能力是影响扭送权限度的一个重要因素。在包括《唐律疏议》在内的现代以前的法制中,之所以普遍允许私人采取重伤甚至杀害的严重暴力手段去实施扭送,其原因不一而足。但有一个因素恐怕是不容忽视的,即:彼时公权力机关侦查、破案的能力的确相当有限,刑事追诉的顺利开展在很大程度上不得不依赖于私人的协助。于是,一旦即时扭送不能成功,由于后续的补救措施寥寥无几,故刑事司法势必面临长久停滞的严重危险。在这种情况下,立法者在利益衡量时给予刑事司法秩序的利益以更多的偏爱,似乎也就在情理之中了。

罪与故意杀人罪之间的界限一直是困扰法官的一个实践难题,另一方面,学界普遍认为重伤害行为与杀人行为一样无法因被害人同意而得以正当化。① 因此,如果我们在禁止扭送人实施杀害行为的同时,又允许其采取重伤害的手段,那么要让既没有接受过专业擒拿搏击训练、也未曾经过系统法律教育的人在扭送过程中精准地把握杀害与重伤害之间的界限,不啻天方夜谭。

2. 使用轻度暴力引起重伤或者死亡结果的扭送能否被正当化?

在司法实践中,不时会出现推一把致人跌倒后头部碰地死亡、打一拳引起对方心血管疾病发作死亡的案件。这就说明,纵然行为人采取的仅仅是轻度暴力手段,它本身并不包含急迫的致人重伤、死亡的危险,但该行为也可能在介入了其他因素后引起严重损害结果的发生。在正当防卫中,由于防卫限度原则上并不受法益均衡原则的制约,故只要防卫手段本身满足了必要性要件,正当化的效果即可自动延伸覆盖该行为所引起的损害,不论该损害如何严重。② 但是,既然扭送权需要严格遵守狭义比例原则,而狭义比例原则的功能本身就在于从法益损害结果的严重程度出发对紧急权加以限制,那么即便死伤结果是由一个必要的、低强度的拘禁或者伤害行为所致,该结果也难以自然而然地与行为一起得以正当化。在这种情况下,既然行为在客观上已经逾越了扭送权所能许可的限度,那么行为人是否需要为此负刑事责任,就取决于该结果能否归责于他。归责判断应分为客观和主观两个层面进行:

(1)结果在客观上是否可归责于扭送行为?

一旦确定行为引起了损害结果,那么原则上就可以认定结果在

---

① 参见黎宏:《刑法总论问题思考》,中国人民大学出版社 2007 年版,第 398 页;张明楷:《刑法学(下)》(第五版),法律出版社 2016 年版,第 856 页;Hirsch, in: LK-StGB, 11. Aufl., 1994, § 226a Rn. 9; Roxin/Greco, Strafrecht AT, Bd. Ⅰ, 5. Aufl., 2020, § 13 Rn. 41 ff. 。

② Vgl. Bockelmann, Notrechtsbefugnisse bei Polizei, FS-Dreher, 1977, S. 248; Geilen, Notwehr und Notwehrexzeß, Jura 1981, S. 315; Bockelmann, Notrechtsbefugnisse bei Polizei, FS-Dreher, 1977, S. 248; Rönnau/Hohn, in: LK-StGB, 12. Aufl., 2006, § 32 Rn. 193; Kühl, Strafrecht AT, 8. Aufl., 2017, § 7 Rn. 112.

客观上可归责于行为①;但是,被害人自我答责可以例外地切断行为与结果之间的归责关系。尽管刑法学界对于被害人自我答责的成立范围尚有争论,但目前人们一致认为,被害人支配型的自设危险(Selbstgefährdung)足以阻却结果的客观归责。② 即:若被害人基于自由决定直接实施了对自身法益安全造成危险的举动,则根据自由与责任对等的原则,"自我决定权的反面就是自我答责"③,即使行为人的行为对被害人自设危险产生了促进作用,最终由该危险实现而造成的损害结果也只能由被害人独自承担。④ 被害人支配型的自设危险有三个基本的成立要件:①被害人对危险事实有着正确的认识;②被害人具有自我决定的意志自由;③被害人通过自己的行为支配了危险的创设。结合扭送权来看,在行为人追赶犯罪嫌疑人的过程中,如果后者实施了危险的躲避或者逃跑方式,从而引起了事故,那么在符合上述诸要件的情况下,就应当将由此产生的犯罪嫌疑人死伤的结果归责于犯罪嫌疑人本人,而非扭送人。既然重伤、死亡结果与扭送行为之间缺少规范上的归责关联,那么扭送就完全处在权利许可的范围之内。

以前述"张庆福等诉朱振彪生命权纠纷案"为例。首先可以明确以下两点:第一,法院判决在论证朱振彪的行为不具有违法性时所援用的论据是:"被告朱振彪作为普通公民,挺身而出,制止正在发生的违法犯罪行为,属于见义勇为,应予以支持和鼓励。"⑤该判词就其展现的价值理念来说无可非议,但从法律论证的角度来看却存在重大缺陷。首先,朱振彪是在张永焕的违规肇事行为已经结束后对其实施追捕,不属于"制止正在发生的违法犯罪行为"。其次,"见义勇为"是一个意义宽泛的日常用语,而非内涵外延相对确定的法律概

---

① Vgl. Kindhäuser, Strafrecht AT, 8. Aufl., 2017, § 11 Rn. 9.
② 参见冯军:《刑法中的自我答责》,载《中国法学》2006 年第 3 期;张明楷:《刑法学中危险接受的法理》,载《法学研究》2012 年第 5 期;车浩:《过失犯中的被害人同意与被害人自陷风险》,载《政治与法律》2014 年第 5 期。
③ Renzikowski, Notstand und Notwehr, 1994, S. 179.
④ Vgl. BGHSt 32, 262 ff.; Frister, Strafrecht AT, 8. Aufl., 2018, 10/17.
⑤ 参见河北省唐山市滦南县人民法院(2017)冀 0224 民初 3480 号民事判决书。

念。一方面,违反他人的意志对其实施追逐,这本来是一种非法行径,故只有当该行为符合了某种正当化事由的成立要件时,才能认为它具有合法性。但"见义勇为"却可以涵盖一切为保护他人法益或者抓捕犯罪人而实施的义举,既包括扭送也包括正当防卫。所以,我们在说明朱振彪的行为具有合法性时,必须将论证落实到某个具体的正当化事由之上,而不能大而化之地直接以见义勇为作为行为合法化的根据。另一方面,"见义勇为"一词更多强调的是行为人"路见不平拔刀相助"的道德动机,但在法律看来,即便是义举也有可能突破权利允许的边界,进而转化为违法行为。所以,只有借助正当化事由的规定和理论,才能真正廓清行为合法与违法的界限。第二,在该案中,扭送权的前提要件已经具备。由于张雨来在交通事故发生后最终得以幸存,故根据最高人民法院2000年11月15日发布的《关于审理交通肇事刑事案件具体应用法律若干问题的解释》第2条的规定,事后应认定张永焕的行为不成立交通肇事罪。但是,在朱振彪经过事故现场之时,张雨来已负伤倒地,不能排除有死亡的可能,故张永焕也就具有成立交通肇事罪的重大嫌疑。因此,朱振彪扭送的对象属于"犯罪后即时被发觉的"人。接下来需要考察的问题是:张永焕死亡结果的出现,是否意味着朱振彪的行为超过了扭送权的限度呢?笔者的回答是否定的。理由如下:①行为人所采取的手段不仅必要,而且并不具有严重的暴力性。一方面,追赶是对在逃犯罪嫌疑人加以控制的基本前提,故属于为实现扭送目的所必不可少的措施。另一方面,尽管朱振彪在追赶的过程中曾经手持木凳和木棍,但这完全是因为张永焕此前从他人家中拿了一把菜刀,故朱振彪为自身安全计不得不握有防身的工具以备万一。即便如此,朱振彪自始至终也并未使用这些器械袭击对方或者驾驶机动车撞击对方,而只是消极地尾随其后,与张永焕保持一定的距离。此外,行为人还有意识地采取了一系列防止张永焕生命受到威胁的措施,例如劝阻其继续逃跑、警告路上车辆小心慢行以及挥动上衣向驶来的列车示警等。②被害人应当对其被货车撞死的结果自我答责。因为:第一,张永焕作为一名精神正常的成年人,对于翻越护栏进入铁轨区域后有可能

第八章　公民扭送权限度的规范续造

被驶经之火车撞死的风险有着充分的认知。第二,张永焕亦具有意志自由。不可否认,朱振彪的追击是迫使张永焕持续逃窜的一个重要动因。假如追击行为导致后者陷入别无选择的绝境之中,即一旦放弃逃跑,则势必使自身遭受本不应出现的重大不利后果,那就可以认为被害人的意志自由受到了严重的限制甚至完全丧失。但该案的情况却并非如此。一方面,在张永焕违反交通法规造成交通事故后,依照《道路交通安全法》第70条的规定,他本来就有义务留在现场救助伤者、接受调查。所以,当他选择停止逃跑时,其后果不过是需要履行其应尽的义务而已,并不会给自己的人身安全等法益造成任何不当的风险。另一方面,由于朱振彪只是单纯地追赶,并未实施挤压、恐吓等暴力行为,所以选择逃跑路径、逃跑方式的决定权依然掌握在被害人自己手中。第三,张永焕在逃跑过程中不仅声称"一会儿我就把自己砍了",而且有主动向公路上过往车辆冲撞的行为。同时,事故发生地所属车站与被害人家属达成的《铁路交通事故处理协议》也证实:"死者张永焕负事故全部责任。"由此可以推论,即便不能认定张永焕实施了自杀,也完全可以认为他是通过积极的举动一手将自身推到了死亡的险境之中。综上所述,该案完全符合被害人支配型自设危险的成立要件,张永焕死亡的结果应由其自行承担,而无法归责于扭送者。

由该案的分析结论进一步类推,在扭送者单纯追逐的过程中,如果犯罪嫌疑人爬上高楼层的窗户后失足坠亡、跳入水中后溺毙①或者因采取危险的高速驾驶方式而发生侧翻,那就同样可以根据被害人自我答责的原理认定扭送者无罪。

(2)结果在主观上是否可归责于扭送行为?

若确定重伤、死亡结果在客观上可归责于扭送行为,则需进一步判断行为人对该结果是否存在故意或者过失。据此,笔者拟对前述的"白朝阳非法拘禁案"和"蓝某致陈某死亡案"详加分析。

首先,需要澄清"白朝阳非法拘禁案"判决的两个误区。主审法

---

① 相关案件参见冯伟祥:《"小偷"跳湖溺水身亡 公园被诉民事赔偿》,载《民主与法制时报》2004年10月5日,第5版。

257

官之所以从根本上否定了被告人的行为成立扭送权的可能,主要是基于两个理由:其一,刘某某只是在公安机关内部网上公开的在逃人员,网上追逃的信息并不对社会公布,故抓捕网上在逃人员的权利专属于公安机关,白朝阳等人仅为普通公民,他们是通过个人关系渠道获得这一信息,故并不享有对刘某某实施抓捕的权利。其二,被告人在案发前与被害人有很深的矛盾,并发生过多次冲突,这一事实可以成为推论白朝阳主观上具有非法拘禁刘某某之故意的证据之一。① 但是,这两个理由恐怕都难以成立。第一,公民获得追逃信息的方式不合法,并不意味着其利用该信息所实施的扭送行为亦属非法。的确,网上追逃作为公安机关的内部协作方式,相关逃犯的信息只能在公安机关内部网上发布,仅供公安机关各部门、各警种在发现可疑人员时进行快速查询、比对之用。网上追逃之所以需要向公众保密,完全是出于保障追捕活动顺利、有效进行的考虑,即为了防止因公安机关内部的工作信息发生泄漏而给抓捕带来干扰。可是,公民扭送权的目的本来就在于协助公安司法机关提高刑事追诉的效率,这与网上追逃信息的保密制度并无冲突,故该制度绝非意在剥夺公民对在逃犯罪嫌疑人加以扭送的权利。正如公民用非法持有的枪支去反击暴力不法侵害,尽管其持枪行为本身违法,故应论以非法持有枪支罪,但这并不妨碍他所实施的防卫行为能够获得法秩序的容许。同理,尽管公民私自获取网上追逃信息的行为涉嫌违法,但这丝毫不影响他有权针对在逃犯罪嫌疑人实施扭送。更何况,网上追逃目前已覆盖了大量犯罪嫌疑人,其中相当一部分涉及严重暴力犯罪等重大罪行。② 如果认为凡是网上追逃的犯罪嫌疑人,一概禁止普通公民予以扭送,则势必导致扭送制度的实际意义荡然无存,使得扭送权的立法目的归于落空。第二,报复动机与扭送意识并非水火不容。在行为无价值与结果无价值的二元不法论经历去道德化浪潮的冲击后,人们已普遍承认,虽然违法阻却事由的成立仍以行为人具备主观正当化要素为前提,但只要求行为人对正当化事由的客观事实有所

---

① 参见河南省郑州市中牟县人民法院(2009)牟刑初字第57号刑事判决书。
② 参见汤涛:《如何理解扭送制度》,载《检察日报》2008年11月14日,第3版。

认识即可,并不要求他必须以保护法益为其唯一的目标。① 因此,即便行为人心怀公报私仇等不良杂念,但只要他认识到自己的行为能够产生法益保护的客观效果,就不能以其动机不纯为由否定正当化事由的成立。在该案中,既然白朝阳等人知道自己控制并移送刘某某的行为属于扭送在逃的犯罪嫌疑人,那么扭送权的主观要件就已经具备,至于其深层次的动机究竟为何、是否有道德上的瑕疵,则在所不问。

其次,被告人采取的扭送手段满足适当性和必要性的要求。就"白朝阳非法拘禁案"来说:第一,尽管从双方的人数和力量对比上来看,扭送者一方明显占据优势,但在扭送过程中,刘某某毕竟有过极力反抗的举动,他高声呼喊的行为也存在招致其同伙或者不明真相者出面阻止扭送的危险。所以,无论是拽拉、捂口还是按压,都属于为有效实现和保持对刘某某的控制、防止其反抗所不可缺少的暴力措施。第二,法院认为,被告人控制刘某某后没有及时将之扭送当地公安机关,其行为不符合《刑事诉讼法》第 84 条关于"立即扭送"司法机关的规定。② 但是,《刑事诉讼法》所规定的"立即扭送"并不等于必须"本地扭送"。考虑到与被告人就抓捕进行联络沟通的一直是巩义市公安局,所以康某某等人在白朝阳的指令下未加耽搁驱车将刘某某移送至巩义市公安局,也是合理之举,不能认为违反了扭送的必要性要求。同样,就"蓝某致陈某死亡案"来说,在现行犯逃跑的过程中拉拽其衣袖,这完全是及时阻止其继续逃窜的正常方式。

最后,由于扭送行为引起了被扭送人死亡这一无法得到正当化的损害结果,故接下来就需要对结果归责问题展开分析。第一,在客观归责阶段。关于某一行为是否创造了法益侵害危险的判断,应当以行为当时存在的全部客观事实为基础,站在一般理性人的立场上来进行。据此,就这两个案件而言,应将刘某某患有冠状动脉粥样硬

---

① 参见陈璇:《德国刑法学中结果无价值与行为无价值的流变、现状与趋势》,载《中外法学》2011 年第 2 期。
② 参见河南省郑州市中牟县人民法院(2009)牟刑初字第 57 号刑事判决书。

化性心脏病,以及陈某在挣脱后因下雨路滑而摔至水泥路面、头部触地的事实纳入危险判断的资料。以此为基础,拥有正常知识水平的一般人都能预测到:对一名原本就患有心脏疾病的人实施持续的暴力压制手段,必然对其身体和情绪造成巨大的刺激,这足以诱使其病发身亡;拉拽行为一旦结合跌倒后头部撞击地面的因素,也能合乎规律地引起死亡结果的发生。因此,可以认定扭送行为制造并实现了导致被害人死亡的危险,死亡结果在客观上可归责于被告人。第二,在主观归责阶段。一方面,冠状动脉粥样硬化性心脏病仅从外观难以为一般人所识别。另一方面,根据鉴定,刘某某的心脏冠状动脉尚未达到完全堵塞的程度,一般情况下不会出现心肌缺血症状,只有在一定的诱发因素下才会引起急性心肌缺血。可见,只有当行为人不仅知晓刘某某患有心脏疾病,并且对其心脏疾病的严重程度有所认知时,才能认为他真正认识到了致死的危险因素。可是,并没有证据证明白朝阳、康某某等人对于被害人的健康状况有特别的了解,这就说明,他们对于被害人患心脏病可能致死的事实既缺乏明知,也不具有认识的可能性。在"蓝某致陈某死亡案"中,由于拉拽行为本身并非严重的暴力手段,其致死的概率极低,只有在天气状况、路面材质、跌倒时的体位等众多因素同时到位、共同作用下,方能引起死亡。故一般人根据生活经验,充其量只能预料到该行为具有造成轻微伤害的危险,却难以预见其竟会使人丧命。因此,在这两个案件中,犯罪嫌疑人的死亡对于行为人来说均纯属意外事件。

(三)扭送限度与防卫限度

在审判实践中,大量存在本应适用防卫限度却适用了扭送限度的情况。在此,有必要就以下两种情形专门加以说明。

1. 为挽回财产损失而追击的行为属于防卫而非扭送

如前所述,追赶犯罪嫌疑人是扭送权的一种常见行使方式。但是,由于扭送权的目的纯粹在于助力国家的刑事追诉活动,它并不具有当场保护具体法益免遭侵害的功能,所以,一旦追赶行为具有即时避免不法行为对法益造成损害的作用,那就不应再将之归入扭送权,而应当在正当防卫的框架下去分析其行为限度。这样一来,由于追击行为原则上不再受到狭义比例原则的严格限制,故法律容许追击人采取的暴力程度也将大为提高。本来,刑法学通说早已承认,当不法侵害是抢劫、抢夺、盗窃等财产性违法犯罪行为时,纵使侵害人已经取得了对财物的占有,即财产性不法侵害已经实现了既遂,但若公民能够当场追回财物,则仍应认定不法侵害尚未结束,存在实施正当防卫的空间。① 换言之,由《刑法》第20条和第23条立法目的的差异所决定,不法侵害的结束时间点没有必要与犯罪既遂的时间点完全重合。然而,目前司法实践在这个问题上却仍然存在误区。能够集中体现这一点的判例是"黄中权故意伤害案":

【黄中权故意伤害案】2004年8月1日22时40分,被告人黄中权驾驶出租车搭载姜某和另一青年男子。当车行至一建材超市旁时,姜某持一把长约20公分的水果刀与同伙对黄实施抢劫,从其身上搜走现金200元和手机一部。两人拔下车钥匙将其丢弃后逃跑,黄中权则迅速拾回钥匙发动汽车追赶。黄中权发现姜某二人正搭乘一辆摩托车欲离开,便驾车朝摩托车前轮撞去,摩托车倒地后姜某二人下车逃窜,黄中权继续驾车追赶。当车追至与两人并排时,姜某的同伙朝另一方向逃走,姜某则跑到一转角处由矮铁柱围成的空坪内。黄中权追赶至距离姜某2米处的围栏外停车与其相持。大约10秒钟后,姜某又向距围栏几米处的楼梯台阶方向跑,黄中权迅速驾车从后撞击姜某,将其撞倒在楼梯台阶处。姜某因巨大钝性外力作用导致肝、脾、肺等多器官裂伤引起失血性休克死亡。法院以故意伤害罪判处黄中权有期徒刑3年6个月。②

该案的主审法院认为:当姜某与同伙抢劫完毕逃离现场时,针对黄中权的不法侵害就已经结束,故黄中权驾车追赶的行为不符合正当防卫的时间条件;黄中权有权实施抓捕、扭送犯罪嫌疑人的自救行为,但他所采取的以机动车高速撞人的严重暴力伤害手段,显然超出

---

① 参见刘家琛主编:《新刑法条文释义(上)》,人民法院出版社2001年版,第88页;高铭暄主编:《刑法专论》(第二版),高等教育出版社2006年版,第422页;陈兴良:《刑法适用总论(上卷)》(第三版),中国人民大学出版社2017年版,第301页。
② 参见"黄中权故意伤害案",载陈兴良、张军、胡云腾主编:《人民法院刑事指导案例裁判要旨通纂(上卷)》(第二版),北京大学出版社2018年版,第701—702页。

了自救行为的范畴。① 可是,既然黄中权当时仍有可能通过追击当场夺回被抢的财物,那就没有理由将不法侵害的持续时间截断于抢劫行为既遂的一刻。很明显,判决是将本应根据正当防卫原理来加以分析的行为,张冠李戴认成了扭送权,从而为被告人的行为限度设置了过高的门槛。②

2. 在"扭送转防卫"的情形中应适用防卫限度的标准

在公民实施扭送的过程中,不少犯罪嫌疑人不甘束手就擒,往往会对扭送者采取暴力袭击的手段对抗扭送。只要扭送者先前针对犯罪嫌疑人所实施的追赶、强制和拘禁未超出适当的限度,那么该扭送行为就属于合法之举,故犯罪嫌疑人对扭送者所展开的暴力反击便成立不法侵害,扭送者自然有权对之实施正当防卫。③ 例如:

【王会洲故意伤害案】2003年,被告人王会洲与家人在其父王希福家中过春节。正月初九(2月9日)21时许,王会洲从屋内出来上厕所时,发现有三个陌生人在父亲家院内,并见他们顺房子东侧向后跑去。王会洲怀疑他们正在院内从事不法行为,便从屋里取出三棱手杖剑追赶这三人,其父也拿着木拐杖随后追出。在王会洲追至离家背面数十米处的一水渠北坝时,三人中的一人说:"来一个人追,整死他。"三人便返回身对王会洲进行围攻,王会洲见对方人多且有凶器,就用手杖剑抡刺,刺中其中一人(薛某)的胸部。另二人见状登上来时停靠在王家院墙外的汽车逃走。薛某因伤重死亡。一审以故意伤害罪判处王会洲无期徒刑;二审维持一审判决的定罪部分,但将原

---

① 参见"黄中权故意伤害案",载陈兴良、张军、胡云腾主编:《人民法院刑事指导案例裁判要旨通纂(上卷)》(第二版),北京大学出版社2018年版,第702页。

② 存在类似误区的判例,参见"张德军故意伤害案",四川省成都市中级人民法院(2006)成刑终字第89号刑事附带民事裁定书;"温演森故意伤害、盗窃案",广东省惠州市中级人民法院(2015)惠中法刑一终字第151号刑事裁定书。

③ 参见王政勋:《正当行为论》,法律出版社2000年版,第296页;谢波:《我国刑事诉讼扭送制度之检讨——兼评新修〈刑事诉讼法〉第82条》,载《武汉科技大学学报(社会科学版)》2013年第1期。Vgl. Kargl, Festnahmerecht gem. § 127Ⅰ1 StPO, NStZ 2000, S. 603; Satzger, Das Jedermann-Festnahmerecht nach § 127Ⅰ1 StPO als Rechtfertigungsgrund, Jura 2009, S. 113 f.; Schultheis, in: KK-StPO, 7. Aufl., 2013, § 127 Rn. 28。

判刑罚改为 15 年有期徒刑。①

法院认定被告人的行为成立犯罪的主要理由在于:被害人薛某等人潜入王希福家中被发现后立即逃跑,并未实施不法侵害行为;被告人持械追出后与被害人等人发生厮打,属于互相斗殴,双方的行为皆为不法侵害,故王会洲在斗殴中刺死薛某的行为不能成立正当防卫。可是,根据上述分析,该案属于典型的"扭送转防卫"的情形。薛某等三人在夜晚时分未经许可携带凶器潜入王家,尽管尚未着手实行盗窃、抢夺等犯罪,但至少可以认定为已经实施了非法侵入住宅的行为。因此,王会洲在发现后即刻紧追不舍的举动,就属于对"正在实行犯罪的"人所实施的扭送。直到薛某等三人返回围攻王会洲之前,王会洲仅采取了消极追赶的方式,并未动用任何暴力,遑论制造了致对方死伤的危险,故其行为完全符合扭送权的限度要件。既然王会洲先前所实施的是正当的扭送行为,那就不存在对其进行正当防卫的空间,故薛某等人持凶器攻击王会洲的行为就属于不法侵害,王会洲自当有权实施防卫。可见,正是由于主审法院抹杀了王会洲追赶行为所具有的扭送权属性,所以才导致其错误地将一个典型的防卫行为误认成了"互相斗殴"。根据防卫限度的判断原理,在面对三人手持凶器发动围攻的情况下,要想弥补己方在人数方面所处的劣势,要想迅速有效地压制住对方的暴力袭击,动用杀伤力较高的器械进行回击是当时条件下必不可少的防卫手段。② 这一必要防卫措施所具有的导致侵害人死伤的风险,应当由不法侵害人自己、而非防卫人来承担。因此,即使不能直接适用《刑法》第 20 条第 3 款所规定的特殊防卫权,依据防卫限度判断的一般标准,也完全应当得出被告人无罪的结论。

四、本章小结

扭送权是法治国家公民参与刑事司法的一项重要制度。要在鼓

---

① 参见吕吉海:《谈刑事领域的公民参与——透析王会洲案件始末》,载《新疆警官高等专科学校学报》2008 年第 4 期。

② 参见陈璇:《侵害人视角下的正当防卫论》,载《法学研究》2015 年第 3 期。

励公民勇于协助国家进行刑事追诉,与保障犯罪嫌疑人基本权利免遭过度干预这两者之间求得平衡,有赖于刑法和刑事诉讼法学者打破学科专业的藩篱,共同开启对扭送权教义学的系统建构和深耕细作。本章重点围绕扭送权限度所展开的探索性研究,初步得出以下几点基本结论:首先,通过添加不成文的限度要件的方式对扭送权条款进行目的性限缩,并不违背罪刑法定原则。其次,扭送权是从国家刑事追诉权中派生而来的辅助性权利,以紧急权体系为分析框架,它属于以社会团结原则为正当化根基的转嫁型紧急权。最后,扭送权的行使限度需要严格受制于狭义比例原则。

科学与实践:刑法教义学内部的功能分化(代后记)

一、问题意识与研究思路

(一)两全其美?谈何容易

中华人民共和国成立后的70余年间,我国刑法理论无论是在知识来源、学术话语还是在研究风格方面都发生了沧海桑田般的巨变,但不同时代的学者却在一个问题上达成了高度一致,即刑法学科是"科学性"与"实践性"的统一体。

在刑法学奠基和发展的早期,我国刑法理论就将"理论联系实际"确立为具有根本指导意义的研究方法。老一辈刑法学者高铭暄教授强调:"刑法学是一门理论性、实践性都很强的法律学科。"一方面,"丰富的刑事立法和司法实践是刑法理论的源泉。反过来,正确的刑法理论也能直接为刑事立法和司法实践服务";另一方面,"刑法学者在广泛深入倾听实践呼声的同时,应当独立思考,坚持学理探讨,勇于探索,敢于创新,具有高度的科学信念"。[①]

自20世纪90年代末期以来,随着德、日刑法学知识大规模引入,一批青年学者试图运用大陆法系法教义学的研究方法和思考范式对中国刑法理论进行全面的革新和重塑。受到康德哲学的影响,大陆法系的法学理论长期以来都将"体系"看成"科学"的代名词。据此,拥有一套逻辑融贯、条理清晰的理论体系,就成为法学能

[①] 高铭暄主编:《刑法学原理》(第1卷),中国人民大学出版社1993年版,第16—17页。

够跻身科学之列的前提和标志。① 被誉为"近代刑法学之父"的费尔巴哈(Feuerbach)认为:"已有的、相互关联的知识整体,只有当它获得了体系性关联的形式时,才能真正算得上是一门科学。"②法哲学家尤里乌斯·宾德(Julius Binder)也指出:"人们公认,科学就是具有客观确定性、内容上结成一个整体并且拥有逻辑顺序的知识体系。……我们之所以可以将法学视作科学,就是因为它追求建构起知识或者概念的体系,追求客观有效的判断。"③与此同时,刑法学的实践品格主要体现为其理论的展开以立法和司法中出现的具体问题为导向,评价理论优劣成败的一个关键标准也是看它解决问题的实效如何。所以,在当前较为时兴的语境下,刑法学科学性和实践性之间的关系,在相当程度上可以转化为体系思考(Systemdenken)和问题思考(Problemdenken)之间的关系。④ 对此,我国学者大多赞同罗克辛(Roxin)的论述,主张应当把体系思考和问题思考结合起来。⑤

倘若科学性和实践性、体系思考与问题思考果真能够毫无冲突地和谐共生,那自当是两全其美、皆大欢喜。然而,细究起来,事情恐怕没那么简单。我们至少需要考虑以下问题:

第一,实践导向的刑法教义学,在多大程度上能够符合科学性的要求?

科学旨在探寻事物最为本质的规律,而这种规律具有不受主观意志左右、不受地域时空影响的普适性和恒常性。刑法教义学是刑

---

① Vgl. Engisch, Sinn und Tragweite juristischer Systematik, in: ders., Beiträge zur Rechtstheorie, 1984, S. 88.

② Feuerbach, Über Philosophie und Empirie in ihrem Verhältnisse zur positiven Rechtswissenschaft, in: ders., Narurecht und positives Recht, 1993, S. 103 f.

③ J. Binder, Philosophie des Rechts, 1925, S. 843.

④ 在刑法学领域率先将"体系思考"和"问题思考"并立的,是德国学者维滕贝格尔(Würtenberger)。Vgl. Würtenberger, Die geistige Situation der deutschen Strafrechtswissenschaft, 2. Aufl., 1959, S. 10.

⑤ 参见焦宝乾:《论题学思维及其在我国的意义初探》,载张仁善主编:《南京大学法律评论》(2009年春季卷),法律出版社2009年版,第211页;陈兴良:《教义刑法学》,中国人民大学出版社2017年版,第190页。

法学的核心部分,也是与司法实践联系最为密切的分支学科。但它在许多方面欠缺科学所追求的这种普适性和恒常性。首先,"在传统上,刑法教义学将现行刑法视为信仰的来源,现行刑法的规定既是刑法教义学者的解释对象,也是解释根据。……对刑法教义学者而言,现行刑法就是《圣经》。"①可是,现实告诉我们,刑法典毕竟不是真正口含神意、万世不可更张的《圣经》,它永远都是尘世间凡夫俗子的创造物。受到社会发展阶段、人类认识水平以及立法技术等诸多因素的制约,任何一部刑法典都不可避免地会包含矛盾、疏漏甚至谬误,任何一部刑法典也都可以经由立法程序进行修改、增删甚至是废止。当作为解释根据的刑法文本本身就容许发生变动,而且事实上也处在不断变动的状态之中时,又怎么能说以它为研究依据的刑法教义学具有恒常性呢? 其次,刑法教义学提出的大量具体观点、结论,往往很难具有超越一国法律规定的普适性。例如,对于一个并未使用任何暴力、胁迫手段的公然取财行为,如果刑法没有独立规定抢夺罪,那么在处罚需求的强大压力下就需要承认"公然盗窃"的概念,使盗窃罪的涵盖范围有所扩大,以便将该类行为纳入可罚的范围;反之,若刑法中规定了抢夺罪,则或许可以维持盗窃罪"秘密窃取"的行为特征,从而将该行为定为抢夺罪。又如,对于通过非法操作计算机取得他人财产性利益的行为,若刑法否认财产性利益可以成为盗窃罪的对象,同时又特别规定了计算机诈骗罪,则该行为不构成盗窃罪,而构成计算机诈骗罪;但若刑法认可盗窃罪的对象包含财产性利益,那就可以将该行为定性为盗窃罪。② 可见,盗窃罪不法类型并没有一个恒定的疆域,它的边界会随着立法者对取得型财产犯罪采取的具体设计方案而发生位移。再如,对于在组织机构中下达犯罪命令但并未直接实行犯罪的领导者应当如何定性,也取决于刑法对于共同犯罪所采取的具体规制模式。如果刑法预设教唆犯的法定刑低于正犯,那么鉴于行为人在共同犯罪中所起的关键作用,法教义学很可能不得不根据组织支配理论将其解释为间接正犯。但

---

① 冯军:《刑法教义学的立场和方法》,载《中外法学》2014年第1期。
② 参见张明楷:《许霆案的刑法学分析》,载《中外法学》2009年第1期。

是,假若刑法为教唆犯设置的法定刑不低于正犯,或者给教唆犯预留了按实际作用大小量定刑罚的巨大空间,那么法教义学就完全可以将领导者定性为教唆犯。因此,教唆犯与正犯之间的界限也并非客观恒定,而是会在行为实质可罚性和实定法规定的交互作用下发生变动。

与此相关联的,是刑法学的科学性与民族性的关系。正是由于刑法教义学以一国现行刑法为根据解决该国司法实践中的问题,所以它所形成的知识也必然会带有较为鲜明的地方特色。在我国大多数学者看来,这是刑法教义学的应有之义,也是中国刑法教义学具有自主性和独立性的标志,不仅不成为问题,反而值得进一步强化。这似乎已经成为老中青三代刑法学人的普遍共识。例如,高铭暄教授认为:"刑法理论有它普遍性的一面,但中国有中国的国情……中国的刑法学必须服务于中国的刑事法治现实和实践,必须立足于解决中国刑事法治实践中出现的问题,必须从中国立法和司法的实际出发,分析和解决中国刑法中的犯罪、刑事责任和刑罚问题。"[①]面对国内刑法学知识的增长高度依赖域外知识进口的状况,有学者明确提出:"我们必须致力于建构具有中国特色、更加本土化的刑法学"[②],"刑法教义学知识具有根深蒂固的国界性和地方性,这是中国刑法学者必须认真对待的问题。对于构建中国的刑法教义学体系而言,当下最重要的是唤醒研究者的主体意识"[③]。但问题是,科学应当具有跨越国界的普遍性,完全局限在一国之内而无法普遍适用的知识,大抵只能算是某种具有地方特色的技艺或者经验,却无法称得上是科学。当前,和一切哲学社会科学一样,法学研究也在倡导"讲好中国故事"。纯粹建立在本国特有问题、特殊制度基础上的知识,固然别具一格、与众不同,却未必能够

---

① 高铭暄:《新中国刑法学六十年发展的简要历程和基本经验》,载高铭暄、王作富:《高铭暄王作富刑法学文选——九十华诞自选集》,法律出版社2017年版,第57页。

② 周光权:《论中国刑法教义学研究自主性的提升》,载《政治与法律》2019年第8期。

③ 丁胜明:《刑法教义学研究的中国主体性》,载《法学研究》2015年第2期。

获得外国同行的关注和引起他们的共鸣。中国刑法理论要在世界范围内产生影响力,它所讲述的"中国故事"就不能仅仅是专属于中国的故事,而必须直面现代社会共通的刑法问题,反映刑法制度构建和运作的普遍规律,提出契合人类共同关切的理论方案。

第二,当我们强调刑法教义学离不开体系思考时,指的究竟是何种意义上的"体系",不同意义的体系思考在目标追求上是否存在相互冲突的可能?

罗克辛曾经提出,体系思考主要有四方面的优势:一是降低分析案件的难度;二是保证法律适用既协调稳定又有所区分;三是简化法律适用,使法律更具可操作性;四是为法律的续造提供指引。[①] 这一经典论述也得到了中外学者的普遍认同,被争相传诵、广为引用。[②] 但是,罗克辛在谈到体系思考的优势时,似乎有意无意地杂糅了不同类别的体系概念。早在20世纪30年代,拉德布鲁赫(Radbruch)就曾将体系划分为五种类型:(1)推论性体系。该体系根据大前提和小前提推导出结论。(2)分类性体系。该体系从类概念出发,通过往上添加各种要素逐步推导出愈加狭窄的种概念。(3)范畴性体系。该体系不是单纯根据形式逻辑,而是主要根据事物自身的物本逻辑,对其进行形式与素材、范畴与质料的划分。(4)合目的性体系。该体系是依据特定的目的与手段建构起来的。(5)教学法体系。这种体系旨在创建一种简洁明晰的叙事方式,从而使相关的知识易于为人们所理解和掌握。拉德布鲁赫强调,应当特别注意教学法体系与科学体系之间的差别,即:前者纯粹是一种叙述方式,仅凭它无法获得新的知识;后者则具有认识论上的价值,只有它才能在某一思想和专业内部实现科学所要求的统一性。[③] 以拉氏的五分法思想为基础,以体系的功能取向为标准,我们可以将法教义学中的体系分为两大类:

---

① Vgl. Roxin/Greco, Strafrecht AT, Bd. I, 5. Aufl., 2020, § 7 Rn. 38 ff.
② 参见陈兴良:《教义刑法学》,中国人民大学出版社2017年版,第16—17页;劳东燕:《功能主义的刑法解释》,中国人民大学出版社2020年版,第41页。
③ Vgl. Radbruch, Zur Systematik der Verbrechenslehre, FG-Frank, 1930, S. 158 ff.

其一,实践操作型体系。① 其目的纯粹在于为法律适用者掌握现行法律规定和法律知识提供一份明了简洁、便捷实用的操作指南。例如,无论是就四要件还是三阶层犯罪论体系来说,将犯罪行为划分为"客观"和"主观"两大部分,并以此为标准对具体的犯罪成立要素进行分门别类,均属于较为典型的教学法体系思维。因为,将行为的客观外在部分和主观内心部分区分开来的做法,丝毫没有触及犯罪所特有的社会意义和规范属性,也无助于深化我们对犯罪本质的理解。它的意义主要有二:一是客观、主观两大范畴的划分,有利于对繁杂的可罚性要素进行有序整理,使犯罪行为的结构以较为清晰、易于理解的形式展现在人们(尤其是初学者)面前。二是从司法认定的角度来说,客观外部事实的查证在总体上比主观心理状态的探寻更为确定和容易,所以确立主客观相分离、客观优先于主观的考察方法,有利于提高刑事司法活动的效率和准确性。正因为如此,德国学者认为,根据"不法是客观的、责任是主观的"标准建立起来的贝林(Beling)—李斯特(Liszt)式犯罪论体系,大致上是一种教学和实践技术导向的体系。② 又如,在不真正不作为犯领域,以阿明·考夫曼(Armin Kaufmann)为主要代表的"功能理论"主张,保证人义务的来源包括保护保证人和监督保证人两类。尽管这一理论得到了刑法学界的广泛认可,但也有不少学者指出,功能理论并没有真正揭示保证人义务的实质根据,它不过是对事先已经确定成立保证人义务的各种情形进行了某种形式的分类而已。所以,该理论所提出的保证人义务体系,充其量仅仅满足了教学法上对叙述方式美观化、条理化的需要。③

---

① 相当于拉德布鲁赫所说的"教学法体系"。因为在大陆法系国家,法学本科教育的主要目标就是培养司法实践型人才(法官、检察官、律师),所以教学法当然以教授实务操作技能为第一要务。

② Vgl. Planitz (Hrsg.), Die Rechtswissenschaft der Gegenwart in Selbstdarstellungen, Bd. 2, 1925, S. 12 ff.; Pawlik, Das Unrecht des Bürgers, 2012, S. 7, 11.

③ Vgl. Welp, Vorausgegangenes Tun als Grundlage der Handlungsäquivalenz der Unterlassung, 1968, S. 252; Jakobs, Strafrecht AT, 2. Aufl., 1991, 29/27; Pawlik, Das Unrecht des Bürgers, 2012, S. 177.

科学与实践：刑法教义学内部的功能分化（代后记）

由实践操作型体系的司法导向所决定，它大体上和产品的使用说明相仿。产品使用说明的功能不在于深入解析该产品的工作机理，而仅在于借助循序渐进的步骤、一目了然的程序指导用户掌握产品的操作方法。正如产品使用说明无法对产品的设计性能提出改进方案一样，由于实践操作型体系基本停留在技术运用的层面上，它并不（至少并不主要）对法律条款、法律概念和法学原理作深层次的挖掘和反思，所以也难以产生足以推动法律制度变革和法学理论发展的新知识。

其二，科学探索型体系。这种体系的建构不是以方便人们学习和操作为出发点，而是旨在揭示法规范的合法性根据和内在关联，并以此为主线将有关法律原则、法律规定的具体知识联结成一个统一整体。对合法性根据的探求，使得科学探索型体系具备了超越现行制度的反思性和批判能力，也使其有可能孕育出前所未有的知识增长点，从而为法律规范的未来续造提供理论支持。

当我们回过头再去审视罗克辛的论述时就会发现，他所说的第一、二、三点优势，主要是围绕实践操作型体系来说的，而第四点优势则为科学探索型体系所独有。当然，不能排除两种体系存在完美结合的可能，即一个科学导向的体系同时也有助于使法律适用者更易于理解和掌握某一部门法的知识。但是，当人们试图将两种意义上的体系思考融为一体时，却会发现，二者并不总是能够同向而行、齐头并进，而是不可避免地会出现相互掣肘、此消彼长的局面。可能诱发两者产生离心力的对立点主要有二：

一是复杂多元 vs. 简化统一。既然科学导向思维志在为推动法律的发展贡献思想资源，那它就不能满足于对既有知识进行简单的继受和总结。思考要达到一定的深度，就必须具有足够的复杂性。这需要百家争鸣、推陈出新，即通过诸学说之间的充分论辩不断涌现创新性的观点。于是，科学导向思考的光谱必然呈现出百舸争流、斑驳陆离的景象。但是，司法实务所需要的恰恰是简单明确的操作模型，所以实践操作导向的思维往往倾向于删繁就简，将那些与解决实务问题没有直接关联的理论争议尽量予以简化。同时，为保证司法裁判的稳定和一致,这种思维更为追求共识的凝聚,重视发挥"通说"在分析案件、适用法律过程中的主导作用。例如,对于立法是否应当对争议问题明确表态这一点,司法实务人员和理论研究者就持迥异的立场。司法者往往希望刑法典能够就所有疑难问题直接给出确定的权威性回答,因为这样就能省去对不同观点进行比较和选择的工夫,从而大大提高办案的效率和统一性。但是,刑法条文对理论纷争作出一锤定音式的裁断,对于学术研究来说却未必是福音。因为如此一来,刑法教义学选择和发挥的空间就会被大幅度压缩。一个典型的例子是,在违法性认识错误的问题上,理论界素有故意说和责任说之争,1975 年修订后的《德国刑法典》第 17 条态度鲜明地站在了后者一边。这一立法例虽然在司法实务层面迅速实现了协调统一,但也直接导致自 20 世纪 70 年代中期以后,德国刑法教义学在违法性认识错误的基础研究方面逐渐失去了开拓的动力。① 难怪有学者曾经对 19 世纪上半叶德国的刑法研究状况有眷恋和向往之情,理由是:尽管彼时的刑事立法尚不完备,实定刑法对许多问题都还没有给出确定的意见;但这恰恰为刑法的学理探讨留下了广阔的空间,刑法学者可以无拘无束地徜徉在各种理论构想之中,对争议性问题展开不预设立场的客观分析。② 然而,刑法学者对这段"黄金岁月"的赞誉,大概并不能在司法实务工作者当中引起共鸣。

二是久久为功 vs. 立竿见影。不论是自然科学还是人文社会科学,基础性研究总是具有超脱现实功利的特点。科学导向的思考方式关心的是"立长远",它不急于对个别、具体问题给出确定的回答,而有相对充足的时间和自由去进行超脱个案的学术探究。③ 无论是对事物本质的追问还是对内在联系的把握,都建立在长时间反复思考和辩驳的基础上,这势必导致其思考的周期较为漫长。可是,司法实务工作者却必须在有限的时间内作出决断,巨大的办案压力使

---

① Vgl. Schmidhäuser, Der Verbotsirrtum und das Strafgesetz (§16 I Satz 1 und §17 StGB), JZ 1979, S. 362; Naucke, Staatstheorie und Verbotsirrtum, FS-Roxin, 2001, S. 503.

② Vgl. Pawlik, Das Unrecht des Bürgers, 2012, S. 22 f.

③ Vgl. Erb, Strafrechtswissenschaft, höchstrichterliche Rechtsprechung und tatrichterliche Praxis des Strafrechts, ZStW 113 (2001), S. 4.

得他们很难有"闲心"和"雅兴"去对那些根源性的问题展开旷日持久的探讨,也无法从容地等到理论纷争尘埃落定之日才去确定法律解释和案件裁判的结论。因此,快速高效地拿出大体能够为人们所接受的个案解决方案,才是实践导向思维的首要目标。当我们专注于对根本问题展开体系性的通盘考量时,很难完全满足实务者的办案需求;反之,对简明叙述方式和实用效果的追逐,又会在一定程度上降低思考的深度和全面性。

综上所述,刑法教义学的科学性和实践性并不总是能并行不悖,不同种类的体系思考之间也可能发生冲突。不是简单地说一句"体系思考和问题思考并重""教学法体系与科学体系相统一",就能自然而然地使鱼和熊掌兼而得之。

(二) 研究目标和路径

在刑法教义学不断趋于精细和纵深的今天,有必要从方法论的高度对刑法教义学的科学性和实践性之间的关系展开更为深入和实质的研究。这里所说的"深入"和"实质",主要指两个方面:

一是抛弃"四面讨好、八方奉承"式的简单折中。将不同的视角、要点加以综合,是理论研究中常见的一种方法;但是,综合不能只是看到"强强联合"的一面,更要关注而不是回避二者出现"排异"或者"摩擦"的可能。一旦发现综合的双方可能产生龃龉,理论就必须承担起消解冲突的责任。因此,我们需要认真评估刑法教义学科学性和实践性可能发生的矛盾,并着手建立用于消解这种矛盾的长效机制。

二是以往关于法教义学之科学性和实用性的讨论,主要集中在法理学界。相关的研究成果虽然取得了引人瞩目的进展,但亟须与部门法教义学进行深度结合。当该话题下沉到刑法这一具体部门法领域之后,就需要避免单纯地抽象论道,而应当更加密切地与刑法教义学中的具体问题结合起来,以其为"素材库"和"试验场",从而使法哲学和法学方法论的思考能够真正在部门法学中落地生根,为刑法教义学整体质量的提升提供助力。

笔者将首先探讨,在刑法教义学实践导向日益强化的现代社会,为何仍然需要坚守其科学性和体系性;接着提出并且论证,刑法教义学的体系建构应当采取"自下而上"的总体思路;最后指出,刑法教义学内部应进行功能分层,通过"自下而上"的方式建构起来的知识体系,需要接受科学方法论的监督和检验。

二、索性回归纯粹的实践技艺?

(一)当代法学中"体系的祛魅"

当人们原本试图对两种元素加以综合,但随后又发现二者存在冲突时,如果能够直接舍弃其中之一而又无损大局,那么最好的办法当然是放弃折中、回归"片面"。在许多学者看来,之所以需要在法学中坚持体系思考,是因为一旦丢弃了对科学性的追求,法学就会沦为一门纯粹的手工技艺。那么,我们不妨先大胆地设问:为什么不能直接承认法学就是一门操作技艺?假若在法学中奉行单一的论题式思考方法能够完美地满足法治社会的一切现实需要,那又何必非要贪图一个"科学"的虚名呢?而且,如果把法学等同于实践技艺,自然就无需寻求超越国界的普适性。因为技艺的产生和发展本来就完全依赖于地方性的文化,体现其世界性价值的地方并不在于它反映了什么普遍规律,而恰恰在于它的独树一帜。[①]正如绘画这门艺术,某地盛行水墨画,另一地区的人钟情于油画,还有的地方的人喜好版画。

事实上,在当代大陆法系各部门法的理论研究中,体系性和科学性的地位均不同程度地出现了下降。甚至有激进的声音主张,法教义学应当放弃体系建构的梦想,老老实实地回归为一门实践技艺。20世纪50年代,德国法哲学家菲韦格(Viehweg)出版的《论题学与法学》一书,率先对19世纪以来德国法学体系化的发展方向提出了质疑,并认为以现实问题为取向的论题学才是法学应当采用的思考

[①] 人们常说的"只有民族的,才是世界的",出自鲁迅先生的《致陈烟桥》(1934年4月19日)。在这封信中,他针对木刻、绘画和文学写道:"有地方色彩的,倒容易成为世界的,即为别国所注意。"参见鲁迅:《鲁迅全集》(第13卷),人民文学出版社2005年版,第81页。事实上,这一论断只能适用于文学艺术领域,很难适用于科学领域。

方式,"法学作为有助于解决疑难的技术,在主要方面都与论题学相一致"①。受到这一思想的启发,维滕贝格尔(Würtenberger)针对刑法学指出:以往的刑法理论在犯罪论体系以及各种抽象概念的建构方面投注了过多的精力;但是,刑法教义学研究要保持活力,必须以现代社会中的现实法律问题为基点,故刑法学的方法论应当从体系思考转向问题思考。② 在维滕贝格尔的影响下,日本学者平野龙一于20世纪60年代对德国式的体系思考模式展开了猛烈批判,主张"法解释学不是科学,而是技术"③,只有"问题思考"才是实现机能刑法观的手段④。他由此在日本刑法学界开启了一场方法论变革,形式体系性的论证方式开始逐步让位于以问题和个案为导向的论证方式。随着新千年后日本人文社会科学整体朝着注重社会实效的方向转变,在刑法领域,"与日常的实践关联不大的刑法基础问题,已越来越少成为研究和教学的对象"⑤。我国法理学者舒国滢教授近年来也提出:"实践性构成了法学的学问性格,法学应当回归实践之学本身"⑥,"法学是论题取向的,而不是公理取向的"⑦。在大陆法系的主要国家,在多个传统部门法领域,同时出现这种"反体系"的动向⑧,绝非偶然。其背后主要有现实和理论两方

---

① Viehweg, Topik und Jurisprudenz, 5. Aufl., 1974, S. 97.
② Vgl. Würtenberger, Die geistige Situation der deutschen Strafrechtswissenschaft, 2. Aufl., 1959, S. 9 ff.
③ 〔日〕平野龙一:《刑法的基础》,黎宏译,中国政法大学出版社2016年版,第193页。
④ 参见黎宏:《平野龙一及其机能主义刑法观——〈刑法的基础〉读后》,载《清华法学》2015年第6期。
⑤ 〔日〕井田良:《走向自主与本土化:日本刑法与刑法学的现状》,陈璇译,载陈兴良主编:《刑事法评论:教义学的犯罪论》(第40卷),北京大学出版社2017年版,第373页。
⑥ 舒国滢:《法学是一门什么样的学问?——从古罗马时期的Jurisprudentia谈起》,载《清华法学》2013年第1期。
⑦ 舒国滢:《寻访法学的问题立场——兼谈"论题学法学"的思考方式》,载《法学研究》2005年第3期。
⑧ 据某些学者的观察,民法和行政法领域内体系弱化趋势的形成,甚至略早于刑法领域。Vgl. Würtenberger, Die geistige Situation der deutschen Strafrechtswissenschaft, 2. Aufl., 1959, S. 10; Pawlik, Das Unrecht des Bürgers, 2012, S. 13。

面的动因:

1. 现代社会的高度复杂化

法学中的体系化思维与立法上的法典化思维一脉相承,二者都希冀能够将现实社会中的多样性化约、聚合成一个单一的知识或者规则整体,从而一劳永逸地包揽一切问题的解决方案。在社会观念较为统一、科技发展和知识更新速度相对较慢的农业社会以及早期工业社会,法律问题的性质、结构和类型在相当长的时间内都保持着稳定的状态,这为体系化地设计问题解决方案提供了可能。然而,现代社会的特点恰恰在于,随着生活方式和世界观趋于多元、海量的知识呈几何级速度增长,体系化思维所追求的稳定性、可预期性和一致性,在现代社会复杂多变的现实面前显得捉襟见肘。在这种情况下,无论是立法还是司法,选择"逢山开路、遇水架桥"、就问题解决问题的思路,似乎也就顺理成章了。按照许乃曼(Schünemann)的分析,以20世纪60年代为分界线,德国刑法理论呈现出两幅迥异的景象:此前的刑法理论具有高度的封闭性,其内部各要素之间也保持着严密的关联性;而在此之后,体系性的刑法学派迅速退出历史舞台,刑法理论大幅度趋于个别化、分散化。导致该变化的一个重要原因就在于:在1870年至1960年近百年的历史时期内,整个德国社会的价值体系相对趋同,但是自20世纪60年代之后,人们的价值观念却快速地走向异质和多元化。反映到刑法领域,就表现为刑法理论越发难以形成一以贯之的知识系统。[1]

正如顾培东教授指出的,"在以科学主义思维整合社会并依照类似几何推导的方式程式化地适用法律的尝试失败后,面对日趋变化的社会状态,日益复杂的社会关系,以及日渐突出的法律刚性与社会情境多样性的冲突,实用主义不能不成为西方国家的重要选择"[2]。

---

[1] Vgl. Schünemann, Kritische Anmerkungen zur geistigen Situation der deutschen Strafrechtswissenschaft, GA 1995, S. 221 f.
[2] 顾培东:《当代中国法治共识的形成及法治再启蒙》,载《法学研究》2017年第1期。

2. 对法学"科学化"历史的反思

有学者经过考证发现,尽管法学历来与神学、医学被并称为人类最古老的学科,但它一开始就是一门与科学相区别的实践技艺。法教义学仅仅是一种运用论题学思维去追求实现明智和公正的技艺,对它冠以"科学"之名,实乃有名无实,纯粹是19世纪德国法学家制造的一场误会。①

亚里士多德(Aristotle)将人类的生活方式区分为理论、实践和制作三类,它们分别以三种智慧即理论智慧、实践智慧和技术智慧为基础。理论关注世界的本体、始点等永恒不变的必然领域,其根本特征在于无关功利的非实用性;实践则立足于特殊性,旨在凭借丰富的生活经验去实现完整的善。理论哲学包括物理学、数学和神学;实践哲学则包括伦理学、道德哲学。② 经过文德尔班(Windelband)的发展,实践哲学的范围进一步扩大到包括法学在内的几乎整个人文科学。③ 在古罗马法时代,法学指的就是"法律实践",用杰尔苏(Celsus)的名言来说:"法乃善良与公平的技艺。"④"罗马法学家们的学术工作不是理论性的,他们的知识兴趣并不是通过逻辑的结构来解释所谓'科学的真理',也并不是怎么样把法律体系化或试图发展出一个融贯的私法体系,毋宁说,他们的兴趣是实践性的,即,运用决疑术的方式、利用他们的明智判断来处理个案的疑难问题,或者针对案件中的法律问题提出(决疑术式的)解决方案。"⑤科殷(Coing)也指出:"体系建构并不是促进罗马法形成的真正动力……罗马法是以经验、而非体系性的方式发展起来的。"⑥尽管西塞罗时代的法学家

---

① Vgl. Henke, Alte Jurisprudenz und neue Wissenschaft, JZ 1987, S. 687 ff.
② 参见〔古希腊〕亚里士多德:《尼各马可伦理学》,廖申白译注,商务印书馆2003年版,第126、174—175页。
③ 参见〔德〕文德尔班:《哲学史教程》(上卷),罗达仁译,商务印书馆1987年版,第32—33页。
④ 参见《学说汇纂》(第1卷),罗智敏译,中国政法大学出版社2008年版,第5页。
⑤ 舒国滢:《法学是一门什么样的学问?——从古罗马时期的Jurisprudentia谈起》,载《清华法学》2013年第1期。
⑥ Coing, Geschichte und Bedeutung des Systemdenkens in der Rechtswissenschaft, 1956, S. 31 f.

在希腊哲学的影响下也曾对法学知识进行过体系化的努力,但其目的仅限于建立一个便于教学和授课的叙述模式①,即相当于上文所述的教学法体系。真正推动法学走向理论化的,是17世纪兴起的笛卡尔主义和科学主义思潮。② 在这一思潮的席卷下,一切学问,要想获得"科学"的名号,都必须以自然科学为样板、满足自然科学的严格标准。于是,1800年前后(1780—1820年左右),法学家们逐渐抛弃了法作为实践技艺的古老知识传统,转而强调法律知识应当具有如同几何学一般的精确性和普遍性。萨维尼的门生利奥波德·奥古斯特·瓦恩柯尼希(Leopold August Warnkönig)甚至声称:"法学要想在科学中占据一席之地,要想对人类事务发挥良善的作用,就必须成为一门自然科学。"③在德国唯心主义哲学的助推下,19世纪的德国法学更是将体系性思维发展到了登峰造极的程度。一方面,从实质上来说,启蒙运动时期的自然法思想为法学的体系建构提供了一个统一的理论基础,即自由平等原则;另一方面,从形式上来说,人们相信从统一的概念出发能够推演出一切法律知识。④ 以实质和形式两个统一性为依托,人们试图建造起如同门捷列夫化学元素表那样严密而确定的公理推演式体系。具体到刑法领域,19世纪中叶以后的半个世纪中,黑格尔主义在刑法理论中居于主导地位,它致力于通过概念建构将刑法学打造成类似哲学的体系性科学。⑤

在回顾了法学漫长的发展史后,有学者尖锐地指出,19世纪德国法学者"附庸风雅"地试图以体系建构去证明法学的科学性,不仅不可行,反而从根本上扭曲了法学本来的面目,与其说是一种历史进步,不如说是误入歧途。理由在于:

---

① Vgl. Coing, Geschichte und Bedeutung des Systemdenkens in der Rechtswissenschaft, 1956, S. 34 ff.

② Vgl. Arthur Kaufmann, Einige Bemerkungen zur Frage der Wissenschaftlichkeit der Rechtswissenschaft, FS-Bockelmann, 1979, S. 69.

③ Kiesow, Rechtswissenschaft-was ist das?, JZ 2010, S. 587.

④ Vgl. Coing, Geschichte und Bedeutung des Systemdenkens in der Rechtswissenschaft, 1956, S. 38.

⑤ Vgl. Jakobs, Strafrecht als wissenschaftliche Disziplin, in: Engel/Schön (Hrsg.), Das Proprium der Rechtswissenschaft, 2007, S. 117.

首先，法学本质上不是一门揭示真理的学问，而是一门从事"理解"活动的学问。科学的目标在于追求真理，而这一目标又建立在一个基本的假设之上，即：相关活动是以一种价值中立的"客体—认知"模式展开的。所有人面对着同一个实在，只要认识与实在相吻合，就意味着找到了真理。然而，法学即司法裁判的特质恰恰在于，它"几乎完全是在与价值判断打交道"①。如前所述，一个行为究竟构成盗窃罪、抢夺罪还是诈骗罪，一个参与者究竟是属于正犯还是教唆犯，并没有一个已然存在、客观固定的"真相"或者"真理"等待着人们去发现。无论对相关的行为作怎样的定性，并不存在真假之别，而只有在一国法律规定的语境下何者相对更为合理、自洽的问题。换言之，法学的命题所表达的不是真理，而只是"意见"；法学对法律问题所给出的回答，归根结底既不关乎事实真伪，也不涉及逻辑证明，而是基于辩证法推理和论题修辞学。②

其次，与追求普遍性和必然性的自然科学相反，个别、特殊的事物才是法学专注研究的对象。因为，法学家的日常作业就是处理大量千差万别的案件和情事，"这些'个别的东西''个别的事物'没有所谓的'一般的规律'可循"③。

总而言之，在部分学者看来，法学与其徒有虚名地自诩为科学，不如干脆放弃对体系的追求，重拾法学诞生之初所拥有的传统和本色，"认真地对待其古老的天赋，认真地对待其技艺的特质"④。

(二)法教义学的科学性：何以必要，何以可能？

接下来我们需要讨论两个问题：第一，在现代社会中，法教义学的科学性是否扮演着某种无可替代的角色？第二，如果坚守法教义学的科学性是必要的，那么这种坚守是否具有现实的可行性？

---

① 〔德〕卡尔·拉伦茨：《法学方法论》，黄家镇译，商务印书馆2020年版，第277页。
② Vgl. Henke, Alte Jurisprudenz und neue Wissenschaft, JZ 1987, S.691.
③ 舒国滢：《法学是一门什么样的学问？——从古罗马时期的Jurisprudentia谈起》，载《清华法学》2013年第1期。
④ Kiesow, Rechtswissenschaft-was ist das?, JZ 2010, S.591.

1. 单纯的论题学方法,并不能满足现代社会对刑法教义学提出的要求

论题学方法的特点在于,不是从某个给定的公理出发进行逻辑推导,而是直接从具体的问题入手,将所有可能的解决方案以及每一方案的论据都加以汇总、罗列,形成论题目录,并通过商谈、对话和论辩决定最终的结论。① 论题学方法对于解决法律疑难问题固然有着明显的优势,但它的局限性也同样不容忽视。

首先,论题学方法只是汇聚了为解决某一问题所需要的各种论点和理由。"但被运用的论据或论题,其分量极为不同。其不是被简单地相互排列在一起,而是具有各自特定的价值,并且总是在特定的脉络中才变得有意义。"②特别是,当论题目录中针对一个论点同时具有支持和反对的理由时,我们往往需要根据一个统一的价值体系去确定各个论据的权重和位阶顺序。这种用于整合、权衡不同论点分量的价值体系,是论题学方法本身无法提供的。

其次,对于解决现代社会中的双重偶联性问题来说,体系化的法学知识是不可或缺的。所谓双重偶联性,是指一个稳定的人类社会是以人们具有稳定的行动预期为前提的,因为由社会的人际互动结构所决定,一个人在决定自己如何行动时,总是需要考虑到其他人将会怎样行动。所以,一旦对方的行动不稳定,难以给一方以确定的预期,那么后者也很难采取行动。在欠缺稳定预期的情况下,人们不得不付出大量的时间和精力对各种行动可能性及其风险进行估算,这样一来就会给人类带来过于沉重的认知负担,稳定的人类社会也就无从谈起。③ 当人类社会从传统熟人社会转型为高度多元、流动频繁、分工细密的现代社会之后,原先熟人社会中能够有效维系行动预期的各种方法,如察言观色、辨别社会角色等,纷纷难以为继。在此

---

① Vgl. Coing, Grundzüge der Rechtsphilosophie, 5. Aufl., 1993, S. 291; Puppe, Kleine Schule des juristischen Denkens, 3. Aufl., 2014, S. 272.
② 〔德〕卡尔·拉伦茨:《法学方法论》,黄家镇译,商务印书馆 2020 年版,第 194 页。
③ 参见〔德〕卢曼:《信任:一个社会复杂性的简化机制》,瞿铁鹏、李强译,上海人民出版社 2004 年版,第 3—11 页;泮伟江:《当代中国法治的分析与建构》(修订版),中国法制出版社 2017 年版,第 90—93 页。

情况下,社会就必须提供一套用以对行为的合法性进行统一评价的系统,从而降低未来世界的复杂性,稳定人们的规范预期。① 面对复杂、高风险的现代社会,我们甚至比以往任何时候都更需要一个普遍化的法律系统,从而通过对相同情况相同对待、不同情况不同对待,使人们建立起对法律规则的信任。② 所谓"相同情况相同对待",无非就是要让从个案判断中发展出来的各种分析标准和论证理由能够在未来的裁判中得到重复使用。这便离不开法律系统内部的信息冗余。即,我们需要对判例形成的意见进行储存,形成可供反复调取和运用的"知识记忆"。但是,高效的信息冗余不能仅凭知识的简单堆砌,它的最终建立有赖于我们将分散的论点论据纳入一个整体性的关联结构之中,并对其进行抽象化的加工和整理。

值得注意的是,卢曼(Luhmann)关于法律系统的"功能"(Funktion)与"功效"(Leistung)之分,或许可以为我们审视体系思考和问题思考之间的关系提供一个新的视角。功能为法律系统所独有,它指的是以合法/非法的二值代码去稳定规范预期;功效则指的是法律系统对于环境,即对于其他社会子系统的促进作用,比如促进经济发展、道德完善等。③ 体系思考注重维护法律系统的独立运行、确保法律适用的统一和稳定,它与法律系统的功能有着天然和内在的契合性;问题思考则有着浓重的后果导向色彩,讲求法律适用的社会、经济实效,所以它更偏重于推动法律功效的实现。"考虑到法律体系的自主性对于法治建构而言具有基础性意义,以牺牲体系的自主性为代价而成全应变性的做法,必须引起高度的警惕。"④既然功效不能取代功能⑤,那么论题方法自然也无法取代体系思考。

---

① 参见〔德〕卢曼:《法社会学》,宾凯、赵春燕译,上海世纪出版集团 2013 年版,第 122 页。
② 参见泮伟江:《当代中国法治的分析与建构》(修订版),中国法制出版社 2017 年版,第 108 页。
③ 参见〔德〕卢曼:《社会的法律》,郑伊倩译,人民出版社 2009 年版,第 80 页。
④ 劳东燕:《功能主义的刑法解释》,中国人民大学出版社 2020 年版,第 212 页。
⑤ 参见李忠夏:《功能取向的法教义学:传统与反思》,载《环球法律评论》2020 年第 5 期。

由此可见,在现代社会中,法律系统对于稳定人们的行动预期发挥着前所未有的重要作用。在此背景下,体系化的法教义学知识所具有的现实意义,不仅没有随着社会复杂程度的提高而消退,反而愈加凸显。

最后,单纯依靠论题学方法,也难以对刑法制度展开前瞻性的思考。如前所述,法教义学的任务不仅在于对既有的实定法进行解释,还在于为法律未来的发展和续造提供学理支持。或许有学者认为:由于民法允许类推解释①,所以自然可以由法教义学从事法律漏洞填补和法律续造的工作;但是,在刑法领域,受罪刑法定原则的约束,即便发现实定刑法存在漏洞和不足,也只能由立法者来加以完善,所以如何对刑法规范进行发展和续造,并不在刑法教义学的任务清单之中。② 该看法是不能成立的。一则,刑法教义学研究的对象不限于罪刑规范。由于罪刑法定原则要求法无明文规定不为罪、法无明文规定不处罚,所以刑法解释者当然无权对罪刑规范进行增补。但是,除罪刑规范之外,为数众多的出罪事由同样也是刑法教义学日常研讨的内容。由于罪刑法定原则只禁止不利于被告人的类推,而出罪事由的成立却恰恰有利于被告人;所以,刑法教义学完全可以在缺少成文法规定的情况下,增加、续造超法规的正当化事由以及责任阻却事由。二则,不能忽视刑法教义学对于立法的意义。在《刑法》于1997年全面修订之后,我国刑法学研究的重心迅速从原先的刑事立法学转移到刑法解释学之上,甚至一度出现了排斥、讳言对立法展开批判性分析的风格取向。即便在刑法解释学内部,还有声音主张,教义学只应当以真实发生的判例为研究素材,对那些尚未出现的情形作假设式的超前分析缺少现实意义。这样一种完全依附于实定法甚至既有判例的研究范式,将导致刑法教义学得上"近视眼"、患上"依赖症"。所谓"近视眼",是指教义学理论只将目光狭隘地局限在

---

① 我国《民法典》第 467 条第 1 款明确肯定了这一点。
② Vgl. Behrends, Einführungsreferat: Das Bündnis zwischen Gesetz und Dogmatik und die Frage der dogmatischen Rangstufen, in: Behrends/Henckel (Hrsg.), Gesetzgebung und Dogmatik, 1989, S. 11.

与解决现实问题直接相关的领域,却不愿意花费半点精力去谋划长远问题;所谓"依赖症",是指教义学研究只是跟在立法和司法实践的身后被动地予以回应,甚至离开了成文法规范和现有判例就难以展开论证。但是,"刑法教义学最重要的成就,绝不是对法律条文所规定的概念进行解释。……单纯的法条并不是刑法教义学唯一的素材。在法条之外还必然存在着法更深层次的根基,正是有了它我们才能理解立法本身,也才能理解刑法教义学。只有找到这一根基,刑法教义学才能发挥其独立的功用"①。因此,刑法教义学不可丢弃前瞻性以及对实践的批判力和引领力,不能因为自身固有的实践导向而将视野闭锁在当下的事物之上。它不仅要围绕实定法条文展开解释工作,还需要为刑法未来的修改完善做好必要的理论准备;它不仅要以现实的案例为研究素材,也需要未雨绸缪地将可能发生的案件类型纳入考虑的范围。要想对刑法制度进行长远规划和顶层设计,前提是要对刑法的基本范畴及其相互关联作整体性的把握。然而,"论题学思考的'中心'是各单一问题本身,而不是一种可以囊括各种个别问题的问题脉络或事物关联。"②像论题学那样只专注于"片断性见识"③(fragmentarische Einsichten)的方法,根本无法从更广泛、更本质的意义上去洞悉问题之间的关联性,自然也就缺乏推进法律向前发展的能力④。因此,"刑法理论只有体系性地展开,并且发展出完备的案件体系,它才能胜任其肩负的使命,即为未来的立法和判例开辟道路"⑤。

2. 刑法教义学并未脱离恒常和普遍规律的制约

对法律及其实践活动的驯化需要,是促进人们追求法学科学化的根本动因。18、19世纪之所以会出现法学体系化的浪潮,科学主义的话语霸权固然是一个重要的推手,但那毕竟是外因,最为关键的内

---

① Zaczyk, Was ist Strafrechtsdogmatik?, FS-Küper, 2007, S.727.
② 〔德〕卡尔·拉伦茨:《法学方法论》,黄家镇译,商务印书馆 2020 年版,第 193 页。
③ Vielweg, Topik und Jurisprudenz, 5. Aufl., 1974, S.31.
④ Vgl. Coing, Grundzüge der Rechtsphilosophie, 5. Aufl., 1993, S.295.
⑤ Hruschka, Kann und sollte die Strafrechtswissenschaft systematisch sein?, JZ 1985, S.10.

因在于,法学内部始终存在着某种强大的刚性需求,即:法律的出现本来旨在对人们的行动进行控制,但如果法律本身不受控制,则势必给公民及社会带来不可估量的伤害,所以必须建立起有效的机制,以克服法律创制和运行过程中的恣意性和偶然性。为此,当时的欧洲出现了三种类型的尝试:第一种是以1804年《法国民法典》为代表的法典化道路,通过制定统一的成文法来约束法官的裁量权;第二种是以盎格鲁—撒克逊法为代表的判例法模式,通过确立遵循先例的原则来维护司法的一致;第三种是以德国法为代表的科学化模式。① 自然科学的方法之所以能在法学领域大行其道,正是因为自然科学的"控制动机"恰好与法学对于安定性的需求不谋而合。正如自然科学研究的动机是通过认知自然法则去控制自然,法律的科学化同样也是为了找到超然于具体法规范之上的普遍法则,从而将人们的立法、司法活动置于有效的控制之下。现在的问题是:自然科学研究能够发挥控制功能,前提是现实存在不受人们意志左右的客观规律;既然我们不得不承认,法学家的日常作业的确是"与个别事物"打交道,那么在这些"个别事物"中,究竟是否存在一般和普遍化的规律呢? 如果说法学从事的活动毫无规律可循,那么即便我们需要对其加以控制,恐怕也不能求助于科学化的模式,只有另择他途。

笔者认为,尽管作为刑法教义学解释依据的刑法文本是可变的,作为刑法教义学研究对象的案件也确实千差万别,但基于以下三点理由,刑法教义学依然处在某些恒常、普遍规律的制约之下:

第一,现代刑法的价值理念和基本原则具有恒久性。虽然在不同的地域、不同发展阶段的社会,具体法律制度和学说可以因地制宜地采取差异化的设计,但是某些价值原则是经过人类法制实践反复锤炼和检验后凝结积淀而成的共识,从而构成了任何法治社会都不可动摇的基石。它们作为普遍、持久的价值界标,为法律实践活动设定了不可逾越的红线。特别是,由于刑罚是对公民自由及利益干预力度最大的一种国家制裁措施,所以,虽然不同社会条件下刑事政策的侧重点会有差异,但是关于刑法的介入极限却能够形成一系列较

---

① Vgl. Kiesow, Rechtswissenschaft-was ist das?, JZ 2010, S. 586.

为稳定的价值共识。能够说明这一点的是:宪法乃社会共同体价值观念的最大公约数,而刑法中相当一部分原则就直接享有宪法位阶,或者与宪法具有内在渊源。例如,责任原则要求,只有当某人对于损害事实的发生具有认识和避免的可能时,才能令其为损害结果承担刑事责任。这一原则旨在防止公民沦为国家实现其他目的的工具,它根源于《宪法》第33、38条所蕴含的保障公民尊严的基本价值理念。因此,无论是立法者设置罪刑条款还是刑法教义学适用法律时,无论基于怎样的政策考量和现实需要,责任原则都是必须严格遵守的铁律。

第二,作为刑法规制对象的社会关系和事实,其内部结构具有稳定性。尽管作为行为理论的一个具体流派,韦尔策尔(Welzel)的目的行为论早已风光不再,但它在方法论上的洞见却依然值得今天的刑法学者重视。目的的行为论的提出,本质上是意图用刑法规制对象(即行为)所拥有的永恒不变的存在结构去约束刑法规制活动。韦尔策尔指出,刑法体系的建构既不能如法实证主义者那样完全依赖于实定法的规定,也不能像价值法学者那样一切诉诸规范评价,而必须符合先于法律而客观存在的事物本体结构。①"正如法律不能要求妇女缩短孕期,在怀孕6个月后就把孩子生出来一样,它也不能禁止妇女流产。不过,法律可以要求妇女采取行为避免发生流产,也可以禁止妇女引起流产。"②"立法者不仅受到物理性自然规律的约束,而且还必须尊重他所规范之对象的特定物本逻辑结构,凡是违背了这一结构的规定都必然是错误的。因此,行为的存在结构先于任何的评价和规定。"③虽然从事实存在中不能导出规范评价本身,真正决定刑法理论实体内容和演进方向的是刑事政策的价值目标,但不能否定,规范评价毕竟不是游弋在真空之中,而是立基于特定的事物之上。一件雕刻作品的艺术水平固然最终取决于创作者的构思和技法,但是创作者要想使自己的设计理念在作品中获得准确、完整的展

---

① Vgl. Welzel, Studien zum System des Strafrechts, ZStW 58 (1939), S. 493.
② 〔德〕汉斯·韦尔策尔:《目的行为论导论——刑法理论的新图景》(增补第四版),陈璇译,中国人民大学出版社2015年版,作者第4版前言第4页。
③ Welzel, Naturrecht und materiale Gerechtigkeit, 3. Aufl., 1960, S.197.

现,就不能不仔细考察并主动适应雕刻材料的质地、纹理和色泽。同理,不同事物在内部结构上的差异,必然会对刑法规制的方式和策略产生影响。

例如,完整的犯罪现象往往由行为的实施阶段和行为完毕后引起结果发生的因果流程阶段这两部分组成。在前一阶段,由于人在意志支配下的行为尚处于正在进行的过程中,故命令规范可以通过影响行为人的意志活动从而实现其指引和调控人们行为方式的功能;但在后一阶段,因为人的自主行为已经归于终结,因果事实已脱离意志的直接支配而转入自然发展的轨道,所以以人的意志自由为前提的命令规范在此就失去了发挥其调整功能的用武之地。由这两个阶段的不同事实特征所决定,行为规范的作用只及于前一阶段,但评价规范的效力却可以贯穿犯罪发展过程的始终①;刑法对于前一阶段实施行为的认定应当采取行为当时的判断标准,而对于后一阶段则只能采用事后的判断标准②。再如,虽然刑法可以根据自身的规范保护目的来确定生命的起始,但它也必须尊重分娩这一事实现象的基本原理和自然规律。关于出生开始的标准,德国刑法学界长期以来均主张"娩出阵痛说";但由于新的医学研究表明,出生过程实际上从出现开口阵痛的那一刻就已经开始了,故目前通说与判例又不得不转而采纳"开口阵痛说"。③

第三,作为刑法解释依据的刑法规范,其制定也有客观的规律。众所周知,一旦国家置经济规律于不顾任意增发纸币,将引起通货膨

---

① Vgl. Gallas, Zur Struktur des strafrechtlichen Unrechtsbegriffs, FS - Bockelmann, 1979, S. 162; Wolter, Objektive und personale Zurechnung von Verhalten, Gefahr und Verletzung in einem funktionalen Straftatsystem, 1981, S. 49 ff.; Jescheck, in: LK-StGB, 11. Aufl., 1992, vor § 13 Rn. 43.

② Vgl. Engisch, Der finale Handlungsbegriff, FS - Kohlrausch, 1944, S. 163 (Fn. 74); Jakobs, Studien zum fahrlässigen Erfolgsdelikt, 1972, S. 89 ff.; Stratenwerth, Bemerkungen zum Prinzip der Risikoerhöhung, FS - Gallas, 1973, S. 229 ff.; Schünemann, Über die objektive Zurechnung, GA 1999, S. 218; Yamanaka, Die Lehre von der objektiven Zurechnung in der japanischen Strafrechtswissenschaft, in: Loos/Jehle (Hrsg.), Bedeutung der Strafrechtsdogmatik in Geschichte und Gegenwart, 2007, S. 61.

③ Vgl. Eser/Sternberg-Lieben, in: Schönke/Schröder, StGB, 30. Aufl., 2019, vor § 211 Rn. 13.

科学与实践:刑法教义学内部的功能分化(代后记)

胀;同样,面对纷繁复杂的社会现实,立法者对于犯罪圈的划定固然拥有巨大的裁量自由,但罪刑规范的增删废立仍然有其内在的规律性,有待人们去发现和遵守。当立法者违反规律简单地以"一事一议"的方式随心所欲地盲目增加犯罪时,就会出现法律上的"通货膨胀",给司法实践造成不必要的困扰。例如:

我国刑法分则的一个显著特点在于,立法者在既有刑法条款本来可供适用的情况下,仍广泛地针对特定领域增设了专门的罪刑规范。这种立法方式的本意是以问题为导向,积极回应犯罪治理的现实需要,尽量为法官断案配备具体而确定的裁判依据。但是,在一般法条之外无度地增设特别法条,却会造成事与愿违的后果。例如,本来,对于嫖宿幼女的行为完全可以根据(奸淫幼女型的)强奸罪来加以处罚。但自1997年至2015年间,我国《刑法》还单独设置了最高法定刑低于强奸罪的嫖宿幼女罪,这就导致一些情节较为严重的嫖宿幼女行为受制于"特别法优于普通法"的原则而无法适用强奸罪的加重规定。于是,刑法教义学不得不耗费大量的精力去探讨两罪的法条适用问题。[①] 相关的争议直至2015年《刑法修正案(九)》废除了嫖宿幼女罪的条文之后才终告平息。又如,《刑法》在诈骗罪之外又单独规定了合同诈骗罪,两种犯罪在不法和责任方面并无实质差异,二罪分立的立法模式人为地给司法机关平添了区分此罪与彼罪的麻烦。[②] 再如,《刑法》在过失致人死亡、过失致人重伤罪之外,又结合专门领域规定了交通肇事、安全责任事故、玩忽职守等种类繁多的业务过失犯,甚至在某种业务过失犯(如玩忽职守罪)之下又区分不同的责任主体再细分出一系列罪名。这种做法,一是在各种过失犯的法定刑实际上大致持平的情况下,却大幅度提高了对不同犯罪进行界分的技术难度;二是使得刑法对同一法益的保护力度因为不同领域、不同主体而出现有失均衡的现象(比如,同为过失致人重伤

---

① 相关的理论争议,参见张明楷:《嫖宿幼女罪与奸淫幼女型强奸罪的关系》,载《人民检察》2009年第17期;车浩:《强奸罪与嫖宿幼女罪的关系》,载《法学研究》2010年第2期。

② 参见张明楷:《诈骗犯罪论》,法律出版社2021年版,第1023页。

的行为,在普通领域只需导致 1 人重伤即可入罪,但在交通运输、行使公务等特殊领域,却往往要求只有导致 3 人以上重伤才具有可罚性);三是导致司法机关在办理业务过失案件时,时常重分则而轻总则,只顾机械地套用业务过失犯空白罪状所指示的行政法规范,却忽视了过失犯的一般要件和归责原理。

三、"自下而上"的体系建构思路

刑法教义学的体系化,主要有以抽象理念为起始的"自上而下"和以现实问题为起始的"自下而上"两种思路。

(一) 两个基本前提的厘清

1. 科学标准的多元化,使得公理推演体系不再是法教义学科学化的唯一选择

由于 19 世纪欧洲大陆的法学家们在尝试将法学科学化的过程中,完全是以自然科学尤其是以数学为模仿的样板,所以他们自然而然地就把法学的科学性等同于公理推演式的法学体系。不过,随着 20 世纪初期新康德主义哲学的主要代表人物李凯尔特(Rickert)提出将自然科学与文化科学相区分之后,法学便拥有了一套不同于自然科学的科学标准,就有可能既在科学中保留自己的一席之地,又与自然科学的严格标准松绑。自然科学旨在研究普遍的自然法则,它与价值毫不相干;而法学、历史学、政治经济学等文化科学却和价值须臾不可分离。① 按照拉德布鲁赫的看法,"法学是一门理解性的文化科学",其特点有三:其一,法学所探求的不是事实,而是法律规范的客观意义;其二,法学是一门个别化的科学,因为一方面,作为法学研究对象的法秩序总是植根于特定的地域和历史文化之中,另一方面,法学归根结底是要服务于具体个案的裁判;其三,法学的分析和批判具有价值关联性。② 尽管随着法学被归为一种"弱意义上的科

---

① 参见〔德〕H. 李凯尔特:《文化科学和自然科学》,涂纪亮译,商务印书馆 1986 年版,第 21 页。

② Vgl. Radbruch, Rechtsphilosphie, 6. Aufl. , 1963, S. 220 ff.

学",与价值判断相关联、以个别事物为对象的特征,已经不再成为否定法学科学性的理由;但这只是说明法教义学无需恪守几何学那样的精确性和普遍性,它依然需要具备基本的客观性。能够保证法教义学活动最大限度实现客观化和理性化的途径,主要是运用法学方法、遵循论证规则并符合理性商谈程序,从而形成"具有理智说服力的共同意见"。① 用阿图尔·考夫曼(Arthur Kaufmann)的话来说,"既然法的正确性不可能外在于具体的裁判程序,那么也只有通过这个程序才能产生法的正确性;通过反思和论证,通过主体间性和共识。……对法的科学性起决定作用的,不是涵摄,而是论证。"②

2. 封闭、静态的公理推演式体系,无法适应法教义学推理的开放性和动态性

首先,我们无法预先为法教义学体系找到一个拥有无限理性、足以统辖一切问题的起始性原理。康德(Kant)认为,体系就是"杂多知识在一个理念之下的同一性"③。一个科学的体系只能"从内部(per intus susceptionem)生长起来,但不能从外部(per appositionem)来增加",所以体系的所有环节都应当先天地包含在作为体系建构始点的最高理念之中。④ 黑格尔(Hegel)则将这种最高理念比作"胚芽",指出:"哲学必须把精神理解为永恒理念的一种必然的发展和让那构成精神科学各个特殊部分的东西纯然从精神的概念中自己展开出来。正如在一般有生命的东西那里,一切东西都已经以观念的方式包含在胚芽中,并且是由这胚芽本身而不是由一种异己的力量产生出来的,同样活生生的精神的一切特殊形态也必须从作为它们胚芽的精神概念中自己发生出来。"⑤将这一思想移用到法教义学中,就意味着,想要运用公

---

① 参见雷磊:《作为科学的法教义学?》,载《比较法研究》2019年第6期。
② Arthur Kaufmann, Einige Bemerkungen zur Frage der Wissenschaftlichkeit der Rechtswissenschaft, FS-Bockelmann, 1979, S. 72.
③ 〔德〕康德:《纯粹理性批判》,邓晓芒译,人民出版社2017年版,第480页。
④ 参见〔德〕康德:《纯粹理性批判》,邓晓芒译,人民出版社2017年版,第480—481页。
⑤ 〔德〕黑格尔:《哲学科学百科全书 Ⅲ 精神哲学》,杨祖陶译,人民出版社2014年版,第6页。

理推演式体系进行"自上而下"的推导,同时又希望推导出来的结论能够有效应对实践中的一切问题,也就是期望只借助逻辑推理就能从一个或者几个上位原则、概念中直接获得法教义学所需的全部原理,就必须满足一个前提,即:居于体系顶端的给定原则或者概念,自始就完整无缺地蕴含了足以孕育一切问题解决方案的根据,或曰"胚芽"。然而,这一假定无异于天方夜谭。因为,法教义学的任何基础性原理和概念都只是对特定条件下人们可认知的有限事实的总结。假如待解决的案件与这一原理或概念创建之时所考虑到的事实属于同一类型,那么根据形式逻辑从该原理或者概念推导出来的标准或方案,大体足以合理解决相关问题。可是,一旦出现了超出基础原理或概念预想范围的案件事实,直接经由逻辑推导得出的结论是否依然有效,就大可值得怀疑。事实上,"只有穷尽对所有问题的讨论之后,我们才能提出一个毫无矛盾的体系来,但是要穷尽所有问题,这本身就是办不到的"①。

于是,尽管法教义学的基础性概念和原理通常可以作为推论的前提,但它们本身也时刻面临着新型案件事实的挑战和检验,当其解释力已不足以容纳新的问题时,就必须接受改造和扩容。这就说明:任何一种法教义学体系都不过是对已有案件及其解决方案的暂时性总结,在不断涌现的新问题、新素材的"激扰"下,它不可避免地持续处于自我调适和变动的状态之中。对于自然科学来说,个案只不过是用来验证、说明先在之规律和公理的例子而已;但对于法学而言,个案绝不仅仅是既有教义学体系的例证和具体化,它恰恰是体系建构和重塑活动的主要参与力量之一。

其次,法教义学在从上位规则向下位规则进行推论的过程中,发挥作用的绝非只有形式逻辑,这其中还包含了复杂的价值排序和选择活动。恩吉施(Engisch)曾对法学和数学的推理过程进行过比较。他认为,二者的区别在于:数学是从较少的原则推导出较多的结

---

① Coing, Über einen Beitrag zur rechtswissenschaftlichen Grundlagenforschung, ARSPh Bd. 41, S. 428.

论,而法学则是从较多的原则推导出较少的结论。① 对于数学来说,形式推演几乎就是论证的全部内容;在法教义学中,看似也是通过三段论演绎的方式进行推导,但实际上形式推演不过是一个思维的框架,在推论的关键步骤中,对于论证的航向起掌舵作用的往往是实质性的价值权衡。例如,如果行为人故意地提升了他人法益所遭遇的风险,那么在刑法有规定的情况下就应当作为犯罪处理。按照形式逻辑,似乎可以从这一原理推导出结论:当行为人故意为他人实施犯罪创造了有利条件时,至少可以成立帮助犯。但是,假如我们遇到的是行为人在日常职业活动中为他人犯罪提供了便利(即所谓"中立帮助行为")的情形,那么实际分析论证的内容就会大大超出单纯的形式推论。因为,随着现代社会分工日益细化,人与人之间的相互依赖性正在加深,在正常职业活动中为他人不法犯罪提供某种条件的现实可能性也在增加;如果刑法将相应的行为一概作为帮助犯处理,就可能过度限制公民的行动自由,也会给社会的正常运转造成巨大妨碍。② 这时,就需要在法益保护的政策需要和维护公民行动自由的原则之间加以权衡,并对帮助犯的主客观要件进行再解释,最终既可能认定行为成立帮助犯,也可能得出无罪的结论。又如,正当防卫的前提条件是存在某种"正在进行的不法侵害",从该前提出发,本来可以合乎逻辑地认为,当不法侵害人已经盗窃得手正逃离现场时,由于盗窃的侵害行为已经完成,所以只要侵害人没有实施新的侵害行为,任何公民都不得对其行使正当防卫权。但真正的教义学分析远没有如此简单。因为,在对推论的前提进行解释时,我们还需要考虑到,如果此时完全断绝公民行使防卫权的可能,将不利于公民及时挽回财产损失。所以,在对公力救济优先和有效保障公民法益这两种价值诉求进行比较之后,解释者就可能适当延长不法侵害正在进行的时间范围,从而认为盗窃者在盗窃既遂后在逃的一段时间内,不法侵害依然保持着"正在进行"的状

---

① Vgl. Engisch, Sinn und Tragweite juristischer Systematik, in: ders., Beiträge zur Rechtstheorie, 1984, S. 94.

② Vgl. Jakobs, Regreßverbot beim Erfolgsdelikt, ZStW 89 (1977), S. 20.

态,可以实施正当防卫。①

可见,法教义学的上位规则和下位规则不仅仅有形式逻辑的关联性,在两者之间时常存在着巨大的价值空间供教义学者游走和抉择。原本作为推论前提的某一原则,会因为其他原则的介入而受到限制甚至被排除出局,所以法教义学的推理往往取决于多个不同原则之间的位阶关系。这就是恩吉施认为法学推论是由较多原则得出较少结论的根据所在。

(二)"自下而上"思路的具体展开

通过对公理推演式法学体系的反思,法教义学体系建构方法的基本轮廓实际上已经呼之欲出了。既然法教义学的基本概念和原理产出合理解决方案的"肥力",不是取决于某种抽象的理念,而是取决于其视野所及的具体事物是否足够全面和丰富,那么法教义学体系的建构就只能始于现实的法律问题和案件素材。"具体的事物并非只能针对单纯依照逻辑规则推导出来的抽象理论进行事后的修补或者判定性的检验(experimentum crucis);毋宁说,它本身就是推动理论产生和发展的原动力之一。"②正是在对大量现实材料进行加工、分析的基础上,才可能逐步向上提炼和发展出总括性的概念与原理。在此,举两个例子来加以说明:

1. 正犯理论

如前所述,在维滕贝格尔等人的引领下,"二战"结束后的德国刑法学尽管依然保留了自费尔巴哈开始就形成的体系化传统,但刑法教义学方法论的天平已经愈加朝向问题思考的一端倾斜。最能体现这一历史转变的,莫过于20世纪60年代初期罗克辛在正犯论领域所进行的探索。此前在历史上出现过的各种正犯概念,无论是主观说、形式客观说还是必要性说、同时性说等,虽然各自都在一定程度上揭示了正犯的特质,但它们均将某种单一的前提或者视角奉为体

---

① 最高人民法院、最高人民检察院和公安部2020年8月28日联合发布的《关于依法适用正当防卫制度的指导意见》第6条,就采取了这种论证方式。

② Greco, Methode, Stil, Person: Claus Roxin zum 85. Geburtstag, ZIS 2016, S.417.

系推导的基点。正是由于这些正犯学说都建立在"过分狭窄的基础"①之上,它们无一例外地都犯了"将有限的见识绝对化"②的错误,故而也都注定不可能具有全面涵盖正犯一切表现形式的涵摄力。有鉴于此,必须从根本上改变以往的正犯论建构模式。

罗克辛将"核心人物"(Zentralgestalt)视作正犯的总体判断标准,但他强调,由此确立的正犯概念绝不是传统意义上的抽象概念,而是黑格尔所说的辩证法上的"具体"概念。黑格尔认为:如果像康德那样只是将概念理解成事物共同特征的静止和固定的集合,那么概念就不过是一些抽象、孤立和贫瘠的规定。要形成真正具有普遍性的概念,必须将特殊性、个体性和差异性纳入事物自身之中。③ 为此,需要把辩证法和概念结合起来。这便意味着,概念乃多种规定的对立统一,这些不同的规定相互对立,同时又经由自我扬弃向其对立面转化,从而在"正、反、合"的运动过程中形成概念的系统。④ 根据这一原理,罗克辛提出:正犯概念并不是从一开始就能确定下来的,在经过丰富多样的具体正犯形式填充之前,所谓的"核心人物"还只是一个空洞无物的躯壳而已。我们需要首先下沉到正犯理论的最底端,对那些可能成为正犯的各类情形尽可能地加以汇集和考察,继而在正犯以各种表现形式不断自我扬弃、从矛盾对立走向辩证统一的过程中动态式地向上发展出正犯概念。

具体来说:(1)正犯内部充斥着大量相互对立的不同表现形式。行为支配表现为行为人独自实现构成要件,意志支配恰好缺少这一点,二者又皆不同于以分工实现构成要件为特征的功能支配。与此同时,义务犯和亲手犯的正犯判断又和以上三者都存在本质区别。此外,在意志支配之下,又并立着胁迫型支配、错误型支配以及组织型支配这三种不同的样态。(2)正犯理论需要在不断出现的对立中

---

① Roxin, Täterschaft und Tatherrschaft, 10. Aufl., 2019, S. 325.
② Roxin, Täterschaft und Tatherrschaft, 10. Aufl., 2019, S. 531.
③ 参见〔德〕黑格尔:《小逻辑》,贺麟译,商务印书馆1980年版,第334页以下。
④ 参见〔德〕黑格尔:《逻辑学》(上卷),杨一之译,商务印书馆1996年版,第36页。

一步一步地实现更高级别、更大范围的综合。首先,胁迫型支配、错误型支配和组织型支配能够共同被意志支配这一概念所统领;接着,意志支配、行为支配和功能支配又可以合并成犯罪事实支配的概念;最后,犯罪事实支配的概念又可以和与之相对立的义务犯、亲手犯标准共处于"核心人物"这一概念之下。概而言之,在这个过程中,正犯理论"借助愈发全面的综合,对正犯各个要素进行了古典哲学意义上的'扬弃',它所采用的是提升、否定和保留这三种方法,即:这种综合把正犯的单个要素提升到了更高的层级之上,否定了它们的绝对性,并且将其作为整体的组成部分保留了下来"①。

总结学界和他本人的正犯理论研究经验,罗克辛进一步提炼出刑法教义学方法论的两个原则:

第一,认真对待"来自事物的阻力"②(Widerstand der Sache)。根据哲学家博尔诺(Bollnow)的看法,在人文科学领域,是否显现出"来自事物的阻力",在一定程度上是检验某种学说正确与否的"试金石"。在作为研究对象的实务本身存在差异、对立和冲突的情况下,可能有两种不同的研究态度:一是大而化之、回避矛盾,以掩耳盗铃的方式绕开或者掩盖不同对象的差异和个性,追求表面上的同一性。这样一来,理论看似能够畅通无阻地驰骋四方,但实际上它已经无法与现实进行有效的沟通,自然也就丧失了解决实际问题的能力。二是正视不同事物各自的特征。虽然在研究展开的过程中会时时遭遇由差异性所带来的重重阻力,但这恰恰是理论和现实保持着密切联系的标志。正是因为采取了后一种态度,"具体的"正犯概念才能够克服以往正犯学说的不足,在积极应对各类特殊正犯现象不断提出的挑战的过程中,逐步发展出了具有现实针对性的正犯教义学。

第二,重视而不是抹杀事物间的对立。③ 刑法教义学一直存在一种以有限去框定无限的倾向,即试图将原本来自一种事物的单一标准简单地套用到另一种事物之上。譬如,在正犯学说史上,总有

---

① Roxin, Täterschaft und Tatherrschaft, 10. Aufl., 2019, S. 530.
② Vgl. Roxin, Täterschaft und Tatherrschaft, 10. Aufl., 2019, S. 533 f.
③ Vgl. Roxin, Täterschaft und Tatherrschaft, 10. Aufl., 2019, S. 535 f.

人想把间接正犯解释进直接正犯之中,或者把共同正犯吸收到间接正犯当中。这种无视事物间差异和对立的思考方式,不可能提出精准的问题解决方案。与此相反,"具体的"正犯概念却认为,故意犯和过失犯之间,作为犯和不作为犯之间,行为支配、意志支配和功能支配之间,都存在结构性的差别,它们不可能共用一个完全一致的正犯标准,所以必须在准确把握不同正犯现象各自特点的前提下,为其制定差异化的判断准则。

2. 紧急权体系

传统刑法教义学曾经根据推演的方法,在正当化事由领域进行了多番体系化的尝试。其中最具代表性的无疑是优势利益说[①],该说试图将利益衡量作为统领正当防卫、紧急避险等行为的指导性原理。但这一思路的致命缺陷在于:

第一,作为一种被认定为符合犯罪构成要件的行为,正当化事由必然已经对他人的法益造成了损害,所以一切正当化事由的元问题就在于:缘何侵犯他人法益的行为不仅不违法,而且还能成为行为人的一项权利,为何遭受了侵害的人不仅失去了法律的保护,而且还需要为其受到的损害承担忍受义务呢?但是,优势利益说却并没有对此作出回答。因为,在法治国中,法律为每个公民都划定了自由行使权利的范围,无论是其他个人还是国家均无权擅自侵入其中。既然公民的合法权益平等受到法律的保护,那就不存在对不同主体间的法益进行比较的余地。例如,《宪法》第 13 条第 1 款规定的是"公民的合法的私有财产不受侵犯",而不是"公民合法的较高价值的私有财产不受侵犯";同样,《民法典》第 207 条规定的是"国家、集体、私人的物权⋯⋯受法律平等保护",而不是"国家、集体、私人在价值较高之物上享有的物权受法律保护"。据此,甲价值 50 元的财物与乙价值 5 万元的财物均享有法律的同等保护。可见,某个公民的法益

[①] 参见张明楷:《刑法学》(第五版),法律出版社 2016 年版,第 194—195 页;黎宏:《刑法学总论》(第二版),法律出版社 2016 年版,第 126 页。Vgl. Mezger, Strafrecht, 3. Aufl., 1949, S. 205; Sternberg-Lieben, in: Schönke/Schröder, StGB, 30. Aufl., 2019, vor §§ 32 ff. Rn. 7.

在价值上低于另一个公民的法益,这并不当然意味着损害前者以保全后者的行为就是正当的。换言之,在不同主体的法益之间进行高低贵贱的权衡,这种做法并非天然地具有正当性,它本身还有待于进行合法性的论证。① 不难发现,优势利益原则对于揭示正当化事由的深层次根据来说,是无能为力的。

第二,"以较小利益为代价换取了较大的利益",这种说法至多只是概括了一切正当化事由的司法判断结论。然而,正当防卫与紧急避险、防御性紧急避险与攻击性紧急避险、正当防卫与扭送权之间在结构上存在巨大的差异,这就导致在每一种紧急权中,不同利益的实际位阶关系最终还取决于其他更深层次、更为关键的根据。例如,同样都是为保全自身财产而伤及他人身体健康的行为,为什么在抵御不法侵害的场合就可以被认为是保护了较大的利益,但在攻击性紧急避险的情形下就不存在合法化的空间呢?如果离开了权利平等原则,根本无法说明这不同的利益衡量结论背后的实质性根据。可见,所谓的"优势利益"只是一个不仅极为抽象而且颇为浅表性的概念,无论是从其根基的深固程度还是从其理论的阐释潜力来看,它都不足以支撑起正当化事由的宏大体系。②

笔者认为,正当化事由的体系化同样应当采取"自下而上"的思路。紧急权是正当化事由的主体部分,它指的是公民在缺乏公力救助途径的急迫情状下,以损害他人的某一法益为代价来保护另一法益的权利。(1)需要对分散在民法、刑法、刑事诉讼法中的法定紧急权以及理论上获得承认的超法规紧急权进行考察。既然紧急权的元问题在于,遭受紧急行为损害的公民何以负有忍受的义务,那么紧急权理论从一开始就应当将观察的重点放在各紧急行为损害的对象之

---

① Vgl. Renzikowski, Notstand und Notwehr, 1994, S. 200; Neumann, Die rechts-ethische Begründung des „rechtfertigenden Notstands" auf der Basis von Utilitarismus, Solidaritätsprinzip und Loyalitätsprinzip, in: Hirsch/Neumann/Seelmann (Hrsg.), Solidarität im Strafrecht, 2013, S. 156.

② 或许正是因为如此,正当化事由至今都是刑法总论中体系化水平较低的一个领域。甚至还有学者主张,正当化事由的教义学原本就应该放弃体系化的努力。Vgl. Rönnau, in: LK-StGB, 13. Aufl., 2019, vor §§ 32 Rn. 80。

上。有的紧急行为损害的是受保护者自身的另一法益,如被害人承诺和推定的被害人承诺;有的紧急行为直接损害危险来源者的法益,如正当防卫、自助行为和防御性紧急避险;还有的紧急行为损害的是与危险来源无关的第三人的法益,如攻击性紧急避险。作用对象的不同,将直接影响行为的合法性理由。于是,以损害对象为标准,大体可以将紧急行为划分为自损型、反击型和转嫁型三类。(2)紧急权改变了正常情况下公民之间的权利分配格局,而权利分配格局的确立和调整依据只能存在于以宪法为基础的整体法秩序。自由平等原则是现行《宪法》的基石所在,它可以支撑起自损型和反击型紧急权的主体部分。根据公民的自我决定权,在对同一主体的不同法益进行取舍时,应当尊重法益主体本人的意愿;公民间平等的法律地位则要求,任何公民在自身的权利空间遭受他人非法侵犯时,都有权采取强力措施将其驱逐出去,以显示来犯者并没有凌驾于自己之上的特权。转嫁型紧急权无法从自由平等原则中导出,它需要求诸宪法中的社会团结原则。这样一来:首先,我们为紧急权找到了更为本质的权利根据。正是由于自由平等原则对于公民权利分配格局起着决定性的作用,社会团结原则发挥着在特殊情况下进行个别调整的功能,故以前者为基础的紧急权与建立在后者基础上的紧急权相比,势必拥有更为宽阔的权利行使空间,从自损型到反击型再到转嫁型,利益衡量机制对紧急权的约束作用呈现出由弱到强的渐变趋势。其次,以自由平等原则和社会团结原则为统领,建构起具有较大包容性的紧急权体系。两大原则不仅为不同类型的紧急权分别提供了根据,而且还共同推动实现了同一类型紧急权内部的层次划分。

四、建立科学方法论的监督层

(一)刑法教义学知识的"堆砌化"与"补丁化"

单纯教学法意义上的体系只需要讲求"用户友好",也就是做到排列有序、布局清晰即可,但以探寻事物本质及内在规律为己任的科学体系,在形式美观之外还需要满足一个基本的要求,即体系中的每一部分都"是节节相连的(articulatio),而不是堆积起来的(coacervatio)"①。换言之,组成刑法教义学体系的一切知识、概念和原理,都应当以某种纽带为中介有机地联结成一个整体,而不是毫无关系地罗列堆砌在一起。

理论上的任何一次重心转移,无论怎样的势所必至,也无论带来了多大的红利,总是难免要付出一定的代价。自下而上、从具体事物出发建构体系的思路,一方面固然有利于保持刑法教义学始终能获得社会现实这一"源头活水"的滋养和补给,防止其走向封闭与僵化;但另一方面,随着个别问题、具体案件大量涌入并且被推至理论视野的最前沿,用于连接刑法教义学内部各板块的纽带,也面临着萎缩和弱化的危险。还是以正犯理论为例:罗克辛对于不同正犯形式之间的差异和对立的重视,的确大大提升了正犯理论应对复杂现实的能力。这也是该理论不仅在德国而且在其他大陆法系国家,甚至在国际刑法领域都获得巨大成功的原因。② 但是,当罗克辛以辩证法和"尊重事物间差异"的名义,无所顾虑地将不同的正犯形式加以聚合时,似乎更像是把大量对立物简单堆积在了一起,很难看出这些对立物在此过程中究竟怎样从对立走向了辩证统一、究竟如何真正形成了一个具有内在关联的有机整体。比如,从略为微观的角度来看,在间接正犯(意志支配)中,既有直接行为人存在归责瑕疵的情况(例如,利用他人排除故意的认识错误或者利用无责任能力人的行为实现犯罪目的),也有直接行为人能够为结果完全负责的情况(例如,上级利用组织结构命令下属犯罪)。可是,当行为人和结果之间介入了某种因素时,介入因素究竟是盲目的自然力还是自由意志决定下的行为,这两种情况下行为人对因果流程的规范控制力是不可相提并论的。那么,对完全责任之人的支配,和对无责任之人的支配,究竟是以何种媒介统合在一个"意志支配"的概念之下呢? 从更为宏观的角度来看,罗克辛以"核心人物"为关键词的整个正犯论,是由屡次叠

---

① 〔德〕康德:《纯粹理性批判》,邓晓芒译,人民出版社 2017 年版,第 480 页。
② Vgl. Schünemann, Schrumpfende Basis, wuchernder Überbau? Zum Schicksal der Tatherrschaftsdoktrin nach 50 Jahren, FS-Roxin, 2011, S. 799.

加的多个标准拼接而成。最先提出的是犯罪事实支配的标准;当该标准无法适用于身份犯、不作为犯和过失犯时,就另行设置一个义务犯的正犯标准;当以上两个标准都无法适用于亲手犯时,就再为亲手犯单设一个新的标准。面对新出现的事物,我们当然不必固守原先的教条,因势而谋、顺势而变,这本身无可厚非。但问题是,前后设置的多个正犯标准之间相去甚远,如果说它们可以在"核心人物"的旗下形成一个整体的话,那么用于连通这些不同标准的桥梁究竟何在呢?毕竟,"从科学理论的角度来看,在发挥连接作用的上位概念缺位的情况下添加新的标准,这不是一种具有解释力的理论,而是一种将不同标准随意进行捏合的做法"①。

事实上,这种"堆砌式"的所谓体系思考,在当代刑法教义学的其他领域也能看到。比如,在韦尔策尔目的行为论的影响下,德国刑法教义学通说至今依然认为,只有目的性的举动才可能以人预先设定的目标为导向对因果流程加以操控,从而使犯罪结果成为行为人一手创制的作品。所以,对于故意犯来说,可以根据事实支配的标准对正犯和共犯加以区分。然而,在过失犯中,行为人是盲目地引起了法益侵害结果。既然过失行为自始缺少目的性,那么行为人就不可能对犯罪事实有所支配,故而也就不存在依照事实支配的标准去界分正犯和共犯的可能。②秉持这样的思维,通说在建构犯罪论时采取了一种类似于"打补丁"的方式:人们首先是以故意作为犯为模板发展出犯罪的一整套成立要件;当发现基于"典型"形态研发的判断标准在过失犯中归于失效时,就针对过失犯另行编制一套特殊的归责原理;当进一步发现典型标准在不作为犯中也出现了漏洞时,就再增添新的归责标准以填补空缺。由此形成的犯罪论无疑能够针对不同犯罪现象的特点因地制宜地提出契合实际需要的解决方案。可是,根据存在论结构上的差异划分出来的故意作为犯、过失犯和不作

---

① Kindhäuser, Zur limitierten Akzessorität der Teilnahme, GS-Tröndle, 2019, S. 303.
② Vgl. Welzel, Studien zum System des Strafrechts, ZStW 58 (1939), S. 538, 542 f.; Gallas, Die moderne Entwicklung der Begriffe Täterschaft und Teilnahme im Strafrecht, ZStW/Athen-Beiheft 1957, S. 18; Roxin, in: LK-StGB, 11. Aufl., 1992, § 25 Rn. 217 ff.

为犯,似乎只是以层层叠加的方式组合成一个所谓的犯罪论体系,能够将三种犯罪现象连接在一起的规范性纽带,却依然处在隐而未见的状态之中。又如,刑法学通说认为,无责任能力人所实施的袭击也属于不法侵害,公民有权对其进行正当防卫。不过,考虑到无责任能力人一方毕竟存在需要社会予以照顾和体恤的因素,故此时的正当防卫权应当受到特别严格的限制,要求行为人在能逃跑的情况下应当优先选择躲避的方式,即便因无可遁逃而被迫反击,也应尽量避免造成对方重伤、死亡。但问题在于,不论在正当防卫本质这一问题上支持何种学说,受到退避义务和严格法益均衡原则制约的反击权,都与正当防卫的正当化根据方枘圆凿。通说试图将反击无责任能力人之侵害的情形视作正当防卫的一种特殊类型,通过为其设置特别的准则以应对实践中的问题,却没有考虑到经历此番限制后的防卫权已经丧失了和正当防卫本质之间的内在关联性,完全成了一个被硬塞入正当防卫制度中的异物。

由此可见,当"自下而上"的思路将现实问题视为刑法教义学体系建构的首要推动力之后,最大的隐忧就在于:"尊重事物之间的差异"反倒成了无限降低体系化水平和科学性标准的借口;层出不穷的具体问题使得人们不断开设特殊情形,由此催生出的一个个特殊标准也给体系打上了密密麻麻的"补丁"。时久日长,事物之间的联系逐渐被这不可计数的补丁所淹没,刑法教义学体系也不再是由稳固的钢筋架设连接而成的建筑,而渐渐成为由松散的木块堆砌而成的积木城堡。难怪在许乃曼看来,德国当代刑法学的一个重要特征就是其明显的折中主义(Eklektizismus)倾向,即完全不同的各类价值观、方法、论证模式以及观察问题的视角被杂乱地拼凑在一起。[1] 这导致刑法教义学从实践的指导者变成了杂货铺,法官只顾从货架上寻找与自己想要的结论相匹配的论据,却不再关心孕育该论据的体系性构想。[2]

---

[1] Vgl. Schünemann, Kritische Anmerkungen zur geistigen Situation der deutschen Strafrechtswissenschaft, GA 1995, S. 222.

[2] Vgl. Schünemann, Strafrechtsdogmatik als Wissenschaft, FS-Roxin, 2001, S. 6.

科学与实践:刑法教义学内部的功能分化(代后记)

恩吉施认为,一方面,体系固然需要对其包含的知识内容进行足够的区分,"但另一方面,这种区分又不能过度,否则我们就无从窥其全貌,宏观的基本思想也会湮灭在细碎的事物之中"①。"尊重事物之间的差异"无疑是体系建构的起点,即刑法教义学研究必须从准确把握现实素材的冲突对立以及多样性出发。但是,体系化的过程就是从复杂各异的现象中寻找其关联性、将零碎的事物联结成环环相扣之统一整体的过程。如果在研究的终点,也就是法教义学的体系性成果中,我们看到的仍然是孤立分散、相互对立的事物,那就说明所谓的体系化并没有真正实现"节节相连"的目标,而是停留在通往科学体系的半途。

(二)刑法教义学内部的功能分化

以上分析带给我们一个启示:在公理推演式的体系建构路径遭到否定之后,"自下而上"思路的引入还不能完全解决问题思考与体系思考相协调的问题。当社会现实的复杂性不断升高、疑难问题的数量与日俱增时,处在司法一线的刑法教义学所肩负的有效应对现实问题的任务也愈加繁重,它往往难以跳出具体问题的包围,从整体上去确保理论体系满足科学性的要求。因此,在具体教义学知识的生产一线之外,还应当有相对独立的外部监管与批判机制。这种机制由于和司法实践保持着一定的距离,所以能够以较为超脱的姿态,对刑法教义学作更加根本、长远和全局性的思考,能够从方法论的高度对"自下而上"建构起来的知识体系进行跟踪和检测。一旦发现它与科学标准存在冲突,就警示刑法理论应当加以反思、修正甚至在必要时着手重构。

事实上,能够对自身的研究活动进行经常、系统的观测和反思,这是一门学科走向成熟的标志。因为,从科学发展的规律来看,在科学系统内部,总是先围绕各种具体对象展开具体研究,随后又逐渐分化出一种子系统,它所研究的不再是外在于科学的各种具体

---

① Engisch, Sinn und Tragweite juristischer Systematik, in: ders., Beiträge zur Rechtstheorie, 1984, S.119.

对象,而是科学研究本身。这种研究被称作科学方法论研究,或者科学哲学、科学理论。① 近年来,在各部门法教义学获得空前长足发展的背景下,中国法学界也逐渐开始探索建立一种介乎法哲学与法教义学之间的、能够对法教义学进行方法论指导的科学理论。例如:

法理学者雷磊教授提出应当重视和深化法理论的研究。法理论是从内部观察者的视角出发,通过研究基本法律概念来致力于实现法律知识的一般化与体系化的关于实在法的规范学科。除为部门法教义学提供通用语和规范论基础、对进入部门法学的外部知识进行过滤和筛选之外,法理论的一个重要功能还在于"对部门法学的学说和命题,甚至对习以为常、被广泛接受的通说进行审视和检验,看其是否符合科学的标准"②。具体到刑法领域,陈兴良教授较早地提出刑法理论需要一定的层次划分③,并主张刑法学可以分为三个层次:一是刑法哲学,即对刑法的价值内容进行形而上探究的刑法知识;二是刑法法理学,即以刑法法理为本位,对刑法原理进行体系性叙述的刑法知识;三是规范刑法学,即以刑法条文为中心,对刑法规范内容进行解释的刑法知识。④ 如果将刑法法理学定位为一种立基于注释刑法学之上,同时又超越了具体法条和问题的知识层次,那么它无疑具有科学理论的性质。陈兴良教授最早曾将规范刑法学等同于刑法教义学,但最近又提出,由于刑法教义学除注释性之外,本身就具有超越刑法条文进行体系建构的特征,所以"在刑法教义学之外似乎没有刑法法理学存在的余地。或者换言之,刑法教义学就是另一种意义上的刑法法理学"⑤。

吸收借鉴上述学者的开拓性思考,笔者进一步认为:

首先,尽管刑法教义学具有极强的应用导向,但在其内部存在设立

---

① 参见泮伟江:《法律系统的自我反思:功能分化时代的法理学》,商务印书馆2020年版,第41页。
② 雷磊:《法理论:历史形成、学科属性及其中国化》,载《法学研究》2020年第2期。
③ 参见陈兴良:《走向哲学的刑法学》(第二版),法律出版社2008年版,第27页。
④ 参见陈兴良:《部门法学哲理化及其刑法思考》,载《人民法院报》2004年12月29日,第6版。
⑤ 陈兴良:《注释刑法学经由刑法哲学抵达教义刑法学》,载《中外法学》2019年第3期。

"科学监督层"的空间。这是由法教义学中"教义"的双重意义所决定的。当代法哲学认为,法教义学的工作任务主要有两个方面:一是从事具体的法律解释,二是建立科学的知识体系。① 众所周知,法教义学在历史上深受神学的影响②,"两者都不以认识绝对的真理为目标,毋宁想建构一种依据(神启、传统或法律命令而来之)权威要求服从的理论建筑"③。不过,现代法学理论普遍认为,在法教义学研究活动中被奉为权威的所谓"教义"不仅指国家颁布的实定法律规范,而且指居于实定法背后、即便立法者也不可随意违背的基本法律原则及原理。④ 正是这后一种意义上的"教义",决定了法教义学不是单纯为权力机关背书的仆从,而是具有了科学的特质,也决定了法教义学并非只能为司法者供给法律解释的方案,而且具备了批判立法的功能。

其次,基于以上考虑,刑法教义学内部应当实现实践和科学的功能分化。具体来说,刑法教义学可以划分为两个层次:(1)直接面向实践的刑法教义学。其任务是,以现行《刑法》为依据,借助各种解释方法,围绕司法实务中出现的问题提出恰当的学说。在此过程中,随着同类型案件的持续积累,刑法教义学也会对由此形成的知识进行一定的分类和抽象化的处理。一方面,以理论的形式对判案的经验加以提炼和归纳;另一方面,也使庞杂的案件解决方案能以易于理解、方便调取的形式呈现在人们面前。但是,在这一层次上所进行的体系化工作主要是以实用为其导向,至多只能偶然和零碎地触及事物本质和内在关联。(2)从事科学性检验和体系性反思的刑法教义学。在这一层次,我们需要站在科学方法的角度,对前一层次产出的教义学知识展开批判性的考察。

---

① Vgl. Radbruch, Rechtsphilosphie, 6. Aufl., 1963, S. 210 ff.
② 参见〔德〕汉斯-格奥尔格·伽达默尔:《诠释学 I:真理与方法——哲学诠释学的基本特征》(修订译本),洪汉鼎译,商务印书馆 2010 年版,第 3 页。
③ 〔德〕维亚克尔:《近代私法史——以德意志的发展为观察重点》,陈爱娥、黄建辉译,上海三联书店 2006 年版,第 35 页。
④ 参见雷磊:《作为科学的法教义学?》,载《比较法研究》2019 年第 6 期。Vgl. Maiwald, Dogmatik und Gesetzgebung im Strafrecht, in:Behrends/Henckle (Hrsg.), Gesetzgebung und Dogmatik, 1989, S. 121 ff.。

(三)方法论监督层的初步建构

"自下而上"的思路之所以存在导致教义学理论堆砌化、碎片化的危险,原因就在于人们在从事理论建构时,只是从满足实践需求的角度出发强调对不同事物应当有不同的解决办法,却往往缺乏从整体上对判断标准的增加作深层次的论证。所以,方法论监督层的主要任务就是对教义学理论的建构追加"论证责任"。即:刑法教义学在发现过往的理论模型 A 无法解决新出现的问题时,会本能地在 A 之外另行提出新的方案 B;随着新问题和新标准的增多,逐渐形成了"A+B+C+……"式的体系构造。作为单纯的实践应用对策,这种知识状态本无可厚非。可是,一旦进入方法论监督层,刑法教义学就不能满足于这种对标准进行简单罗列式的知识状态,而需要进一步论证:如果在 A 之外还要增添 B、C 等标准,那么 B、C 等新增的标准是否和 A 有内在关联,从而使这些多样性的教义学知识能够统一在一个框架或者范畴之内?假如发现 A、B、C 等标准之间由某种纽带贯通连接着,那就应当根据这种联系对标准进行重新归纳整合,使其形成统一的知识整体。反之,一旦发现不同的标准之间存在不可调和的冲突,那就提示当前的知识状态内部存在某种断裂或者错误,要么是原先确立的理论基础已经不合时宜,要么是实践中发展出来的新标准有偏差,这时刑法理论应当对相关的范畴作根本性的反思。

具体来说,方法论监督层的检测主要有价值基础的一致性、形式逻辑的融贯性和事实结构的符合性三方面。

1. 价值基础一致性测试

刑法理论在漫长的发展历程中形成了若干公认的基本原则,它们反映了现代法治社会在犯罪与刑罚问题上的价值共识。因此,根据实践需要发展出来的新标准,应当与原有标准在价值基础上保持一致。以错误论为例:

人们公认,客观的构成要件事实是犯罪故意的认识对象,若行为人对构成要件事实缺乏认知,则只能排除故意(标准①)。现在的问题是:如果行为人对正当防卫、紧急避险等正当化事由的客观事实或者对行为的违法性发生了错误认识,能否影响故意的成立呢?当前在学界居于主流地位的限制责任说,针对上述问题增设了以下解决方案:首先,在假想防卫、假想避险的情形中,虽然行为人对于造成对方死伤是有意为之,但他自始至终都相信自己实施的行为是合法之举,故在实质上缺少故意犯所要求的法敌对意志。因此,应当类比适用构成要件错误的处理原则,否定故意的成立(标准②)。其次,当行为人因为不知法而将某一违法举动误认为合法行为时,假若也如同构成要件错误那样排除故意的成立,则可能纵容公民漠视法律规范,从而妨碍刑法一般预防目的的实现。因此,违法性认识错误不具有排除故意的效力,在肯定故意成立的前提下,只能根据这种认识错误的避免可能性来认定其是否阻却责任(标准③)。此外,持限制责任说的部分学者还对违法性认识错误的情形作了进一步区分:其一,就自然犯而言,由于构成要件事实与违法性评价有着天然的密切联系,故可以一概实行责任说(标准③a)。其二,就大量的法定犯来说,由于刑法对构成要件的描述与法价值判断的联系过于微弱,仅凭它尚不足以为推断行为的法律属性提供完整的基础,只有结合相关的行政法规范,才能使人们认识到行为的违法性。在此情况下,应当承认违法性认识错误足以排除故意的成立(标准③b)。[①] 于是,在错误论领域,大体上形成了"标准①+标准②+标准③(标准③a+标准③b)"的知识状态。其中,标准②与标准①在结论上相同,只是在当代三阶层犯罪论体系的框架下,标准②的论证过程要更为复杂和周折;标准③则在结论上就和标准①相去甚远。接下来,我们可以按以下思路分步骤进行检验:

其一,标准③是否符合责任原则?责任原则是刑法领域内一项旨在保障人的尊严不受侵犯的基本原则,它与宪法上的比例原则

[①] Vgl. Tiedemann, Zum Stand der Irrtumslehre, insb. Im Wirtschafts- und Nebenstrafrecht, FS-Geerds, 1995, S. 109. 罗克辛原先对限制责任说持不加区分、严格适用的立场,但最近他的观点也发生了变化。他提出:在法定犯中,行政法的禁止或者命令性规范的内容已经成为规范的构成要件要素,所以当行为人对行政法规范缺乏正确认知时,可以根据构成要件错误排除故意的成立。Vgl. Roxin, Immer wieder:Tatbestand- und Verbotsirrtum, FS-Neumann, 2017, S. 1033; Roxin/Greco, Strafrecht AT, Bd. Ⅰ, 5. Aufl., 2020, § 12 Rn. 111a. 这种看法和标准③b 实质上是一致的。

一脉相承。责任原则包含三项基本内容:一是无责任即无刑罚;二是责任的范围必须完整覆盖不法的所有要素;三是刑罚的幅度不得超过行为人责任的上限。可见,责任原则不仅要求犯罪的成立必须以行为人具有可谴责性为前提,而且要求犯罪人所受的处罚应当与他的非难可能性相适应。按照标准①和标准②,在行为人对不法要素缺乏现实认知的情况下,无法成立故意这一最高级别的责任形式,即便行为人具有认知的可能性,也至多只能成立过失这一较低级别的责任形式。也就是说,要满足刑责相配的原则,就应当将现实认识到不法要素和对于不法要素只具有认识的可能性这两种情形区别开来,使二者分属不同的谴责层级。本来,作为法律评价基础的构成要件事实,与作为法律评价结论的违法性,都是不法行为不可或缺的组成要素,所以也理应同等程度地受制于责任原则。然而,根据标准③,当行为人对违法性这一不法要素缺少正确认识时,却并不影响故意的成立。它把仅具有不法认识可能性的行为人和具有现实不法认识的行为人放在同一层次的责任非难之下,使原本只能受到过失犯谴责的行为升格成故意犯,这和责任原则所要求的刑责相配是背道而驰的。①

其二,标准③违反责任原则是否存在正当化的根据呢?通说提出,之所以在违法性认识错误的场合要对责任原则进行一定的软化,理由在于:许多过失侵害法益的行为并没有被纳入犯罪圈,故有必要避免大面积出现因行为人缺少违法性认识而直接宣判无罪的现象,否则行为规范的普遍效力就会遭到削弱。可是,既然责任原则具有宪法上的根据,它的确立本来就是为了从基本权利的角度给国家预防性刑事政策划定界限,那么刑法教义学就不能再以犯罪预防的效果为名反过来限制责任原则的适用范围。由此可见,标准③难以通过价值基础一致性的审核。

其三,如何重新整合错误论的法教义学知识?既然标准③难以成立,那么为了彻底贯彻责任原则,只能认为违法性认识错误同样具

---

① 详细的论证参见陈璇:《责任原则、预防政策与违法性认识》,载《清华法学》2018年第5期。

有排除故意的效力。这样一来,标准①、标准②和标准③就在结论上实现了统一(一些学者所提出的标准③a 和标准③b 分立的观点,自然也失去了存在的必要)。接下来,需要将思考向更深层次推进:第一,既然构成要件错误与正当化事由前提事实的错误在最终的处理准则上完全相同,那么是否可以考虑直接将二者作同一的把握,从而使刑法理论无需在容许性构成要件错误的问题上再如以往通说那样耗费大量的精力呢?进一步引申,三阶层犯罪论体系历来将构成要件和违法阻却事由分为两个部分,但是借助教学法体系和科学体系的二元视角来看,这种区分固然具有方便实践操作的意义,但却未必具有科学上的必然性。因为从实体上来说,一个完整的不法必然既包含积极说明不法成立的要素,又包含消极排除不法成立的要素。所以,构成要件和违法阻却事由之间的关系或许有重新定位的必要。当然,这涉及犯罪论体系整体框架结构的变动,兹事体大。认识错误只是引发我们反思的一个具体的点,除此之外我们还需要结合对更多具体问题的思考才能形成确定的结论。第二,违法性认识错误和构成要件错误在法律效果上的同一化,使得我们不得不重新审视通行的故意论。受目的行为论的影响,刑法理论的主流学说主张将违法性认识逐出故意的范畴,导致故意仅仅以构成要件事实为认识的对象。但是,从以上围绕责任原则所展开的分析可以看出,行为人是否完整地认识到了构成要件事实,和他对行为的违法性是否作出了正确的估计,二者对于行为人主观上的可谴责性及其程度具有同等重要的意义。因此,违法性似乎也同样应当属于故意认识的对象。

2. 形式逻辑融贯性测试

既然科学体系要求其内部应当保持逻辑上的一致性,那么方法论监督层就需要检测人们在推导新标准的过程中是否存在有违形式逻辑之处。这里举两个例子来加以说明:

其一,客观归责中的特别认知。

鉴于目的行为论的兴起一度使得主观要素在不法判断中占据了主导地位,现代客观归责理论提出了一个基本的设想:应当使不法构成要件判断的重心回归客观方面,也就是在进入主观构成要件要素和责任判断之前就需要对行为是否创造并且实现了法所不容许的风险这一问题作出回答。① 周光权教授也认为:"客观归责论最有利于贯彻刑法客观主义。"②据此,危险判断的基础性资料应当是一般理性人在行为当时认识到的事实(标准①)。但是,人们很快发现,当行为人对危险事实有着超越一般人的特别认知时,假如不把这种特别认知纳入危险判断资料中,那么根据标准①就只能认定行为并未制造出任何法所禁止的风险,但这样的结论无异于放纵犯罪。于是,客观归责论者只好又添加另一套准则,即在行为人具有特别认知的情况下,应该例外地以行为人本人而不再是一般人认识到的事实作为危险判断的基础(标准②)。③

这两套标准之间的冲突是显而易见的:原本说好的"客观"归责如何能与"特别认知"这个行为人主观性的要素相兼容呢?对此,客观归责论有义务给出论证。三十多年来,客观归责论者提出了五花八门的各式理由:有的说,这并不是直接根据行为人的认知去确定危险的有无,特别认知只不过是用于确定客观危险事实的一个媒介而已;有的则说,客观归责的"客观"其实是指判断的结论完全客观(即只关乎行为是否符合各罪客观构成要件),而与行为是故意还是过失的问题无涉;还有的说,只要特别认知对于实现客观构成要件的刑事政策功能是必要的,就应当将其纳入考虑的范围。④ 可是,所有这些辩解都无法消弭两套标准在形式逻辑上的矛盾。因为,客观归责从一开始就明明白白地宣称,作为其突出优势的"客观性"是指其判断能够与行为人的个人能力及主观认知相脱钩。事实上,也唯

---

① 参见〔德〕骆克信:《客观归责理论》,许玉秀译,载《政大法学评论》第 50 期(1994 年)。(该注中的"骆克信"通常译为"罗克辛"。)
② 周光权:《行为无价值论的中国展开》,法律出版社 2015 年版,第 195 页。
③ 参见吕英杰:《论客观归责与过失不法》,载《中国法学》2012 年第 5 期;周光权:《行为无价值论的中国展开》,法律出版社 2015 年版,第 196—198 页。Vgl. Eisele, in: Schönke/Schröder, StGB, 30. Aufl., 2019, vor §§ 13 ff. Rn. 92a; Roxin/Greco, Strafrecht AT, Bd. Ⅰ, 5. Aufl., 2020, § 12 Rn. 111a.
④ 具体参见陈璇:《论客观归责中危险的判断方法——"以行为时全体客观事实为基础的一般人预测"之提倡》,载《中国法学》2011 年第 3 期。

其如此,客观归责论才能真正实现其将犯罪判断的重心转移到构成要件之客观面的夙愿。所以,我们在检验其逻辑一致性时,也只能严格以这种意义上的"客观性",而不能以别的(比如所谓结论上的)"客观性"作为衡量的基准。只要在确定危险判断资料时考虑了行为人基于超常能力所获得的认知,客观归责论关于"客观性"的理论预设都必然会被打破。① 既然现有"标准①+标准②"的知识状态未能通过科学性的检验,那就提示我们:客观归责学说最初的理论预设本身可能就存在问题,想要在契合实际需要的同时彻底消除这种逻辑冲突,不能仅满足于局部微调,可能还需要从归责理论的根本上"动大手术"。这涉及更加本源的问题:当人们期待归责理论能够实现一般预防的刑事政策目标时,它究竟还能否断然置行为人个人的避免能力于不顾?一个以划定行为规范禁止范围为己任的归责判断,是否从一开始就只能是一个主客观要素相统一的范畴?

另外,值得一提的是,尽管客观归责理论被誉为"二战"结束后德国刑法学所取得的最为耀眼夺目的理论成果之一,但几经发展之后,该理论就如同"一只长着无数触须的巨大章鱼"②,成了一个内容极为混杂的超级范畴③。有学者认为,它只是将各种毫无关联、完全不同的既有教义学问题悉数堆积于客观归责的概念之下。④ 在笔者看来,现代客观归责理论是"自下而上"思路的典型产物,它在与实践持续交流碰撞的过程中,网罗了犯罪客观构成要件领域内几乎所有

---

① 曾经积极参与为客观归责论辩护的弗里施(Frisch)最近也坦率地承认,只要肯定特别认知对于客观归责的意义,那么"该理论自称的客观判断,所涉及的就不再是纯粹客观的东西了……客观构成要件中所谓客观理论的纯客观范畴也已经被突破。"〔德〕沃尔夫冈·弗里施:《客观归责理论的成就史及批判——兼论对犯罪论体系进行修正的必要性》,陈璇译,载《国家检察官学院学报》2020年第1期。

② Bernd Schünemann, Über die objektive Zurechnung, GA 1999, S. 207.

③ Vgl. Frisch, Tatbestandsmäßiges Verhalten und Zurechnung des Erfolgs, 1988, S. 31.

④ Vgl. Armin Kaufmann, „Objektive Zurechnung" beim Vorsatzdelikt?, FS-Jescheck, Bd. 1, 1985, S. 271; Maiwald, Zur strafrechtssystematischen Funktion des Begriffs der objektiven Zurechnung, FS-Miyazawa, 1995, S. 481; Hirsch, Zur Lehre von der objektiven Zurechnung, FS-Lenckner, 1998, S. 129; Hilgendorf, Wozu brauchen wir die „objektive Zurechnung"?, FS-Weber, 2004, S. 44.

重要的问题点。该理论之所以始终存在冲突和杂乱之处,根本原因在于:人们用粗略的三段式框架(即学界所熟知的"风险创设—风险实现—构成要件效力范围")对具体的归责标准进行初步整理和归类之后,就基本上只满足于它们在处理实践问题时"管用",却一直没有从科学方法的角度对整个归责体系进行全面的"体检"和"诊疗"。事实上,如果将其置于方法论监督层加以系统检测,就不难发现,有些下位原则实际上是应当先于或者后于归责判断而出现的内容。例如,"风险降低"原理所针对的情形涉及在同一主体所享有的多种法益之间进行取舍和权衡的问题,相关行为合法与否的决定权事实上掌握在被害人手中,所以它本质上是紧急权而非结果归责的内容。又如,既然刑法是通过维护行为规范的效力(即一般预防)来实现法益保护的手段,那么犯罪判断的思维应当分为两步:一是确定社会中的利益分配状态究竟如何,即是否存在值得法秩序保护的法益;二是确定能否就某人打破了这一利益分配状态的行为对其加以谴责,即能否通过一般预防的方式实现对法益的保护。换言之,"我们应当把以下两者区分开来:作为制裁规范基础的公法命令,以及该命令所依托的权利分配秩序"[1]。只有在根据权利分配秩序确定了某种法益值得由法加以保护之后,才能进一步以侵害了该法益的行为为对象,根据行为规范判断行为人是否具有避免该法益损害结果的能力,进而确定损害结果是否可归责于行为人。[2] 于是,被害人自我答责本质上涉及的是某种风险应当如何在行为人与被害人之间进行分配,也即被害人的法益是否值得保护的问题。它所牵涉的是公民法益受到保护的范围,应当在行为规范介入之前就得到回答。透过科学方法论监督层可以看出,当今流行的客观归责理论其实是一个远未达至成熟的"发展中"的体系。科学视角和整体思维的欠缺,使得它还没能从一个由

---

[1] Renzikowski, Normentheorie und Strafrechtsdogmatik, Juristische Grundforschung 2005, S. 123.

[2] Vgl. Haas, Kausalität und Rechtsverletzung, 2002, S. 81.

多种论题和标准堆积而成的"工具箱",真正上升为科学的理论体系。①

其二,正当防卫中的不法侵害。

前文已经提到,通说一方面承认正当防卫是最为强势和凌厉的紧急权,防卫人在面对不法侵害时既无需躲避,亦无需严格保持双方法益的均衡(标准①);另一方面又认为,尽管公民对于无责任能力人的侵害也同样可以实施正当防卫,但此时的防卫权应当受到退避义务和法益均衡原则的双重限制(标准②)。这两套标准在逻辑上是截然对立的,通说始终无法在正当防卫的框架之内找到能够将二者联系在一起的纽带。在不对正当防卫的正当性根据作颠覆性变更的前提下,可能需要通过引入归责视角对反击型紧急权进行层级划分,将标准②所对应的反击权从正当防卫的范畴中完全剥离出去,归入弱一级的反击型紧急权——防御性紧急避险之中。②

3. 事实结构符合性测试

刑法规制活动不能无视其规制对象的存在特性而任意地展开,准确把握并且尊重规制对象的事实结构,是归责和惩罚获得正当性的基本条件之一。虽然法教义学是一门价值性、理解性的人文学科,但与自然现实和社会事实的关联性决定了相关自然法则和社会规律始终发挥着制约性的作用。在确定某种状态所具有的社会意义和经济价值时,在判断行为人是否具有认知、控制或者避免的能力时,在分析行为引起结果的流程时,物理学、生物学、社会学以及经济学的基本原理和研究结论,也是衡量具体刑法教义学知识是否具有科学性的尺度。

---

① 在这方面,当代刑法教义学明显表现出了某种"惰性"。当然,这种"惰性"的产生有其客观原因。现实中,刑法教义学的研究总是离不开成本与收益的计算。从总体上对归责理论进行全面厘清、完善甚至重构,需要付出巨大的理论成本,需要经历漫长的研究周期,甚至还牵涉整体犯罪论体系的变革。因此,在通行客观归责理论大体能够应对实践问题的情况下,更多的学者可能多少会抱有一种"凑合""将就"的态度,宁可选择整体上维持现状。

② 具体参见本书第一章。

五、结语

在 21 世纪的第一个十年,中国刑法学界曾经出现过一轮关于犯罪论体系以及不法立场的学派之争,但此后,宏大叙事式的体系争论的热度逐渐散去,刑法教义学整体上更加偏重于对具体问题的精研和深耕。原因是多方面的:一则,中国传统的"经世致用"哲学和"理论联系实际"的指导思想,始终深刻地影响着刑法学的学术风格;二则,当我国大规模进口德日刑法理论时,出口国本身就已经在方法论上实现了从体系思考向问题思考的转向;三则,中国作为后发型国家,面临着"两化叠加"①的挑战,在法律实践中同样也存在传统与前沿问题并存的状况,故刑法教义学的当务之急,是为大量的实际问题提供有效的解决方案;四则,本土刑法理论自主性意识的唤醒,也使人们更加枳极地从中国问题中寻求理论建构的灵感。在此背景下,如何处理刑法教义学实践性和科学性之间的关系,就成为一个不容回避的基础性课题。笔者的思考结论可以概括为以下几点:

第一,回归纯粹的实践技艺,这不是当代刑法教义学应该选择的道路。不放弃对刑法教义学科学性的追求,既是现代社会的内在要求,也具有实现的可能性。

第二,刑法教义学体系的建构应当采取"自下而上"的思路,以保证体系具有高度的开放性和应变能力。但与此同时,这一思路也存在导致刑法教义学知识"堆砌化""补丁化"的隐忧。

第三,正如社会现实的复杂化必然促使社会系统分化一样,在刑法教义学肩负的任务日益繁重和复杂的时代背景下,其内部也有必要进行功能分化:一部分奉行"自下而上"的问题思考,着眼于产出具有实效的教义学知识;另一部分则专司方法论的监督之职,从价值基础的一致性、形式逻辑的融贯性和事实结构的符合性三方面入手,对教义学知识进行科学性的检测和反思。

---

① "两化叠加",是指现代化与后现代化要在近乎一个历史时期内完成,既要面对现代化的问题,又要面对后现代化的问题,呈现叠加态势。

科学与实践:刑法教义学内部的功能分化(代后记)

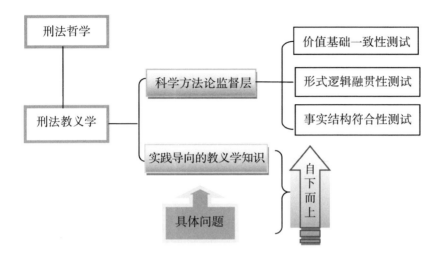

图1　刑法教义学体系

本书是笔者承担的国家社科基金青年项目"刑法中紧急权的体系与解释研究"(批准号:15CFX036)的最终成果,该项目研究历时五载,于2021年4月以"优秀"鉴定等级结项。感谢北京大学出版社蒋浩先生和杨玉洁女士对本书出版给予的支持。这一项目的选题和构思,缘起于对我国正当化事由领域长期以来分散零碎的研究状况的不满,也源自一种"体系建构"的冲动和执念。随着项目研究的推进,笔者对于刑法教义学体系化方法的思考也逐渐深入和清晰。笔者坚信,只要不放弃对刑法教义学科学性的追求,只要期待中国刑法学之于世界有较大的贡献,源自具体问题的地方性知识都必须接受科学方法论的验证,在烁炼、反思的基础上逐步上升为真正具有普遍性的理论。

谨以此书纪念恩师马克昌先生逝世十周年。

陈　璇
二零二一年处暑于北京

参考文献

一、中文文献

1. 柏浪涛:《三阶层犯罪论体系下受胁迫行为的体系性分析》,载《政治与法律》2011年第2期。

2. 蔡桂生:《避险行为对被避险人的法律效果——以紧急避险的正当化根据为中心》,载《法学评论》2017年第4期。

3. 蔡宏伟:《正当防卫理论中的国家和个人》,载《法制与社会发展》2017年第6期。

4. 蔡枢衡:《中国刑法史》,广西人民出版社1983年版。

5. 蔡震荣:《行政法理论与基本人权之保障》(第二版),五南图书出版公司1999年版。

6. 车浩:《论推定的被害人同意》,载《法学评论》2010年第1期。

7. 车浩:《自我决定权与刑法家长主义》,载《中国法学》2012年第1期。

8. 车浩:《过失犯中的被害人同意与被害人自陷风险》,载《政治与法律》2014年第5期。

9. 陈顾远:《中国法制史概要》,商务印书馆2011年版。

10. 陈光中主编:《刑事诉讼法》(第六版),北京大学出版社、高等教育出版社2016年版。

11. 陈家林:《防卫行为与第三者法益侵害》,载《甘肃政法学院学报》2008年第2期。

12. 陈瑾昆:《刑法总则讲义》,中国方正出版社2004年版。

13. 陈敏:《受虐妇女综合症专家证据在司法实践中的运用》,载陈光中、江伟主编:《诉讼法论丛》(第9卷),法律出版社2004年版。

14. 陈瑞华:《刑事证据法学》(第二版),北京大学出版社2014年版。

15. 陈文彬:《中国新刑法总论》,中国方正出版社2008年版。

16. 陈新民:《德国公法学基础理论》(增订新版),法律出版社2010年版。

17. 陈兴良:《论无过当之防卫》,载《法学》1998年第6期。

18. 陈兴良:《正当化事由研究》,载《法商研究(中南财经学院学报)》2000年第3期。

19. 陈兴良:《期待可能性问题研究》,载《法律科学(西北政法大学学报)》2006年第3期。

20. 陈兴良:《罪刑法定主义》,中国法制出版社2010年版。

21. 陈兴良:《刑法的知识转型(方法论)》,中国人民大学出版社2012年版。

22. 陈兴良主编:《刑法各论精释》,人民法院出版社2015年版。

23. 陈兴良:《互殴与防卫的界限》,载《法学》2015年第6期。

24. 陈兴良:《正当防卫论》(第三版),中国人民大学出版社2017年版。

25. 陈兴良:《刑法适用总论》(第三版),中国人民大学出版社2017年版。

26. 陈兴良:《教义刑法学》(第三版),中国人民大学出版社2017年版。

27. 陈兴良:《正当防卫如何才能避免沦为僵尸条款——以于欢故意伤害案一审判决为例的刑法教义学分析》,载《法学家》2017年第5期。

28. 陈璇:《对紧急避险正当化根据的再思考》,载赵秉志主编:《刑法论丛》(第12卷),法律出版社2007年版。

29. 陈璇:《正当防卫中风险分担原则之提倡》,载《法学评论》2009年第1期。

30. 陈璇：《德国刑法学中结果无价值与行为无价值的流变、现状与趋势》，载《中外法学》2011 年第 2 期。

31. 陈璇：《论客观归责中危险的判断方法——"以行为时全体客观事实为基础的一般人预测"之提倡》，载《中国法学》2011 年第 3 期。

32. 陈璇：《侵害人视角下的正当防卫论》，载《法学研究》2015 年第 3 期。

33. 陈璇：《家庭暴力反抗案件中防御性紧急避险的适用——兼对正当防卫扩张论的否定》，载《政治与法律》2015 年第 9 期。

34. 陈璇：《正当防卫与比例原则——刑法条文合宪性解释的尝试》，载《环球法律评论》2016 年第 6 期。

35. 陈征：《基本权利的国家保护义务功能》，载《法学研究》2008 年第 1 期。

36. 陈征：《国家征税的宪法界限——以公民私有财产权为视角》，载《清华法学》2014 年第 3 期。

37. 程啸：《侵权责任法》(第三版)，法律出版社 2020 年版。

38. 储陈城：《正当防卫回归公众认同的路径——"混合主观"的肯认和"独立双重过当"的提倡》，载《政治与法律》2015 年第 9 期。

39. 戴炎辉：《唐律通论》，台湾"国立编译馆"1964 年版。

40. 方毓敏、王欣元：《〈唐律〉与现行刑法关于正当防卫之规定比较》，载《黑龙江省政法管理干部学院学报》2005 年第 5 期。

41. 冯军：《刑法的规范化诠释》，载《法商研究》2005 年第 6 期。

42. 冯军：《刑法中的自我答责》，载《中国法学》2006 年第 3 期。

43. 冯军：《刑法中的责任原则——兼与张明楷教授商榷》，载《中外法学》2012 年第 1 期。

44. 冯军：《"昆山砍人案"的冷思考，打捞那些被忽略的细节》，载《中国检察官》2018 年第 18 期。

45. 冯军：《防卫过当：性质、成立要件与考察方法》，载《法学》2019 年第 1 期。

46. 高格：《正当防卫与紧急避险》，福建人民出版社 1985 年版。

47. 高铭暄主编:《刑法学》,法律出版社1982年版。

48. 高铭暄主编:《中国刑法学》,中国人民大学出版社1989年版。

49. 高铭暄主编:《刑法学原理》(第2卷),中国人民大学出版社1993年版。

50. 高铭暄主编:《刑法专论》(第二版),高等教育出版社2006年版。

51. 高铭暄、马克昌主编:《刑法学》(第二版),中国法制出版社2007年版。

52. 高铭暄:《中华人民共和国刑法的孕育诞生与发展完善》,北京大学出版社2012年版。

53. 高铭暄、赵秉志编:《中国刑法规范与立法资料精选》(第二版),法律出版社2013年。

54. 高铭暄、赵秉志编:《新中国刑法立法文献资料总览》(第二版),中国人民公安大学出版社2015年版。

55. 高铭暄、马克昌主编:《刑法学》(第八版),北京大学出版社、高等教育出版社2017年版。

56. 顾肃:《自由主义基本理念》(修订版),译林出版社2013年版。

57. 桂齐逊:《唐律与台湾现行法关于"正当防卫"规定之比较研究》,载中南财经政法大学法律文化研究院编:《中西法律传统》(第6卷),北京大学出版社2008年版。

58. 郭守权、何泽宏、杨周武:《正当防卫与紧急避险》,群众出版社1987年版。

59. 郭泽强、胡陆生:《再论正当防卫的限度条件》,载《法学》2002年第10期。

60. 郭泽强、蒋娜:《刑法第20条第3款与第1款关系研究——兼论第20条第3款条款的意义》,载《法学家》2002年第6期。

61. 郭泽强:《正当防卫制度研究的新视界》,中国社会科学出版社2010年版。

62. 郝银钟、席作立:《宪政视角下的比例原则》,载《法商研究》2004 年第 6 期。

63. 胡嘉金、王昭振:《论紧急避险中"自招危险"的理论诠释及内在价值构造——以作为义务为视角》,载《法学评论》2007 年第 3 期。

64. 胡建淼:《行政法学》,法律出版社 2015 年版。

65. 胡康生、李福成主编:《中华人民共和国刑法释义》,法律出版社 1997 年版。

66. 黄云波:《对防卫者岂能用"圣人标准"苛责?》,载《民主与法制》2018 年第 37 期。

67. 季理华:《受虐妇女杀夫案中刑事责任认定的新思考》,载《政治与法律》2007 年第 4 期。

68. 简士淳:《私人之现行犯逮捕——其历史溯源、法律基础与比较法分析》,台湾政治大学法律学研究所 2012 年硕士论文。

69. 姜涛:《追寻理性的罪刑模式:把比例原则植入刑法理论》,载《法律科学(西北政法大学学报)》2013 年第 1 期。

70. 姜涛:《行为不法与责任阻却:"于欢案"的刑法教义学解答》,载《法律科学》2019 年第 1 期。

71. 姜涛:《正当防卫限度判断的适用难题与改进方案》,载《中国法学》2019 年第 2 期。

72. 姜昕:《比例原则研究——一个宪政的视角》,法律出版社 2008 年版。

73. 姜伟:《行为过当与结果过当关系质疑》,载《中国社会科学》1984 年第 5 期。

74. 姜伟:《正当防卫》,法律出版社 1988 年版。

75. 金凯:《试论正当防卫与防卫过当的界限》,载《法学研究》1981 年第 1 期。

76. 瞿同祖:《中国法律与中国社会》(第二版),中华书局 2003 年版。

77. 劳东燕:《风险社会中的刑法:社会转型与刑法理论的变

迁》,北京大学出版社 2015 年版。

78. 劳东燕:《防卫过当的认定与结果无价值论的不足》,载《中外法学》2015 年第 5 期。

79. 劳东燕:《法益衡量原理的教义学检讨》,载《中外法学》2016 年第 2 期。

80. 劳东燕:《正当防卫的异化与刑法系统的功能》,载《法学家》2018 年第 5 期。

81. 黎宏:《紧急避险法律性质研究》,载《清华法学》2007 年第 1 期。

82. 黎宏:《刑法总论问题思考》,中国人民大学出版社 2007 年版。

83. 黎宏:《论正当防卫的主观条件》,载《法商研究》2007 年第 2 期。

84. 黎宏:《论假想防卫过当》,载《中国法学》2014 年第 2 期。

85. 黎宏:《刑法学总论》(第二版),法律出版社 2016 年版。

86. 黎宏:《论防卫过当的罪过形式》,载《法学》2019 年第 2 期。

87. 黎宏:《事后防卫处理的日中比较——以"涞源反杀案"切入》,载《法学评论》2019 年第 4 期。

88. 李强:《自由主义》(第三版),东方出版社 2015 年版。

89. 李泽厚:《中国思想史论》,安徽文艺出版社 1999 年版。

90. 梁根林:《预备犯普遍处罚原则的困境与突围——〈刑法〉第 22 条的解读与重构》,载《中国法学》2011 年第 2 期。

91. 梁根林:《防卫过当不法判断的立场、标准与逻辑》,载《法学》2019 年第 2 期。

92. 梁华仁、刘为波:《评新刑法对正当防卫制度的修改》,载《政法论坛》1998 年第 1 期。

93. 梁云宝:《超法规的违法性阻却事由之外置化——四要件犯罪论体系下的定位》,载《法学评论》2011 年第 6 期。

94. 廖申白:《〈正义论〉对古典自由主义的修正》,载《中国社会科学》2003 年第 5 期。

95. 林山田:《刑法通论(上册)》(增订十版),北京大学出版社 2012 年版。

96. 林钰雄:《新刑法总则》(第 7 版),元照出版公司 2019 年版。

97. 刘爱军:《论刑法中推定的被害人承诺》,载《云南大学学报(法学版)》2007 年第 4 期。

98. 刘国庆:《论私人逮捕制度——兼论我国的公民扭送制度》,载《云南大学学报(法学版)》2014 年第 6 期。

99. 刘家琛主编:《新刑法条文释义》(上),人民法院出版社 2001 年版。

100. 刘明祥:《紧急避险研究》,中国政法大学出版社 1998 年版。

101. 刘明祥:《关于正当防卫与紧急避险相区别的几个特殊问题》,载《法学评论》1998 年第 1 期。

102. 刘明祥:《刑法中错误论》,中国检察出版社 2004 年版。

103. 刘为波:《紧急避险限度条件的追问》,载陈兴良主编:《刑事法判解》(第 1 卷),法律出版社 1999 年版。

104. 刘莘:《具体行政行为效力初探》,载《中国法学》1998 年第 5 期。

105. 刘艳红、程红:《"无限防卫权"的提法不妥当——兼谈新〈刑法〉第 20 条第 3 款的立法本意》,载《法商研究(中南政法学院学报)》1999 年第 4 期。

106. 刘志刚:《人格尊严的宪法意义》,载《中国法学》2007 年第 1 期。

107. 刘之雄:《胁从犯立法之反思》,载《湖北警官学院学报》2002 年第 2 期。

108. 柳忠卫:《论被迫行为的刑法规制及其体系性地位的重构》,载《中国法学》2010 年第 2 期。

109. 卢云华:《试论正当防卫过当》,载《中国社会科学》1984 年第 2 期。

110. 吕吉海:《谈刑事领域的公民参与——透析王会洲案件始

末》,载《新疆警官高等专科学校学报》2008年第4期。

111. 马俊驹、余延满:《民法原论》(第四版),法律出版社2010年版。

112. 马克昌:《论正当防卫和防卫过当》,载《当代法学》1987年第4期。

113. 马克昌:《刑法理论探索》,法律出版社1995年版。

114. 马克昌主编:《犯罪通论》(第三版),武汉大学出版社1999年版。

115. 马克昌主编:《百罪通论》,北京大学出版社2014年版。

116. 欧阳本祺:《正当防卫认定标准的困境与出路》,载《法商研究》2013年第5期。

117. 欧阳本祺:《论法确证原则的合理性及其功能》,载《环球法律评论》2019年第4期。

118. 欧卫安:《论扭送》,载《中国刑事法杂志》1998年第6期。

119. 泮伟江:《当代中国法治的分析与建构》(修订版),中国法制出版社2017年版。

120. 彭诚信:《现代权利理论研究》,法律出版社2017年版。

121. 彭卫东:《正当防卫论》,武汉大学出版社2001年版。

122. 彭文华:《紧急避险限度的适当性标准》,载《法学》2013年第3期。

123. 钱大群、夏锦文:《唐律与中国现行刑法比较论》,江苏人民出版社1991年版。

124. 钱叶六:《期待可能性理论的引入及限定性适用》,载《法学研究》2015年第6期。

125. 钱叶六:《医疗行为的正当化根据与紧急治疗、专断治疗的刑法评价》,载《政法论坛》2019年第1期。

126. 钱叶六:《防卫行为的结果伤及第三人的教义学分析》,载《法律科学(西北政法大学学报)》2019年第2期。

127. 钱泳宏:《"受虐妇女综合症"理论对我国正当防卫制度的冲击》,载《温州大学学报(社会科学版)》2008年第5期。

128. 屈学武:《死罪、死刑与期待可能性——基于受虐女性杀人命案的法理分析》,载《环球法律评论》2005 年第 1 期。

129. 阮齐林主编:《刑法总则案例教程》,中国政法大学出版社 1999 年版。

130. 上官丕亮:《论宪法上的生命权》,载《当代法学》2007 年第 1 期。

131. 申柳华:《德国刑法被害人信条学研究》,中国人民公安大学出版社 2011 年版。

132. 苏力:《送法下乡——中国基层司法制度研究》,中国政法大学出版社 2000 年版。

133. 苏力:《法律与文学:以中国传统戏剧为材料》,生活·读书·新知三联书店 2017 年版。

134. 田宏杰:《刑法中的正当化行为》,中国检察出版社 2004 年版。

135. 田宏杰、肖鹏:《紧急权的理论基础与体系建构》,载《华南师范大学学报(社会科学版)》2019 年第 2 期。

136. 王钢:《紧急避险中无辜第三人的容忍义务及其限度——兼论紧急避险的正当化根据》,载《中外法学》2011 年第 3 期。

137. 王钢:《德国刑法中的安乐死——围绕联邦最高法院第二刑事审判庭 2010 年判决的展开》,载《比较法研究》2015 年第 5 期。

138. 王钢:《法外空间及其范围 侧重刑法的考察》,载《中外法学》2015 年第 6 期。

139. 王钢:《正当防卫的正当性依据及其限度》,载《中外法学》2018 年第 6 期。

140. 王钢:《正当防卫的正当化依据与防卫限度——兼论营救酷刑的合法性》,元照出版公司 2019 年版。

141. 王洪芳:《正当防卫在民、刑法上的构成条件比较》,载《乐山师范学院学报》2003 年第 5 期。

142. 王晖:《法律中的团结观与基本义务》,载《清华法学》2015

年第 3 期。

143. 王觐:《中华刑法论》,中国方正出版社 2005 年版。

144. 王进文:《基本权国家保护义务的疏释与展开——理论溯源、规范实践与本土化建构》,载《中国法律评论》2019 年第 4 期。

145. 王骏:《超法规的正当化行为论纲》,载《河北法学》2010 年第 8 期。

146. 王骏:《论被害人的自陷风险——以诈骗罪为中心》,载《中国法学》2014 年第 5 期。

147. 王俊:《反抗家庭暴力中的紧急权认定》,载《清华法学》2018 年第 3 期。

148. 王雷:《情谊行为、法外空间与民法对现实生活的介入》,载《法律科学(西北政法大学学报)》2014 年第 6 期。

149. 王雷、王沁:《论生命权能否作为紧急避险客体应用于刑事领域》,载《学理论》2009 年第 8 期.

150. 王利明:《侵权责任法研究》,中国人民大学出版社 2011 年版。

151. 王利明等:《民法学》(第五版),法律出版社 2017 年版。

152. 王书成:《论比例原则中的利益衡量》,载《甘肃政法学院学报》2008 年第 2 期。

153. 王铁夫:《试论我国刑事诉讼中的公民扭送人犯》,载《法学研究》1985 年第 4 期。

154. 王旭:《宪法上的尊严理论及其体系化》,载《法学研究》2016 年第 1 期。

155. 王泽鉴:《民法思维:请求权基础理论体系》,北京大学出版社 2009 年版。

156. 王泽鉴:《侵权行为》,北京大学出版社 2009 年版。

157. 王政勋、贾宇:《论正当防卫限度条件及防卫过当的主观罪过形式》,载《法律科学(西北政法大学学报)》1999 年第 2 期。

158. 王政勋:《正当行为论》,法律出版社 2000 年版。

159. 王政勋:《论正当防卫的本质》,载《法律科学(西北政法大学学报)》2000年第6期。

160. 王作富:《中国刑法研究》,中国人民大学出版社1988年版。

161. 王作富、阮方民:《关于新刑法中特别防卫权规定的研究》,载《中国法学》1998年第5期。

162. 王作富主编:《刑法分则实务研究》(第五版),中国方正出版社2013年版。

163. 魏超:《法确证利益说之否定与法益悬置说之提倡——正当防卫正当化依据的重新划定》,载《比较法研究》2018年第3期。

164. 魏汉涛:《正当防卫的适用条件之检讨——来自"受虐妇女综合症"的启示》,载《四川警官学院学报》2013年第1期。

165. 吴宏耀:《现行犯视角下的拘留扭送制度》,载《中国刑事法杂志》2016年第1期。

166. 伍金平:《正当防卫司法适用的困境探析——从一宗致不法侵害人倒地"猝死"案的定性之争切入》,载《河北法学》2012年第5期。

167. 吴允锋:《正当防卫限度的判断规则》,载《政治与法律》2018年第6期。

168. 吴振兴:《罪数形态论》(第二版),中国检察出版社2006年版。

169. 夏菲菲、黄威:《正当防卫中"不法侵害"的主客观问题研究》,载《新学术》2007年第2期。

170. 谢波:《我国刑事诉讼扭送制度之检讨——兼评新修〈刑事诉讼法〉第82条》,载《武汉科技大学学报(社会科学版)》2013年第1期。

171. 谢甲林:《关于正当防卫的几个问题》,载《法学》1984年第8期。

172. 谢望原、邹兵:《论期待可能性之判断》,载《法学家》2008年第3期。

173. 谢雄伟:《论紧急避险中生命的衡量》,载《求索》2007年第

8期。

174. 许恒达:《从个人保护原则重构正当防卫》,载《台大法学论丛》2016年第1期。

175. 徐久生、曹震南:《预先设置防卫装置行为的刑法审视》,载《海南大学学报(人文社会科学版)》2013年第5期。

176. 徐梦萍、王剑波:《论防卫挑拨的类型及其处理原则》,载《辽宁大学学报(哲学社会科学版)》2013年第5期。

177. 闫二鹏:《胁从犯体系定位之困惑与出路——一个中国问题的思索》,载《中国社会科学院研究生院学报》2012年第2期。

178. 杨立新:《侵权责任法立法最新讨论的50个问题》,载《河北法学》2009年第12期。

179. 杨路生:《防卫权行使困局的成因及其破解》,载《海南大学学报(人文社会科学版)》2011年第2期。

180. 杨雄:《刑事强制措施的正当性基础》,中国人民公安大学出版社2009年版。

181. 杨毅伟:《自我防卫与相互斗殴的刑事司法判定研究——以个案为线索的分析》,载《西南政法大学学报》2012年第6期。

182. 杨忠民:《对正当防卫限度若干问题的新思考》,载《法学研究》1999年第3期。

183. 杨宗辉、郭泽强:《正当防卫制度的再思考——从刑法第20条第3款切入》,载《法学评论》2001年第4期。

184. 姚辉、王志军:《试论正当防卫中的不法侵害》,载《法学杂志》1986年第1期。

185. 尹生:《击落有恐怖袭击嫌疑的外国民用航空器的合法性》,载《法学》2013年第12期。

186. 尹子文:《防卫过当的实务认定与反思——基于722份刑事判决的分析》,载《现代法学》2018年第1期。

187. 于改之:《法域冲突的排除:立场、规则与适用》,载《中国法学》2018年第4期。

188. 曾文科:《论复数防卫行为中的评价视角问题——以日本

判例为素材的分析》,载《中国案例法评论》2015 年第 1 辑。

189. 曾宪信:《犯罪构成论》,武汉大学出版社 1988 年版。

190. 张宝、毛康林:《预见不法侵害并积极准备防卫工具能否阻却成立正当防卫》,载《中国检察官》2014 年第 11 期。

191. 张宝:《防卫紧迫性判断标准的刑法教义学诠释》,载《中州学刊》2018 年第 5 期。

192. 张鸿巍:《扭送刍议》,载《河北法学》2011 年第 1 期。

193. 张理恒:《析刑法中"自招的不法侵害"——以正当防卫制度为限定》,载《重庆科技学院学报(社会科学版)》2009 年第 7 期。

194. 张明楷:《法益初论》(修订版),中国政法大学出版社 2003 年版。

195. 张明楷:《期待可能性理论的梳理》,载《法学研究》2009 年第 1 期。

196. 张明楷:《罪刑法定与刑法解释》,北京大学出版社 2009 年版。

197. 张明楷:《刑法分则的解释原理》(第二版),中国人民大学出版社 2011 年版。

198. 张明楷:《行为功利主义违法观》,载《中国法学》2011 年第 5 期。

199. 张明楷:《不作为犯中的先前行为》,载《法学研究》2011 年第 6 期。

200. 张明楷:《刑法学中危险接受的法理》,载《法学研究》2012 年第 5 期。

201. 张明楷:《刑法学》(第五版),法律出版社 2016 年版。

202. 张明楷:《正当防卫的原理及其运用——对二元论的批判性考察》,载《环球法律评论》2018 年第 2 期。

203. 张明楷:《防卫过当:判断标准与过当类型》,载《法学》2019 年第 1 期。

204. (唐)长孙无忌等:《唐律疏议》,中华书局 1983 年版。

205. 张翔主编:《德国宪法案例选释:基本权利总论》(第 1

辑),法律出版社 2012 年版。

206. 张翔:《财产权的社会义务》,载《中国社会科学》2012 年第 9 期。

207. 张翔:《基本权利的规范建构》(增订版),法律出版社 2017 年版。

208. 张新宝:《侵权责任构成要件研究》,法律出版社 2007 年版。

209. 张中秋:《中西法律文化比较研究》,中国政法大学出版社 2006 年版。

210. 郑晓剑:《比例原则在民法上的适用及展开》,载《中国法学》2016 年第 2 期。

211. 赵秉志等:《中国刑法修改若干问题研究》,载《法学研究》1996 年第 5 期。

212. 赵秉志、赫兴旺:《论刑法典总则的改革与进展》,载《中国法学》1997 年第 2 期。

213. 赵秉志、肖中华:《正当防卫立法的进展与缺憾——建国以来法学界重大事件研究(十九)》,载《法学》1998 年第 12 期。

214. 赵秉志、田宏杰:《特殊防卫权问题研究》,载《法制与社会发展》1999 年第 6 期。

215. 赵秉志、陈志军:《英美法系刑法中正当防卫构成条件之比较研究》,载《法商研究》2003 年第 5 期。

216. 赵秉志主编:《中国刑法案例与学理研究》(第 1 卷),法律出版社 2004 年版。

217. 赵秉志:《刑法基本理论专题研究》,法律出版社 2005 年版。

218. 赵秉志、陈志军编:《中国近代刑法立法文献汇编》,法律出版社 2016 年版。

219. 赵微:《论胁从犯不是法定的独立共犯人》,载《中国刑事法杂志》2005 年第 2 期。

220. 赵栩、谢雄伟:《防御性紧急避险制度研究》,载《武汉大学学报(哲学社会科学版)》2009 年第 6 期。

221. 赵雪爽:《对无责任能力者进行正当防卫兼论刑法的紧急权体系》,载《中外法学》2018 年第 6 期。

222. 中华人民共和国最高人民法院刑事审判第一、二、三、四、五庭主办:《中国刑事审判指导案例:侵犯公民人身权利、民主权利罪》,法律出版社 2009 年版。

223. 周光权:《正当防卫成立条件的"情境"判断》,载《法学》2006 年第 12 期。

224. 周光权:《教唆、帮助自杀行为的定性——"法外空间说"的展开》,载《中外法学》2014 年第 5 期。

225. 周光权:《行为无价值论的中国展开》,法律出版社 2015 年版。

226. 周光权:《刑法总论》(第三版),中国人民大学出版社 2016 年版。

227. 周光权:《论持续侵害与正当防卫的关系》,载《法学》2017 年第 4 期。

228. 周光权:《正当防卫的司法异化与纠偏思路》,载《法学评论》2017 年第 5 期。

229. 周国钧、刘根菊:《试论防卫挑拨》,载《西北政法学院学报》1986 年第 3 期。

230. 周国钧、刘根菊:《正当防卫的理论与实践》,中国政法大学出版社 1988 年版。

231. 周详:《防卫必要限度:学说之争与逻辑辨正》,载《中外法学》2016 年第 6 期。

232. 周展等编著:《文明冲突、恐怖主义与宗教关系》,东方出版社 2009 年版。

233. 朱华荣、陈浩然:《我国"紧急避险"的法律概念早于欧洲十个世纪——从唐代的一份判文谈起》,载《法学》1982 年第 9 期。

234. 朱庆育:《意志抑或利益:权利概念的法学争论》,载《法学研究》2009 年第 4 期。

235. 朱岩:《侵权责任法通论·总论》,法律出版社 2011 年版。

236. 邹兵建:《正当防卫中"明显超过必要限度"的法教义学研究》,载《法学》2018 年第 11 期。

237. 左袖阳:《比较法视野下我国公民扭送权之完善》,载《中国人民公安大学学报(社会科学版)》2011 年第 4 期。

二、翻译文献

1. 〔苏〕H. A. 别利亚耶夫、М. Л. 科瓦廖夫主编:《苏维埃刑法总论》,马改秀、张广贤译,群众出版社 1987 年版。

2. 〔英〕以赛亚·伯林:《自由论》(修订版),胡传胜译,译林出版社 2011 年版。

3. 〔日〕大谷实:《刑法讲义总论》(新版第二版),黎宏译,中国人民大学出版社 2008 年版。

4. 〔日〕大塚仁:《犯罪论的基本问题》,冯军译,中国政法大学出版社 1993 年版。

5. 〔美〕罗纳德·德沃金:《至上的美德:平等的理论与实践》,冯克利译,江苏人民出版社 2008 年版.

6. 〔苏〕多马欣:《苏维埃刑法中的紧急避难》,张保成译,法律出版社 1957 年版。

7. 〔德〕卡尔·恩吉施:《法律思维导论》,郑永流译,法律出版社 2004 年版。

8. 〔英〕弗里德利希·冯·哈耶克:《自由秩序原理》,邓正来译,生活·读书·新知三联书店 1997 年版。

9. 〔德〕康拉德·黑塞:《联邦德国宪法纲要》,李辉译,商务印书馆 2007 年版。

10. 〔英〕霍布斯:《利维坦》,黎思复、黎廷弼译,商务印书馆 1985 年版。

11. 〔德〕J. H. 冯·基尔希曼:《作为科学的法学的无价值性——在柏林法学会的演讲》,赵阳译,载《比较法研究》2004 年第 1 期。

12. 〔德〕约翰内斯·卡斯帕:《德国正当防卫权的"法维护"原

则》,陈璇译,载《人民检察》2016 年第 10 期。

13.〔德〕康德:《纯粹理性批判》,邓晓芒译,人民出版社 2004 年版。

14.〔德〕《康德著作全集》(第 4 卷),李秋零主编,中国人民大学出版社 2005 年版。

15.〔俄〕Н. ф. 库兹涅佐娃、И. М. 佳日科娃主编:《俄罗斯刑法教程(总论)》(上卷),黄道秀译,中国法制出版社 2002 年版。

16.〔德〕卡尔·拉伦茨:《德国民法通论》,王晓晔等译,法律出版社 2004 年版。

17.〔德〕卡尔·拉伦茨:《法学方法论》,陈爱娥译,商务印书馆 2003 年版。

18.〔德〕尼克拉斯·卢曼:《法社会学》,宾凯、赵春燕译,上海世纪出版集团 2013 年版。

19.〔英〕洛克:《政府论》(下篇),叶启芳、瞿菊农译,商务印书馆 1964 年版。

20.〔美〕约翰·罗尔斯:《正义论》(修订版),何怀宏、何包钢、廖申白译,中国社会科学出版社 2009 年版。

21. 中共中央马克思恩格斯列宁斯大林著作编译局编译:《马克思恩格斯选集》(第 1 卷),人民出版社 2012 年版。

22.〔德〕迪特尔·梅迪库斯:《德国民法总论》,邵建东译,法律出版社 2013 年版。

23.〔苏〕B. M. 契希克瓦节主编:《苏维埃刑法总则》,中央人民政府法制委员会编译室、中国人民大学刑法教研室译,法律出版社 1955 年版。

24.〔日〕桥爪隆:《日本正当防卫制度若干问题分析》,江溯、李世阳译,载《武陵学刊》2011 年第 4 期。

25.〔日〕山口厚:《日本刑法学中的行为无价值论与结果无价值论》,金光旭译,载《中外法学》2008 年第 4 期。

26.〔日〕山口厚:《日本正当防卫的新动向》,郑军男译,载《辽宁大学学报(哲学社会科学版)》2011 年第 5 期。

27. 〔日〕山口厚:《刑法总论》(第三版),付立庆译,中国人民大学出版社 2018 年版。

28. 〔苏〕A. H. 特拉伊宁:《犯罪构成的一般学说》,薛秉忠等译,中国人民大学出版社 1958 年版。

29. 〔日〕西田典之:《日本刑法总论》(第二版),王昭武、刘明祥译,法律出版社 2013 年版。

30. 〔俄〕Л. В. 伊诺加莫娃-海格主编:《俄罗斯联邦刑法(总论)》[第二版(修订和增补版)],黄芳、刘阳、冯坤译,中国人民大学出版社 2010 年版。

三、外文文献

1. *Albrecht*, Jobst: Das Festnahmerecht Jedermanns nach § 127 Abs. 1 StPO, Kiel 1970.

2. *Alwart*, Heiner: Zum Begriff der Notwehr, JuS 1996.

3. *Amelung*, Knut: Zur Kritik des kriminalpolitischen Strafrechtssystems von Roxin, in: Schünemann, Bernd (Hrsg.), Grundfragen des modernen Strafrechtssystems, 1984.

4. *Amelung*, Knut: Sein und Schein bei der Notwehr gegen die Drohung mit einer Scheinwaffe, Jura 2003.

5. *Arzt*, Gunther: Notwehr, Selbsthilfe, Bürgerwehr, in: Grünwald, Gerald u. a. (Hrsg.), Festschrift für Friedrich Schaffstein, 1975.

6. *Arzt*, Gunther: Zum privaten Festnahmerecht, in: Gössel, Karl Heinz/Kauffmann, Hans (Hrsg.), Festschrift für Theodor Kleinknecht, 1985.

7. *Baumgarten*, Arthur: Notstand und Notwehr, Tübingen 1911.

8. *Baumann*, Jürgen: Rechtsmissbrauch bei Notwehr. Zu der Entscheidung des BGH vom 1. 8. 1961, MDR 1962.

9. *Baumann*, Jürgen/*Weber*, Ulrich/*Mitsch*, Wolfgang/*Eisele*, Jörg: Strafrecht Allgemeiner Teil, 12. Auflage, 2016.

10. *Bergmann*, Alfred: Die Grundstruktur des rechtfertigenden Notstandes (§ 34 des StGB), JuS 1989.

11. *Berner*, Albert Friedrich: Die Notwehrtheorie, Archiv des Criminalrechts, Neue Folge, 1848.

12. *Bernsmann*, Klaus: „Entschuldigung" durch Notstand. Studien zu § 35 StGB, 1989.

13. *Bernsmann*, Klaus: Überlegungen zur tödlichen Notwehr bei nicht lebensbedrohlichen Angriffen, ZStW 104 (1992).

14. *Bertel*, Christian: Notwehr gegen verschuldete Angriffe, ZStW 84 (1972).

15. *Berz*, Ulrich: An der Grenze der Notwehr und Notwehrprovokation-BGH, NJW 1983, 2267, JuS 1984.

16. *Binding*, Karl: Die Normen und ihre Übertretung, Bd. Ⅳ, 1919.

17. *Bitzilekis*, Nikolaos: Die neue Tendenz zur Einschränkung des Notwehrrechts, 1984.

18. *Bockelmann*, Paul: Menschenrechtskonvention und Notwehrrecht, in: Bockelmann, Paul u. a. (Hrsg.), Festschrift für Karl Engisch, Frankfurt a. M. 1969.

19. *Bockelmann*, Paul: Notwehr gegen verschuldete Angriffe, in: Juristische Fakultät der Georg – August – Universität Göttingen (Hrsg.), Festschrift für Richard M. Honig, 1970.

20. *Bockelmann*, Paul: Notrechtsbefugnisse bei Polizei, in: Jescheck, Hans-Heinrich u. a. (Hrsg.), Festschrift für Eduard Dreher, 1977.

21. *Bockelmann*, Paul/*Volk*, Klaus: Strafrecht Allgemeiner Teil, 4. Auflage, 1987.

22. *Börgers*, Nicolas: Studien zum Gefahrurteil im Strafrecht, 2008.

23. *Born*, Ulrich: Die Rechtfertigung der Abwehr vorgetäuschter Angriffe: eine strafrechtsdogmatische Untersuchung, 1984.

24. *Bottke*, Wilfried: Das Recht auf Suizid und Suizidverhütung, GA 1982.

25. *Bülte*, Jens: § 127 Abs. 1 Satz 1 StPO als Eingriffsbefugnis

für den Bürger und als Rechtfertigungsgrund, ZStW 121 (2009).

26. *Bülte*, Jens: Der Verhältnismäßigkeitsgrundsatz im deutschen Notwehrrechts aus verfassungsrechtlicher und europäischer Perspektive, GA 2011.

27. *Coing*, Helmuth: Grundzüge der Rechtsphilosophie, 5. Auflage, 1993.

28. *Coninx*, Anna: Das Solidaritätsprinzip im Lebensnotstand, 2012.

29. *Dressler*, Joshua: Understanding Criminal Law, Lexis Publishing, 2001.

30. *Duttge*, Gunnar: „Erlaubtes Risiko" in einer personalen Unrechtslehre, in: Bloy, René u. a. (Hrsg.), Festschrift für Manfred Maiwald, 2010.

31. *Engisch*, Karl: Untersuchungen über Vorsatz und Fahrlässigkeit im Strafrecht, 1930.

32. *Engisch*, Karl: Die Einheit der Rechtsordnung, 1935.

33. *Engländer*, Armin: Vorwerfbare Notwehrprovokation: Strafbarkeit wegen fahrlässiger Tötung aufgrund rechtswidrigen Vorverhaltens trotz gerechtfertigten Handelns?, Jura 2001.

34. *Engländer*, Armin: Grund und Grenze der Nothilfe, 2008.

35. *Engländer*, Armin: Die Anwendbarkeit von § 34 StGB auf intrapersonale Interessenkollisionen, GA 2010.

36. *Erb*, Volker: Notwehr gegen rechtswidriges Verhalten von Amtsträgern, in: Dölling, Dieter/Erb, Volker (Hrsg.), Festschrift für Karl Heinz Gössel, 2002.

37. *Erb*, Volker: Die Schutzfunktion von Art. 103 Abs. 2 GG bei Rechtfertigungsgründen, ZStW 108 (1996).

38. *Erb*, Volker: Der rechtfertigende Notstand, JuS 2010.

39. *Erb*, Volker: Das Verhältnis zwischen mutmaßlicher Einwilligung und rechtfertigenden Notstand, in: Hefendehl, Roland/Hörnle, Tatjana/Greco, Luís (Hrsg.), Festschrift für Bernd Schünemann, 2014.

40. *Eser*, Albin: „Sozialadäquanz": eine überflüssige oder unverzichtbare Rechtsfigur?, in: Schünemann, Bernd u. a. (Hrsg.), Festschrift für Claus Roxin, 2001.

41. *Fincke*, Martin: Darf sich eine Privatperson bei der Festnahme nach § 127 StPO irren?, GA 1971.

42. *Fischer*, Jürgen: Die straflose Notwehrüberschreitung, 1971.

43. *Fischer*, Thomas: Strafgesetzbuch und Nebengesetze, 59. Auflage, 2012.

44. *Freund*, Georg: Richtiges Entscheiden – am Beispiel der Verhaltensbewertung aus der Perspektive des Betroffenen, insbesondere im Strafrecht, GA 1991.

45. *Freund*, Georg: Strafrecht Allgemeiner Teil, 2. Auflage, 2009.

46. *Frisch*, Wolfgang: Vorsatz und Risiko, 1983.

47. *Frisch*, Wolfgang: Tatbestandsmäßiges Verhalten und Zurechnung des Erfolgs, 1988.

48. *Frisch*, Wolfgang: Selbstgefährdung im Strafrecht – Grundlinien einer opferorientierten Lehre vom tatbestandsmäßigen Verhalten, NStZ 1992.

49. *Frisch*, Wolfgang: Gewissenstaten und Strafrecht, in: Hoyer, Andreas u. a. (Hrsg.), Festschrift für Friedrich Christian Schroeder, 2006.

50. *Frisch*, Wolfgang: Notstandsregelungen als Ausdruck von Rechtsprinzipien, in: Paeffgen, Hans-Ullrich u. a. (Hrsg.), Festschrift für Ingeborg Puppe, 2011.

51. *Frisch*, Wolfgang: Strafrecht und Solidarität – zugleich zu Notstand und unterlassener Hilfeleistung, GA 2016.

52. *Frisch*, Wolfgang: Zur Problematik und zur Notwendigkeit einer Neufundierung der Notwehrdogmatik, in: Joerden, Jan C. u. a. (Hrsg.), Festschrift für Keiichi Yamanaka, 2017.

53. *Frister*, Helmut: Zur Einschränkung des Notwehrrechts durch Art. 2 der Europäischen Menschenrechtskonvention, GA 1985.

54. *Frister*, Helmut: Die Notwehr im System der Notrechte, GA 1988.

55. *Frister*, Helmut: Strafrecht Allgemeiner Teil, 8. Auflage, 2018.

56. *Fuchs*, Helmut: Grundfragen der Notwehr, 1986.

57. *Gallas*, Wilhelm: Zum gegenwärtigen Stand der Lehre vom Verbrechen, ZStW 67 (1955).

58. *Gallas*, Wilhelm: Zur Struktur des strafrechtlichen Unrechtsbegriffs, in: Kaufmann, Arthur u. a. (Hrsg.), Festschrift für Paul Bockelmann, 1979.

59. *Geib*, Karl Gustav: Lehrbuch des Deutschen Strafrechts, Band. 2, 1862.

60. *Geilen*, Gerd: Notwehr und Notwehrexzeß, Jura 1981.

61. *Graul*, Eva: Notwehr oder Putativnotwehr – wo ist der Unterschied?, JuS 1995.

62. *Greco*, Luís: Wider die jüngere Relativierung der Unterscheidung von Unrecht und Schuld, GA 2009.

63. *Greco*, Luís: Notwehr und Proportionalität, GA 2018.

64. *Gropengießer*, Helmut: Das Konkurrenzverhältnis von Notwehr (§ 32 StGB) und rechtfertigendem Notstand (§ 34 StGB), Jura 2000.

65. *Gropp*, Walter: Der Radartechnik – Fall – ein durch Menschen ausgelöster Defensivnotstand? Ein Nachruf auf § 14 Ⅲ Luftsicherheitsgesetz, GA 2006.

66. *Gropp*, Walter: Strafrecht Allgemeiner Teil, 4. Auflage, 2015.

67. *Günther*, Hans – Ludwig: Warum Art. 103 Abs. 2 GG für Erlaubnissätze nicht gelten kann, in: Samson, Erich u. a. (Hrsg.), Festschrift für Gerald Grünwald, 1999.

68. *Günther*, Hans–Ludwig: Defensivnotstand und Tötungsrecht, in: Böse, Martin/Sternberg-Lieben, Detlev (Hrsg.), Festschrift für Knut Amelung, 2009.

69. *Haas*, Robert: Notwehr und Nothilfe, 1978.

70. *Haas*, Volker: Kausalität und Rechtsverletzung, 2002.

71. *Hassemer*, Raimund: Ungewollte, über das erforderliche Maß hinausgehende Auswirkungen einer Notwehrhandlungen – BGHSt 27, 313, JuS 1980.

72. *Hassemer*, Winfried: Schutzbedürftigkeit des Opfers und Strafrechtsdogmatik, 1981.

73. *Hassemer*, Winfried: Die provozierte Provokation oder über die Zukunft des Notwehrrechts, in: Kaufmann, Arthur u. a. (Hrsg.), Festschrift für Paul Bockelmann, 1979.

74. *Haft*, Fritjof: Strafrecht Allgemeiner Teil, 9. Auflage, 2004.

75. *Heinitz*, Ernst: Zur Entwicklung der Lehre von der materiellen Rechtswidrigkeit, in: Bockelmann, Paul/Gallas Wilhelm (Hrsg.), Festschrift für Eberhard Schmidt, 1961.

76. *Herring*, Jonathan: *Criminal Law: Text, Cases, and Materials*, Oxford University Press, 2012.

77. *Herzberg*, Rolf Dietrich: Erlaubnistatbestandsirrtum und Deliktsaufbau, JA 1989.

78. *Herzberg*, Rolf Dietrich: Zur Eingrenzung des vorsatzausschließenden Irrtums (§ 16 StGB), JZ 1993.

79. *Herzberg*, Rolf Dietrich: Sterbehilfe als gerechtfertigte Tötung im Notstand?, NJW 1996.

80. *Himmelreich*, Klaus: Erforderlichkeit der Abwehrhandlung, Gebotensein der Notwehrhandlung; Provokation und Rechtsmissbrauch; Notwehrexzess, GA 1966.

81. *Hirsch*, Hans–Joachim: Die Notwehrvoraussetzung der Rechtswidrigkeit des Angriffs, in: Jescheck, Hans–Heinrich u. a. (Hrsg.), Festschrift für Eduard Dreher, 1977.

82. *Hirsch*, Hans–Joachim: Strafrecht und rechtsfreier Raum, in: Kaufmann, Arthur u. a. (Hrsg.), Festschrift für Paul Bockelmann, 1979.

83. *Hirsch*, Hans – Joachim: Rechtfertigungsgründe und Analo-

gieverbot, in: Jescheck, Hans-Heinrich u. a. (Hrsg.), Gedächtnisschrift für Zong Uk Tjong, 1985.

84. *Hirsch*, Hans-Joachim: Zur Lehre von der objektiven Zurechnung, in: Eser Albin u. a. (Hrsg.), Festschrift für Theodor Lenckner, 1998.

85. *Hirsch*, Hans-Joachim: Rechtfertigungsfragen und Judikatur des Bundesgerichtshofs, in: Roxin, Claus/Widmaier, Gunther (Hrsg.), 50 Jahre Bundesgerichtshof, Festgabe aus der Wissenschaft, Bd. Ⅳ, 2000.

86. *Hirsch*, Hans-Joachim: Defensiver Notstand gegenüber ohnehin Verlorenen, n: Hettinger, Michael u. a. (Hrsg.), Festschrift für Wilfried Küper, 2007.

87. *Hirsch*, Hans-Joachim: Strafrechtliche Probleme, Bd. Ⅱ, 2009.

88. *Hold von Ferneck*, Alexander: Die Rechtswidrigkeit. Eine Untersuchung zu den allgemeinen Lehren des Strafrechts. Bd. 2. Erste Abteilung: Notstand und Notwehr, 1905.

89. *Hoyer*, Andreas: Das Rechtsinstitut der Notwehr, JuS 1988.

90. *Hörnle*, Tatjana: Töten, um viele Leben zu retten, in: Putzke, Holm u. a. (Hrsg.), Festschrift für Rolf Dietrich Herzberg, 2008.

91. *Hörnle*, Tatjana: Die Obliegenheit, sich selbst zu schützen, und ihre Bedeutung für das Strafrecht, GA 2009.

92. *Hruschka*, Joachim: Extrasystematische Rechtfertigungsgründe, in: Jescheck, Hans – Heinrich u. a. (Hrsg.), Festschrift für Eduard Dreher, 1977.

93. *Hruschka*, Joachim: Rettungspflichten in Notstandssituationen, JuS 1979.

94. *Hruschka*, Joachim: Rechtfertigung oder Entschuldigung im Defensivnotstand, NJW 1980.

95. *Hruschka*, Joachim: Ordentliche und außerordentliche Zurechnung bei Pufendorf, ZStW 96 (1984).

96. *Hruschka*, Joachim: Strafrecht nach logisch – analytischer Methode, 2. Auflage, 1988.

97. *Hruschka*, Joachim: Die Notwehr im Zusammenhang von Kants Rechtslehre, ZStW 115 (2003).

98. *Hübner*, Christoph: Die Entwicklung der objektiven Zurechnung, 2004.

99. *Ida*, Makoto: Zum heutigen Stand des japanischen Strafrechts und der japanischen Strafrechtswissenschaft, GA 2017.

100. *Jäger*, Christian: Die Abwägbarkeit menschlichen Lebens im Spannungsfeld von Strafrechtsdogmatik und Rechtsphilosophie, ZStW 115 (2003).

101. *Jähnke*, Burkhard/*Laufhütte*, Heinrich Wilhelm/*Odersky*, Walter (Hrsg.), Leipziger Kommentar, Großkommentar zum Strafgesetzbuch, 11. Auflage.

102. *Jakobs*, Günther: Studien zum fahrlässigen Erfolgsdelikt, 1972.

103. *Jakobs*, Günther: Strafrecht Allgemeiner Teil, 1983.

104. *Jakobs*, Günther: Strafrecht Allgemeiner Teil, 2. Auflage, 1991.

105. *Jakobs*, Günther: Kommentar: Rechtfertigung und Entschuldigung bei Befreiung aus besonderen Notlagen (Notwehr, Notstand, Pflichtenkollision), in: Eser, Albin/Nishihara, Haruo (Hrsg.), Rechtfertigung und Entschuldigung Ⅳ, 1995.

106. *Jakobs*, Günther: System der strafrechtlichen Zurechnung, 2012.

107. *Jescheck*, Hans – Heinrich/*Weigend*, Thomas: Lehrbuch des Strafrechts. Allgemeiner Teil, 5. Auflage, 1996.

108. *Joecks*, Wolfgang/*Miebach*, Klaus (Hrsg.), Münchener Kommentar zum Strafgesetzbuch, 3. Auflage, 2017.

109. *Joerden*, Jan C. : Solidaritätspflichten und Strafrecht, in: von Hirsch, Andreas/Neumann, Ulfrid/Seelmann, Kurt (Hrsg.), Solidarität im Strafrecht, 2013.

110. *Kargl*, Walter: Die intersubjektive Begründung und Begrenzung der Notwehr, ZStW 110 (1998).

111. *Kasiske*, Peter: Begründung und Grenzen der Nothilfe, Jura 2004.

112. *Kaspar*, Johannes: „Rechtsbewährung" als Grundprinzip der Notwehr? Kriminologisch – empirische und verfassungsrechtliche Überlegungen zu einer Reformulierung von § 32 StGB, RW 2013.

113. *Kaufmann*, Armin: Tatbestandseinschränkung und Rechtfertigung, JZ 1955.

114. *Kaufmann*, Armin: Zum Stande der Lehre vom personalen Unrecht, in: Stratenwerth, Günther u. a. (Hrsg.), Festschrift für Hans Welzel, 1974.

115. *Kaufmann*, Arthur: Rechtsfreier Raum und eigenverantwortliche Entscheidung, in: Schroeder, Friedrich – Christian/Zipf, Heinz (Hrsg.), Festschrift für Reinhart Maurach, 1972.

116. *Kaufmann*, Arthur: Das Schuldprinzip, 2. Auflage, 1976.

117. *Kelker*, Brigitte: Der Nötigungsnotstand, 1993.

118. *Kersting*, Wolfgang: Die politische Philosophie des Gesellschaftsvertrags, 1994.

119. *Kindhäuser*, Urs: Gefährdung als Straftat, 1989.

120. *Kindhäuser*, Urs: Erlaubtes Risiko und Sorgfaltswidrigkeit, GA 1994.

121. *Kindhäuser*, Urs: Der subjektive Tatbestand im Verbrechensaufbau, GA 2007.

122. *Kindhäuser*, Urs: Zur Genese der Formel „das Recht braucht dem Unrecht nicht zu weichen", in: Freund, Georg u. a. (Hrsg.), Festschrift für Wolfgang Frisch, 2013.

123. *Kindhäuser*, Urs: Zur Notwehr gegen rechtswidrige Vollstreckungs-maßnahmen–Anmerkung zu BGH 1 StR 606/14 – Urteil vom 9. Juni 2015(LG Stuttgart), HRRS 2016.

124. *Kindhäuser*, Urs: Strafrecht Allgemeiner Teil, 8. Auflage, 2017.

125. *Kindhäuser*, Urs: Lehr-und Praxiskommentar, StGB, 7. Auflage, 2017.

126. *Kindhäuser*, Urs/*Neumann* Ulfrid/*Paeffgen* Hans – Ullrich

(Hrsg.), Nomos-Kommentar, Strafgesetzbuch, 5. Auflage, 2017.

127. *Kioupis*, Dimitrios: Notwehr und Einwilligung. Eine individualistische Begründung, 1992.

128. *Klose*, Peter: Notrecht des Staates aus staatlicher Rechtsnot, ZStW 89 (1977).

129. *Koch*, Arnt: „Spanner-Fall" -Notstandslage bei Dauergefahr, Interessensabwägung im „Defensivnotstand", JA 2006.

130. *Koch*, Burkhard: Prinzipientheorie der Notwehreinschränkungen, ZStW 104 (1992).

131. *Köhler*, Michael: Prozeßrechtsverhältnis und Ermittlungseingriffe, ZStW 107 (1995).

132. *Köhler*, Michael: Strafrecht Allgemeiner Teil, 1997.

133. *Köhler*, Michael: Die objektive Zurechnung der Gefahr als Voraussetzung der der Eingriffsbefugnis im Defensivnotstand, in: Hoyer, Andreas u. a. (Hrsg.), Festschrift für Friedrich Christian Schroeder, 2006.

134. *Koriath*, Heinz: Das Brett des Karneades, JA 1998.

135. *Koriath*, Heinz: Einige Gedanken zur Notwehr, in: Britz, Guido u. a. (Hrsg.), Festschrift für Heinz Müller-Dietz, 2001.

136. *Köstlin*, Christian Reinhold: Neue Revision der Grundbegriffe des Criminalrechts, 1845.

137. *Kratzsch*, Dietrich: Grenzen der Strafbarkeit im Notwehrrecht, 1968.

138. *Kratzsch*, Dietrich: § 53 StGB und der Grundsatz nullum crimen sine lege, GA 1971.

139. *Kratzsch*, Dietrich: Das (Rechts-) Gebot zu sozialer Rücksichtnahme als Grenze des strafrechtlichen Notwehrrechts, JuS 1975.

140. *Kratzsch*, Dietrich: Der „Angriff" -ein Schlüsselbegriff des Notwehrrechts, Strafverteidiger 1987.

141. *Krause*, Friedrich-Wilhelm: Zur Problematik der Notwehr, in: Frisch, Wolfgang/Schmid, Werner (Hrsg.), Festschrift

für Hans Jürgen Bruns, 1978.

142. *Krause*, Friedrich-Wilhelm: Zur Einschränkung der Notwehrbefugnis, GA 1979.

143. *Krey*, Volker: Studien zum Gesetzesvorbehalt im Strafrecht, 1977.

144. *Krey*, Volker: Zur Einschränkung des Notwehrrechts bei der Verteidigung von Sachgütern, JZ 1979.

145. *Kühl*, Kristian: „Sozialethische" Einschränkungen der Notwehr, Jura 1990.

146. *Kühl*, Kristian: Die „Notwehrprovokation", Jura 1991.

147. *Kühl*, Kristian: Notwehr und Nothilfe, JuS 1993.

148. *Kühl*, Kristian: Angriff und Verteidigung bei der Notwehr, Jura 1993.

149. *Kühl*, Kristian: Zur rechtphilosophischen Begründung des rechtfertigenden Notstands, in: Eser, Albin u. a. (Hrsg.), Festschrift für Theodor Lenckner, 1998.

150. *Kühl*, Kristian: Freiheit und Solidarität bei den Notrechten, in: Weigend, Thomas/Küper, Georg (Hrsg.), Festschrift für Hans Joachim Hirsch, 1999.

151. *Kühl*, Kristian: Strafrecht Allgemeiner Teil, 8. Auflage, 2017.

152. *Kühnbach*, Lena: Solidaritätspflichten Unbeteiligter, 2007.

153. *Küper*, Georg: Die „Abwehrprovokation", JA 2001.

154. *Küper*, Wilfried: Tötungsverbot und Lebensnotstand, JuS 1981.

155. *Küper*, Wilfried: Grundsatzfragen der „Differenzierung" zwischen Rechtfertigung und Entschuldigung, JuS 1987.

156. *Lagodny*, Otto: Notwehr gegen Unterlassen, GA 1991.

157. *Lampe*, Ortrun: Defensiver und aggressiver übergesetzlicher Notstand, NJW 1968.

158. *Laufhütte*, Heinrich Wilhelm/*Rissing – van Saan*, Ruth/ *Tiedemann*, Klaus (Hrsg.), Leipziger Kommentar, Großkommentar zum Strafgesetzbuch, 12. Auflage.

159. *Lenckner*, Theodor: Notwehr bei proviziertem und verschuldetem Angriff, GA 1961.

160. *Lenckner*, Theodor: Der rechtfertigende Notstand, 1965.

161. *Lenckner*, Theodor: „Gebotensein" und „Erforderlichkeit" der Notwehr, GA 1968.

162. *Lenckner*, Theodor: Der Grundsatz der Güterabwägung als Grundlage der Rechtfertigung, GA 1985.

163. *Lesch*, Heiko Hartmut: Notwehrrecht und Beratungsschutz, 2000.

164. *Lilie*, Hans: Zur Erforderlichkeit der Verteidigungshandlung, in: Weigend, Thomas/Küper, Georg (Hrsg.), Festschrift für Hans Joachim Hirsch, 1999.

165. *von Liszt*, Franz: Lehrbuch des Deutschen Strafrechts, 16-17. Aufl., 1908.

166. *von Liszt*, Franz/*Schmidt*, Eberhard: Lehrbuch des Deutschen Strafrechts, 26. Aufl., 1932.

167. *Löffler*, Alexander: Unrecht und Notwehr, ZStW 21 (1901).

168. *Loos*, Fritz: Zum Inhalt der subjektiven Rechtfertigungselemente, in: Herzberg, Rolf Dietrich (Hrsg.), Festschrift für Dietrich Oehler, Köln/Berlin/Bonn/München 1985.

169. *Mangakis*, Georgios: Die Pflichtenkollision als Grenzsituation des Strafrechts, ZStW 84 (1972).

170. *Maunz*, Theodor/*Dürig*, Günter: Grundgesetz - Kommentar, München 86. EL Januar 2019.

171. *Maurach*, Reinhart/*Zipf*, Heinz: Strafrecht Allgemeiner Teil, Teilbd. 1, 8. Auflage, 1992.

172. *Mayer*, Hellmuth: Strafrecht Allgemeiner Teil, 1953.

173. *Meißner*, Andreas: Die Interessenabwägungsformel in der Vorschrift über den rechtfertigenden Notstand (§ 34 StGB), 1990.

174. *Merkel*, Reinhard: Zaungäste? Über die Vernachlässigung philosophischer Argumente in der Strafrechtswissenschaft (und einige verb-

reitete Missverständnisse zu § 34 StGB), in: Institut für Kriminalwissenschaften Frank a. M. (Hrsg.), Vom unmöglichen Zustand des Strafrechts, Frankfurt 1995, S. 171 ff.

175. *Merkel*, Reinhard: § 14. Abs. 3 Luftsicherheitsgesetz: Wann und warum darf der Staat töten?, JZ 2007.

176. *Merkel*, Reinhard: Folter und Notwehr, in: Pawlik, Michael/ Zaczyk, Rainer (Hrsg.), Festschrift für Günther Jakobs, 2007.

177. *Mezger*, Edmund: Strafrecht, 3. Auflage, 1949.

178. *Mezger*, Edmund: Strafrecht Allgemeiner Teil (Studienbuch), 9. Auflage, 1960.

179. *Mitsch*, Wolfgang: Nothilfe gegen provozierte Angriffe, GA 1986.

180. *Mitsch*, Wolfgang: Rechtfertigung einer Ohrfeige – BayObLG, NJW 1991, 2031, JuS 1992.

181. *Mitsch*, Wolfgang: Rechtfertigung und Opferverhalten, 2004.

182. *Momsen*, Casten/*Rackow*, Peter: Der Erlaubnistatbestandsirrtum in der Fallbearbeitung, JA 2006.

183. *Montenbruck*, Axel: Thesen zur Notwehr, 1983.

184. *Müller-Christmann*, Bernd: Der Notwehrexzeß, JuS 1989.

185. *Murmann*, Uwe: Zur Berücksichtigung besonderer Kenntnisse, Fähigkeiten und Absichten bei der Verhaltensnormkonturierung, in: Putzke, Holm u. a. (Hrsg.), Festschrift für Rolf Dietrich Herzberg, 2008.

186. *Müssig*, Bernd: Antizipierte Notwehr, ZStW 115 (2003).

187. *Neumann*, Ulfrid: Individuelle und überindividuelle Begründung des Notwehrrechts, in: Lüderssen, Klaus u. a. (Hrsg.), Modernes Strafrecht und ultima-ratio-Prinzip, 1990.

188. *Neumann*, Ulfrid: Sterbehilfe im rechtfertigenden Notstand, in: Putzke, Holm u. a. (Hrsg.), Festschrift für Rolf Dietrich Herzberg, 2008.

189. *Neumann*, Ulfrid: Die rechtsethische Begründung des „rechtfertigenden Notstands" auf der Basis von Utilitarismus, Solidaritätsprinzip und Loyalitätsprinzip, in: von Hirsch, Andreas/Neumann, Ulfrid/Seel-

mann, Kurt (Hrsg.), Solidarität im Strafrecht, 2013.

190. *Nowakowski*, Friedrich: Zur Lehre von der Rechtswidrigkeit, ZStW 63 (1951).

191. *Oetker*, Friedrich: Notwehr und Notstand, in: Hegler, August (Hrsg.), Festgabe für Reinhard von Frank, Bd. 1, 1930.

192. *Otte*, Lars: Der durch Menschen ausgelöste Defensivnotstand, 1998.

193. *Otto*, Harro: Pflichtenkollision und Rechtswidrigkeitsurteil, 3. Auflage, 1978.

194. *Otto*, Harro: Grenzen der straflosen Überschreitung der Notwehr, § 33 StGB, Jura 1987.

195. *Otto*, Harro: Die vorgetäuschte Notwehr-/Nothilfelage, Jura 1988.

196. *Otto*, Harro: Grundkurs Strafrecht Allgemeiner Teil, 7. Auflage, 2004.

197. *Otto*, Harro: Die strafrechtliche Beurteilung der Kollision rechtlich gleichrangiger Interessen, Jura 2005.

198. *Paeffgen*, Hans-Ullrich: Anmerkungen zum Erlaubnistatbestandsirrtum, in: in: Dornseifer Gerhard u. a. (Hrsg.), Gedächtnisschrift für Armin Kaufmann, 1989.

199. *Pawlik*, Michael: Der rechtfertigende Notstand, 2002.

200. *Pawlik*, Michael: Der rechtfertigende Defensivnotstand, Jura 2002.

201. *Pawlik*, Michael: Die Notwehr nach Kant und Hegel, ZStW 114 (2002).

202. *Pawlik*, Michael: Der rechtfertigende Defensivnotstand im System der Notrechte, GA 2003.

203. *Pawlik*, Michael: § 14 Ab. 3 des Luftsicherheitsgesetzes-ein Tabubruch?, JZ 2004.

204. *Pawlik*, Michael: Das Unrecht des Bürgers: Grundlinien der allgemeinen Verbrech enslehre, 2012.

205. *Pawlik*, Michael: Solidarität als strafrechtliche Legitimationskategorie: das Beispiel des rechtfertigenden Aggressivnotstandes, Jahr-

buch für Recht und Ethik Bd. 22（2014）.

206. *Perron*, Walter: Rechtfertigung und Entschuldigung im deutschen und spanischen Recht, 1988.

207. *Puppe*, Ingeborg: Strafrecht Allgemeiner Teil im Spiegel der Rechtsprechung, Bd. 1, 2002.

208. *Puppe*, Ingeborg: Zur Struktur der Rechtfertigung, in: Dencker, Friedrich u. a. (Hrsg.), Festschrift für Walter Stree und Johannes Wessels, 1993.

209. *Puppe*, Ingeborg: Kleine Schule des juristischen Denkens, 3. Aufl., 2014.

210. *Rehbinder*, Manfred: Rechtssoziologie, 8. Auflage, 2014.

211. *Rengier*, Rudolf: Strafmilderung bei Mord, NStZ 1984.

212. *Renzikowski*, Joachim: Notstand und Notwehr, 1994.

213. *Renzikowski*, Joachim: Normentheorie und Strafrechtsdogmatik, in: Alexy, Robert (Hrsg.), Juristische Grundforschung, 2005.

214. *Rogall*, Klaus: Ist der Abschuss gekaperter Flugzeuge widerrechtlich?, NStZ 2008.

215. *Roxin*, Claus: Die provozierte Notwehrlage, ZStW 75（1963）.

216. *Roxin*, Claus: Über die mutmaßliche Einwilligung, in: Stratenwerth, Günther u. a. (Hrsg.), Festschrift für Hans Welzel, 1974.

217. *Roxin*, Claus: „Schuld" und „Verantwortlichkeit" als strafrechtliche Systemkategorien, in: Roxin, Claus u. a. (Hrsg.), Festschrift für Heinrich Henkel, 1974.

218. *Roxin*, Claus: Über den Notwehrexzeß, in: Grünwald, Gerald u. a. (Hrsg.), Festschrift für Friedrich Schaffstein, 1975.

219. *Roxin*, Claus: Die „sozialen Einschränkungen" des Notwehrrechts, ZStW 93（1981）.

220. *Roxin*, Claus: Der durch Menschen ausgelöste Defensivnotstand, in: Vogler, Theo u. a. (Hrsg.), Festschrift für Hans-Heinrich Jescheck, 1985.

221. *Roxin*, Claus: Die notstandsähnliche Lage-ein Strafunrechtsauss-

chlie-ßungsgrund?, in: Herzberg, Rolf Dietrich (Hrsg.), Festschrift für Dietrich Oehler, 1985.

222. *Roxin*, Claus: Von welchem Zeitpunkt an ist ein Angriff gegenwärtig und löst das Notwehrrecht aus?, in: Jescheck, Hans-Heinrich u. a. (Hrsg.), Gedächtnisschrift für Zong Uk Tjong, 1985.

223. *Roxin*, Claus: Der strafrechtliche Rechtswidrigkeitsbegriff beim Handeln von Amtsträgern-eine überholte Konstruktion, in: Tiedemann, Klaus u. a. (Hrsg.), Festschrift für Gerd Pfeiffer, 1988.

224. *Roxin*, Claus: Strafrecht Allgemeiner Teil, Bd. Ⅱ, 2003.

225. *Roxin*, Claus: Strafrecht Allgemeiner Teil, Bd. Ⅰ, 4. Auflage, 2006.

226. *Roxin*, Claus: Der Abschuss gekaperter Flugzeuge zur Rettung von Menschenleben, ZIS 2011.

227. *Roxin*, Claus: Notwehr und Rechtsbewährung, in: Heger, Martin u. a. (Hrsg.), Festschrift für Kristian Kühl, 2014.

228. *Rudolphi*, Hans-Joachim: Ist die Teilnahme an einer Notstandstat i. S. der §§ 52, 53 Abs. 3 und 54 StGB strafbar?, ZStW 78 (1966).

229. *Rudolphi*, Hans-Joachim: Notwehrexzeß nach provoziertem Angriff, JuS 1969.

230. *Rudolphi*, Hans-Joachim: Inhalt und Funktion des Handlungsunwertes im Rahmen der Personalen Unrechtslehre, in: Schroeder, Friedrich-Christian/Zipf, Heinz (Hrsg.), Festschrift für Reinhart Maurach, 1972.

231. *Rudolphi*, Hans-Joachim: Rechtfertigungsgründe im Strafrecht, in: Dornseifer Gerhard u. a. (Hrsg.), Gedächtnisschrift für Armin Kaufmann, 1989.

232. *Saliger*, Frank: Kontraktualistische Solidarität: Argumente des gegenseitigen Vorteils, in: von Hirsch, Andreas/Neumann, Ulfrid/Seelmann, Kurt (Hrsg.), Solidarität im Strafrecht, 2013.

233. *Samson*, Erich: Hypothetische Kausalverläufe im Strafrecht, 1972.

234. *Samson*, Erich: Das Verhältnis von Erfolgsunwert und Handlungsunwert im Strafrecht, in: Samson, Erich u. a. (Hrsg.), Festschrift für Gerald Grünwald, 1999.

235. *Sangero*, Boaz: Self-Defence in Criminal Law, Hart Publishing, 2006.

236. *Satzger*, Helmut: Das Jedermann – Festnahmerecht nach § 127 I 1 StPO als Rechtfertigungsgrund, Jura 2009.

237. *Sauren*, Jürgen: Zur Überschreitung des Notwehrrechts, Jura 1988.

238. *Schaffstein*, Friedrich: Notwehr und Güterabwägungsprinzip, MDR 1952.

239. *Schaffstein*, Friedrich: Handlungsunwert, Erfolgsunwert und Rechtfertigung bei den Fahrlässigkeitsdelikten, in: Stratenwerth, Günter u. a. (Hrsg.), Festschrift für Hans Welzel, 1974.

240. *Schaffstein*, Friedrich: Der Maßstab für das Gefahrurteil beim rechtfertigenden Notstand, in: Frisch, Wolfgang/Schmid, Werner (Hrsg.), Festschrift für Hans Jürgen Bruns, 1978.

241. *von Scherenberg*, Carl-Friedrich: Die sozialethischen Einschränkungen der Notwehr, 2009.

242. *Schlüchter*, Ellen: Antizipierte Notwehr, in: Eser, Albin u. a. (Hrsg.), Festschrift für Theodor Lenckner, 1998.

243. *Schmidhäuser*, Eberhard: Über die Wertstruktur der Notwehr, in: Juristische Fakultät der Georg-August-Universität Göttingen (Hrsg.), Festschrift für Richard M. Honig, 1970.

244. *Schmidhäuser*, Eberhard: Strafrecht Allgemeiner Teil, 2. Auflage, 1975.

245. *Schmidhäuser*, Eberhard: Die Begründung der Notwehr, GA 1991.

246. *Schmidt*, Eberhard: Einführung in die Geschichte der deutschen Strafrechtspflege, 3. Auflage, 1965.

247. *Schöneborn*, Christian: Zum Leitgedanken der Rechtfertigungseinschränkung bei Notwehrprovokation, NStZ 1981.

248. *Schönke*, Adolf/*Schröder*, Horst: Strafgesetzbuch. Kommentar, 30. Auflage, 2019.

249. *Schroeder*, Friedrich-Christian: Fahrlässigkeitsdelikte, ZStW 91 (1979).

250. *Schroeder*, Friedrich-Christian: Die Notwehr als Indikator politischer Grundanschauungen, in: Schroeder, Friedrich-Christian u. a. (Hrsg.), Festschrift für Reinhart Maurach, 1972.

251. *Schröder*, Christian: Angriff, Scheinangriff und die Erforderlichkeit der Abwehr vermeintlich gefährlicher Angriffe, JuS 2000.

252. *Schröder*, Horst: Die Not als Rechtfertigungs-und Entschuldigungsgrund im deutschen und schweizerischen Strafrecht, SchwZStr 75 (1960).

253. *Schröder*, Horst: Notwehr bei schuldhaftem Vorverhalten - BGH, NJW 1972, 1821, JuS 1973.

254. *Schroth*, Ulrich: Die Annahme und das „Für-Möglich-Halten" von Umständen, die einen anerkannten Rechtfertigungsgrund begründen, in: Haft, Fritjof u. a. (Hrsg.), Festschrift für Arthur Kaufmann, 1993.

255. *Schünemann*, Bernd: Grund und Grenzen der unechten Unterlassungsdelikte, 1971.

256. *Schünemann*, Bernd: Moderne Tendenzen in der Dogmatik der Fahrlässigkeits-und Gefährdungsdelikte, JA 1975.

257. *Schünemann*, Bernd: Neue Horizonte der Fahrlässigkeitsdogmatik?, in: Grünwald, Gerald u. a. (Hrsg.), Festschrift für Friedrich Schaffstein, 1975.

258. *Schünemann*, Bernd: Die Funktion des Schuldprinzips im Präventionsstrafrecht, in: ders. (Hrsg.), Grundfragen des modernen Strafrechtssystems, 1984.

259. *Schünemann*, Bernd: Zur Stellung des Opfers im System der Strafrechtspflege, NStZ 1986.

260. *Schünemann*, Bernd: Die Funktion der Abgrenzung von Unrecht und Schuld, in: Schünemann, Bernd/Dias, Jorge de Figueiredo

(Hrsg.), Bausteine des europäischen Strafrechts, 1995.

261. *Schünemann*, Bernd: Rechtsfreier Raum und eigenverantwortliche Entscheidung, in: Neumann, Ulfrid/Hassemer, Winfried/Schroth (Hrsg.), Verantwortetes Recht, Die Rechtsphilosophie Arthur Kaufmanns, 2005.

262. *Schumann*, Heribert: Zum Notwehrrecht und seinen Schranken-OLG Hamm, NJW 1977, 590, JuS 1979.

263. *Schwabe*, Jürgen: Grenzen des Notwehrrechts, NJW 1974.

264. *Seelmann*, Kurt: Grenzen privater Nothilfe, ZStW 89 (1977).

265. *Seelmann*, Kurt: Das Verhältnis von § 34 StGB zu anderen Rechtfertigungsgründen, 1978.

266. *Sinn*, Arndt: Tötung Unschuldiger auf Grund § 14 Ⅲ Luftsicherheitsgesetz-rechtmäßig?, NStZ 2004.

267. *Smith*, John C., *Justification and Excuse in the Criminal Law*, Sweet & Maxwell, 1989.

268. *Spendel*, Günter: Notwehr und „Verteidigungswille", objektiver Zweck und subjektive Absicht, in: Herzberg, Rolf Dietrich (Hrsg.), Festschrift für Dietrich Oehler, 1985.

269. *Stratenwerth*, Günter: Prinzipien der Rechtfertigung, ZStW 68 (1956).

270. *Stratenwerth*, Günter: Zur Individualisierung des Sorgfaltsmaßstabes beim Fahrlässigkeitsdelikt, in: Vogler, Theo u. a. (Hrsg.), Festschrift für Hans-Heinrich Jescheck, 1985.

271. *Stratenwerth*, Günter/*Kuhlen*, Lothar: Strafrecht Allgemeiner Teil Ⅰ, 6. Auflage, 2011.

272. *Stübinger*, Stephan: „Not macht erfinderisch" -Zur Unterscheidungsvielfalt in der Notstandsdogmatik, ZStW 123 (2011).

273. *Stuckenberg*, Carl-Friedrich: Provozierte Notwehrlage und Actio illicita in causa: Der Meinungsstand im Schrifttum, JA 2001.

274. *Stuckenberg*, Carl-Friedrich: Provozierte Notwehrlage und Actio illicita in causa: Die Entwicklung der Rechtsprechung bis BGH NJW

2001, 1075, JA 2002.

275. *Suppert*, Hartmut: Studien zur Notwehr und „notwehrähnlichen Lage", 1973.

276. *Theile*, Hans: Der bewusste Notwehrexzess, JuS 2006.

277. *Thiel*, Sven-Markus: Die Konkurrenz von Rechtfertigungsgründen, 2000.

278. *Timpe*, Gerhard: Grundfälle zum entschuldigenden Notstand (§ 35 I StGB) und zum Notwehrexzeß (§ 33 StGB), JuS 1985.

279. *Toepel*, Friedrich: Kausalität und Pflichtwidrigkeitszusammenhang beim fahrlässigen Erfolgsdelikt, 1992.

280. *Vaxevanos*, Spiridon: Notwehr als Rechtsgüterschutz, 2007.

281. *von Hirsch*, Andreas/*Schorscher*, Vivian C.: Die Kriminalisierung der unterlassenen Hilfeleistung: Eine Frage von „Solidarität" oder Altruismus?, in: von Hirsch, Andreas/Neumann, Ulfrid/Seelmann, Kurt (Hrsg.), Solidarität im Strafrecht, Baden-Baden 2013.

282. *von Weber*, Hellmuth: Das Notstandsproblem und seine Lösung in den deutschen Strafgesetzentwürfen, 1925.

283. *Wagner*, Heinz: Individualistische und überindividualistische Notwehrbegründung, 1984.

284. *Wagner*, Markus: Das allgemeine Festnahmerecht gem. § 127 Abs. 1 S. 1 StPO als Rechtfertigungsgrund, ZJS 2011.

285. *Warda*, Günter: Die Eignung der Verteidigung als Rechtfertigungselement bei der Notwehr, Jura 1990.

286. *Welzel*, Hans: Das Deutsche Strafrecht, 11. Auflage, Berlin 1969.

287. *Wessels*, Johannes/*Beulke*, Werner/*Satzger*, Helmut: Strafrecht Allgemeiner Teil, 47. Auflage, 2017.

288. *Walker*, Lenore: *The Battered Women*, Harper & Row, 1979.

289. *Wolter*, Jürgen: Objektive und personale Zurechnung von Verhalten, Gefahr und Verletzung in einem funktionalen Straftatsystem, 1981.

290. *Wolter*, Jürgen: Menschenwürde, Kernbereich privater Lebensgestaltung und Recht auf Leben, in: Hettinger, Michael u. a.

(Hrsg.), Festschrift für Wilfried Küper, 2007.

291. *Wolter*, Jürgen (Hrsg.), Systematischer Kommentar zum Strafgesetzbuch, 9. Auflage, 2015.

292. *Zaczyk*, Rainer: Das Unrecht der versuchten Tat, 1989.

293. *Zaczyk*, Rainer: Strafrechtliches Unrecht und die Selbstverantwortung des Verletzten, 1993.

294. *Zielinski*, Diethart: Handlungs-und Erfolgsunwert im Strafrecht, 1973.

295. *Zieschang*, Frank: Die Gefährdungsdelikte, 1998.

案例索引

第二章

孙宗亮交通肇事案　44
张长玉故意伤害案　45

第五章

安徽省枞阳县周某某正当防卫不起诉案　112,113

第六章

刘某某故意伤害案　145,164,166,169,172
吴某、熊某故意杀人案　146,163,164,166,170—172
(德)家庭暴君案　148,166,171
王仁兴破坏交通设施案　159
(德)窥探者案　161
范尚秀故意伤害案　22,25,119,124,161,162

第七章

张某致王某死亡案　177,189,199,216,217
调包保命案　177,181,219,221
何某、李某被迫杀人案　178,224
章某某被迫杀人案　178,224
击落被劫客机案　178,198,200,203,207,208,210,216
(英)女王诉达德利和斯蒂芬斯案　200,217,218
(德)精神病科医生案　200,210,217
谭荣财、罗进东强奸、抢劫、盗窃案　224
彭某交通肇事案　225

第八章

白朝阳非法拘禁案　230,231,256,258
蓝某致陈某死亡案　231,256,258,259
张庆福等诉朱振彪生命权纠纷案　231,232,254
李某故意伤害案　33,244
黄中权故意伤害案　43,260,261
王会洲故意伤害案　261

353

关键词索引

B

被害人承诺 14,37—39,41—43, 68,199,200,296,320

被害人自我答责 92,254, 256,309

比例原则 6,56—59,68,103,104, 133,134,236,237,247,305,316, 318,323,327

必要性原则 6,57,59,63,64, 133,236,247,248

避免可能性 13,51,72,86,109, 120,121,126,128,170,304

避险过当 50,70,170,171,212, 224,225,229

补充性原则 15,122,241

不成文构成要件要素 71

不得已要件 9,166

不法侵害 3,5,7,18,21—23,25, 32,34,36,44,46—54,61,63,64, 67,69,74,76,77,86,88,90,92, 94—97,99,102,104—106,108, 110,111,114—119,121—123, 125,127—129,132—144,148— 155,157—162,167—169,171, 174,189,197,200—203,205, 234,238,241,242,246,248,249, 257,260—262,291,295,299, 310,324—326

不可抗力 25,49,124,213,224

不作为 18,41,47,116,160,180, 204,217,269,294,298,299,326

C

差别型的危险共同体 198

超法规正当化事由 3,4,77, 235,236

程序性救济机制 6,114,118

出罪事由 13,71,86,147,179— 181,185,212,215,222—224, 229,281

从严原则 5,52,205

D

答责原则 33,239,245

单一的法益衡量说 166

"挡箭牌"案件 7,219—221

典型性归责 125—127

定罪轻判 147,229

动机形成能力 215,216

355

短缩的正当防卫 5,47,48,59,117

E

二元论 26,85,103,127,132,326

F

法不能向不法让步 97,98,132,136
法律性质意义上的防卫过当 100
法律责任意义上的防卫过当 101
法条竞合 5,46,48,49,51,123
法外空间 7,185—189,194,198,322,323,328
法益的抽象价值 66,166,195,228
法益均衡原则 4,6,103,104,106—108,122,124,131,133,237,238,247,253,299,310
法秩序维护说 150,202
反击型紧急权 5,6,14,15,17,18,20,23,32—35,43,44,46,48,51,54,60,62,63,66,114,117,122,123,125,162,237—239,245,296,310
犯罪排除事由 86,155,181,213
犯罪嫌疑说 240,241,244
防卫意思 143
防御性紧急避险 2,5—7,20,22,23,25,26,34,35,46,48—51,54,60—62,64—67,119,122,123,125,127,128,145,147,149,151,153—155,157—163,165,167—175,180,196—198,203—208,218,219,228,234,237,238,241,242,295,296,310,316,328
风险分担 60,106,109,316
风险升级 136
辅助性紧急权 33,242,245
赋权事由 13,23,52,70—73,86,87,92,93,100,109,110,124

G

公力救济 1,6,47,48,90,115—118,131,162,242,291
公民紧急权 9,147
公民扭送权 3,5,7,32—34,43—46,65,67,68,70,77,80,230,231,233,235,237,239,241,243,245—247,249,251,253,255,257,259,261,263,329
功利主义 191—193,211,326
攻击性紧急避险 5,7,31,35,37,38,41,42,51—53,62,65,67,68,107,122,157,160,167,173,176,177,179—181,183,185,187,189,191,193,195,197,199,201,203,205—209,211,213,215,217,219,221,223,225,227—229,234,237,238,245,295,296
古典自由主义 16,28,114,129,320
国家保护义务 97,118,316,323
国家紧急权 1,9

J

基本相适应 65,67,103—106,108,168,169,235

家长主义 37,38,130,314

家庭暴力 2,6,7,21,22,106,122,145—149,152,159,162—165,172,174,316,323

假想防卫 32,50,124,153,154,239,304,319

间接安乐死 40,41

间接正犯 7,53,54,92,93,200,201,220,221,267,294,297

紧急权 1—9,13—80,85,86,88,90,92—94,96,98,100,102—104,106—108,110,112,114,116—120,122,124—128,130—134,136,138,140,142,144,146—148,150—152,154—158,160,162,164,166—168,170,172,174,175,178,180,182,184,186,188,190,192,194,196—198,200—202,204—206,208,210,212,214,216,218,220,222,224,226—228,232,234,236—238,240,242,244,246,248,250,252—254,256,258,260,262,263,266,268,270,272,274,276,278,280,282,284,286,288,290,292,294—296,298,300,302,304,306,308—310,312,316,318,320,322—324,326,328,330,332,334,336,338,340,342,344,346,348,350

紧急权竞合 25

紧急权限度 6,8,55,56,58,65,68,167,237

紧急时无法律 86

K

可罚的防卫过当 101,138

客观违法性 22

空白罪状 77,78,287

恐怖主义 179,202,228,328

L

类推适用 78,236

利他动机 227

量微事由 13,86

论题式思考 4,273

M

免责事由 13,50,71,72,86—88,92,94,102,109,110,123,124,229

民法 3,9,17,18,22,25,33,43—47,55,56,69,73—75,78,84,85,87,90,96,98,100—102,105,106,111,115—117,119,122,124,145,146,160,162—165,177,180,184—186,203,214,221,224,225,231,232,234,240,254,255,257,258,260,261,275,281,283,291,295,296,301,310,

315,320,321,323,327,328,330
明确性原则 79,80
木桶原理 52,205
目的性限缩 6,69—71,80,236,263

N

扭送限度 70,259
扭送转防卫 46,261,262

P

排他性的独占 203
平等型的危险共同体 199
平等原则 15,20,36,120,125,156,157,196,197,237,238,246,248,277,295,296

Q

期待可能性 50,92,163,172,173,182,212—219,221,224,226,227,229,315,321,322,325,326
期待可能性的认识错误 214
前提要件 5,6,8,22,24,36,49,50,54,109,120,122,124,127,240,241,255
侵害人视角 85,132,150,202,262,316
轻微侵害 140,142,143
权利分配格局 9,14,53,87,89,126,296
权利换和谐 95,96

权利空间 5,14—16,18—20,34,47,50,62—64,89,91,93,94,97,107,110,120,125—128,196,296

R

人的尊严 108,193,305
人格意志性归责 19
忍受义务 18,23,53,60,72,92,94,109,122,204,205,294

S

杀人行为合法化 66
商谈伦理学 29
社会控制 6,84,85,87,89,91,93,95,97,99,101,103,105,107,109,111,113—115,117,119,121,123,125,127,129,131,133,135,137,139,141,143
社会团结原则 5—7,27,34,36,64,65,107,120,124,125,130,131,156,157,167,196,197,238,245,263,296
社会一般观念 134,191,193,194
生还希望 208,209
生命冲突 2,7,31,176,177,179—181,183,185—187,189,191,193,195,197—199,201,203,205,207,209,211,213,215,217,219,221,223,225,227—229
生命权 98,130,190,191,194,231,232,254,322,323,352
生命数量 192,194

生命危险的单纯转嫁 180,198,
218,225
事前判断 6,61,110,131
适当性原则 57,59,133,236
受虐妇女综合征 21,23,148,
149,152,153,315,322,324
受胁迫杀人 7,178,221,229
双重下降说 26
死亡时间 200,208,210,211

T

特别预防 87,88,216,217,227
特殊防卫权 67,105,108,109,
168,174,195,235,262,327
体系 1—9,13—36,38,40,42,
44,46,48,50,52,54—58,60,62,
64—66,68—70,72,74—76,78,
80,85,86,88,90,92,94,96,98,
100—102,104,106,108,110,
112,114,116,118—120,122,
124—126,128,130—132,134,
136,138,140,142,144,146—
148,150,152—156,158,160,
162,164,166—168,170,172,
174,175,178—182,184,186,
188,190—192,194,196,198,
200,202,204,206,208,210,
212—216,218—220,222,224,
226—228,232,234—238,240,
242,244,246,248,250,252,254,
256,258,260,262—270,272—
284,286—292,294—306,308—
312,314,316,318—320,322—
326,328,330,332,334,336,338,
340,342,344,346,348,350
体系化思维 275
替补性归责 126—128
团结义务 26—31,34,35,38,43,
120,127,129,141,208
推定被害人承诺 4,14,37,39,40
退避义务 6,94,95,124,131,
299,310

W

危及生命的营救措施 38,41
危险共同体 7,198,199,208—
211,218,225,226
危险共同体的内部牺牲 180,
198,200,210,211,218,225
危险转嫁 16,107,225
违法阻却事由 3,4,14,56,57,
71,147,152,173,182—185,193,
198,208,235,257,306
唯结果论 55,66,67,99,105,
109,124,142,234,235
无辜第三人 5,22,31,51,52,54,
122,155—157,173,204,205,322
无知之幕 28,90,194
误判特权 8,88,109

X

行为要件 9,36,46,48—50,52,
55,62
行为责任原则 215

行政紧急权 1,2
狭义比例原则 6,7,57,63—65, 104,133,134,236—238,245, 247,248,250,253,260,263
辖区专属性归责 19
现实犯罪说 241,243
限度要件 6,7,50,55,65,69,70, 74,109,124,233—237,248, 262,263
宪法 2,7,14,27,30,56—59,63, 73,85,87,89,97,99,114,130, 144,156,179,180,190—194, 203,204,211,228,236,237,245, 248,284,295,296,305,306,316, 320,322,323,327,329
想象竞合 5,51—53
胁从犯 7,221—224,229,320, 325,328
徐行犯 148,149
续造 3,230,231,233,235—237, 239,241,243,245,247—249, 251,253,255,257,259,261,263, 268,270,281

Y

严进宽出 6,66,124,125
一般预防 72,74,86,88,99,128, 132,181,194,216,217,226,227, 304,308,309
义务冲突 103,217
意外事件 15,23,25,50,109, 121,124,154,157,161,162,170, 171,241,259

Z

折中说 105,168
整体法秩序 14,73—76,85,87, 100,190,296
正在发生的危险 46,123, 158,171
正在进行的不法侵害 21,45,46, 48,49,69,105,123,150,158, 159,162,168,290
值得保护性 7,18,26,32,53, 63—65,67,85,93,94,120,121, 127,150,151,167,173,195— 198,202,205,208,227,228,239
终结侵害能力法则 113
转嫁型紧急权 5,7,16,17,31, 34,35,41,43,51,58—60,63,65, 107,237,238,245,263,296
自利动机 227
自杀 42,43,92,93,186,256,328
自损型紧急权 5,14,35,39, 58,237
自我决定权 14,19,27,35—39, 42,58,68,97,199,254,296,314
自陷风险 91—94,127,254, 314,323
自助行为 5,17,18,43—48,54, 59,67,116—118,296
综合的利益衡量说 166
阻却可罚性的正当化事由 76
阻却违法的正当化事由 76

阻却责任的紧急避险　172,180,
　　182,185,192
最大多数人的最大幸福　193

罪刑法定　6,69,71,73—80,229,
　　233,263,281,315,326